Dr. Annette Oschmann

Du darfst gehen –
Wege aus festgefahrenen Beziehungen

Topicus

Das Buch

Jede Beziehung ist individuell. Und jede Trennung ist es auch. Aber eins ist allen Partnerschaften gemeinsam. Wenn sie auf dem Prüfstand stehen, ist dies eine Zeit emotionaler Herausforderungen mit vielen Fragen: Lohnt es sich, um diese Beziehung zu kämpfen? Oder sind wir bereits gescheitert? Welcher Weg tut mir gut? Und wohin mit dem Schmerz?

Trennungscoachin und Mediatorin Dr. Annette Oschmann hat darauf praxisbezogene Antworten. Sie gibt wertvolle Tipps zum Beziehungscheck, plädiert für Ehrlichkeit zu sich selbst und beschreibt Wege, wie es gelingen kann, sich selbst wiederzufinden.

Das Buch hilft, eine solche überaus belastende Lebensphase emotional gut zu überstehen, gute Entscheidungen zu treffen und neue Lebensfreude zu finden – gerade auch bei schwierigen Situationen wie toxischen Beziehungen oder der Trennung von einem Narzissten.

Das Buch ist wirkungsvolles Empowerment rund um die Beziehung zu sich selbst und anderen.

Die Autorin

Dr. Annette Oschmann ist eine führende Trennungscoachin und Mediatorin. Sie bloggt und publiziert in wichtigen Print- und Online-Medien zu Liebe, Partnerschaft und Trennung. Auf www.annette-oschmann.de finden jährlich über 150 000 Besucher:innen Orientierung und fundierte Hilfe. Sie war die erste praktizierende Coachin für Conscious Uncoupling® in Deutschland.

Als Trennungscoachin hat die promovierte Rechtsanwältin ihre Berufung gefunden und eine erfolgreiche Praxis aufgebaut. Bei ZONTA International setzt sich Dr. Annette Oschmann für die Rechte von Mädchen und Frauen weltweit ein.

Die Autorin ist verheiratet und hat drei Söhne. Sie ist weit gereist, wandert viel (dabei hat sie im Zwiegespräch mit Vertrauten die besten Ideen) und ist heimisch in Essen. Ihr Lebensmotto lautet: »Lösungen finden!«

DR. ANNETTE OSCHMANN

Du darfst gehen

Wege aus festgefahrenen Beziehungen

Topicus

Deutsche Erstveröffentlichung bei
Topicus, Amazon Media EU S.à r.l.
38, avenue John F. Kennedy, L-1855 Luxembourg
September 2023

Umschlaggestaltung: bürosüd° München, www.buerosued.de
Umschlagmotiv: © Pirina © Ninja Artist / Shutterstock
1. Lektorat: Marketa Görgen
2. Lektorat, Korrektorat und Satz: VLG Verlag & Agentur,
Haar bei München, www.vlg.de
Gedruckt durch:
Amazon Distribution GmbH, Amazonstraße 1, 04347 Leipzig /
Canon Deutschland Business Services GmbH,
Ferdinand-Jühlke-Str. 7, 99095 Erfurt /
CPI books GmbH, Birkstraße 10, 25917 Leck

ISBN 978-2-49671-432-6
e-ISBN 978-2-49671-433-3

www.topicus-verlag.de

Für Friedrich

Inhalt

TIPP: Bonusmaterial zum Download

In diesem Buch gibt es Übungen, in denen Sie zur Vertiefung etwas aufschreiben oder ausfüllen können. Vorlagen für einige dieser Übungen können Sie auch kostenlos herunterladen unter:
www.annette-oschmann.de/bonusmaterial/

Übungen:

Vorwort

Haben Sie das Gefühl, in einer festgefahrenen Beziehung zu stecken?

Fühlen Sie sich nicht mehr wohl in Ihrer Partnerschaft, fehlt Ihnen etwas, sind Sie nicht (mehr) glücklich? Sie spüren, dass Entscheidungen anstehen, aber Sie scheuen davor zurück? Wird es eine Trennung geben? Vielleicht auf Zeit, auf Probe oder endgültig? Vielleicht sind Sie auch schon irgendwie zur Trennung entschlossen, aber Sie kriegen einfach den Dreh nicht, wissen nicht, wie Sie das alles angehen sollen. Ihnen raucht der Kopf?

Viele Aspekte können hier eine Rolle spielen. Manchmal gibt es schon so viele kleine Verletzungen in Ihrer Beziehung, dass Kommunikation auch mit gutem Willen extrem schwierig ist. Oder Sie schätzen Ihren Partner zwar noch irgendwie, möchten aber Ihr Leben nicht mehr mit ihm/ihr verbringen. Hindert Sie Ihr Verantwortungsgefühl, in die Handlung zu kommen? Geld und Unterhalt können ebenfalls bestimmende Themen sein, wenn Sie zum Beispiel als Partnerin und Mutter gar nicht oder in Teilzeit berufstätig sind. Vielleicht gibt es schon eine oder mehrere Außenbeziehungen. Dazu kommen erlittene Demütigungen und Leid in einer toxischen Beziehung. Oder ist Ihr Partner gar narzisstisch?

Kurzum: Sie fühlen sich innerlich zerrissen, weil Sie gerade in dieser wichtigen Lebensphase die *richtige* Entscheidung treffen wollen. Denn es steht viel auf dem Spiel für Sie. Und Sie wissen nicht, womit Sie anfangen sollen, um aus Ihrem inneren Beziehungschaos hinauszukommen.

Dieses Buch hilft Ihnen genau dabei: Es dreht sich nur um SIE. Es ist Ihr Leitfaden, der Sie sicher, verlässlich und nachhaltig aus Ihrer festgefahrenen Situation hinausführen kann.

Dieses Buch gibt Ihnen Hilfen an die Hand, wie Sie wieder gute Entscheidungen treffen können. Eine für Sie stimmige Entscheidung für eine Trennung mit einem genauen inneren Kompass für den möglichen Verlauf der Trennung oder – aus meiner Erfahrung allerdings deutlich seltener – vielleicht sogar für einen Neustart in Ihrer aktuellen Beziehung.

In meiner Praxis als Trennungscoachin habe ich in Hunderten Coachingsitzungen meine Klienten genau bei diesen Entscheidungsprozessen begleitet: vor einer Trennung – wenn alles aufgewühlt ist und völlig unklar, wie »das alles« ablaufen soll –, mitten in einer Trennung – wenn die innere Richtschnur fehlt oder abhandengekommen ist – und schließlich auch nach einer Trennung, wenn es nicht gelingt, wirklich loszulassen, oder immer noch Störfeuer von der anderen Seite kommt. Alle diese Themen kommen nicht nur dann auf Sie zu, wenn Sie es sind, die/der sich trennen will. Auch bei einer einvernehmlichen Trennung oder wenn Sie verlassen wurden, müssen Sie zahlreiche Entscheidungen treffen.

Selbst wenn Sie es vielleicht jetzt noch nicht glauben können: Es kann Ihnen bald wieder besser gehen, und auch Sie werden die Sonne in Ihrem Leben wieder begrüßen dürfen.

Denn das ist doch Ihr eigentliches Ziel, von dem Sie in Ihrer festgefahrenen Beziehung wahrscheinlich träumen und das im Moment unerreichbar erscheint: dass Sie neue Lebensfreude finden und leben können.

Dieses Ziel ist realisierbar, wie ich aus meiner jahrelangen Arbeit als Trennungscoachin weiß: Menschen, die in ihrer Beziehung kleingemacht wurden (oder sich kleingemacht haben), sind gerade rund um eine Trennung innerlich gewachsen, haben sich wieder getraut, groß zu denken und sich selbst wieder zu vertrauen.

Das, was am Ende dieses – Ihres – individuellen Prozesses steht, kann so viel besser sein, als Sie jetzt noch glauben. Es ist so viel mehr Freiheit und innere Balance möglich. Es gibt so viel mehr Glück und Zufriedenheit, als Sie jetzt gerade denken, wo Ihre Energie und Ihr Elan noch von Ihrem Unglücklichsein und Ihrer inneren Zerrissenheit verschlungen werden.

Machen Sie sich auf diese Reise: Werden Sie (wieder) entscheidungsfähig, finden Sie sich selbst (wieder), lassen Sie los und halten Sie durch, für Ihr ganz persönliches Lebensglück, von dem auch alle in Ihrem Umfeld profitieren werden.

Das alles gilt auch für toxische Beziehungen, wenn Ihr Partner zum Beispiel ein Narzisst[1] ist. Allerdings ist es in einer solchen Situation enorm herausfordernd, gute Entscheidungen für sich selbst zu treffen, zu sich zu finden und loszulassen. Wie Sie das durchstehen, damit befasst sich ein eigenes, ausführliches Kapitel.

Bevor es jetzt losgeht, noch ein Wort zur geschlechtergerechten Sprache: In mein Coaching kommen Frauen und Männer, für sie alle ist dieses Buch. Zugunsten der einfacheren Lesbarkeit habe ich mich entschieden, im Buch nur eine grammatikalische Form zu nutzen, also »Klienten« oder »Partner«. Sie meint immer auch »Klientinnen« oder »Partnerinnen«. Sie und ich wissen, das Leben ist bunt und vielfältig, aber manchmal muss es eben einfach sein. In diesem Sinne, liebe Leserin und lieber Leser:

Auf Ihr Wohlergehen und Ihre Entwicklung! Ich freue mich, dass ich Sie ein Stück begleiten darf.

Ihre Annette Oschmann

---

[1] Zum Begriff des »Narzissten« siehe Kapitel VI.

Einleitung

Sie spüren, dass Ihre Beziehung festgefahren ist. Sie wissen instinktiv, so geht es nicht weiter. Was Sie noch nicht wissen, ist, wie Sie aus dieser Situation hinauskommen sollen, ja, wie Sie überhaupt jemals eine Entscheidung treffen sollen, die alles richtig und gut berücksichtigt.

Ist das Ihre Situation?

- Sie haben eine Beziehung, aber Sie wissen und spüren, dass Sie sich auseinandergelebt haben. Vielleicht funktionieren Sie als Team noch ganz gut, aber eine romantische Beziehung ist es nicht mehr. Kleine Aufmerksamkeiten, Zuneigung und Sex fehlen Ihnen oder sind nur noch halbherzige Routine.

- Die Atmosphäre in Ihrer Partnerschaft ist mittlerweile unerträglich geworden. Sie streiten sich viel, finden nicht mehr zueinander, die Situation hat Sie mürbe gemacht. Die Trennung steht im Raum, ohne dass Sie oder Ihr Partner es aussprechen wollen oder können.

- Sie leben in einer langjährigen Beziehung. Sie haben viel miteinander erlebt und aufgebaut. Sie empfinden ein großes Verantwortungsgefühl für Ihren Partner und haben schlimme Schuldgefühle, wenn Sie auch nur an Trennung denken. Andererseits spüren Sie genau: Das kann und soll noch nicht alles gewesen sein.

- Sie haben jemand Neuen kennengelernt. Jetzt fühlen Sie sich in der Zwickmühle: Sie schätzen Ihren Partner als Menschen und als Freund, aber irgendetwas fehlt, sonst hätten Sie keine Außenbeziehung angefangen. Diesen neuen Menschen finden Sie sehr interessant und attraktiv, aber reicht das, um Ihre »alte« Beziehung zu beenden? Sie können im Moment nicht vor und nicht zurück.

- Sie sind in einer dieser festgefahrenen Beziehungssituationen und haben Kinder. Dann belastet Sie diese Situation doppelt und dreifach. Sie haben das Gefühl, dass alle Ihre Entscheidungen so viele Aspekte berücksichtigen müssen: Sie selbst, Ihren Partner und vor allem Ihre Kinder. Sie fühlen sich damit komplett überfordert und nicht in der Lage, überhaupt eine Entscheidung zu treffen.

- Sie sind noch gar nicht so lange mit Ihrem Partner zusammen, vielleicht nur einige Monate oder wenige Jahre. Und doch fühlen Sie sich sehr verantwortlich für ihn und können sich das gar nicht richtig erklären. Vielleicht erscheint Ihnen Ihr Partner sehr hilflos und bedürftig. Deshalb fehlt Ihnen der Mut für eine klare Entscheidung.

- Sie sind noch nicht lange in Ihrer Beziehung, aber schon in vielen Punkten unzufrieden. Sie fühlen sich nicht richtig gesehen und angenommen. Beim Gedanken an eine festere Bindung, Zusammenziehen oder gar Heirat wird Ihnen ganz anders. Aber Sie haben das Gefühl, besser diesen Partner zu haben als gar keinen.

- Sie haben sich schon vor einiger Zeit getrennt, vielleicht war die Trennung schwierig, aber Sie zweifeln, ob das alles richtig war. Sie hängen irgendwie noch an Ihrem Ex.

- Sie haben mehrere Trennungen hinter sich und geraten immer wieder an »den Falschen«. Es ist wie verhext und Sie verstehen sich selbst nicht. Denn eigentlich wissen Sie es doch: Mit diesem Typ Frau oder Mann ist Ihr emotionales Leiden vorprogrammiert. Wie kommen Sie aus dieser Schleife nur hinaus?

- Sie wurden verlassen und können es immer noch nicht fassen. Sie haben alles für Ihre Beziehung getan; die Trennung kam plötzlich und unerwartet. Es tut immer noch höllisch weh. Sie stecken fest, Sie wissen nicht, wie es weitergehen soll. Ein Neuanfang erscheint Ihnen unmöglich.

- Sie sind in einer toxischen Beziehung, Ihr Partner ist zum Beispiel Narzisst. Immer sind Sie an allem schuld, nie können Sie es ihm recht machen. Ihr Beziehungsleben ist wie eine Achterbahnfahrt, und was echte Zuneigung ist, haben Sie nie erfahren. Er behandelt Sie schlecht, demütigt Sie am laufenden Band. Sie sind kreuzunglücklich und spüren, dass wohlwollende Liebe in Ihrer Beziehung nie möglich sein wird. Und dennoch hoffen Sie darauf, dass sich alles irgendwann ändern wird. Damit boykottieren Sie sich und machen eine Entscheidung für sich selbst unmöglich.

Das erste Informationsgespräch mit meinen Klienten ist oft sehr emotional: Sie sind traurig und innerlich zerrissen, viele weinen. Einige versuchen auch, mir ihre schwierige Situation ganz rational zu schildern, sachlich über die letzte Zeit in ihrer Partnerschaft zu berichten, aber tief im Innersten sind sie erschüttert und fragen sich, wie ihnen so etwas passieren konnte. Die meisten stecken schon viele Monate oder gar Jahre in ihrer Situation fest, sind eine Trennung aber noch nicht angegangen. Manche melden sich auch einige Tage nach einer Trennung, weil sie die Situation nicht mehr aushalten und von Anfang an besser damit umgehen wollen.

Allen diesen oben geschilderten Situationen ist gemeinsam, dass Ihnen in Ihrer festgefahrenen Beziehungssituation die Entscheidungsfähigkeit abhandengekommen ist. Deshalb geht es zunächst vor allem darum, dass Sie Ihre Entscheidungsfähigkeit zurückerlangen und so wieder in die Handlung kommen können.

Kümmern wir uns also jetzt um Ihren persönlichen Fahrplan durch die nächste Zeit.

Ihr persönlicher Fahrplan

Sie sind in einer festgefahrenen Beziehungssituation. Eine Trennung steht gedanklich oder tatsächlich im Raum. Sie brauchen jetzt zuerst die Gewissheit: Es gibt einen Weg. Sie können ihn allein gehen. Dieses Buch führt Sie durch Ihren ganz persönlichen Entscheidungsprozess in Ihrer aktuellen Beziehungs- oder Trennungssituation.

Starten Sie mit mir auf eine Reise zu sich selbst, bei der Sie Ihre Entscheidungsfähigkeit zurückerlangen, um wieder oder endlich Entscheidungen im Einklang mit sich selbst zu treffen. Daher dreht sich im **ersten Kapitel** alles um Entscheidungen – richtige, falsche, gute –, einschließlich eines ersten Beziehungschecks für mehr Klarheit über Ihre Partnerschaft.

Im **zweiten Kapitel** erfahren Sie, wie Sie sich selbst (wieder-)finden können. Kommen Sie mit sich selbst (wieder) ins Reine, entdecken Sie sich selbst, finden Sie heraus, wer Sie sind und was Sie brauchen! Sie sind der wichtigste Mensch in Ihrem Leben, deshalb sollten Sie sich auch richtig gut kennen(-lernen). Es geht in diesem Moment allein um Ihr Wohlbefinden, Ihre innere Balance und Ihren inneren Frieden. Darum werden wir uns gemeinsam kümmern, denn genau hier entsteht Ihre Entscheidungsfähigkeit neu.

Das ist das Fundament für Ihr Leben »danach«. Und die Grundlage dafür, dass Sie auch zukünftig gute Entscheidungen in Ihren Herzensthemen treffen werden.

Das hat einen positiven Nebeneffekt: Wenn Sie bei sich sind, sich selbst (wieder) gut kennen und Ihre Wünsche und Bedürfnisse beachten, sind Sie auch (wieder) offen dafür, das große Ganze zu sehen: Ihre Familie, Ihre Kinder, Ihren Partner und Ihre Zukunft – möglicherweise getrennt, aber mit einem wertschätzenden inneren Abschluss und vielleicht sogar mit gemeinsamen, angemessenen Berührungspunkten.

Im **dritten Kapitel** dreht sich dann alles ums Loslassen: Wen oder was können/wollen/sollten Sie loslassen, um in Ihr neues Leben durchzustarten? Welche Rolle spielt hierbei das Verzeihen und wie können Ihnen gute, eigene Grenzen beim Loslassen helfen?

Wenn Sie schließlich gedanklich und emotional an Ihrem Reiseziel angekommen sind, geht es ums Umsetzen und Dranbleiben! Damit beschäftigt sich das **vierte Kapitel** – damit all Ihre Erkenntnisse nicht einfach so »verpuffen«. Denn Sie haben sich verändert, wieder zu sich selbst gefunden und losgelassen. Was können Sie jetzt tun, damit das Gute in Ihrem Leben bleibt?

Wenn Sie Kinder haben, tragen Sie eine besondere Verantwortung. Die meisten Eltern wollen in einer Trennungssituation vor allem, dass ihre Kinder diese Zeit unbeschadet überstehen. Im **fünften Kapitel** geht es genau darum: Wie Sie Ihrem Kind gut beistehen und mit verschiedenen Anforderungen, die sich ergeben können, bewusst umgehen – zu Ihrem Wohl und dem Wohl Ihres Kindes.

Das alles können Sie auch erreichen, wenn Sie sich aus einer toxischen Beziehung, zum Beispiel mit einem Narzissten, lösen wollen. Das ist jedoch sehr anstrengend und erfordert noch viel mehr Willenskraft und Energie als viele andere Trennungen. Das **sechste Kapitel** hilft Ihnen hier weiter, damit Sie klarer sehen und Entscheidungen für sich selbst auch wirklich umsetzen.

Ihr Reiseziel ist in allen Fallgestaltungen rund um eine Trennung und die anstehenden Entscheidungen dasselbe: neue Lebensfreude. Dass es Ihnen einfach wieder besser geht. Dass Sie sich einfach mal wieder wohlfühlen. Bei sich selbst und im Reinen mit sich selbst. Deshalb gibt es zum Abschluss im **siebten Kapitel** noch einige weiterführende Übungen, um diesen schönen neuen Zustand zu erhalten.

Lassen Sie uns starten, denn Entscheidungen stehen an …

I.
Entscheidungen stehen an ...

Sie wissen nicht genau, was, aber Sie spüren sehr deutlich: Es muss sich jetzt etwas an Ihrer Beziehungssituation ändern.

Endlich eine Entscheidung

»Ich möchte mich trennen, aber wir haben gerade ein Haus gebaut und unsere Kinder sind doch noch so jung. Ich möchte ihnen ihr Heim nicht wegnehmen. Und sie sollen doch eine Familie haben. Mein Mann betrügt mich. Eine Paartherapie lehnt er ab. Ich bin kreuzunglücklich, aber ich weiß einfach nicht, was ich tun soll.« **(Saskia, 43 Jahre, zwei Kinder unter 14)**

»Ich bin seit 28 Jahren in einer Beziehung, wir haben eine gemeinsame erwachsene Tochter und zusammen ein

Haus gebaut. Ich bin schon länger nicht mehr glücklich in meiner Partnerschaft und möchte mich trennen. Es gibt auch schon eine andere Frau in meinem Leben. Aber ich kriege den Dreh nicht. Womit soll ich anfangen?« **(Wolfgang, 56 Jahre, eine erwachsene Tochter)**

»Mein Partner ist schwierig, er hat wohl auch narzisstische Züge. Ich leide sehr und habe überhaupt keine persönliche Freiheit mehr. Er stalkt mich, verwickelt mich in endlose Diskussionen. Immer hat er recht. Alles, was ich tue, ist falsch. Ich bin so erschöpft, ich muss da raus. Aber wie?« **(Constanze, 52 Jahre, keine Kinder)**

»Wir sind seit 26 Jahren zusammen. Ich schätze meinen Partner, er ist mein bester Freund. Aber ich kann mir einfach nicht vorstellen, so mit ihm weiterzuleben. Mir fehlt so viel – Geselligkeit, Romantik, Sex. Aber soll ich nur deshalb gehen?« **(Hilke, 54 Jahre, zwei erwachsene Söhne)**

Meine Klienten in diesen Beispielen hatten alle eins gemeinsam: Sie waren aus den unterschiedlichsten Gründen unglücklich in ihrer Partnerschaft. Sie empfanden ihre Partnerschaft nicht (mehr) als erfüllend und bereichernd, vermissten Zuneigung und Wertschätzung, dürsteten nach Wohlwollen und Freundlichkeit. Oder beide Partner hatten sich in verschiedene Richtungen entwickelt, jetzt fehlten Gemeinsamkeiten und die verbindende Basis. Einer der Partner hatte sich vielleicht bereits »nach außen orientiert«, eine oder mehrere Außenbeziehungen begonnen. Paartherapien wurden abgelehnt oder waren quälend erfolglos. Manchmal war die Trennung auch »irgendwie« bereits eingeleitet, aber es begleiteten sie weiterhin Zweifel, ob das alles so richtig war.

Geht es Ihnen auch so? Stecken Sie fest? Und quält Sie das?

Fühlen Sie sich innerlich unfähig, eine Entscheidung zu treffen, für oder gegen Ihre Partnerschaft, entweder aus vollem Herzen zu bleiben oder endlich den Schlussstrich zu ziehen?

Könnte es sein, dass Sie selbst von Ihrer Entscheidungsstarre in Herzensthemen überrascht sind?

Vielleicht sind Sie ja beruflich etabliert, gehen erfolgreich Ihren Weg, treffen jeden Tag unzählige Entscheidungen, nur in dieser so privaten und intimen Beziehung gelingt Ihnen das nicht. Oder Sie treffen als Elternteil unzählige Entscheidungen für Ihre Kinder, deren Wohlergehen und Entwicklung, aber für sich selbst haben Sie in Herzensangelegenheiten einen blinden Fleck.

Dabei ist Ihr Privatleben möglicherweise im Übrigen gut sortiert: Sie wissen, was Körper und Geist brauchen, um gesund zu bleiben. Sie treiben Sport, ernähren sich und Ihre Familie bewusst, lesen sich in neue Themen ein, hatten schon Kontakt mit Meditation und üben Achtsamkeit, pflegen bereichernde Freundschaften. Nur Ihre Partnerschaft hinkt gewaltig hinterher und fühlt sich nicht (mehr) wohlig und bewusst an.

Dennoch verharren Sie in dieser Starre und wissen nicht, warum.

Schauen wir uns dieses »Warum« einmal genauer an.

Was Sie hindert

Es gibt zahlreiche Gründe, die Sie in Ihrer jetzigen Beziehung an einer klaren und authentischen Entscheidung hindern. Sie sind damit nicht allein, vielen anderen geht es genauso.

Dabei dreht sich alles um die eine Frage: Ist es eine tiefe, zugeneigte und wertschätzende Liebe, die Sie an Ihrer Partnerschaft festhalten lässt, oder sind es ganz andere Einflüsse und Überlegungen, die Sie in Ihrer Situation halten? Und falls Letzteres der Fall ist, wie sollen und wollen Sie damit umgehen?

Hier sind die häufigsten Einflüsse und Überlegungen, die rund um eine Trennung eine Rolle spielen:

1. Familie und Kinder

Sie haben Kinder und sind eine Familie. Sie wollen für Ihre Kinder nur das Beste, möglichst besser als alles, was Sie sich für sich selbst wünschen. Sie wollen Ihren Kindern durch eine Trennung nicht den Vater, die Mutter »nehmen«. Sie wollen nicht durch eine vermeintlich selbstsüchtige Entscheidung das vermeintliche Familienidyll zerstören. Sie wollen Ihren Kindern ein echtes Heim geben, entweder weil Sie es selbst in Ihrer Kindheit nicht hatten oder gerade weil Sie es hatten und diese Erfahrung Ihr Herz wärmt.

→ *Es gibt Wege, Ihre Kinder gut durch eine Trennung zu begleiten und alles zu einer guten Trennung auch für Ihre Kinder werden zu lassen. Im fünften Kapitel erfahren Sie mehr darüber.*

2. Gemeinsames Eigentum

Sie haben sich gemeinsam etwas aufgebaut, oft wortwörtlich: Sie haben eine oder mehrere Immobilien gebaut oder erworben, Aktien oder Beteiligungen, vielleicht sogar eine gemeinsame Selbstständigkeit oder ein gemeinsames Unternehmen.

Da ist einmal Ihre emotionale Verbundenheit mit dem, was Sie gemeinsam gebaut oder erworben haben. Das Heim für Sie und Ihre Kinder, vielleicht auch als Ihre Altersvorsorge. Die Liebe und Hingabe, mit der Sie alles persönlich gestaltet und eingerichtet haben. Die Zeit und Energie, die in jedes Projekt geflossen sind.

Und dann ist da die wirtschaftliche Seite des Eigentums. Alles ist verflochten, vielleicht nicht eindeutig oder jedenfalls nicht zu Ihren Gunsten geklärt. Das hält Sie fest, davor haben

Sie einen Heidenrespekt. Und Sie bleiben lieber in Ihrem inneren Unglück stecken, als das alles anzupacken.

→ *Wie Sie Ihr persönliches Glück oder aber Ihre Eigentumssituation priorisieren, erfahren Sie im zweiten Kapitel. Und ja, es gibt Wege, das alles wirtschaftlich zu entflechten, auch wenn das meistens Rechtsberatung erfordert.*

3. Ihr Lebensstandard

Aber auch ohne Haus oder Eigentumswohnung kann Ihr Lebensstandard eine Bahnschranke gegen eine selbstbestimmte Entscheidung sein. Vielleicht sind Sie es gewohnt, schöne Urlaube zu machen, sich ab und zu etwas zu leisten, regelmäßig essen zu gehen, Ihren Kindern die gewünschte Kleidung oder Elektronik zu kaufen. Vielleicht arbeiten Sie nicht oder in Teilzeit, um mehr für Ihre Kinder da zu sein. Sie scheuen vor einer Trennung zurück, weil Sie vermuten, dass Ihre wirtschaftliche Situation sich dadurch verschlechtern wird.

Oft ist das leider so. Meistens aber auch nur vorübergehend. Und keinesfalls zwingend.

→ *Auch dieses Hindernis erfordert eine Priorisierung: Ihr persönliches Lebensglück versus Ihre wirtschaftliche Situation. Sie ganz persönlich haben es in der Hand, sich für das eine oder andere zu entscheiden und die Situation in Ihrem Sinne zu beeinflussen. Vieles wird sich im zweiten Kapitel erschließen.*

4. Langjährige Verbundenheit und Routine

Sie leben in einer langjährigen Partnerschaft, vielleicht schon Jahrzehnte. Sie haben sich an Ihren Partner gewöhnt, er ist Ihnen vertraut. Es stört Sie zwar vieles und Sie vermissen so einiges, aber Sie haben das Gefühl, Sie könnten sie oder ihn »doch nicht nur deshalb« verlassen. Sie verspüren oft ein besonderes Verantwortungsgefühl für Ihren Partner. Wenn Sie an Trennung auch nur denken, regen sich Schuldgefühle.

→ *Dieses Buch hilft Ihnen, auch in einer langjährigen Partnerschaft eine ausgewogene individuelle Entscheidung zu treffen.*

5. Sich übermäßig verantwortlich fühlen

Kann es sein, dass Sie sich in Ihrer Partnerschaft übermäßig verantwortlich fühlen, auch wenn diese Beziehung noch recht jung ist? Haben Sie das Gefühl, Sie müssten oft für Ihren Partner mitentscheiden und würden die »Hauptlast« in Ihrer Beziehung tragen? Meinen Sie, dass Ihr Partner nicht ohne Sie klarkommen würde, und glauben Sie, Sie müssten diese Verantwortung übernehmen, auch wenn Ihr Herz eigentlich rebelliert?

→ *Es gibt Menschen, die schultern übermäßige Verantwortung in vielen Situationen: in ihrer Beziehung, in ihrem Arbeitsleben oder im privaten Freundes- und Bekanntenkreis. Die Ursache sind oft innere Prägungen, die sich positiv und wohltuend verändern lassen. Das führt zu einem gesunden Maß an richtiger Verantwortung und ist im Übrigen echte Burn-out-Prävention.*

6. Angst vor dem Alleinsein

Sie haben Angst vor dem Alleinsein nach Ihrer Trennung. Sie haben eine diffuse Angst davor, keinen neuen Partner mehr zu finden, egal wie alt Sie sind.

→ *Im zweiten Kapitel erhalten Sie Hilfestellungen, an diese Überzeugung heranzugehen und sie positiv für sich selbst zu verändern. Der schöne Nebeneffekt ist, dass Sie durch diese – Ihre – innere Entwicklung häufig auch für andere viel greifbarer und interessanter werden. Und aus meiner Erfahrung sei gesagt: Die meisten meiner Klienten finden einen neuen Partner schneller, als sie es für möglich gehalten hätten.*

7. Was die anderen sagen

Sie trennen sich nicht aus Sorge, »was die anderen sagen« werden. Auch wenn Sie beruflich und privat Ihren Weg gehen oder gehen wollen, funkt die vermutete Meinung und Verurteilung der anderen gewaltig in Ihre persönliche Entscheidungsfreiheit hinein. Vielleicht ahnt niemand, dass es in Ihrer nach außen perfekten Partnerschaft kriselt. Vielleicht sagen andere aber auch schon lange, sie sollten sich trennen, und die würden nun auch noch recht behalten. Vielleicht empfinden Sie eine Trennung auch als persönliche Niederlage und befürchten, dass andere das auch so werten könnten.

→ *Viele Anregungen und Übungen in diesem Buch helfen Ihnen, Klarheit darüber zu gewinnen, ob Sie das Leben der anderen führen wollen oder lieber Ihr eigenes.*

8. Religion und Moral

Besonders wenn Sie kirchlich oder im Rahmen einer Glaubensgemeinschaft verheiratet sind, können Sie moralische und religiöse Zweifel quälen, die eine Trennung verhindern. Das kann sehr zermürbend sein. Die Unauflöslichkeit der Ehe, aber auch die so geprägten gesellschaftlichen Werte können Ihnen schwer zu schaffen machen. Manche fügen sich in dieser Situation den religiösen Vorgaben. Das kann natürlich ein Weg sein, auch Ihrer.

→ *Wenn Sie sich daneben aber erlauben wollen, die Perspektive zu wechseln, gibt Ihnen dieses Buch hierfür zahlreiche Anregungen.*

9. Manipulation und innere Abhängigkeit

Wenn Sie in einer toxischen Beziehung sind und Ihr Partner ein Narzisst ist, haben Sie nicht nur mit äußeren Umständen zu kämpfen, sondern stehen noch vor einer anderen, gewaltigen Aufgabe: Ihre innere Abhängigkeit zu erkennen und zu durchbrechen. Das ist ein emotionaler Kraftakt, den viele Außenstehende nicht verstehen (können). Durch andauernde Manipulation und Demütigung sind Sie mürbe gemacht worden. Viele Betroffene wirken wie ein Schatten ihrer selbst, wie eine Hülle, aus der sämtliche Energie und Lebensfreude herausgesaugt wurden.

→ *Es ist möglich, Ihre innere Abhängigkeit zu durchbrechen. Es ist auch möglich, wieder zu sich selbst zu finden und zu sich selbst zu stehen. Und es ist möglich, sich aus einer toxischen Beziehung bewusst zu befreien. Ein eigenes Kapitel geht hierauf ein.*

Alle diese äußeren und inneren Gründe machen es Ihnen schwer, in Ihrer Beziehungssituation endlich eine für Sie »gute« Entscheidung zu treffen und umzusetzen.

Aber was ist das überhaupt, eine »gute Entscheidung«?

Gute Entscheidungen – schlechte Entscheidungen – richtige Entscheidungen?

An dieser Stelle wird es etwas philosophisch, aber ich habe die herzliche Bitte an Sie, sich gerade das Folgende einmal in Ruhe zu Gemüte zu führen. Es ist der erste Schritt hinaus aus Ihrer Entscheidungsstarre.

Eine »gute Entscheidung« zu finden, das wünschen sich alle. Gleichzeitig haben viele große Angst, eine »schlechte Entscheidung« zu treffen. Verständlich.

Ob eine Entscheidung gut oder schlecht ist, lässt sich leider nur rückblickend feststellen. Denn alles andere würde bedeuten, dass Sie hellsehen könnten. Können Sie aber nicht, ich auch nicht. Kann niemand.

Aber genau das versuchen viele: in der Entscheidungssituation vorauszusehen, welche Entscheidung gut ausgeht und welche schlecht. Damit beginnt der zermürbende Grübel-Kreislauf, der direkt in die Entscheidungsunfähigkeit führen kann. Sie denken und denken und denken und versuchen so herauszubekommen, was vermutlich in der Zukunft gut und was schlecht wäre. Welche Konsequenzen Ihre Entscheidung haben könnte – sicher, mit hoher Wahrscheinlichkeit oder auch nur vielleicht. Viele erstellen Listen mit Pro und Kontra und versuchen in der Gewichtung der Fakten herauszufinden, was die beste Entscheidung sein wird. Oder sie haben gerade *keine* Liste und in ihrem Kopf geht alles durcheinander und sie haben das Gefühl, vom vielen Durchdenken regelrecht wahnsinnig zu werden. Geht Ihnen das auch so?

Dieses ständige Denken und Sortieren ist absolut nachvollziehbar und kann Anhaltspunkte geben über objektive Tatsachen, die möglicherweise eine Rolle spielen. Erkenntnis ist der erste Schritt zur Veränderung. Aber mehr auch nicht. Denn das Leben lässt sich nicht denken. Und eine »gute Entscheidung« lässt sich so immer noch nicht verlässlich vorhersagen. Ein ziemlich unangenehmer Zustand, oder?

Ich gebe Ihnen deshalb statt der Bewertung »gut oder schlecht« im zeitlichen Rückblick etwas anderes an die Hand: Eine Entscheidung ist immer richtig.

Wie bitte? Ja, Sie haben richtig gelesen: Eine Entscheidung ist immer richtig.

Wie jetzt, keine Maßstäbe, keine Bewertung, kein Nachdenken, keine Fakten, keine Kontrollüberlegung, kein tage- und wochenlanges Wälzen und Ringen um Erkenntnis?

Doch, in sehr eingeschränktem Maße schon. Aber bezogen ausschließlich auf den Zeitpunkt, in dem Sie die Entscheidung treffen. Mit allem, was Ihnen in diesem Moment an subjektivem Wissen und Erkenntnis, aber auch – und das ist immens wichtig – an Gefühlen, Wünschen und Bedürfnissen zur Verfügung steht.

Das ist Ihre richtige Entscheidung.

Damit sich diese richtige Entscheidung auch wirklich und nachhaltig gut anfühlt, sollten Sie sie im Einklang mit sich selbst treffen. Und das geht eben nicht (nur) mit Pro-und-Kontra-Listen, Grübeln und Nachdenken.

Nichts bereuen: Im Einklang mit sich selbst entscheiden

> *»Ich habe mich nach fünf Jahren von meinem Freund getrennt und weiß nicht, ob das richtig war. Eigentlich mache ich vor jeder Entscheidung eine Liste mit Pro und Kontra, aber hier habe ich irgendwie eine spontane Entscheidung getroffen und unsere Beziehung praktisch über Nacht beendet. Jetzt traue ich mir selbst nicht über den Weg und habe Zweifel, ob das alles richtig war. Wissen Sie, ich möchte nicht in zwanzig oder dreißig Jahren zurückblicken und alles bereuen.«*
> **(Jessica, 32 Jahre, keine Kinder)**

Rund um eine Entscheidung ist das für die meisten ein ganz wichtiger Aspekt: Sie wollen ihre Entscheidung nicht irgendwann bereuen. Daher versuchen sie, alles im Detail zu durchdenken, um so herauszufinden, ob diese Reue eventuell eintreten könnte.

Reue zu empfinden, ist eines der richtig schlechten Gefühle, die wir alle vermeiden wollen. Reue bedeutet, die Würfel sind gefallen und ich kann etwas nicht mehr rückgängig machen. Für alle auf das Denken und Handeln orientierten Menschen ist diese Vorstellung der blanke Horror.

Kurzer Exkurs, bevor es zur Sache geht:

Im Alter gibt es grob gesagt zwei Typen von Menschen. Die einen, die auf ihr Leben zurückschauen, etliches als bedauerlich empfinden, sehr traurig sind und vieles bereuen. Und die anderen, die auf ihr Leben zurückblicken und mit sich im Reinen das Gefühl haben, ihr Leben gut gelebt und alle ihre Möglichkeiten individuell genutzt zu haben.

Was hat die zweite Gruppe Menschen in ihrem Leben gemacht, das sie von der ersten Gruppe unterscheidet?

Ein entscheidender Aspekt ist die innere Einstellung. Wie gehe ich die Dinge an, wie empfinde ich meine Selbstwirksamkeit, wie bewerte ich mich und meine Umgebung? Habe ich ausreichend Selbstvertrauen? Kann ich die Dinge akzeptieren, wie sie sind, und damit zufrieden sein? Auch darum wird es in diesem Buch gehen.

Ein anderer Aspekt ist, dass Menschen der zweiten Gruppe mit sich im Einklang sind und das über weite Strecken ihres Lebens auch immer waren. Und eben auch ihre Entscheidungen im Einklang mit sich selbst getroffen haben. Genau darum dreht sich fast alles in diesem Buch.

Wie kann ich diesen beneidenswerten Zustand erreichen: Entscheidungen im Einklang mit mir selbst treffen und möglichst nicht bereuen?

Drei Aspekte spielen hier eine Rolle:

1. Das Denken

Ja, natürlich werden Sie vor einer Entscheidung die Dinge durchdenken. Das bedeutet, die Fakten möglichst gründlich erkennen, sortieren und individuell gewichten.

Die meisten machen das sowieso und geraten dann in die Dauerschleife des Grübelns. Das sollten Sie sofort abstellen: einmal die Faktenlage gecheckt, vielleicht eine Pro-und-Kontra-Liste angefertigt und gut ist es.

Dann schalten Sie um in den nächsten wichtigen Schritt:

2. Das Fühlen

Sie gehen in sich und fühlen, was Sie zu den Fakten und der ganzen Situation empfinden.

Diesen Schritt gehen die meisten in unserer rationalen Gesellschaft nicht (mehr). Das ist ein Riesenproblem. Fast alle meine Klienten stecken im Kopf fest und kommen von dort aus nicht weiter. Der Bauch, das Fühlen sind abgeschaltet. Sie stecken fest, sind festgefahren und erstarrt.

»Richtige Entscheidungen« entstehen leider nicht im Kopf allein. Ich sage das als Frau, die erfolgreich ein Jurastudium durchlaufen hat und es gewohnt ist, auch nüchtern und logisch zu denken. »Richtige Entscheidungen« kommen aber auch nicht nur aus dem Bauch. Das kann zu einem regelrechten Gefühlschaos führen, und Sie sehen den berühmten Wald vor lauter Bäumen nicht.

»Richtige Entscheidungen« entstehen im gesunden Zusammenspiel von Kopf und Bauch. Dann resultieren sie aus dem, was wir als »Intuition«, »Instinkt« oder auch »innere Weisheit« bezeichnen. Genau das ist der Weg, Entscheidungen nicht irgendwann zu bereuen.

3. Die Mind-Body-Connection (Kopf-Bauch-Verbindung) wiederherstellen

Darum geht es also: die Mind-Body-Connection wiederherzustellen, damit Sie Ihre richtige Entscheidung treffen und mit dieser Richtschnur gelassen durch den Trennungsprozess navigieren können.

Grundvoraussetzung ist Ihre **innere Klarheit**. Beschäftigen Sie sich endlich wieder mit sich selbst!

Fakten: Wer sind Sie, was macht Sie aus?

Fühlen: Was sind Ihre Gefühle, Wünsche und Bedürfnisse, was sind Ihre individuellen Werte?

Zur inneren Klarheit gehört ganz wesentlich das Erkennen und positive Verändern von **inneren Prägungen**. Denn innerhalb von inneren Prägungen ist keine freie Entscheidung im Einklang mit sich selbst möglich. Ich gebe Ihnen ein Beispiel: Nehmen wir an, eine Ihrer inneren Prägungen ist: »Ich muss zuverlässig sein.« Diese innere Prägung ist weit verbreitet. Wir alle kennen das Sprichwort: »Wer A sagt, muss auch B sagen« oder den Merksatz »Wer etwas anfängt, muss es auch zu Ende bringen«.

Wirklich? Ist das so? Warum eigentlich? Kann man das auch anders sehen?

In der Prägung »Ich muss zuverlässig sein« ist es kaum noch möglich, eine freie Entscheidung zu treffen, schon gar nicht im Einklang mit seinem wahren Selbst. Vor allem verbietet diese innere Prägung unbewusst, eine einmal getroffene Entscheidung auch wieder zu ändern.

Eigentlich fatal, oder?

Also könnte diese innere Prägung verändert werden, zum Beispiel in:

»Wer A sagt, muss noch lange nicht B sagen« oder »Wenn sich meine individuellen Erkenntnisse durch Fakten oder Lebenserfahrung ändern, darf ich jederzeit neu entscheiden«.

Wenn Sie sich das im Kopf und theoretisch klarmachen, reicht das jedoch noch nicht, um eine wirkliche Veränderung hin zu Ihrer individuellen inneren Freiheit zu bewirken. Dafür muss diese Erkenntnis, diese neue Wahrheit gut in Ihnen verankert werden. Und das geht über das Fühlen, das gefühlte Vorstellen, das In-sich-Gehen. Das Kapitel »Vom Kopf in den Bauch – die neuen Erkenntnisse verinnerlichen« dreht sich genau um dieses Thema, und in verschiedensten Übungen und an vielen anderen Stellen im Buch geht es auch hierum.

Damit stellen Sie die Mind-Body-Connection wieder her, befreien sich selbst und kommen mit sich selbst in Einklang.

Dazu kommt noch ein weiterer, essenzieller Aspekt, nämlich Ihre **innere Balance**. Dabei geht es ganz konkret um Ihre Gefühle, Bedürfnisse und Werte, also immer wieder ums (Hinein-)Fühlen. Und zwar wirklich Fühlen, nicht Denken. Ganz oft sagen mir Klienten, gefragt nach ihren Gefühlen im aktuellen Moment: »Ich fühle gar nichts.« Das ist nicht schlimm, aber stimmt so nicht ganz. Wir fühlen immer, aber manchmal ist der Kontakt zu den eigenen Gefühlen einfach verloren gegangen. Deshalb ist es ein großes Ziel, wieder ins Fühlen zu kommen. Erst dann sind Sie wieder vollständig – in Harmonie mit sich selbst.

Entscheidungen, die Sie so im Rahmen der Mind-Body-Connection treffen, treffen Sie im Einklang mit sich selbst. Sie sind belastbar und nachhaltig, sie sind individuell für Sie richtig.

Und Sie werden sie mit hoher Wahrscheinlichkeit nicht bereuen. Aus unstrukturiertem Dauergrübeln, das Sie um den Schlaf bringt, wird ordnendes emotionales Nachdenken.

Lassen Sie sich zum Abschluss doch noch einmal diesen Satz auf der Zunge zergehen:

»Wer A sagt, muss noch lange nicht B sagen.«

Diese Erkenntnis kann sehr befreiend wirken, aber vielleicht habe ich Sie doch noch nicht ganz überzeugt.

Dann gebe ich Ihnen den Grund aller Gründe, die Dinge genau jetzt – in Ihrer Entscheidungssituation vor, mitten in oder nach einer Trennung – genauso anzugehen: weil Sie sich wertschätzen.

Im Einklang mit sich selbst entscheiden: Weil Sie sich wertschätzen!

»Weil Sie sich wertschätzen«, das klingt ziemlich gut, oder?

Aber genau da liegt oft ein großes Problem: Was sind Sie sich denn wert?

Viele können diese Frage nicht (mehr) beantworten. Das Gefühl für den eigenen Wert ist abhandengekommen. Über die Jahre, über Berufstätigkeit und Kinderkriegen, oft auch durch schlechte Partnerschaften, in denen Sie kleingemacht und -gehalten wurden. Sie fühlen sich nicht (mehr) gesehen, können sich nicht (mehr) auf den anderen verlassen.

Jetzt sind Sie mitten in einer Entscheidungssituation, eine Trennung steht im Raum. Sie wollen gehen oder sind schon gegangen, Sie wurden verlassen oder haben gemeinschaftlich die Trennung eingeleitet. Emotional und wirtschaftlich hängt alles in der Luft.

Und ausgerechnet jetzt sollen Sie sich damit befassen, was Sie sich wert sind?

Ja. Gerade jetzt.

Weil es Ihren Entscheidungen hilft. Weil Ihnen das bei der Umsetzung hilft. Weil Sie dieses Gefühl für den eigenen Wert gut durch den Trennungsprozess navigieren kann.

Wissen Sie noch, das Zitat ein paar Seiten zuvor:

»Wir sind seit 26 Jahren zusammen. Ich schätze meinen Partner, er ist mein bester Freund. Aber ich kann mir

einfach nicht vorstellen, so mit ihm weiterzuleben. Mir fehlt zu viel, Geselligkeit, Romantik, Sex. Aber soll ich nur deshalb gehen?« **(Hilke, 54 Jahre, zwei erwachsene Söhne)**

Tja, nur deshalb gehen?

Wer oder was ist denn eigentlich der Maßstab für Ihre Entscheidungen?

Ihr Maßstab sind Sie selbst. Es ist Ihr Leben, in dem Sie die Hauptrolle spielen.

Und keine Angst, auch mit diesem Bewusstsein werden Sie weiter die Verantwortung für Ihre minderjährigen Kinder übernehmen und gut für sie sorgen. Vielleicht sogar noch ein bisschen besser. Denn Sie sind auch immer Vorbild für Ihre Kinder. Durch Ihr Handeln und Ihre Einstellung noch mehr als durch Worte. Erziehung und Prägung finden fast ausschließlich ohne das gesprochene Wort statt, sondern dadurch, was Sie von sich selbst halten. Das strahlen Sie aus und das setzen Sie regelmäßig unbewusst in Handlungen um.

Sie sind trotzdem noch nicht bereit, das alles zu akzeptieren, zweifeln an Ihrem Wert und Ihrem Recht, darauf bauend Entscheidungen zu treffen?

Okay, kein Problem. Lassen Sie mich Ihnen eine Frage stellen.

Wenn Sie Kinder haben oder sich vorstellen, Kinder zu haben: Was würden Sie Ihrem Kind raten, wenn es in einigen Jahren genau in Ihrer Situation wäre?

Ich kenne Sie nicht, aber ich glaube zu wissen, was Sie mir antworten würden:

»Ich möchte, dass mein Kind glücklich ist.« – »Ich würde meiner Tochter sagen, dass Sie sich trennen soll.« – »Ich würde meinem Sohn mit auf den Weg geben, dass er sich nach seinem Lebensglück richten soll.« – »Ich würde meinem Kind sagen, dass es wichtig und wertvoll ist und gut für sich selbst entscheiden soll.« – »Ich würde meiner Tochter raten, dass sie für sich selbst eintreten soll.«

Ziemlich sicher würden Sie Ihrem Kind nicht sagen:

»Halte aus.« – »Halte durch.« – »Beiß die Zähne zusammen, so ist das nun einmal.«

Die meisten Menschen sind wie Löwinnen für ihre Kinder. Sie setzen sich für ihre Kinder ein, verteidigen sie, springen für sie in die Bresche. Nur für sich selbst treten sie nicht ein.

Und genau das darf sich jetzt ändern. Weil Sie sich selbst wertschätzen.

Ihr Maßstab sind Sie selbst. Das ist wertvolle Pflege von innen, Wellness für Ihre Seele.

Sie dürfen Ihr Leben und Ihre Umstände mit diesem, Ihrem Maßstab neu durchleuchten und ausmisten, wo es Ihnen nötig erscheint. Das hilft Ihnen, (wieder) Ihr ganzes Potenzial zu entfalten, zu Ihrem Wohl und dem Wohl aller, die Sie umgeben. Damit Sie wieder in Ihrem Leben ankommen.

Und natürlich sind Sie frei darin, beizubehalten, was nach dieser inneren Bestandsaufnahme richtig erscheint.

Dazu gehört eben auch Ihre Beziehung: Kann es einen Neustart geben oder ist letztlich das Beziehungsende Ihre Entscheidung?

In einem ersten Beziehungscheck gebe ich Ihnen gleich einige Parameter an die Hand, um sich dieser Frage zu nähern.

Schnell klarer sehen: Gehen oder bleiben – Ihr erster Beziehungscheck

»Ich bin nicht mehr glücklich mit meinem Mann. Aber irgendetwas hält mich davon ab, unsere Partnerschaft zu beenden. Ich habe das Gefühl, mein Mann interessiert sich gar nicht mehr dafür, wer ich wirklich bin. Und andererseits sind wir ein super Team, können gut Probleme lösen und angehen. Wie finde ich heraus, was ich wirklich will: Trennung oder nicht?« **(Christina, 43 Jahre, zwei Kinder unter 16)**

Für einen ersten Beziehungscheck lohnt es sich, sich selbst die Frage nach dem Gehen oder Bleiben zu stellen.

Bei der Frage »Gehen oder bleiben?« geht es besonders um vier große Themenkreise, die von allen Seiten beleuchtet werden:

- Die eigene Identität in der Partnerschaft
- Die Bindung an den Partner
- Ein besonderes Verantwortungsgefühl für den Partner
- Schuldgefühle wegen des Trennungswunsches

Diese Themenkreise für sich selbst zu klären, ist ein erster großer Schritt und hilft enorm, die eigene Partnerschaft und den eigenen Trennungswunsch einzuordnen.

Nehmen Sie gern Papier und Stift zur Hand, um Ihren inneren Prozess zu notieren. Und dann schauen wir uns diese vier Themenkreise genauer an.

Identität – fühlen Sie sich gesehen?

Beim ersten großen Themenkreis geht es um Ihre eigene Identität und Ihr Gefühl, ob Sie sich in dieser Identität in allen Facetten in Ihrer Partnerschaft gesehen fühlen.

Fühlen Sie sich gesehen als die Frau oder der Mann, die/der Sie sind? Oder haben Sie manchmal den Eindruck, in Ihrer Partnerschaft unsichtbar (geworden) zu sein, und dass Ihr Partner mit einer völlig fremden Person spricht, wenn er mit Ihnen redet?

Fühlen Sie sich als Liebes- und Lebenspartner gesehen? Oder haben Sie manchmal das Gefühl, Sie »gehörten zum Inventar«, seien irgendwie selbstverständlich geworden und keiner liebenden Mühe oder Initiative mehr wert?

Fühlen Sie sich gesehen mit all Ihren Eigenschaften, Ihren Stärken und Ihren Schwächen? Oder haben Sie das Gefühl, dass der Fokus allzu oft auf Ihren vermeintlichen Schwächen und Mängeln liegt und Sie mehr Vorwürfe als Zuspruch erhalten?

Fühlen Sie sich gesehen in Ihren Interessen, Wünschen und Bedürfnissen? Oder haben Sie das Gefühl, Ihre Wünsche interessieren nicht (mehr), das meiste wird über Ihren Kopf hinweg gemacht oder entschieden?

Viele Menschen haben genau diese Probleme in ihrer Partnerschaft: Sie fühlen sich nicht mehr oder nicht mehr ausreichend gesehen.

Ein erster Schritt hier ist, sich erst einmal Klarheit über sich selbst zu verschaffen (→Innere Klarheit). Sie sollten selbst genau wissen, wo Sie stehen und was Sie brauchen.

Bevor es dann tatsächlich in Richtung Trennung gehen könnte, sollten Sie sich fragen, welche Wege es gibt, innerhalb Ihrer Partnerschaft in Ihrer Identität wieder präsenter zu werden, um auch von Ihrem Partner wieder so gesehen zu werden, wie Sie sind. Gibt es eine reale Aussicht, aufgefrischten Respekt und neue Wertschätzung in Ihrer Partnerschaft zu erhalten? Was könnte dorthin führen? Ist Ihr Partner eventuell aufgeschlossen für einen gemeinsamen Prozess?

Gleichrangig mit der Frage, ob Sie sich in Ihrer Partnerschaft noch gesehen fühlen, ist die Frage nach der Bindung in Ihrer Partnerschaft.

Bindung – können Sie sich verlassen?

Partnerschaft bedeutet Bindung zwischen den Partnern. Welcher Grad an Bindung und welche Art von Bindung zwischen zwei Partnern vorliegt, ist individuell sehr verschieden. Ohne hier auf unterschiedliche theoretische Bindungsmodelle einzugehen, lässt sich dieser Aspekt mit der folgenden Frage gut feststellen:

Können Sie sich auf Ihren Partner verlassen?

Das bezieht sich auf alltägliche Dinge wie Haushaltsführung, Erziehung der Kinder, gegenseitige Unterstützung in besonderen beruflichen Situationen, kann aber auch weiter gehen und existenzielle Notsituationen umfassen: eine schwere Krankheit, Operationen, den Tod eines eigenen Elternteils.

Manche Menschen können sich schon in alltäglichen Angelegenheiten nicht auf ihren Partner verlassen und übernehmen – auch ohne Trennung – allein die Hauptlast dieser Aufgaben.

Viele Menschen antworten auf diese Frage oft spontan, dass sie sich insbesondere in Notsituationen klar auf ihren Partner verlassen könnten. Und das auch dann, wenn sie sich in ihrer Identität in ihrer Partnerschaft nicht (mehr) gesehen fühlen.

Dieses Gefühl, auch in schweren Zeiten vom Partner unterstützt zu werden, gibt viel innere Sicherheit und ist sehr wohltuend. Es ist ein enorm wichtiges Fundament für eine

Partnerschaft und macht eine Trennung oft schwierig, vor allem, wenn Menschen ein hohes Sicherheitsbedürfnis haben oder aber nur noch wenige Angehörige aus ihrer Ursprungsfamilie.

Daher stellt sich die Frage: Wie sind diese beiden Aspekte der Identität und Bindung nun für Ihren ersten Beziehungscheck und die Entscheidung über eine mögliche Trennung zu gewichten?

Identität und Bindung in Balance?

Wenn Sie sich in Ihrer Partnerschaft nicht gesehen fühlen und sich weder in alltäglichen Angelegenheiten noch in Notsituationen auf Ihren Partner verlassen können, ist die Entscheidung meistens sehr naheliegend: Die tragenden Pfeiler einer Partnerschaft sind nicht (mehr) existent, eine Trennung ist sehr wahrscheinlich.

Schwieriger wird es jedoch, wenn die Aspekte Identität und Bindung unterschiedlich empfunden werden:

Variante A:
Sie fühlen sich nicht mehr gesehen. Aber Sie können sich auf Ihren Partner sowohl in alltäglichen als auch in existenziellen Situationen verlassen.
Analyse: Identität und Bindung sind nicht in Balance. Das Sich-verlassen-Können auf den Partner ist ein sehr gewichtiger Aspekt, denn er gibt persönliche Sicherheit. Eine Trennung fällt schwer.
Weiterführende Fragen: Wie wichtig sind Ihnen die beiden Aspekte Identität und Bindung persönlich? Welche Prioritäten haben Sie? Können Sie die Partnerschaft auf dieser Basis weiterführen? Was brauchen Sie dafür? Ist Ihr Partner bereit, an einem

gemeinsamen Prozess mitzuwirken, um Ihre Partnerschaft so zu verbessern, dass die verschiedenen Bedürfnisse ausgewogen erfüllt werden?

Variante B:
Sie fühlen sich gesehen in Ihrer Partnerschaft. Aber Sie können sich auf Ihren Partner weder in alltäglichen noch in existenziellen Situationen verlassen. Das meiste hiervon schultern Sie.
Analyse: Identität und Bindung sind auch hier nicht in Balance. Gesehen zu werden und idealerweise angenommen zu werden, wie man ist, sind menschliche Grundbedürfnisse. Sie schenken Geborgenheit. Jedoch können Sie sich in keiner Situation auf Ihren Partner verlassen. Das gibt häufig das Gefühl, alles laste auf Ihren Schultern. Sie machen und tun und wünschen sich wahrscheinlich manchmal jemanden, der Sie tatkräftig unterstützt.
Weiterführende Fragen: Wie wichtig sind Ihnen die beiden Aspekte Identität und Bindung? Empfinden Sie noch Liebe oder Zuneigung für Ihren Partner, der Sie sieht und annimmt, wie Sie sind? Sind diese Liebe und Zuneigung so groß, dass Sie bleiben wollen, auch wenn Sie sich nicht auf ihn verlassen können und Sie Ihr Leben als anstrengend empfinden? Haben Sie eine Möglichkeit, sich in Ihrem Tun zu entlasten, zum Beispiel sich im Haushalt helfen zu lassen? Können Sie Vorkehrungen für Notsituationen treffen? Gibt es eine Möglichkeit, diese Themen gemeinsam mit Ihrem Partner anzugehen?

Variante C:
Sie fühlen sich nicht mehr gesehen. Sie können sich auf Ihren Partner zwar nicht in alltäglichen, aber in existenziellen Situationen verlassen.
Analyse: Identität und Bindung sind nicht in Balance. Sie fühlen sich nicht mehr gesehen, was Sie möglicherweise traurig

und unglücklich macht. Dazu kommt die Last der alltäglichen Aufgaben, die überwiegend Sie schultern. Das Gefühl, sich in schweren Stunden und existenziellen Notlagen auf Ihren Partner verlassen zu können, schenkt Ihnen jedoch ein Sicherheitsgefühl.
Weiterführende Fragen: Wie wichtig ist Ihnen das Sicherheitsgefühl, sich in schweren Situationen auf Ihren Partner verlassen zu können? Wiegt es den gefühlten Mangel in den anderen Aspekten auf? Wie sieht es aus mit Ihrem sozialen Netzwerk: Gibt es Menschen, die Sie in existenziellen Notlagen unterstützen würden? Wie gewichten Sie das: Sie empfinden Mangel in Ihrer Partnerschaft, und den einzigen Bereich, in dem Sie sich auf Ihren Partner verlassen können, könnten eventuell auch andere Menschen in Ihrem Umfeld übernehmen? Was hält Sie außerdem noch in Ihrer Partnerschaft? Haben Sie das Gefühl, gemeinsam mit Ihrem Partner doch noch ein Gleichgewicht in Ihrer Beziehung herstellen zu können?

So schneidig und präzise das in den genannten Fallgestaltungen auch klingt – Sie sehen selbst, dass das keine einfachen Rechenaufgaben sind, die man mir nichts, dir nichts schnell lösen kann. Vielmehr ist es ein individueller, intensiver Weg, zu genau dem vorzustoßen, was ich in den oben genannten Varianten aufgezeigt habe: dem Kern Ihrer ganz persönlichen Sorgen und Nöte. Darum wird sich später alles drehen: →Sich selbst (wieder-)finden.

Bleiben wir aber noch hier in Ihrer Situation des ersten Beziehungschecks.

Neben dem großen Komplex Identität und Bindung und deren Balance gibt es zwei weitere Themen, die bei diesem ersten Beziehungscheck eine große Rolle spielen: ein mögliches besonderes Verantwortungsgefühl und Schuldgefühle.

Ihre Fesseln: Besonderes Verantwortungsgefühl und Schuldgefühle

> *»Ich stehe kurz vor einer Trennung – zumindest innerlich –, bin aber einfach noch nicht fähig, diesen Schritt endgültig zu vollziehen. Da ist zum einen die Gewohnheit. Ich bin fast mein halbes Leben mit meinem Lebensgefährten zusammen. Und dann sind da diese wahnsinnigen Schuldgefühle und mein Verpflichtungsgefühl gegenüber meinem Partner. Jeder von uns ist finanziell unabhängig, aber gefühlt ist er total von mir abhängig. Ich will ihm nicht wehtun und vor allem nicht den Boden unter den Füßen wegziehen. Wie komme ich da raus?«* **(Melanie, 44 Jahre, keine Kinder)**

Die Frage des Gehens oder Bleibens ist vor allem dann sehr schwierig zu beantworten, wenn Ihr Partner eigentlich kein »übler« Mensch ist. Die Trennung wäre so viel einfacher, wenn Sie einen »echten Grund« dafür hätten, wenn Sie Ihrem Partner etwas Handfestes vorwerfen könnten: Desinteresse, Fremdgehen, Drogen, Alkohol, Gewalt.

All das gibt es glücklicherweise in Ihrer Partnerschaft nicht. Aber sich »ohne einen Grund« zu trennen, kommt Ihnen so unfair vor. Manche Klienten fühlen sich dadurch so gehemmt, dass sie mit dem Wunsch ins Coaching kommen, ich möge ihnen doch bitte einen sachlichen Grund für ihre Trennung nennen.

Diese innere Zerrissenheit hat häufig mit zwei Komponenten zu tun: einem besonderen Verantwortungsgefühl und möglichen Schuldgefühlen gegenüber dem Partner, die allein schon der Gedanke an Trennung auslöst.

1. Ein besonderes Verantwortungsgefühl

In einer Partnerschaft kann sich manchmal sehr schnell, manchmal erst nach vielen Jahren ein gegenseitiges Verantwortungsgefühl entwickeln. Dieses ist bei den Partnern oft unterschiedlich stark ausgeprägt. Manchmal hängt es auch von der tatsächlichen oder subjektiv so wahrgenommenen Bedürftigkeit des anderen ab.

Schicksalsschläge, schwere Erkrankungen oder Operationen, Behinderungen oder Unfälle, psychische Erkrankungen, aber auch der Tod der Eltern des Partners können ein starkes Verantwortungsgefühl hervorrufen und eine Trennung innerlich und äußerlich unmöglich erscheinen lassen – auch wenn Sie vorher unglücklich waren in Ihrer Partnerschaft. Manchmal reicht aber auch schon das diffuse Gefühl, der Partner sei in alltäglichen Angelegenheiten sehr hilfsbedürftig und werde es allein »nicht schaffen«, um den Anlass zum Bleiben zu geben.

Ein gewisses Maß an Verantwortungsgefühl ist Bestandteil einer guten Partnerschaft und teilweise auch ihr Sinn. So gilt es, einander – egal wie religiös Sie sind – »in guten und in schlechten Zeiten« beizustehen.

Genau das ist es aber, was Ihnen jetzt so große innere Schwierigkeiten bereitet: Der Wunsch nach Ihrem eigenen Lebensglück steht Ihrem Verantwortungsgefühl für Ihren Partner entgegen.

Es gibt für diesen inneren Widerstreit keine pauschalen Lösungen. Zu groß sind diese Themen, als dass sie »mal eben so« geklärt werden könnten. In verschiedenen Lebenssituationen immer wieder die »richtige« Verantwortung zu übernehmen, ist oft eine Lebensaufgabe. Bestandteil der »richtigen« Verantwortung ist immer auch die Eigenverantwortung. Sie dürfen in erster Linie die Verantwortung für sich selbst übernehmen: für Ihr Dasein, Ihre Wünsche, Ihre Bedürfnisse. Das alles sollten Sie idealerweise kennen.

Ihre Verantwortung für einen anderen Menschen hingegen dürfen Sie überdenken, gerade wenn Sie die Trennungsentscheidung für sich noch nicht getroffen haben. In dieser Entscheidungssituation stellen Sie sich mit einem zu großen Verantwortungsgefühl für Ihren (Ex-)Partner leicht ein Bein und kommen innerlich nicht weiter. Zumindest dann, wenn dieses Verantwortungsgefühl für einen anderen Menschen Ihre Eigenverantwortung übersteigt.

Mit anderen Worten: Wenn Sie innerlich bereit sind, über »Gehen oder bleiben?« zu entscheiden, dann verstellt Ihnen der Gedanke an die Verantwortung für den anderen den Weg zu dieser Entscheidung. Als würden Sie in den Spiegel gucken und Sie im Spiegelbild plötzlich das Antlitz Ihres Partners anschauen – ein fast filmischer Moment. Aber wenn Sie dieses Spiegelbild berühren wollen, ist es weg, und Sie stehen wieder ratlos da mit Ihrer Entscheidungssituation.

Eigenverantwortung zu übernehmen, geht nie ohne eine Reise zu sich selbst, zu Gefühlen, Bedürfnissen, Werten, der eigenen Vision von Ihrem Leben. Was bedeutet Lebensglück für Sie?

Erst dann kommen die Fragen nach Ihrer individuellen Verantwortlichkeit für andere.

Menschen, die ohnehin ein hohes Verantwortungsbewusstsein haben – dies bezieht sich häufig auch auf andere Lebensbereiche wie Beruf, Kinder, Sport und Hobbys –, fühlen sich naturgemäß stärker gebunden als Menschen mit einem geringeren Verantwortungsbewusstsein. Hier geht es zunächst darum, sich selbst einzuordnen: Wie ist das bei Ihnen?

Versuchen Sie im nächsten Schritt zu bestimmen, wo Ihre Verantwortung für andere anfängt und wo sie aufhört. Fühlt sich das noch stimmig für Sie an? Oder bemerken Sie ein Ungleichgewicht? Finden Sie als Mensch bei dieser Betrachtung noch statt oder schlägt die Waage zugunsten anderer aus?

Wechseln Sie auch mal die Perspektive: Könnte ein übergroßes Verantwortungsgefühl für Ihren Partner vielleicht auch bedeuten, dass Sie ihm die Kompetenz absprechen, sein Leben zu führen?

Weiter dürfen Sie sich der Frage stellen, ob Ihr hohes Verantwortungsbewusstsein bestimmte Gründe hat, wo es herkommt, was dazu geführt hat. Ein Teil mag Charaktereigenschaft sein, ein anderer Teil ist vielleicht erlernt und erworben, wurde irgendwann in Ihrem Leben von Dritten oder von außen gefordert. Der Grundstein hierfür wird oft schon in der Kindheit gelegt.

Sie bekommen auf diesem sehr intensiven Weg ein Gefühl für Ihre eigene Verantwortlichkeit für andere in Wechselwirkung mit Ihrer Eigenverantwortung.

Dann geht es um Ihren Partner:

Wie weit geht Ihr Verantwortungsgefühl gegenüber Ihrem Partner? Erkennen Sie bei ihm zum Beispiel aufgrund von Krankheit oder einschneidenden Ereignissen Hilflosigkeit oder Bedürftigkeit? Dann sollte zunächst beleuchtet werden, ob und wie weit tatsächlich eine psychische oder physische Bedürftigkeit vorliegt, oder ob sie nur so wahrgenommen beziehungsweise vermutet wird. Tatsächliche Hilflosigkeit und Bedürftigkeit lassen sich feststellen. Es ist aber auch oft der Fall, dass ein trennungswilliger Mensch bei seinem Partner eine Verschlechterung befürchtet, wenn es zu einer Trennung kommt. Hinzu kommt oft pures Mitleid mit dem Partner, weshalb sich der Trennungswillige verantwortlich und gehemmt fühlt.

All das muss mit viel Umsicht und Sorgfalt abgewogen werden.

Am Ende dieses klärenden Prozesses zum Thema »Ihr besonderes Verantwortungsgefühl« haben Sie Klarheit gewonnen über die Frage: Wie sehr hemmt Sie Ihr Verantwortungsgefühl für Ihren Partner, Ihren Weg zu beschreiten?

2. Schuldgefühle

Eine weitere innere Stimme, die sich bei einem Trennungswunsch melden kann, sind Schuldgefühle. Lassen Sie uns auch hier erst einmal wieder eine Bestandsaufnahme Ihrer möglichen Schuldgefühle vornehmen, gern mit Papier und Stift.

Das kann damit beginnen, dass Sie ganz allgemein Schuldgefühle haben, die nach außen hin gut erscheinende Partnerschaft überhaupt aufzubrechen. Was sollen Ihre Familie, Freunde, die anderen, die Dorfgemeinschaft denken?

Die individuellen Schuldgefühle gegenüber Ihrem Partner sind meist konkreter:

- Sie haben viel Lebenszeit miteinander verbracht.
- Sie haben womöglich gemeinsam Kinder großgezogen.
- Sie haben gemeinsame Erinnerungen.
- Sie haben Eigentum erworben, Wohnungen, Häuser, Aktien.
- Sie haben Ihr Eigentum immer wieder renoviert, selbst Hand angelegt. Das alles sollte Ihnen im Alter zugutekommen.
- Sie wollten im Alter füreinander da sein.

Sollen Sie das alles »opfern«, weil Sie sich jetzt nicht mehr glücklich fühlen? Weil der Mensch an Ihrer Seite vielleicht noch Ihr Freund ist, aber nicht mehr Ihr Lebens- und Liebespartner? Weil Sie ihn/sie nicht mehr um sich haben wollen, aber immer noch keinen handfesten Grund dafür nennen können?

Auch für diese große Frage nach den Schuldgefühlen kann es keine schematische Lösung geben. Innere Klärung ist nur über eine intensive Auseinandersetzung mit dem Thema und einen ehrlichen inneren Dialog zu erreichen:

- Woher kommen diese Schuldgefühle? Sind es gesellschaftliche Normen, die Vorstellungen anderer oder Ihre eigenen?

- Was berühren diese Schuldgefühle bei Ihnen? Welche Ihrer individuellen Werte sind betroffen? (→Kennen Sie Ihre persönlichen Werte …?)

- Wofür »brauchen« Sie Ihre Schuldgefühle außerdem noch? Haben sie einen – noch verborgenen – weiteren Zweck?

- Was ist Ihnen wirklich wichtig?

So führt die Reflexion Ihrer Schuldgefühle Sie unweigerlich schon ein ganzes Stück zu sich selbst. Merken Sie es? Sie beginnen gerade, sich selbst wiederzufinden.

Zusammenfassung:

Beziehungscheck

In Ihrer aktuellen Situation stecken Sie fest in Ihrer Partnerschaft. Sie sehen sich vor einer echten Entscheidung für oder gegen eine Trennung. Sie machen einen ersten Beziehungscheck mit den folgenden Kriterien:

- In einer Partnerschaft geht es auch immer um die Wahrnehmung der eigenen Identität. Die Kernfrage ist: Fühlen Sie sich gesehen? Daneben ist die Frage nach der Bindung in einer Partnerschaft wesentlich: Können Sie sich auf Ihren Partner verlassen – in alltäglichen Angelegenheiten und in existenziellen Notsituationen?

- Die Fragen nach Identität und Bindung können unterschiedlich beantwortet werden. Dann kommt die Balance zwischen beiden Aspekten ins Spiel: Welchen Aspekt können Sie bejahen, welchen verneinen, wie gewichten Sie die unterschiedlichen Aspekte? Hier ergeben sich verschiedene Varianten mit weiterführenden Fragen.

- In einer Partnerschaft kann schnell oder über viele Jahre ein besonderes Verantwortungsgefühl wachsen, vor allem auch bei einer tatsächlichen oder wahrgenommenen Bedürftigkeit des anderen. Machen Sie eine Bestandsaufnahme. Wie können Sie mit einem besonderen Verantwortungsgefühl gut und bewusst umgehen?

- Der eigene Trennungswunsch kann an Schuldgefühlen scheitern. Machen Sie auch hier eine Bestandsaufnahme. Sie hilft in einem ersten Schritt, eigenen Schuldgefühlen auf den Grund zu gehen.

Entscheidungen treffen in toxischen Beziehungen

Noch eine Bemerkung zu Beziehungssituationen, in denen Ihre Entscheidungsfähigkeit in besonders akuter Gefahr ist, den sogenannten toxischen Beziehungen. Das sind – hier kurz gefasst – Beziehungen, die emotional, psychisch und körperlich zermürbend sind, die keine zugeneigte Liebe kennen, sondern ein ständiges Auf und Ab der Gefühle, in denen Sie vermeintlich an allem schuld sind und in denen Sie viel Demütigung und Missachtung erleben. Vermutlich ist Ihr Partner selbst schon toxisch, zum Beispiel ein Narzisst oder Psychopath (→ Merkmale einer toxischen Beziehung).

Wenn Sie in einer solchen toxischen Beziehung sind, dann fällt es extrem schwer, Entscheidungen zu treffen. Ihre Entscheidungsfähigkeit ist bereits geschwächt.

Sobald Sie etwas entscheiden wollen, erhalten Sie starken Widerstand von Ihrem Gegenüber. Oft haben Sie in solch einer Beziehung das Gefühl, einer »Gehirnwäsche« unterzogen zu werden. Aufgrund von stundenlangen Diskussionen, permanenten Schuldvorwürfen und Beschimpfungen fühlen Sie sich schlicht »wuschig« im Kopf. Sie fühlen sich nicht mehr in der Lage, zu entscheiden, was für Sie gut oder schlecht ist, welche Bedürfnisse Sie überhaupt haben, geschweige denn, wie Sie sie erfüllen können. Mehr noch: Oft haben Sie starkes Mitleid mit Ihrem Gegenüber, statt sich um Ihr eigenes Wohlergehen zu kümmern.

Daher sollte hier der erste Schritt der Versuch sein, Ihre Entscheidungsfähigkeit in dieser extremen Belastungssituation wiederzuerlangen. Außerdem gibt es zur Trennung von einem Narzissten ein eigenes, umfangreiches Kapitel (→ Kapitel VI). Aber Sie sollten wissen, dass es viel Anstrengung und sehr viel

Kraft und Energie kostet, (wieder) in Ihre Entscheidungsfähigkeit zu kommen.

Was unterstützt, ist ein strategisch geplanter roter Faden oder auch »Escape Plan«: Ihr persönlicher Fluchtplan raus aus der toxischen Beziehung. Dabei hilft Ihnen alles, was in diesem Buch steht: Sich selbst (wieder-)finden, loslassen, umsetzen und dranbleiben. Nur ist es in diesem Fall deutlich anstrengender und erfordert Ihre ganze Willensstärke.

Wenn Geld Ihr Thema ist

… benötigen Sie ebenfalls einen guten Plan.

»Ich würde gerne das Coaching bei Ihnen anfangen. Aber mir schwant so langsam, dass ich doch auch anwaltliche Beratung brauche. Beides geht aber finanziell nicht. Deshalb möchte ich das Coaching gern zurückstellen.« **(Marlies, 56 Jahre)**

»Mein größtes Thema bei der Trennung war, wie ich das alles finanzieren soll.« **(Isabelle, 34 Jahre)**

»Unser Vermögen ist sechsstellig; wir haben uns weitgehend geeinigt. Jetzt geht es bei meinem Mann und mir vor Gericht noch um 10 000 Euro. Wissen Sie was, darum streite ich mich nicht mehr. Mein guter Schlaf ist mir jetzt wichtiger.« **(Ute, 42 Jahre)**

Eine Trennung und Scheidung können viel Geld kosten. Da sind die offensichtlichen Ausgaben für eine neue Wohnung oder ein neues Haus, Umzüge, neue Möbel, ein eigenes Auto. Oft muss der gesamte Hausstand neu angeschafft werden, entweder weil die Partner sich nicht einigen können oder weil die damit verbundenen Erinnerungen nicht erwünscht sind. Es können Anwalts- und Gerichtskosten anfallen. Und dann wartet das Leben »danach«: Unabhängig von Unterhaltszahlungen kommt fast niemand mehr ohne eine eigene Berufstätigkeit aus. Arbeitslosigkeit, Teilzeitarbeit oder eine generell geringere Kaufkraft können ein enormes finanzielles Problem darstellen.

Die Eingangszitate zu diesem Abschnitt kommen aus dem ganz normalen Leben und spiegeln vor allem die Situation von

Frauen wider, die sich trennen wollen: Es gibt Frauen wie Ute, die wirtschaftlich gut aufgestellt sind und all die genannten Kosten ohne Weiteres zahlen können. Aber es gibt eben auch sehr viele Frauen, die das nicht »einfach so« finanziell stemmen können. Die ganz genau überlegen müssen, ob sie sich eine Trennung überhaupt leisten können. Diese Gedanken überlagern alles andere, die Frauen finden keine Lösungen in ihrer finanziellen Zwangslage und bleiben so gefangen in Partnerschaften, die ihnen schon lange nicht mehr guttun. Genau das ist übrigens einer der Hauptgründe für dieses Buch: jedermann und jederfrau Coaching und innere Entwicklung zu einem erschwinglichen Preis zur Verfügung zu stellen.

Dass so viele Frauen finanziell immer noch schlechter dastehen als (ihre) Männer, ist ein gesamtgesellschaftliches Problem. Es hängt damit zusammen, dass viele Frauen die unbezahlte Care-Arbeit für gemeinsame Kinder und Eltern – oft auch für »seine« Eltern – komplett übernehmen und deshalb nicht oder nur geringfügig berufstätig sind. Es hängt mit dem Mangel an bezahlbaren Kinderbetreuungsmöglichkeiten zusammen, manchmal aber auch mit der mangelnden Bereitschaft, Kinder fremdbetreuen zu lassen – zumindest in den westlichen Bundesländern. Manchmal stecken liebende – aber finanziell blauäugige – Frauen nennenswerte eigene Ersparnisse in gemeinsames Eigentum ohne vertragliche Absicherung, zum Beispiel in die neue Küche der gemeinsamen Wohnung, aber auch in fremdes Eigentum, zum Beispiel das Haus »seiner« Eltern, in dem das Paar / die Familie lebt – ohne den eigenen finanziellen Beitrag vertraglich über eine mögliche Trennung hinaus zu schützen. Oft sind Ursache die hergebrachten Rollenverteilungen, in denen der Mann in Partnerschaften wie selbstverständlich die Hand auf dem Geld hat. Und natürlich hängt es auch mit dem »Gender Pay Gap« zusammen, der selbst überwiegend oder in Vollzeit berufstätige Frauen finanziell immer noch schlechter stellt als in demselben Umfang arbeitende Männer. Da hat sich leider in den letzten mindestens 60 Jahren nicht genug getan: Gerade Frauen hängen wegen der Finanzen in unglücklichen Partnerschaften fest.

Das finanzielle Ungleichgewicht in vielen Beziehungen kann ich hier nicht lösen und leider auch nicht beschönigen. Aber ich kann Ihnen Hinweise geben als Coachin, Frau und Mutter, wie Sie diese Situation angehen könnten.

Zuerst muss ich Ihnen sagen:

Ja, es kann hart werden.

Ja, es könnte eine echte Durststrecke auf Sie zukommen.

Ja, Sie könnten manches Mal verzweifeln, wenn sich wieder etwas nicht so entwickelt wie erhofft.

Deshalb erfordert diese, Ihre Entscheidung *für* eine Trennung mit finanziellen Unsicherheiten noch mehr Ihre klare Erkenntnis, dass sie das wert ist. Dass Ihr persönliches Lebensglück die härteren Zeiten irgendwann ausgleichen wird. Dass Sie das Richtige tun für sich und Ihre Kinder. Genau bei dieser Entscheidungsfindung begleitet Sie dieses Buch. Priorisieren Sie daher bitte die folgenden acht Punkte:

1. Machen Sie frühzeitig einen Kassensturz. Seien Sie realistisch und ermitteln Sie Ihre Einnahmen und Ausgaben genau: Ihren Bedarf aktuell, aber vor allem auch zu erwartende Einnahmen und Ausgaben während und nach einer Trennung.

2. Beginnen Sie falls möglich, Geld zu sparen. Manche Trennungen ziehen sich vom Trennungsentschluss bis zur tatsächlichen

Trennung viele Monate, manchmal Jahre hin. Beginnen Sie jetzt sofort damit, jeden Monat auch kleinere Beträge zurückzulegen.

3. Durchdenken Sie Ihre Lebenshaltung vorab und optimieren Sie sie, um Ihr Budget und Ihren Bedarf in Einklang zu bringen. Dazu gehört objektiv der Einkauf beim Discounter oder der Griff zu Eigenmarken größerer Handelsketten bei Nahrungsmitteln, Möbeln und Kleidung. Dazu gehört subjektiv auch, zumindest vorübergehend die eigenen Ansprüche an Wohnung, Auto oder Urlaube herunterzuschrauben. Es klingt lapidar, ist aber in dieser Situation ganz wesentlich: Wenig Geld zu haben, macht nicht zwangsläufig unglücklich. Unglücklich macht das Gefühl, mehr Geld zu brauchen, als man im Moment hat.

4. Planen Sie insbesondere frühzeitig Ihre Wohnsituation nach der Trennung. Die meisten meiner Klienten, Frauen wie Männer, wollen in einem ersten Impuls in der Wohnung oder dem Haus wohnen bleiben, in dem sie während der Partnerschaft gelebt haben, vor allem wenn sie Kinder haben. Ob das gelingt, hängt von sehr vielen Aspekten ab: der Zustimmung des Partners, dessen Bereitschaft auszuziehen, möglichen Verzögerungstaktiken und nicht zuletzt der Frage, ob Sie sich die Wohnung oder das Haus allein überhaupt leisten können.

   Daher ist es in jedem Fall sinnvoll, möglichst früh einen »Plan B« für Ihre Wohnsituation zu entwerfen: Stellen Sie Wohnmöglichkeiten zusammen, die Sie sich im Moment leisten könnten. Recherchieren Sie hierfür regelmäßig Wohnungsanzeigen virtuell oder in Zeitungen, hängen Sie Wohnungsgesuche aus im Supermarkt oder im Sportverein, sprechen Sie Menschen an, von denen Sie wissen, dass sie viele Kontakte haben, informieren Sie sich gegebenenfalls über Sozialwohnungen. Schauen Sie aber bewusst auch nach Übergangsmöglichkeiten, die Ihnen (und Ihren Kindern) für einen kürzeren Zeitraum zur Verfügung stehen könnten. Ich habe schon Mütter mit drei Kindern erlebt, die für viele Monate zu einer anderen alleinerziehenden Mutter mit mehreren Kindern ziehen konnten, bevor ihr endgültiger Wohnraum gefunden war.

Dieses Modell »Übergangswohnung« kann übrigens auch eine Option sein, wenn Ihr Partner nicht ausziehen will, es aber sehr wahrscheinlich ist, dass er es irgendwann muss. Lassen Sie Ihre Fantasie und Ihre Beziehungen spielen und sprechen Sie Ihre Freunde und Bekannten an; vielleicht sind Sie überrascht, was sich alles auftun kann. Wiederum ist das Wichtigste hierbei Ihre innere Einstellung: Gehen Sie bezüglich der ersten Wohnung nach der Trennung nicht davon aus, dass Sie dort für die nächsten Jahre oder Jahrzehnte wohnen werden. Setzen Sie sich als Zeithorizont eher drei Monate bis drei Jahre, dann fällt Ihnen die Entscheidung leichter für oder gegen eine bezahlbare Wohnung, die vielleicht nicht hundertprozentig Ihren Ansprüchen genügt, eine Trennung aber beschleunigen kann.

5. Vereinbaren Sie gerade in dieser Situation unbedingt frühzeitig eine anwaltliche Erstberatung, in der die Gesamtsituation einschließlich der Wohnsituation, aber insbesondere auch Unterhaltsansprüche geprüft und erläutert werden. Erkundigen Sie sich bereits bei der Terminvereinbarung, wie diese Erstberatung abgerechnet wird. Diese Ausgabe zahlt sich in den allermeisten Fällen für Sie aus. Und Sie können mit Ihrem Anwalt auch eine Gebührenobergrenze oder einen Gebührenrahmen vereinbaren, wenn Sie mehr Beratung benötigen als ein Erstgespräch.

6. Nehmen Sie alles in Anspruch, was Sie unterstützen könnte und außerdem kostengünstig oder kostenlos ist. Machen Sie hierzu frühzeitig eine Liste: Die Hilfe von Freunden und Familie kann dazugehören, zum Beispiel bei der Kinderbetreuung, bei einem Umzug oder als Trost in schweren Zeiten. Andere Eltern könnten Sie bei der Kinderbetreuung oder beim Nachmittagsprogramm der Kinder unterstützen. Durchforsten Sie auch die städtischen Angebote zur Unterstützung von Kindern und Familien; denken Sie zum Beispiel auch an kostengünstige Sommercamps, in denen Ihre Kinder einen unbeschwerten Ausgleich finden könnten. Im Übrigen gibt es eine Vielzahl kostenloser Beratungsangebote verschiedener Einrichtungen und Institutionen, wie zum Beispiel:

- Ehe-, Familien- und Lebensberatungsstellen verschiedener Träger; recherchieren Sie Angebote in Ihrer Umgebung im Internet;

- Denken Sie unbedingt an Frauenberatungen in Ihrem Wohnort, wie »Frauen helfen Frauen«: Derartige Beratungsstellen helfen Frauen nicht nur bei häuslicher Gewalt, sondern oft auch in Trennungssituationen. Hier könnten Sie auch Hinweise zu bezahlbarem (Übergangs-)Wohnraum bekommen;

- Trennungs- und Scheidungsberatung beim Jugendamt;

- Erziehungsberatungsstellen verschiedener Träger;

- Angebote im kirchlich-karitativen Umfeld, die Sie auch erwägen können, wenn Sie einer Kirche nicht (mehr) nahestehen, zum Beispiel Trennungs- und Scheidungsberatung sowie Coachingangebote bei Diakonie oder Caritas.

7. Gehen Sie Ihre eigene Jobsituation fokussiert an. Das kann bedeuten, dass Sie eine Berufstätigkeit wiederaufnehmen. Erste Anlaufstelle kann hier die Agentur für Arbeit an Ihrem Wohnort sein. Zu dem Stichwort »Wiedereinstieg in den Job (auch nach langer Pause)« gibt es aber auch viele Fundstellen im Internet mit kostenloser Unterstützung. Bei bestehender Berufstätigkeit kann das bedeuten, dass Sie eine Teilzeittätigkeit aufstocken oder sich über eine sinnvolle Fortbildung informieren, die Ihre Kompetenzen erhöht und so zumindest mittel- und langfristig auch Ihr Einkommen. Kümmern Sie sich frühzeitig um die erforderliche Kinderbetreuung, manchmal sind hier Wartezeiten zu beachten. Die Gebühren für städtische und kirchliche Angebote richten sich in der Regel nach dem zur Verfügung stehenden Einkommen.

   Gerade bei der Organisation der Kinderbetreuung anlässlich der eigenen Berufstätigkeit, aber auch bei der zuvor erwähnten Inanspruchnahme von Hilfe zum Beispiel über Frauenberatungsstellen erlebe ich immer wieder innere Hemmschwellen. Deshalb ist mit das Wichtigste:

8. Erkennen Sie Ihre inneren Widerstände, bestimmte Hilfen und Unterstützung gerade jetzt zumindest vorübergehend in Anspruch zu nehmen, und bauen Sie sie ab. Insbesondere bei der Kinderbetreuung kommen hier häufig Prinzipien zum Vorschein, die Ihnen ein Bein stellen bei Ihrem Weg in die Unabhängigkeit: »Das muss so und so sein für die Kinder.« oder »Das geht nicht wegen der Kinder.« Versuchen Sie, die Perspektive zu wechseln und mit der Situation mitzufließen, zu machen, was geht. Kinder sind flexibler und anpassungsfähiger, als Sie vielleicht jetzt noch glauben, vor allem wenn sie um ihrer selbst willen geliebt werden und merken, dass sich die Familiensituation nach der Trennung Stück für Stück verbessert.

Ich weiß, dieser Weg und diese Tipps sind anders, als Sie sich das zu Beginn Ihrer Partnerschaft vorgestellt haben. Nach meiner Erfahrung mit Klientinnen ist die Situation allerdings häufig nur vorübergehend beschwerlich. In den meisten Fällen bleibt das nicht so. Und ich habe noch keine Klientin erlebt, die rückblickend gesagt hätte: »Wäre ich doch geblieben, denn was danach kam, war so furchtbar anstrengend.« Die Rückmeldung ist vielmehr: »Es war eine Zeit lang hart, aber ich habe es bewältigt. Warum bin ich nicht viel früher gegangen?«

Und was, wenn Sie verlassen wurden?

> *»Mein Mann hat sich gerade von mir getrennt. Wir haben drei gemeinsame Kinder unter 14 Jahren. Er hat schon eine neue Partnerin, mit der er eine gemeinsame Wohnung gekauft hat. Ich bin todunglücklich und auch wütend, weil ich ihm all die Jahre den Rücken freigehalten habe und jetzt vor dem Nichts stehe. Meine Kinder sind mir sehr wichtig. Deshalb habe ich lange nicht gearbeitet. Jetzt habe ich einen Job in Teilzeit, aber es ist alles sehr schwierig. Meine Gedanken drehen sich ständig darum, was ich falsch gemacht habe.«*
>
> **(Barbara, 38 Jahre, drei Kinder unter 14 Jahren)**

Wenn Sie verlassen wurden, ist Ihre Welt in den meisten Fällen komplett aus den Fugen. Dabei spielt es kaum eine Rolle, ob das Verlassenwerden am Ende einer zermürbenden Zeit mit vielen Diskussionen oder Streitereien steht und Sie die Trennung schon erahnt haben, oder ob die Trennung plötzlich und aus heiterem Himmel kommt. Denn auch das gibt es immer häufiger: Eine »5-Minuten-Trennung«, bei der Ihr Partner die Trennung für Sie völlig überraschend ausspricht, in den Wochen zuvor aber bereits sein neues Leben ohne Sie geplant und vorbereitet hat.

Diese Situation ist hart und es gibt nichts zu beschönigen. Sie sind völlig zu Recht traurig, wütend, zornig, fühlen sich gedemütigt, hilflos, überflüssig, unsichtbar, übergangen – Sie durchleben alle nur denkbaren schlechten Gefühle und meistens alle auf einmal. Und ohne Vorwarnung.

Das alles kann und will ich im ersten Moment gar nicht verändern.

Aber irgendwann nach der ersten schlimmen Phase, wenn ab und zu mal wieder ein Lichtblick aufscheint, kann ich Ihnen

Methoden anbieten, sich wieder auf sich zu besinnen und bewusste Entscheidungen für sich und einen Neustart zu treffen. Denn die Zeit heilt nicht alle Wunden, aber Sie selbst können eine Menge dafür tun, indem Sie erkennen, dass Sie auch als Verlassener Entscheidungsräume haben. Betreten wir sie kurz:

- Sie können sich entscheiden, wieder zu sich selbst zu finden, gerade nach dem Verlassenwerden (→ Innere Klarheit).

- Sie können sich entscheiden, zu versuchen, Ihre harten Gefühle zu benennen, zu betrachten und auszuhalten (→Sie müssen leider durch das Tal …).

- Sie können sich entscheiden, den Ursachen für all das auf den Grund zu gehen. Wie konnte das alles nur so schieflaufen? Und keine Angst, es geht hier nicht um Schuldzuweisungen. Sie haben nichts falsch gemacht. Aber nach meiner Erfahrung gerade bei einer plötzlichen Trennung haben Sie wahrscheinlich schon vorher viel hingenommen, klaglos ertragen, haben Ihre Bedürfnisse verleugnet oder hintangestellt und sind nicht für sich selbst eingetreten. Sie haben sich meistens kleingemacht zugunsten der Bedürfnisse und Wünsche Ihrer Lieben: Ihres Partners und Ihrer Kinder. Gerade jetzt, angesichts des Verlassenwerdens, ist es an der Zeit, mit dieser Einstellung gründlich aufzuräumen, damit Ihnen das möglichst nicht noch einmal passiert (→Innere Prägungen erkennen und verändern).

- Sie können sich entscheiden, Ihre vergangene Partnerschaft für sich selbst richtig einzuordnen, wirklich abzuschließen und endlich gesunde Grenzen zu ziehen (→Ich lasse (dich) los …).

- Sie können sich entscheiden, Ihre Trennung bewusst zu akzeptieren, nach vorn zu schauen und von jetzt an Ihr persönliches Lebensglück selbst zu gestalten (→ Ihr Ausblick: Neue Lebensfreude manifestieren).

Ich weiß, dass das alles sehr schwerfällt und nicht von heute auf morgen geschieht. Solche Entscheidungen zu treffen, wenn Sie verlassen wurden, ist hart. Genauso sicher weiß ich aus meiner Erfahrung als Trennungscoachin, dass Sie in eine endlose Schleife der Trauer, der Passivität und des Selbstmitleides fallen können, oft über viele Monate oder Jahre, wenn Sie das Verlassenwerden nicht irgendwann bewusst und gut für sich selbst verarbeiten.

Sie haben es jetzt in der Hand: Treffen Sie diese Entscheidungen für den wichtigsten Menschen in Ihrem Leben: Sie selbst.

Und falls Sie Kinder haben, denken Sie daran: Ihre Entscheidung und Ihr Mut, Ihre Trennung bewusst aufzuarbeiten, wird nicht nur Ihnen zugutekommen, sondern ganz sicher auch Ihren Kindern.

Ihre Entscheidung und Weichenstellung: »Rosenkrieg« oder gute Trennung?

»Ich bin gerade sehr durcheinander und traurig über mich selber. Ich fühle mich wie gelähmt und gefangen in mir. Mit meinem Mann streite ich bösartig, mache ihm schlimmste Vorwürfe und ich verbittere mit viel Selbstmitleid. Dabei würde ich so gern groß denken, bin aber kleinkariert und verletzt.« **(Saskia, 43 Jahre, zwei Kinder unter 14)**

Egal, ob Sie eine Entscheidung für eine Trennung getroffen haben oder treffen werden oder ob Sie verlassen wurden: Die meisten Menschen werden durch eine Trennung innerlich zutiefst erschüttert. Viele sind traurig und weinen, fluchen und schimpfen, manche verspüren Rachegelüste. Wenn diese harten Gefühle bleiben, kann eine Trennung schnell in Richtung »Rosenkrieg« gehen.

Unsere Gesellschaft missbilligt »Rosenkriege«, also die offene oder subtile Zerfleischung der Partner in einer Trennung, oft niederträchtig und bösartig und meistens verbunden mit langjährigen inneren Verletzungen und Wunden. Das heißt jedoch für Sie nicht, dass Sie sich in einer Trennung vom ersten Moment an »politisch korrekt« verhalten oder so fühlen müssen. Oder dass Sie sich sofort unter Kontrolle haben, Verletzungen souverän wegstecken und Ihrem Partner von Anfang an wohlwollend und vernünftig begegnen müssen. Das zu erwarten oder gar zu verlangen, wäre übermenschlich. Und zwar im wahrsten Sinne des Wortes: über das menschliche Vermögen weit hinausgehend.

Sie müssen sich nicht vom ersten Moment an »perfekt« verhalten, um eine gute Trennung mit möglichst wenig

Kollateralschäden für alle Beteiligten zu ermöglichen. Ihre harten Gefühle sind menschlich, und es ist noch nicht zu spät, um den Weg einer »guten Trennung« für sich einzuschlagen.

Die erste Voraussetzung hierfür ist jedoch, dass Sie an einem bestimmten Punkt erkennen, dass eine aktive Weichenstellung mit einer klaren Entscheidung erforderlich ist.

Denn wenn Sie in diesem anfänglichen aufgebrachten Gemütszustand verharren, wird die Situation nicht besser werden, sondern schlechter und unangenehmer für Sie selbst und alle anderen, die von der Trennung betroffen sind. Eine »schlechte« Trennung mit emotionalen, finanziellen und sozialen Schäden für alle Betroffenen ist dann vorprogrammiert.

Nach dem Aufbrausen all Ihrer negativen Emotionen und vielleicht Ihres impulsiven Verhaltens ist hier Ihre ganz bewusste Entscheidung gefragt: Sie haben eine gute Trennung selbst in der Hand, wenn Sie innerlich umschalten und diese als Ziel für sich selbst definieren und wollen. Machen Sie eine »gute Trennung« zu Ihrer eigenen Vision, die Sie während dieser schwierigen Zeit leitet – ohne dass Sie sich selbst oder Ihre Interessen dabei preisgeben. Beginnen Sie, von diesem Ergebnis her zu denken.

Lassen Sie uns daher einmal konkret auf den Begriff einer **»guten Trennung«** schauen: Was bedeutet das eigentlich und woran erkennt man, ob eine Trennung gut war?

Eine gute Trennung hat mehrere Eigenschaften, die Sie bei sich selbst feststellen können, aber auch bei Ihren Kindern und im Umgang mit Ihrem Ex.

Erst einmal für Sie selbst:

- Sie sind in jeder Situation einigermaßen gelassen und entscheidungsfähig.

- Es geht Ihnen in der Trennung nach einer anfänglichen Phase der tiefen emotionalen Verunsicherung wieder gut.

- Sie fühlen sich wohl in Ihrer Haut, Sie sind bei sich.

- Sie verstehen sich selbst und idealerweise auch Ihren Ex besser. Sie wissen, warum Sie sich wie verhalten haben.

- Sie haben gelernt, bewusst gesunde Grenzen zu ziehen und diese selbstbewusst und souverän aufrechtzuerhalten.

- Sie haben selbstschädigendes Verhalten abgestellt. Das bezieht sich auf Ihre inneren Prägungen, die Sie bewusst überprüft und durch neue innere Ermöglicher ersetzt haben. Das bezieht sich aber auch auf punktuell schädliches, weil übermäßiges Verhalten, das rund um eine Trennung auftreten kann, wie etwa zu viel kaufen, trinken, nachts zu lange aufbleiben.

- Sie fühlen sich insgesamt wieder ausgeglichener, gelassener und entspannter.

Ihre Kinder kann Ihre Trennung, auch eine Trennung im Guten, zunächst verunsichern. Es wird vielleicht eine Übergangsphase geben, in der sie traurig oder unsicher sind, sich verstärkt an Sie klammern oder ungewöhnlich abweisend sind. Das hängt auch stark davon ab, wie die Atmosphäre in Ihrer Partnerschaft und Familie vor der Trennung war. Manche Kinder empfinden die Trennung ihrer Eltern aber auch als Erleichterung.

Sie kennen Ihr Kind am besten, Sie wissen, wann es ihm gut geht, also verlassen Sie sich auf Ihr Gespür. Deshalb sollen hier nur einige Anhaltspunkte aufgezählt werden, an denen Sie erkennen können, ob die Trennung auch **für Ihr Kind gut** verlaufen ist:

- Ihr Kind ist weitgehend »wie immer« oder wie vorher, als es in Ihrer Partnerschaft noch keine Probleme gab.

- Je nach Alter und Persönlichkeit Ihres Kindes kann das sein: Es ist fröhlich, verspielt, zufrieden, es schläft gut, redet, isst normal, versteht sich mit seinen Freunden, kommt in der Schule klar, ist aufgeschlossen für die Kommunikation mit seinen Eltern, zeigt insgesamt also wenig Auffälligkeiten, die auf innere Konflikte hinweisen.

- Auch im Kontakt und bei der Übergabe von Ihrem Expartner zeigt Ihr Kind keine Auffälligkeiten, wenn es bei ihm war. Es ist auch bei Ihrem Expartner ausgeglichen, wenn es vorher bei Ihnen war. Es wirkt stabil in seinem emotionalen Empfinden, was einschließt, dass es sich beim Vater oder bei der Mutter durchaus unterschiedlich verhalten kann.

Auffälligkeiten Ihres Kindes wären zum Beispiel Misstrauen oder Beschimpfungen Ihnen gegenüber, Schlafstörungen, Verhaltensänderungen gegenüber Freunden oder in der Schule, ein »Sich-gehen-Lassen«, ein ungewohntes »In-sich-Zurückziehen«, diffuse körperliche Beschwerden wie Kopf- oder Bauchschmerzen, Einnässen. In allen diesen Fällen sollten Sie externe medizinische oder therapeutische Hilfe für Ihr Kind in Anspruch nehmen.

Im **Verhältnis zu Ihrem Ex** ist es individuell sehr unterschiedlich, wie Sie eine gute Trennung beurteilen, und hängt auch davon ab, wie die Situation vorher war. Hier zeigt sich eine gute Trennung oft so:

- Sie haben die wichtigsten Themen rund um Ihre Trennung so konstruktiv wie möglich geregelt.

- Sie können einigermaßen gut, zumindest weitgehend ungezwungen miteinander kommunizieren.

- Nachrichten Ihres Ex, zum Beispiel über WhatsApp oder E-Mail, treffen Sie nicht sofort ins Mark und lassen Sie nicht erschüttert oder verstört zurück. Vielmehr können Sie mit allen Nachrichten gelassen umgehen.

- Sie können Festtage und Feiertage zusammen mit Ihren Kindern gestalten.

- Vielleicht sind Ihnen schon Treffen mit dem neuen Partner Ihres Ex möglich. Das muss aber nicht sein und hängt stark von Ihrem inneren Empfinden ab.

Haben Sie sich von einem »Narzissten« getrennt, gelten ganz andere Maßstäbe (→Die Trennung von einem Narzissten). Hier ist es oft schon ein Erfolg und eine gute Trennung, wenn Sie Ihren Ex innerlich loslassen können.

Mit den aufgezählten Merkmalen einer guten Trennung ist auch die Frage beantwortet, wer es beurteilt, ob eine Trennung gut ist: Ausschließlich Sie beurteilen das für sich selbst. Wenn Sie sich menschlich wohlfühlen, mit sich selbst und – irgendwann und auf Ihre individuelle Weise – auch mit Ihrem Expartner, und wenn es Ihren Kindern spürbar gut geht, dann hatten Sie eine gute Trennung.

Und damit sind wir wieder bei Ihnen selbst: Wenn Sie in Ihrer aktuellen Entscheidungssituation über eine Trennung all diese Ziele für sich erreichen wollen und nun wissen möchten, wie das geht, dann begleiten Sie mich in den nächsten Schritt. Ich helfe Ihnen, sich (selbst) wiederzufinden.

Zur Motivation und Ermutigung lade ich Sie ein, meine Klientin Elisabeth und ihren Weg in und durch ihre Trennung kennenzulernen.

EXKURS
Ein Coachingprozess aus der Praxis: Elisabeths Trennung

»Ich bin so unglücklich. Mein Mann hat mich betrogen und tut so, als könnte alles weitergehen wie vorher. Ich halte es zu Hause nicht mehr aus. Es lief schon länger nicht mehr rund bei uns. Vor drei Jahren habe ich versucht, mich zu trennen, bin aber wieder zurückgegangen, auch wegen unseres Sohnes. Dieses Mal soll es klappen. Aber es fällt mir so sehr schwer. Können Sie mir helfen?« **(Elisabeth, 47 Jahre, ein Sohn unter 16)**

Elisabeth hatte ein paar Tage nach unserem ersten Informationsgespräch die erste Coachingsitzung mit mir und erzählte mir weiter folgende Geschichte:

Sie hatte einen etwas eigenbrötlerischen Ehemann, mit dem sie sich schon länger nicht mehr verstand. An den Wochenenden traf er sich oft ohne weitere Absprachen mit Elisabeth mit seinen Freunden oder ging seinen zeitintensiven Hobbys nach, dem Golfen und Segeln. Neben ihrem Teilzeitjob kümmerte Elisabeth sich außerdem praktisch allein um ihren gemeinsamen Sohn, das Haus und den Haushalt.

Das war im Coaching ein besonders wichtiger Punkt:

»Elisabeth, verstehe ich das richtig, Sie haben also die gesamte Verantwortung in Ihrer Partnerschaft übernommen? Da möchte ich einmal reingehen: Sind Sie einverstanden, dass wir hier einmal Ihre inneren Prägungen untersuchen und positiv für Sie verändern?«

Elisabeth kam so seit Langem erstmalig wieder mit sich selbst in Kontakt: »Ich darf mich um mich selbst kümmern.«

Wir fanden heraus, was das für sie ganz persönlich bedeutete. Nach Jahren des »Funktionierens« wurde ihr bewusst, wofür sie stand, was ihr Freude machte und was sie erfüllte.

Elisabeths Reaktion im Coaching: »Ich sitze hier mit einem kleinen Lächeln. Das Coaching tut mir so gut.«

In den letzten Jahren hatte sich die Kommunikation in Elisabeths Ehe auf formale Absprachen reduziert. Gemeinsame, innige Momente waren rar und manchmal nur Mittel zum Zweck. Vor drei Jahren war Elisabeth zusammen mit ihrem Sohn schon einmal ausgezogen. Als ihr Mann ihr damals jedoch schwor, sie noch immer zu lieben, und dass ab jetzt alles besser werden würde, er vielleicht sogar eine Paartherapie mitmachen würde, kehrte sie wieder zu ihm zurück.

Auch das war im Coaching sehr wichtig:

»Elisabeth, finden Sie weitere Anhaltspunkte in Ihrem Leben dafür, dass Ihre Wünsche nicht ernst genommen werden? Dass man Sie ›beschwatzen‹ kann und Sie nur für eine vage Hoffnung Ihre eigenen Pläne über Bord werfen? Ich habe das Gefühl, Sie selbst nehmen Ihre Wünsche auch nicht so richtig ernst. Daran möchte ich mit Ihnen arbeiten.«

Das war ein weiterer enormer Schritt für Elisabeth: die Erkenntnis, dass es nicht nur um die anderen, um das Umfeld ging, die sie schlecht behandelten. Sondern dass das bei ihr selbst anfing: Sie selbst hatte sich nicht gut behandelt, hatte von sich selbst keine gute Meinung. Sie machte im Coaching den Schritt in die Eigenverantwortung und stellte sich diesen Themen. Besonders beim »Diva«-Test (→Die 5 großen S/Selbstachtung) hatte sie Aha-Erlebnisse:

»Stellen Sie sich vor: Ich habe den Diva-Test gemacht. Einen ganzen Tag lang, auch im Büro. Das ist mir anfangs schwergefallen, so bin ich ja eigentlich gar nicht. Und ich habe immer Angst, dass ich zickig, egoistisch oder arrogant rüberkomme. Aber das Ergebnis war unglaublich: Die anderen haben mich wirklich anders behandelt, mit viel mehr Respekt. In der Mittagspause war ich draußen und da standen an der Ampel gegenüber drei meiner Kolleginnen. Als wir die Straße überquert haben, bin ich auf meinem Weg geblieben und die drei sind mir ausgewichen. Das ist mir noch nie passiert, sonst mache ich immer Platz.«

Sich selbst ernst nehmen, sich selbst respektieren, nicht immer diejenige sein, die Platz macht, sondern sich den Raum nehmen, den sie zum Sein braucht – das hat Elisabeth weit nach vorn gebracht. Und das ist eine Veränderung, die ihr nicht nur in einer neuen Partnerschaft weiterhelfen wird, sondern in vielen anderen Lebensbereichen.

Zurück zu Elisabeths Geschichte vor dem Coaching: Auch nachdem sie wegen der Versprechen ihres Mannes wieder zu ihm zurückgekehrt war, änderte sich nichts Grundlegendes. Die beiden begannen zwar eine Paartherapie, Elisabeths Mann brach sie jedoch nach drei Sitzungen ab. Ein paar Monate bevor Elisabeth mich kontaktierte, hatte ihr Mann eine Affäre angefangen, die durch Zufall ans Licht kam. Aber eigentlich war ihr Mann der Auffassung, dass zwischen ihnen doch alles so bleiben könne.

An diesem Punkt ist Elisabeth in mein Coaching gekommen mit dem Ziel, sich endgültig zu trennen und es wirklich durchzuhalten. Wir haben die Coachingsitzungen daher ganz bewusst rund um den geplanten Auszugstermin geplant, damit Elisabeth vorher und auch direkt nach dem Auszug Unterstützung hatte.

Unmittelbar nach dem Auszug war Elisabeth sehr niedergeschlagen und fühlte eine unendliche Leere in sich:

»Natürlich bin ich traurig. Es fühlt sich irgendwie an, als wäre ich gescheitert. Aber ich bin auch so furchtbar traurig, weil ich merke, was mir in den letzten Jahren alles gefehlt hat. Mit wie wenig ich mich zufriedengegeben habe. Und dann fühle ich wieder gar nichts.«

Im Coaching haben wir bewusst mit diesen schweren Gefühlen gearbeitet, ihnen den notwendigen Raum gegeben. Elisabeth erkannte, dass diese Gefühle da waren und ihr zu schaffen machten, aber dass sie auch wieder vergingen. Dazu war es wichtig, dass Elisabeth überhaupt wieder ins Fühlen und Spüren kam, die zeitweilige innere Leere anfüllte und überwand.

Parallel dazu haben wir uns individuelle neue Perspektiven für ihr neues Leben überlegt:

»Elisabeth, ich kenne Sie ja jetzt schon ganz gut. Ich habe das Gefühl, Sie brauchen eine Aufgabe, eine, die mit Menschen, Bildung und Natur zu tun hat. Was halten Sie denn von den folgenden Möglichkeiten: (…)«

Tatsächlich hat Elisabeth einiges von den Vorschlägen umgesetzt. Zu ihrer großen Freude und mit echter Perspektive, wie sie mir Monate später schrieb:

»Ich habe das tatsächlich angefangen und es bereichert mich sehr! Im Februar mache ich mit meiner Fortbildung weiter, aber ich kann es jetzt schon umsetzen. Das hätte ich nie gedacht.«

Und Elisabeths Sohn mitten in der Pubertät? Wie ist es ihm in dieser Zeit der großen Umbrüche für Elisabeth ergangen?

»Ich habe meinen Auszug nie bereut. Es geht mir heute so viel besser als noch vor ein paar Monaten. Und mit meinem Sohn läuft es gut: Er ist ja mitten in der Pubertät, aber weil es mir so gut geht, macht es mir nichts aus, dass er sich ständig an mir reibt und abarbeitet. Im Gegenteil: Ich weiß jetzt, dass ich das aushalten kann. Und es gibt auch viele entspannte Momente, da weiß ich, unsere gemeinsame Basis stimmt einfach.«

Elisabeth hat den Schritt in ihr neues Leben gewagt – mit einer Entscheidung für eine Trennung und vielen weiteren kleinen und großen Entscheidungen für einen guten und bewussten Umgang mit sich selbst während ihres Trennungsprozesses.

Wollen Sie das auch?

Dann starten Sie durch!

II.
Sich selbst (wieder-) finden

In Ihrer Situation ist es nun das Wichtigste, dass Sie sich selbst wiederfinden. Ein neues Gespür für sich selbst entwickeln, sich selbst neu kennenlernen. Genau wissen, wer Sie sind, wofür Sie stehen, was Sie mögen.

War das alles mal da und ist über die Jahre abhandengekommen?

Keine Sorge. Es ist immer noch alles da. Jetzt geht es darum, das wieder freizulegen.

Also suchen Sie zunächst Klarheit, Ihre innere Klarheit. Sich selbst erkennen, mit Verantwortung und Schuldgefühlen gut umgehen (lernen) und sich mit dem Vorwurf des Egoismus auseinandersetzen – all das gehört dazu.

Innere Prägungen beeinflussen Sie oft unbewusst, sie engen und schränken Sie ein – erkennen Sie sie und verändern Sie sie zu Ihrem Wohl.

Auch wenn Ihre Gefühle Achterbahn fahren, wenn Sie überwiegend schlechte Gefühle haben und sich einfach nur inneren Frieden und innere Ruhe zurückwünschen – Sie haben es in der Hand, sich mit Ihrem Gefühlsleben konstruktiv auseinanderzusetzen und Ihre innere Balance wiederzufinden.

Ihre festgefahrene Situation berührt auch immer Ihre Selbstliebe, Ihre Selbstachtung, Ihr Selbstbewusstsein, Ihr Selbstvertrauen und Ihr Selbstwertgefühl. Genau jetzt ist der richtige Zeitpunkt, sich mit den →5 großen S zu beschäftigen.

Und schließlich sollten alle Ihre neu gewonnenen Erkenntnisse verlässlich verinnerlicht werden. →Die Magischen 15 helfen Ihnen dabei.

Sie werden Schritt für Schritt sehen:

Erst wenn das Ich geklärt ist, können Sie zum Du übergehen, Ihrem aktuellen Partner, oder eben zum Wir, Ihrer im Moment festgefahrenen Beziehung. Und aus einem geklärten Ich heraus sichere und nachhaltige Entscheidungen treffen.

Ihre Lösungen beginnen zu wachsen in Ihrer inneren Klarheit.

Innere Klarheit

Der erste Schritt hin zu sich selbst, zu einer Lösung Ihrer Situation und im Ergebnis auch zu einer gut bewältigten Trennung, ist Ihre innere Klarheit.

Was ist damit gemeint?

Innere Klarheit bedeutet, ein gutes Gefühl für sich selbst zu haben. Sich selbst gut zu kennen, mit allen Eigenschaften, Interessen, Vorlieben, Stärken und Schwächen. Das ist eine ganze Menge, und Sie stellen sich sicherlich die Frage, was das konkret mit Ihrer Trennung zu tun hat.

Fangen wir doch einmal an: Erzählen Sie mir die Geschichte Ihrer Trennung. Wer sind Sie, wer ist Ihr Partner?

Wie würden Sie da antworten?

»Ich bin Marie Meier und 43 Jahre alt. Mein Partner heißt Peter, er ist 47 Jahre alt. Wir haben zwei gemeinsame Kinder, die beide noch zur Schule gehen. Mein Beruf ist Krankenschwester, mein Mann Peter ist Apotheker.« – So oder so ähnlich?

Fein, das alles sind Fakten. Ihr Name, Alter, Familienstand, Beruf.

Aber wer sind Sie neben diesen Fakten?

Vielleicht sind Sie temperamentvoll, vielleicht eher ruhig. Vielleicht schauen Sie gern französische Filme, vielleicht lesen Sie lieber Bücher … was denn so? Fantasy, Krimis oder historische Romane? Mögen Sie lieber Hunde oder Katzen, lieber Kaffee oder Tee, lieber die Berge oder das Meer? Sind Sie zärtlich und sinnlich oder eher distanziert-sachlich? Sind Sie ein nachdenklicher Mensch und eher introvertiert oder leben Sie erst in Gemeinschaft so richtig auf, sind also eher extrovertiert veranlagt? Wie würden Sie Ihre überwiegende Gefühlslage beschreiben? Sind Sie manchmal melancholisch oder oft euphorisch? Gleichmäßig gut gelaunt oder wechselhaft in Ihrer Gemütslage?

Unterhalten Sie sich gern mit anderen Menschen oder halten Sie sich lieber zurück? Auch Ihre Religion gehört zu Ihnen und kann hier eine wichtige Rolle spielen: Sind Sie gläubig und pflegen Sie Ihren Glauben? Gehören Sie aktiv einer Kirche oder Religionsgemeinschaft an oder nur nominell? Oder pflegen Sie eine andere Art von Spiritualität?

Das alles macht Sie als Menschen aus. Es ist wichtig, das alles zu kennen, sich all dieser Details bewusst zu sein, denn daraus setzt sich Ihr Selbstwertgefühl zusammen. Nur wer seinen Wert kennt, kann auch den Wert eines anderen respektieren. Augenhöhe beginnt genau hier.

Und Sie werden merken: Je besser Sie sich selbst (wieder) kennenlernen, desto leichter werden viele Entscheidungen, desto schneller wissen Sie, was für Sie gut ist und für alle anderen, die von der Trennung betroffen sind, und desto selbstbewusster und ausgewogener können Sie für sich eintreten.

Gehen wir dieses wichtige Projekt an: Erkennen Sie sich selbst.

Innere Klarheit: Erkennen Sie sich selbst

> *»Ich bin in einer schwierigen Phase. Ich möchte mich trennen, weiß aber nicht, wie. In den letzten Jahren habe ich über das Kinderkriegen den Kontakt zu mir selbst verloren. Wissen Sie, wir waren ein gut eingespieltes Team, mein Mann und ich, aber um mich geht es in unserer Partnerschaft schon lange nicht mehr. Und jetzt weiß ich überhaupt nicht, was ich will.«*
>
> **(Christina, 43 Jahre, zwei Kinder unter 16)**

Christina ist in einer ganz typischen Situation: Gerade im Lebensalter zwischen dreißig und vierzig ist im Außen viel los:

Beruf und Karriere, Freunde treffen, Familiengründung, Kinder bekommen und ausloten, welcher der Partner was und wie an gemeinsamen Aufgaben übernimmt. Es ist eine turbulente Zeit, in der viele Menschen nur noch funktionieren.

Paare ohne Kinder stellen sich in dieser Lebensphase die großen Fragen: Kinder ja oder nein? Wie gestalten wir unser Leben – mit einem gemeinsamen Mittelpunkt oder »Living apart together«?

Dann kommen die Vierziger und manch einer stellt fest, dass er nicht mehr in der richtigen Partnerschaft ist. Oder dass die Partner unbemerkt getrennte Wege eingeschlagen haben.

Es kann aber auch sein, dass Sie viele Jahre später über eine Trennung nachdenken oder sich in einer Außenbeziehung wiederfinden, vor allem wenn Ihre Kinder erwachsen und aus dem Haus sind:

> *»Eigentlich liebe ich meine Frau. Sie ist toll. Aber unsere Kinder sind aus dem Haus und irgendwie bin ich in diese andere Sache hineingerutscht. Also, da ist diese andere Frau. Sie ist so alt wie meine Ehefrau, sieht ihr sogar ähnlich, aber irgendwie ist sie viel faszinierender. Ich weiß überhaupt nicht, wie ich mich entscheiden soll. Ich verstehe mich selbst nicht mehr.«*
> **(Bernd, 58 Jahre, drei erwachsene Kinder)**

Natürlich können diese Fragen auch viel früher im Leben kommen:

> *»Ich habe seit zwei Jahren einen Freund. Aber irgendwie passen wir gar nicht zueinander. Ehrlich gesagt, ist er ziemlich unter meinem Niveau. Alles, was mich interessiert, mag er nicht, gepflegte Kleidung, rausgehen, Menschen treffen, gute Gespräche. Er ist ziemlich eindimensional, Fernsehen*

und Sex reichen ihm. Auf WhatsApp muss ich immer sofort antworten, sonst haben wir Riesendiskussionen. Aber bei alldem: Ich komme einfach nicht von ihm los. Ich habe es schon drei Mal versucht und bin immer wieder zurück zu ihm. Was ist nur mit mir los?« **(Daniela, 32 Jahre, keine Kinder)**

Das alles sind schwierige Situationen in einer Partnerschaft. Manche arrangieren sich und führen ein gleichmäßiges Leben in einer solchen Beziehung. Manchen reicht es dann doch und sie leiten eine Trennung ein. Und manche kommen zu keiner echten Entscheidung und leiden oft lange an dem inneren Zwiespalt.

Sie dürfen an dieser Stelle einmal kurz innehalten. Sie haben jetzt ein akutes Problem in Ihrer Partnerschaft, sind unglücklich, schon getrennt oder wurden verlassen.

Aber diese Situation hat schon viel früher angefangen.

Nämlich in den vielen Momenten, in denen Sie nicht mehr bei sich waren, in denen Sie sich verloren haben, in denen Sie sich selbst nicht (mehr) ernst genommen haben. In denen Sie Ihre Hobbys nicht mehr gepflegt haben, in denen Ihnen Bewegung und Sport abhandengekommen sind und der gesellige Austausch mit Freunden. Oder was immer Ihnen wichtig ist, und egal, aus welchen Gründen es entfallen ist.

An diesen Punkt sollten Sie spätestens anlässlich Ihrer aktuellen Situation oder Trennung zurückkehren:

Wer sind Sie wirklich?

Das lässt sich natürlich am besten im Dialog klären, aber auch mit all den Übungen, die Sie in diesem Kapitel finden.

Sie werden merken: Je besser Sie sich selbst (wieder) kennenlernen, desto leichter werden viele Entscheidungen, desto schneller wissen Sie, was gut für Sie ist, desto selbstbewusster können Sie für sich eintreten.

Das ist der vielleicht aufwendigste Teil Ihrer eigenen Arbeit in der Trennung. Gleichzeitig ist es der Grundstock für alles Weitere.

Übung: Was macht mich aus?[2]

Ihr Ziel: Sie lernen sich selbst besser kennen.
Vorbereitung: Nutzen Sie die Vorlage aus dem Download oder nehmen Sie Papier und Stift und legen Sie los.
Zeitaufwand: So lange Sie mögen, im Durchschnitt 10–15 Minuten, gern länger.
Durchführung: Es gibt so viel, was Sie ausmacht, Sie haben viele Facetten. Notieren Sie sich alles, das hilft bei der inneren Klärung. Die folgenden Fragen sind ein Einstieg. Machen Sie weiter, wenn Ihnen das Freude macht:

- Die drei Errungenschaften aus den vergangenen zwölf Monaten, auf die ich so richtig stolz bin:
- Wenn ich die Zeit zurückdrehen und irgendein historisches Ereignis miterleben könnte, wäre es:
- Daran fasziniert mich:
- In diesem Film hätte ich gern mitgespielt:
- In der Rolle von:
- Daran fasziniert mich:

---

[2] Diese Übung können Sie unter www.annette-oschmann.de/bonusmaterial/ herunterladen.

- Die Süßigkeiten, die ich als Kind am liebsten mochte:
- Diesen Sport habe ich als Kind betrieben:
- Diesen Sport betreibe ich heutzutage:
- Das Allerbeste, was ich je gemacht habe, ist:
- Mein größter Erfolg, darauf bin ich richtig stolz:
- Das Verrückteste, was ich je gemacht habe:
- Drei Dinge, die ich immer schon machen wollte, aber nie getan habe:
- Länder, die ich in meinem Leben bereits besucht habe:
- Am meisten fasziniert hat mich:
  Weil:
- Was ich mir von meinem allerersten selbst verdienten Geld gekauft habe:
- Vier Dinge, die ich unheimlich gern mache:
- Drei Dinge, die mich langweilen:
- Die größte Inspiration in meinem Leben:
- Zwei Dinge, die mich richtig glücklich machen:

Ihr Ziel: Sie denken weiter über sich nach, beginnen sich wieder richtig zu spüren. Ihre Vorstellung von Ihrem Leben und für Ihr Leben wird (wieder) viel konkreter.
Vorbereitung: Sie kaufen sich eine schöne Kladde oder beginnen ein digitales Buch – Ihr Ich-Heft. Es geht hier ausschließlich um Sie. Notieren Sie alles, was Ihnen in den Sinn kommt und mit Ihnen zu tun hat oder Sie beschreibt.
Zeitaufwand: Im Idealfall begleitet dieses Ich-Heft Sie über einen längeren Zeitraum, zum Beispiel die nächsten Wochen und Monate. Schauen Sie, ob Sie jeden Tag zehn Minuten oder immer am Wochenende etwas länger Zeit finden, etwas über sich selbst in Ihr Ich-Heft zu schreiben. Bleiben Sie dran!
Durchführung: Fangen Sie mit kleineren Themen/Vorlieben an: Tee oder Kaffee, Frühjahr oder Herbst, Auto oder Bahnfahren? Tasten Sie sich dann vor und schreiben Sie Ihre Stärken und Schwächen auf, Ihre Vorlieben und Abneigungen, Ihre Hobbys und Ihre Lieblingszeitvertreibe. Aber auch Ihre Einstellungen zu den »größeren« Themen wie Job, Familie, Religion, Heiraten, Partnerschaft gehören in Ihr Ich-Heft.

Gehen Sie dann noch einen Schritt weiter und trauen Sie sich: Formulieren Sie Ihre zehn Kernsätze für Ihr Leben.
Zum Beispiel:

- Ich pflege nur wertschätzende Kontakte.

- Ich lasse mich nicht anschreien.

- Ich muss nicht gehorchen.

Was fällt Ihnen hier noch ein? Starten Sie einfach und lassen Sie Ihre innere Selbsterforschung auf die Reise gehen.

Sie werden merken, dass Sie damit fast wie nebenbei die Rahmenbedingungen für Ihr Leben definieren. Und ja, das dürfen Sie. Jeder darf das.

Vertiefende Übung: Klarheit über meine (ehemalige) Partnerschaft

Ihr Ziel: Sie bewerten Ihre Partnerschaft. Sie formulieren, was Sie von einer guten Partnerschaft erwarten.
Vorbereitung: Ein ruhiger Ort zum Nachdenken.
Zeitaufwand: 8–10 Minuten.
Durchführung: Stellen Sie sich vor, es gibt ein Bewertungssystem von 0 bis 10. 0 ist ganz schlecht, 10 sehr gut.

Denken Sie an Ihre (ehemalige) Partnerschaft: Wo würden Sie diese auf dieser Skala einordnen? Sagen Sie eine konkrete Zahl. Und dann weiter: Beschreiben Sie, wie es für Sie auf dieser Stufe/Zahl aussieht oder ausgesehen hat. Wie haben Sie Partnerschaft gelebt? Was hat Ihnen gefallen, was nicht? Wie haben Sie sich dabei gefühlt?

Jetzt denken Sie an Ihre individuelle Vorstellung von einer guten Partnerschaft. Wo wäre diese auf der Skala zu finden? Beschreiben Sie, was für Sie eine gute Partnerschaft ausmacht. Was wünschen Sie sich von einer guten Partnerschaft? Zum Beispiel Wertschätzung, Augenhöhe, Miteinander, Wohlwollen, Freundlichkeit, Respekt, Interesse?

Gehen Sie in Gedanken zurück zu der Stufe, die Sie Ihrer (ehemaligen) Partnerschaft gegeben haben: Was können Sie selbst tun, um von dieser Stufe auf die Stufe einer guten Partnerschaft zu kommen?

Vom Umgang mit Schuldgefühlen

Jetzt haben Sie schon viel über sich selbst gelernt, sich selbst besser kennengelernt. Kommen wir zu einem weiteren wichtigen Punkt für Ihre innere Klarheit: dem Umgang mit Schuldgefühlen. Gerade in Ihrer Situation in Ihrer festgefahrenen Beziehung rund um eine Trennung hören Sie vielleicht Vorwürfe wie:

»Nur weil du das und das getan hast, musste ich …

»Ich konnte gar nicht anders handeln, du hast mich in die Enge getrieben.«

»Nur für dich bin ich vor 30 Jahren hierhergezogen und jetzt gehst du einfach so.«

»Du bist schuld, weil …«

»Immer musst du …« – »Immer hast du …« –

»Nie kannst du mal …«

»Du hast unsere Partnerschaft aufs Spiel gesetzt.«

Kennen Sie das? Aber oft machen Sie sich auch selbst das Leben schwer, ohne dass Ihr Partner Vorwürfe formuliert:

»Sie ist so schwach, da muss ich da sein und ihr die Dinge abnehmen.«

»Ich kann sie doch jetzt nicht verlassen, wenn sie mir sagt, dass es ihr schlecht geht.«

»Er ist mitten im Jobwechsel, da kann ich jetzt doch nicht gehen.«

»Er hat doch immer alles für uns getan, sagt er, da kann ich ihn doch nicht verlassen.«

Das Gemeine bei Schuldgefühlen ist, dass sie Ihnen vorgaukeln, Ihr inneres moralisches Wertesystem sei betroffen. Die innere Moral ist den meisten Menschen heilig, und durch Schuldgefühle werden sie schnell dazu bewegt, Dinge zu tun, die sie »eigentlich« nicht tun wollen.

Wie damit umgehen?

Der **erste Schritt** ist: Ihr Schuldgefühl genau analysieren. Welcher Werte- oder Moralbereich wird bei Ihnen angesprochen?

Der **zweite Schritt**: Ist das tatsächlich Ihr individueller Werte- oder Moralbereich? Oder kommt es aus dem weiten Feld »So etwas tut man / tut man nicht?« Also eine überlieferte Vorstellung, die eventuell gar nichts mit Ihnen zu tun hat?

Der **dritte Schritt** ist eine Erste-Hilfe-Maßnahme bei Schuldgefühlen jeglicher Art, aber vor allem bei solchen, die gar nicht Ihrem individuellen Moralsystem entspringen:

- Ändern Sie die Perspektive. Sie haben Schuldgefühle? Suchen Sie die Person, die Ihnen diese Schuld auferlegt, gleichsam einflüstert. Wer ist Ihr persönlicher Schuldeinflüsterer? Ihr Partner, Ihre Schwiegermutter oder eine entfernte Freundin?

- Überlegen Sie sich mindestens fünf, besser noch zehn alternative Handlungsmöglichkeiten, egal, ob in früheren Lebenssituationen oder in der Gegenwart, die Ihr Schuldeinflüsterer selbst (gehabt) hätte, statt Ihnen Schuld einzureden. Diese gedankliche Übung hat meistens eine enorm befreiende Wirkung.

Hierzu ein Beispiel:

> *»Ich bin vor dreißig Jahren hierhergezogen, um bei dir zu sein. Du stehst in meiner Schuld. Wie kannst du mich jetzt verlassen? Dann bin ich ja ganz allein.«*

Diese Person hätte die folgenden Handlungsmöglichkeiten (gehabt):

- Sie hätte vor dreißig Jahren nicht umziehen müssen, sondern zum Beispiel weiter pendeln können.
- Sie hätte Sie bitten können, zu ihr umzuziehen.
- Sie hätte in den dreißig Jahren lernen können, für ihr Leben selbst Verantwortung zu übernehmen.
- Sie hätte sich einen erfüllenden Beruf suchen können.
- Sie hätte sich ein soziales Umfeld aufbauen können.
- Sie hätte ehrenamtlich tätig werden können.
- Sie könnte ein konstruktives Gespräch suchen: »Ich sehe, dass du gehen willst. Das macht mich sehr traurig. Siehst du einen Weg, wie wir das gemeinsam meistern können?«

Und so weiter, und so weiter. Dann werden Sie anhand der stattlichen Liste rasch erkennen: Für Ihren Schuldeinflüsterer ist es oft viel bequemer, Ihnen etwas vorzuwerfen, um sein persönliches Ziel auf Ihre Kosten zu erreichen, als selbst zu handeln und Verantwortung zu übernehmen.

Schuldgefühle zu provozieren, ist im Übrigen eine sehr gängige Kommunikationsform in toxischen Partnerschaften (→ Im Fokus: Toxische Kommunikation).

Durch diese Überlegung, welche Handlungsmöglichkeiten Ihr Schuldeinflüsterer (gehabt) hätte, gestehen Sie ihm auch seine ganz eigene Handlungskompetenz zu. Sie erkennen an, dass Ihr Gegenüber grundsätzlich in der Lage ist, sein Leben selbst zu regeln, und Sie das nicht schultern müssen.

Und was ist mit den selbst fabrizierten Schuldgefühlen? Die haben vor allem damit zu tun, dass Sie »eigentlich« nur die für Sie selbst richtige Verantwortung übernehmen sollten. Darum geht es im nächsten Abschnitt.

Die (richtige) Verantwortung übernehmen

> *»Ich bin seit einem Jahr mit meiner Freundin zusammen. Sie ist schon zu mir gezogen. Sie ist total abhängig von mir und sehr bedürftig. Wissen Sie, ich möchte einfach mein Leben zurück, wie es vorher war. Aber ich bringe es nicht übers Herz, ihr das zu sagen. Ich fühle mich so verantwortlich, denn sie hat einige persönliche Themen. Können Sie mir helfen?«* **(Sven, 36 Jahre alt, keine Kinder)**

> *»Ich bin seit 28 Jahren mit meiner Frau zusammen, seit 24 Jahren verheiratet. Eigentlich habe ich schon lange das Gefühl, dass es nicht passt. Ehrlich gesagt, von Anfang an. Aber ich weiß nicht, wie ich da rauskomme. Unsere Tochter ist aus dem Haus. Aber ich habe doch die Verantwortung für meine Frau, das sagt sie mir auch immer wieder. Die Stimmung ist bei uns im Keller, gar nicht laut oder so, aber das zieht mich regelmäßig runter.«* **(Wolfgang, 56 Jahre, eine erwachsene Tochter)**

Die richtige Verantwortung zu übernehmen, ist vor allem für sehr sensible und selbstreflektierende Menschen so eine Sache. Sie haben oft sehr viel Empathie und können sich besonders gut in andere hineinversetzen. Gleichzeitig haben sie das Gefühl, sie müssten für jede Person um sich herum Verantwortung übernehmen, egal ob für Kinder oder Erwachsene. Diese Menschen empfinden das regelrecht als inneren Auftrag oder innere Bestimmung: »Ich trage die Verantwortung für alle und alles um mich herum. Das übernehme ich zusätzlich zu allem, was ich sonst so mache.« Und genauso verhalten sich diese Menschen: Sie handeln und tun und machen, helfen und retten, weil sie die innere Überzeugung haben, dass sie dazu verpflichtet sind. Es verwundert nicht, dass diese Menschen im Beruf oft sehr erfolgreich sind. In der Psychologie gibt es hierfür einen Fachbegriff: Omnipotenz. Das meint die Eigenschaft von Menschen, die so handeln, als wären sie allmächtig, besäßen besondere Kräfte oder Fähigkeiten und wären anderen überlegen. Ein bisschen wie Superman. Oder Superwoman. Nur mit dem Unterschied, dass diese Superhelden echte Superkräfte haben, nämlich übermenschliche Kräfte und eine tolle Hightech-Ausrüstung, die ihnen hilft und sie schützt.

Gehören Sie dazu?

Die Wahrheit ist, dass Sie mit hoher Wahrscheinlichkeit »nur« die ganz normalen menschlichen Kräfte haben. Und an irgendeinem Punkt drohen auszubrennen, wenn Sie sich weiterhin aus einem unbestimmten Verantwortungsgefühl heraus alles aufladen. Gerade Ihre festgefahrene Situation oder eine Trennung kann hierfür der Auslöser sein.

Denn Sie sind in Gedanken ohnehin schon mit allen möglichen Fragen beschäftigt, mit Ihren Gefühlen und dem »Wie-geht-das-weiter?« Und laden sich weiterhin noch die Verantwortung für alle anderen auf.

Also lassen Sie uns einmal die Frage nach der richtigen Verantwortung methodisch klären:

- Sie haben die Verantwortung für sich selbst.

- Wenn Sie minderjährige Kinder haben, haben Sie auch für sie Verantwortung. Jedes Jahr ein Stückchen weniger, auch die Kinder werden ja größer und Sie begleiten sie in ihre Unabhängigkeit hinein.

Und das ist es erst einmal. Sie haben in der Regel keine Verantwortung für andere erwachsene Menschen. Sie können natürlich freiwillig und teilweise die Verantwortung für andere übernehmen:

- für Ihren Partner »in guten wie in schlechten Zeiten« – vor allem, wenn Sie fest in Ihrem Glauben stehen,
- für bedürftige Mitglieder Ihrer Familie oder Personen im Freundeskreis, wenn Sie das aus freien Stücken so wollen,
- für bedürftige, schwächere und notleidende Menschen, zum Beispiel durch ehrenamtliche oder karitative Tätigkeiten oder auch Spenden, wenn Sie das für sich so entscheiden.

Allen diesen Verantwortungen ist gemeinsam, dass Sie hierzu eine bewusste Entscheidung treffen und sich willentlich und freiwillig dazu entschließen, sie zu übernehmen. Aber eine dauerhafte und lebenslange, gleichsam angeborene Verantwortung haben Sie nur für sich selbst.

Diese Medaille hat zwei Seiten:

Die eine Seite ist die **Eigenverantwortung**. Sie ist essenziell für ein freies und selbstbestimmtes Leben. Vieles haben Sie selbst in der Hand und können es im Rahmen Ihrer Eigenverantwortung beeinflussen. Vorausgesetzt, Sie stellen sich bewusst Ihrer Eigenverantwortung, nehmen sie an und kommen in die Handlung.

Auf manches haben Sie nur geringen Einfluss, sei es das Handeln anderer Menschen oder die Art und Weise ihrer Lebensführung.

Und auf manches haben Sie überhaupt keinen Einfluss, nämlich auf die großen übergeordneten Geschehnisse wie das Wetter, Umweltkatastrophen oder weltweite Pandemien.

Hier haben Sie oft nur in der Hand, welche Einstellung Sie dazu haben und wie Sie sich gemäß Ihrer Einstellung dazu verhalten. Eigenverantwortung pur.

Gerade, was das Verhalten anderer Menschen angeht, gibt es ein schönes polnisches Sprichwort: »Nicht mein Zirkus, nicht meine Affen.«

Das Verhalten anderer Menschen, deren Lebenseinstellung und Lebensführung ist – genau! – deren Sache.

Berührt das etwas in Ihnen? Noch nicht so richtig?

Dann noch einmal konkret:

Sie tragen nicht die Verantwortung für Ihren erwachsenen Partner. Sie müssen sich nicht seinen oder ihren Kopf zerbrechen. Das, was Sie bis jetzt an Verantwortung übernommen haben, beruht auf Ihrem Entschluss und geschah freiwillig. Sie können auch Ihren Partner nur sehr eingeschränkt ändern. Der einzige Mensch, den Sie ändern können, sind Sie selbst. Ihre Einstellungen, Ihr Handeln. Wieder Eigenverantwortung pur.

Oft sind meine Klienten schon jahrelang in ihrer Partnerschaft – zehn, zwanzig oder mehr als dreißig Jahre. Manche sind verheiratet, mit oder ohne Kinder, haben mit ihren Partnern etwas aufgebaut, Immobilien, Selbstständigkeiten, Unternehmen. Hieraus können sich im Einzelfall tatsächlich Verantwortungen und Verantwortlichkeiten ergeben, die über die Eigenverantwortung hinausgehen, eine Mitverantwortung also. Es steht Ihnen frei, diese vor einem endgültigen Trennungsentschluss noch einmal aktiv zu übernehmen und auszufüllen, wie es viele machen. Vielleicht haben auch Sie als Ausdruck Ihrer Mitverantwortung für Ihre Partnerschaft noch einmal weiterführende Vorschläge gemacht, wie Paartherapie oder Paarberatung, eine Auszeit oder einen außergewöhnlichen Urlaub.

Wenn das alles nichts gebracht hat, sollten Sie vor allem in einer weiterhin festgefahrenen Beziehungssituation oder einer Trennung Ihre Verantwortungen sorgfältig wieder auf sich selbst konzentrieren. Der Maßstab bleibt: Ihr Partner ist erwachsen. Sie tragen Verantwortung für sich und Ihr Handeln. Sie tragen die Mitverantwortung für Ihre minderjährigen Kinder. Das war's. Alles andere reibt Sie auf.

Ihre Aufgabe ist es allerdings, diese Eigenverantwortung anzunehmen.

Damit sind wir bei der zweiten Seite der Medaille Eigenverantwortung: **Zurückhaltung bei der Fremdverantwortung** üben!

Aus dem Konzept Eigenverantwortung folgt, dass Sie Ihrem erwachsenen und mündigen Gegenüber genau diese Kompetenz zugestehen, sein/ihr eigenes Leben zu gestalten und für dieses die Verantwortung zu übernehmen.

Das ist oft die viel schwierigere Seite, denn sie bedeutet: Halten Sie sich da raus! Stellen Sie Ihren Denkapparat für und rund um andere ab! Oder auf den Punkt gebracht: Öfter mal den Mund halten.

Das macht vielen Menschen, die es gewohnt sind, immer die Verantwortung für andere zu übernehmen, die größten Probleme. Zu wissen, wann es genug ist, zu wissen, wann sie sich heraushalten sollten.

Auch hierfür gibt es ein schönes geflügeltes Wort, das in so vielen Situationen anwendbar ist, ob in einer Partnerschaft oder bei der Kindererziehung:

»Sieh alles, übersieh vieles, korrigiere wenig.«

Lassen Sie sich diesen Spruch gern mal auf der Zunge zergehen!

Wo Ihre ganz persönlichen Grenzlinien verlaufen, bei denen Sie nicht mehr über etwas hinwegsehen wollen, können Sie jederzeit für sich selbst erforschen und definieren.

Sie gewinnen dadurch vor allem eines: einen freieren Kopf und Zeit! Zeit für sich und Ihre Belange, Zeit, sich um Ihre Situation, eine Trennung und alles Weitere die *richtigen* Gedanken zu machen.

> *»Meine Güte, habe ich auf einmal viel Zeit für mich! Ich war in Gedanken immer bei meinem Mann, was noch zu erledigen ist, was ich tun muss, woran ich denken muss. Und bei meiner 18-jährigen Tochter, die gerade im Abi ist und die ich andauernd angetrieben habe. Das hat ja sowieso nichts gebracht – zum einen Ohr rein, zum anderen Ohr raus. Was habe ich mir den Mund fusselig geredet. Und alles neben Haushalt und meinem eigenen Beruf. Und jetzt, wo ich mich raushalte? Kommt sie selbst auf die besten Ideen. Und ich habe zum ersten Mal so richtig viel Zeit für mich selbst.«* **(Claudia, 50 Jahre alt, zwei erwachsene Kinder)**

Wann übernehmen auch Sie die richtige Verantwortung und nehmen sich die Zeit für Ihr Leben?

Ihr Ziel: Sie erkennen, bis wohin Ihre Eigenverantwortung geht und wo die Fremdverantwortung des anderen beginnt.
Vorbereitung: Nutzen Sie die Vorlage aus dem Download oder nehmen Sie Papier und Stift und legen Sie los.
Zeitaufwand: So viel Sie mögen, im Durchschnitt 10–15 Minuten, gern länger.
Durchführung: Diese Übung ist ein schriftliches Klären. Im Kern geht es darum, für sich selbst herauszufinden: Worauf habe ich Einfluss?

Nehmen Sie Ihr Schreibmaterial und legen Sie pro Person, für die Sie das klären (z. B. Partner, Kind, Arbeitskollegen, Freunde usw.), eine Tabelle an. Suchen Sie sich ein Thema, auch gern eins, über das Sie mit Ihrem Partner oft streiten. Notieren Sie, was klar in Ihrer Eigenverantwortung liegt, worauf Sie wirklich Einfluss haben. Dann schreiben Sie auf, was in der Fremdverantwortung Ihres Partners liegt. Wie hört sich das an? Das gibt Ihnen auch eine Richtschnur zu entscheiden, welche der Haltungen für Ihr Wohlergehen besser ist.

[3] Diese Übung können Sie unter www.annette-oschmann.de/bonusmaterial/ herunterladen.

Eigenverantwortung/Fremdverantwortung für meinen Partner

Thema zum Beispiel …	**Eigenverantwortung ich**	**Fremdverantwortung Partner/Partnerin**
Was liegt beim Thema Krankheiten in meiner Eigenverantwortung, was in der Fremdverantwortung meines Partners / meiner Partnerin?	Ich gehe zum Arzt. Ich empfehle meinem Partner / meiner Partnerin, zum Arzt zu gehen. Ich stelle ihm/ihr »Erste-Hilfe-Medikamente« hin. Dann halte ich mich raus.	Er/Sie entscheidet selbst, wie er/sie damit umgeht. Wenn er/sie diese Entscheidung nicht mehr treffen kann, dann übernehme ich das, zum Beispiel bei einem medizinischen Notfall.
Alkohol, Zigaretten, Konsum	Ich entscheide, was ich konsumiere. Ich sage ihm/ihr meine Meinung zu seinem/ihrem Konsum. Dann halte ich mich raus.	Er/Sie entscheidet selbst, was er/sie zu sich nimmt. Wenn er/sie hilflos ist, unterstütze ich.
Kleidung	Ich entscheide, was ich anziehe. Ich sage ihm/ihr, was ich an ihm/ihr mag. Dann halte ich mich raus.	Er/Sie entscheidet, was er/sie anzieht.
Work-Life-Balance	Ich entscheide, wie viel ich arbeiten will oder muss. Wenn ich Unterstützung meines Partners / meiner Partnerin benötige, spreche ich das konstruktiv an. Wenn mir die Arbeitsbelastung meines Partners / meiner Partnerin zu hoch erscheint, spreche ich das konstruktiv an. Dann halte ich mich raus.	Er/Sie entscheidet, wie viel er/sie arbeiten will oder muss. Er verbringt weniger Paarzeit. Er schläft schlecht. Er sieht seine alten Freunde nicht mehr.
Beziehung	Ich versuche, über Kommunikation oder Paartherapie etwas zu erreichen. Wenn das nicht mehr funktioniert, dann …	Er/Sie hat jederzeit die Möglichkeit, sich für oder gegen unsere Beziehung zu entscheiden. Unabhängig davon treffe ich meine Entscheidungen.
Ihr weiteres Thema?	…	…

Eigenverantwortung/Fremdverantwortung für meine Kinder/ Freunde/Arbeitskollegen

Thema zum Beispiel …	**Eigenverantwortung ich**	**Fremdverantwortung …**
Kind: morgens aufstehen und zur Schule gehen. Was liegt in Ihrer Eigenverantwortung, was in der (altersgerechten) Fremdverantwortung Ihres Kindes?	Sie stellen den Wecker für Ihr Kind oder wecken es. Sie ermuntern freundlich, wenn Ihr Kind irgendwo »hängen bleibt«.	Je nach Alter: Ihr Kind steht auf, zieht sich an, frühstückt und macht sich auf den Schulweg. Dass es pünktlich in der Schule ist, dürfen Sie altersgerecht Stück für Stück in seine Hände legen.
Freundin: Sie ruft nicht an.	Sie rufen an und melden sich, hinterlassen eine Nachricht. Sie entscheiden, wie oft Sie das machen. Sie entscheiden, wann sie das nicht mehr machen. Sie entscheiden, ob Sie dieses Thema ansprechen. Sie entscheiden, ob Sie diese Freundschaft fortführen wollen.	Ihre Freundin hat einen vollen beruflichen Terminkalender und hat für ihre Freunde inzwischen bestimmte Sprechzeiten festgelegt. Ihre Freundin ruft sie zurück oder nicht.
Arbeitskollegin: Sie schiebt unangenehme Arbeiten immer auf Sie ab.	Sie ziehen freundlich, aber bestimmt Ihre Grenze: »Tut mir leid, das kann ich nicht übernehmen.« Falls erforderlich, klären Sie das Thema mit einem/einer Vorgesetzten.	Ihre Arbeitskollegin macht die Arbeit selbst oder findet eine andere Person, die sie für sie übernimmt.
Ihr weiteres Thema?	…	…

Gehen Sie bei dieser Übung ruhig dahin, wo es »wehtut«: Vielleicht haben Sie oft das Gefühl, Sie müssten sich um andere erwachsene Menschen kümmern oder für diese sorgen. Oder Sie haben eine konkrete Vorstellung davon, wie andere sich »eigentlich« verhalten sollten. Merken Sie etwas? Das sind

Beispiele dafür, dass Sie Fremdverantwortung übernehmen. Und ganz oft, wenn Sie die Fremdverantwortung übernehmen, ärgern Sie sich, wenn ein anderer sich nicht so verhält, wie Sie das gern hätten, oder Ihr Kümmern und Sorgen nicht würdigt. Bleiben Sie hingegen bei Ihrer Eigenverantwortung, haben Sie irgendwann alles getan, was Ihnen möglich ist. Und dann treten Sie einen Schritt zurück.

Diese Übung zeigt Ihnen, wie Sie Ihre Eigenverantwortung bewusst wahrnehmen und abstecken können. In Partnerschaften kommt aber auch der genau umgekehrte Fall vor: Jemand versucht, Sie unbewusst/bewusst in seine Fremdverantwortung zu ziehen und von Ihnen etwas zu bekommen, was er oder sie benötigt. Ein Klassiker dieser Konstellation ist der Vorwurf: »Du bist egoistisch!«

Du bist egoistisch! – Bist du egoistisch?

»Immer, wenn ich etwas für mich unternehmen möchte, wirft mir meine Frau vor, ich sei so egoistisch, würde immer nur an mich selbst denken. Ich glaube dann immer, dass sie recht hat, und gebe meine Pläne auf, um mich um sie zu kümmern.« **(Wolfgang, 56 Jahre, eine erwachsene Tochter)**

»Ich fange morgens um 7 Uhr an zu arbeiten. Wenn ich nachmittags nach Hause komme, mache ich im Haushalt alles, was nötig ist, und kümmere mich um die Kinder. Sie wissen ja, Haushalt, Hausaufgaben, Termine wahrnehmen. Manchmal liege ich dann gegen 16/17 Uhr völlig erschöpft auf dem Sofa. Wenn mein Mann nach Hause kommt, bekomme ich gleich zu hören: »Na, kleine Faulenzerin, lässt den lieben

Gott einen guten Mann sein? So egoistisch möchte ich auch mal sein.« (Jeannette, 45 Jahre, zwei Kinder unter 14)

Verzeihen Sie, dass ich ironisch werde, aber »Du bist so egoistisch« ist mit Abstand mein »Lieblingsvorwurf« in einer (schlechten) Partnerschaft oder im Zuge einer Trennung. So wie hier geschildert und in zigfacher Abwandlung kommen wir in fast jedem Coaching auf diesen Vorwurf des Partners zu sprechen.

Alle meine Klienten glauben fest daran, dass an diesem Vorwurf etwas dran ist. Und wie verhalten Sie sich, wenn Sie das zu hören bekommen und es auch glauben? Sie haben das Gefühl, Sie müssten sich mehr um die Bedürfnisse Ihres Partners kümmern. Sie glauben, Sie müssten Ihre eigenen Bedürfnisse (noch) mehr zurückstellen. Sie meinen, Sie müssten sofort etwas tun, um das Gegenteil zu beweisen. Oder sich mit Ihrer berechtigten Kritik zurückhalten, um nicht als noch egoistischer dazustehen. Und übernehmen damit Fremdverantwortung für Ihren Partner.

Kurzum, der Egoismus-Vorwurf ist ein echtes Totschlagargument. Sie werden an den Pranger gestellt, mundtot gemacht und in die Aktion gezwungen, die Sie »eigentlich« gar nicht wollen.

Wie kommt das und was hilft dagegen?

Egoismus wird oft noch pauschal als verabscheuenswürdige menschliche Eigenschaft angesehen. Mit Egoismus treten Sie aus der Gruppe / der Gesellschaft heraus. Sie kümmern sich um Ihre Belange, statt um die Belange anderer, und das wird sanktioniert – zumindest in Ihrer Vorstellung.

Vor allem für Frauen fühlt sich dieser Ego-Vorwurf ungefähr so schlimm an, als würden sie wie in einem Traum nackt durch die Fußgängerzone laufen. Der Egoismus-Vorwurf zielt auf Entblößung. Hinzu kommt, dass es immer noch zur (unbewussten) Erziehung von Mädchen gehört, dass sie auch – oder vor allem – für andere da sein sollen. Als wäre das eine typisch weibliche Eigenschaft.

Aber auch viele männliche Klienten haben innerlich daran zu knacken, wenn sie diesen Vorwurf von ihrem Partner zu hören bekommen.

Machen Sie sich bitte in einem ersten Schritt klar: Dieser Egoismus-Vorwurf ist Bullshit.

Ich bin zu 100 Prozent überzeugt, dass er Ihnen gegenüber jeglicher Grundlage entbehrt.

Warum bin ich mir da so sicher? Wegen meiner Erfahrungen mit meinen Klienten.

Ins Coaching kommen in der Regel sensible, reflektierte, empathische, gewissenhafte Menschen. Menschen, die sich von anderen oft für zahlreiche Aufgaben einbinden lassen. Menschen, die ihre eigenen Bedürfnisse schon lange aus dem Blick verloren haben. Menschen, die also alles sind, nur nicht egoistisch.

Trifft das eventuell auch auf Sie zu?

Dann kommen hier jetzt die zwei Hinweise, wie Sie künftig mit diesem Vorwurf umgehen dürfen:

1. Rationales Herangehen

Jemand, der Ihnen vorwirft, Sie seien egoistisch, ist in Wahrheit viel egoistischer als Sie. Ätsch! Ernst gemeint!

Jemand will Sie durch diesen Vorwurf zu etwas bewegen, das Sie »eigentlich« nicht machen wollen, das er/sie aber gern von Ihnen haben möchte. Egal, was dieses »Etwas« ist, eine Handlung oder ein Unterlassen, eine Antwort, die Übernahme einer Aufgabe – was auch immer.

Dieser Jemand möchte also etwas von Ihnen auf Ihre Kosten und gegen Ihren (vielleicht nicht klar genug geäußerten) inneren Willen.

Bitte sprechen Sie es aus: Wer ist in dieser Situation egoistischer?

2. Emotionales Herangehen

Emotionales Herangehen an den Egoismus-Vorwurf geht über das Fühlen, geht über den Bauch.

»Du bist egoistisch!«

Versuchen Sie doch mal, diesen Vorwurf auszuhalten. Nicht gleich wegzulaufen, nicht gleich in die gewünschte Handlung zu verfallen. Lassen Sie das mal auf sich wirken, im Bauch, geben Sie diesem unangenehmen Gefühl etwas Raum.

»Du bist egoistisch!«

Was ist so schlimm daran? Was ist so schlimm daran, egoistisch zu sein? Klar dürfen Sie egoistisch sein, es ist doch Ihr Leben. Natürlich gehört Egoismus dazu, wie sollen Sie denn sonst zeigen, wer und wie Sie sind?

Also: So what! Was soll's!

Glauben Sie mir, Sie werden dadurch nicht zum Negativbild der egoistischen Zicke oder des egoistischen Kerls. Denn die Theorie hinter der Sache ist folgende:

Es geht »nur« um einen gesunden Egoismus. Eine Haltung, die Ihre Bedürfnisse und Interessen schützt, ohne anderen damit absichtlich zu schaden. Einen Egoismus, der es Ihnen ermöglicht, Ihr Leben nach Ihren Vorstellungen und in Ihren Rahmenbedingungen zu leben. Der Ihnen erlaubt, Ihren Lebenstanz zu tanzen. Denn auch dafür sind Sie hier.

Diese Erkenntnis ist wichtig, gerade in Ihrer festgefahrenen Situation oder rund um eine Trennung.

Wie Sie diesen gesunden Egoismus gerade jetzt noch etwas mehr pflegen und füttern können, zeige ich Ihnen im nächsten Abschnitt.

Der befreiende Dreiklang

Der befreiende Dreiklang ist eine kleine Übung, die Ihre Aufmerksamkeit immer wieder auf Sie selbst richtet und so Stück für Stück und Tag für Tag für mehr innere Klarheit sorgt. Gerade in einer festgefahrenen Situation oder einer Trennung kann er als roter Faden, als goldene Richtschnur dienen, um Sie durch Ihre vielen Überlegungen, Fragen und Themen zu navigieren. Er stärkt ganz nebenbei Ihren gesunden Egoismus und holt Sie aus dem bloßen Funktionieren heraus.

Er lautet:

→ *Was ist gut für mich?*

→ *Was tut mir gut?*

→ *Was bringt mich weiter?*

Diese drei Fragen stellen Sie sich gern immer wieder über den Tag verteilt. Was ist jetzt gerade gut für mich, was tut mir jetzt gerade gut, was bringt mich jetzt gerade weiter? Die Antworten auf diese drei Fragen geben Ihnen laufend Rückmeldung, wie es in Ihnen selbst aussieht, und ermöglichen so gute Entscheidungen in Ihrem Sinne.

Wenn konkrete Entscheidungen anstehen, können Sie sich diese drei Fragen natürlich erst recht stellen, um eine ausgewogene Entscheidung für sich selbst treffen zu können.

Vielleicht schreiben Sie sich diese Fragen auf einen kleinen bunten Zettel, den Sie ins Portemonnaie stecken, oder Sie stellen den Timer Ihres Handys alle zwei oder drei Stunden, um sich diesen Fragen für ein paar Minuten zu widmen.

Es geht dabei um Folgendes:

»Was ist gut für mich?« fokussiert sich auf Sie, blendet alle anderen und alles andere aus und erforscht Ihre Auswahl aus mehreren Handlungsmöglichkeiten. Zunächst gedanklich rational, anschließend versuchen Sie, Ihre Gedanken zurückzufahren und zu erfühlen, was gut für Sie ist.

Und übrigens: Die Antwort »egal« ist keine Option. »Egal«, also keine eigene Meinung zu haben, ist immer schlecht, weil Sie dadurch konturlos werden und andere Sie leicht übergehen können.

»Was tut mir gut?« hört sich so ähnlich an, der Fokus ist aber etwas anders. Es geht um ein passives aufnehmendes Verhalten. Welche »Wohltat« würde Ihnen jetzt wohl guttun? Ein heißes Bad, eine Tasse Tee, eine kleine Pause, ein Spaziergang?

»Was bringt mich weiter?« ist nicht die Frage nach der Karriere, sondern nach Ihrer persönlichen inneren Entwicklung. Welche Handlungsoption ist jetzt ein guter weiterer Schritt für Sie, um mehr Klarheit zu gewinnen und Ihre Vorstellungen umzusetzen?

Je öfter Sie diesen befreienden Dreiklang üben, desto schneller und zielsicherer werden Sie sich darüber im Klaren sein, was gut für Sie ist.

Wir sind uns einig, dass Sie nicht immer und überall sofort umsetzen können, was Ihnen guttut. Zum Beispiel, wenn Sie für Babys oder Kleinkinder sorgen oder in vielen beruflichen Situationen, in denen Sie Ihre Aufgaben meistern müssen. Aber auch in diesen Situationen gibt Ihnen der befreiende Dreiklang Anhaltspunkte für das, was Sie »wirklich« brauchen, und veranlasst Sie dann vielleicht dazu, das zeitnah einzuleiten. Das kann die Pause im Job sein, wenn die Deadline eingehalten wurde, oder der Babysitter in nächster Zeit, wenn Sie mal wieder einen ruhigen Abend für sich brauchen. So schaffen Sie sich Haltepunkte, um im stetigen Fluss Ihrer vielfältigen Aufgaben nicht abzutreiben.

Apropos Babysitter: Wenn Sie (minderjährige) Kinder haben, werden Sie gegenüber dem befreienden Dreiklang vielleicht einwenden: Ich kann mich doch nicht nur um mich kümmern, sondern muss auch die Bedürfnisse meiner Kinder im Blick haben.

Richtig. Und genau das tun Sie auch, vor allem wenn Sie diesen Dreiklang für sich in Ihrer aktuellen Situation anwenden.

Denn die beste Art, wie Sie Ihr Kind jetzt und auch in einer Trennung unterstützen können, ist, es in seiner Identität wahrzunehmen, seine Bedürfnisse und Wünsche zu sehen und – soweit möglich – zu erfüllen (→ Kapitel V: Kinder in der Trennung).

Das aber können Sie am besten, wenn Sie versuchen, auch rund um Ihre festgefahrene Entscheidungssituation oder eine Trennung bei sich zu bleiben und präsent zu sein, für Ihr Kind echt »da zu sein«. Innere Klarheit ist dafür unerlässlich. Sie macht Sie insgesamt gelassener und ruhiger. So tun Sie mit dieser Übung viel, sowohl für sich als auch für Ihr Kind.

Diese Übung steht auch einer im Ergebnis konfliktarmen oder »guten« Trennung nicht im Wege. Meine Erfahrung ist nämlich, dass meine Klienten nicht zu viel an sich denken, sondern viel zu wenig. Die Aufmerksamkeit auf sich zu lenken und innere Klarheit zu erlangen, stellt daher in der Regel erst die notwendige Augenhöhe für eine ausgewogene Trennung her.

Zusammenfassung:

Innere Klarheit in Ihrer Situation

Egal, ob Sie in einer festgefahrenen Beziehung sind, kurz vor einer Trennung stehen, mitten in einer Trennung, schon getrennt sind oder verlassen wurden: Ihre innere Klarheit wird

Sie innerlich weit nach vorn bringen und (wieder) gute Entscheidungen für Sie selbst ermöglichen:

- Versuchen Sie als Allererstes, innere Klarheit über sich selbst zu gewinnen. Wer sind Sie, was macht Sie aus? Versuchen Sie, wieder ein gutes Gefühl für sich selbst zu bekommen.

- Üben Sie den Umgang mit Schuldgefühlen. Betroffen ist meist nicht Ihr inneres moralisches Gerüst. Vielmehr weckt ein versteckter Schuldeinflüsterer dieses Schuldgefühl in Ihnen. Überlegen Sie sich Handlungsoptionen, die Ihr Schuldeinflüsterer hätte, statt Ihnen ein schlechtes Gewissen zu machen. Prüfen Sie sorgfältig, bei welchen Themen vielleicht Sie selbst Ihr Schuldeinflüsterer sind.

- Übernehmen Sie die richtige Verantwortung: die Eigenverantwortung für sich selbst; die Verantwortung für minderjährige Kinder. Die Verantwortung für Ihren erwachsenen Partner tragen Sie in der Regel nicht, jedenfalls nicht im vollen Umfang.

- Der Vorwurf des Egoismus ist tückisch. Wer Ihnen vorwirft, egoistisch zu sein, ist meistens viel egoistischer als Sie selbst. Denn er/sie will etwas von Ihnen auf Ihre Kosten. Und als Kontrollüberlegung: Was ist eigentlich so schlimm daran, auch mal egoistisch zu sein?

- Beherzigen Sie den befreienden Dreiklang: Was ist gut für mich? Was tut mir gut? Was bringt mich weiter?

Innere Prägungen erkennen und verändern

»Ich hätte nicht gedacht, dass wir in so kurzer Zeit so viele Themen und schädliche innere Überzeugungen angehen und verändern können. Sie haben mich auf ein anderes Niveau gebracht.« **(Stefanie, 32 Jahre, keine Kinder)**

Jeder Mensch wird im Lauf seines Lebens auch durch fremde Meinungen über die eigene Person im Innersten geprägt. Diese Prägungen finden vor allem in der Kindheit und Jugend statt, können aber auch in den frühen Erwachsenenjahren oder zu einem anderen Zeitpunkt geschehen, wenn ein Mensch ungefiltert Meinungen über sich selbst von anderen übernimmt.

Solche Prägungen sind innere Sätze über sich selbst, an die man glaubt und die man für wahr hält, ohne sie zu hinterfragen. Das Gemeine ist, dass die betroffene Person sich dieser Sätze meist nicht bewusst ist, sie aber unbewusst ihr Verhalten und ihre Reaktionen steuern. Der Mensch glaubt, so sei er eben, das gehöre zu seiner Persönlichkeit.

Natürlich gibt es auch die »guten« inneren Prägungen:

»Du schaffst das. – Ich schaffe das.«

»Wir vertrauen dir. – Ich vertraue mir.«

»Du bist (selbst-)wirksam. – Ich bin (selbst-)wirksam.«

»Du bist wertvoll, so wie du bist. – Ich bin wertvoll, so wie ich bin.«

Diese positiven Prägungen vermitteln Vertrauen, Selbstvertrauen und Selbstwertgefühl und haben meist zur Folge, dass sich der Erwachsene recht wohl in seiner Haut fühlt. Positive Prägungen sind daher nicht das Problem, es sind die inneren Prägungen mit negativem, selbstzweifelndem Anstrich, die das eigene Lebensglück und die eigene Entwicklung sabotieren können. Solche negativen Prägungen sind gemeint, wenn es hier um »innere Prägungen« geht.

Vor allem negative innere Prägungen, die in der Kindheit und Jugend erfolgen, sind richtig fies. Denn ein Kind oder Jugendlicher übernimmt sie, ohne sie auch nur ansatzweise infrage zu stellen. Was Mutter, Vater, Oma, Opa, Erzieher oder Lehrer sagen, wird schlichtweg für wahr gehalten. Um eines klar zu sagen: Die anderen handeln meistens mit den besten Absichten für das Kind. Sie wollen »nur sein Bestes«. Das ist aber wiederum geprägt von ihrer eigenen Sicht der Dinge und hat mit dem Wesenskern, der Identität des Kindes, häufig nichts zu tun.

Für das Kind und den späteren Erwachsenen sind solche Sätze innere Ketten, die ohne eigene innere Arbeit oder die Hilfe Dritter nicht gesprengt werden können. Denn diese Sätze formen Datenautobahnen im Gehirn, die dafür sorgen, dass die betroffene Person sich immer wieder im Rahmen ihrer inneren Prägungen bewegt und handelt.

Beispiele für solche inneren Prägungen sind:

»Meine Wünsche zählen nicht.«
»Ich bin nicht liebenswert.«
»Ich bin eine Belastung.«
»Ich bin nicht wichtig.«

oder die »Mutter« aller inneren Prägungen:

»Ich bin nicht sicher.«

Diese inneren Prägungen werden so nicht wörtlich eingeprägt, sondern nach und nach über die Erziehung verankert: durch Worte, durch Verhalten, durch Belohnungen und durch Strafen und Sanktionen.

Man sieht auf den ersten Blick, dass alle diese Sätze viel mit dem Selbstwertgefühl zu tun haben. Oder besser gesagt: Sie sorgen mit dafür, dass das Selbstwertgefühl gering ist und gering bleibt. Ein Erkennen und eine bewusste Veränderung dieser inneren Prägungen sind deshalb gleichzeitig oft ein Boost für das Selbstwertgefühl. Daneben hat es eine ungemein befreiende Wirkung und erweitert den Handlungs- und Denkspielraum eines Menschen enorm, wenn er seine inneren Prägungen erkennt und positiv für sich verändert.

Viele Menschen haben nicht nur eine innere Prägung, sondern mehrere. Das ist oft ein sehr komplexes inneres Dickicht, kann aber verlässlich Stück für Stück erkannt und verändert werden.

Das Tückische ist, dass diese inneren Prägungen häufig noch mit inneren Handlungsaufforderungen verknüpft sind:

»Ich muss freundlich sein« *(… damit ich geliebt werde.)*
»Ich muss alles allein hinbekommen«
(… denn ich bin ja eine Belastung.)
»Ich muss zu jedem Menschen höflich sein«
(… denn ich bin ja nicht wichtig.)
»Ich muss gehorchen« *(… nur dann werde ich akzeptiert.)*

Auch die Handlungsaufforderungen »Ich muss …« lassen sich verlässlich erkennen und verändern. Es wirkt direkt befreiend, denn jedes »muss« schränkt ein, wohingegen jedes positiv formulierte »Ich kann …«, »Ich darf …« oder »Ich will …« neue Möglichkeiten eröffnet.

Wenn Sie sich gerade jetzt in Ihrer Situation selbst (wieder-)finden wollen, ist es wesentlich, dass Sie sich dieser negativen inneren Prägungen bewusst werden und sie für sich selbst positiv verändern.

Ihre Entscheidungssituation in Ihrer festgefahrenen Beziehung oder gar die schon eingeleitete Trennung sind emotionale

Ausnahmezustände. Es prasseln so viele (Alltags-)Fragen auf Sie ein: Wie mache ich das alles? Soll ich wirklich …? Wer zieht aus? Wie regeln wir den Umgang mit den Kindern? Wer storniert den lange geplanten Sommerurlaub? Wer behält das/welches Auto?

Das alles gilt selbstverständlich auch, wenn Sie verlassen wurden, nur dass Sie in diesem Fall eigentlich nie in dieser Situation sein wollten.

Viele Menschen fallen in einer solchen Überforderungssituation instinktiv in einen Krisenmodus, eine Art Schockstarre. Andere geraten in Panik oder funktionieren nur noch. Oft haben gerade in diesen Momenten alte, tief im Innern verwurzelte Prägungen das Ruder übernommen. Aus diesen Prägungen entstehen in dieser Ausnahmesituation Selbstzweifel, die jede Entscheidung beeinflussen oder an deren Stelle treten.

Deshalb ist spätestens jetzt der richtige Zeitpunkt, Ihre inneren Prägungen aktiv anzugehen.

Gleichzeitig kann das auch ein Befreiungsschlag sein auf dem Weg zu einem respektvollen Verhältnis zu Ihrem Partner – oder dem zukünftigen Expartner. So kann (endlich?) eine Beziehung auf Augenhöhe entstehen. Denn das Erkennen und positive Verändern von inneren Prägungen macht Sie innerlich frei und erweitert Ihren Handlungsspielraum.

Und last but not least: Die inneren Prägungen beeinflussen unerkannt und unbewusst alle Ihre eigenen Verhaltensmuster in Partnerschaften. Deshalb ist die Arbeit an Ihren inneren Prägungen gerade jetzt ein wichtiger Schritt hin zu einem persönlich erfüllten Leben und einer möglichen guten neuen Partnerschaft in der Zukunft.

Innere Prägungen erkennen

»Ich bin berufstätig und habe einen Sohn in der Grundschule. Ich bin es gewohnt, die Dinge anzupacken, und versuche, alles immer allein zu stemmen. Mir fällt es wahnsinnig schwer, andere Menschen um Hilfe zu bitten. Umgekehrt bin ich aber immer zur Stelle, wenn ein Freund oder eine Freundin mich braucht. Ich empfinde mein Leben aber oft als sehr anstrengend.«

(Vanessa, 38 Jahre, ein Sohn unter 10)

Das Schwierigste bei inneren Prägungen ist tatsächlich, sie selbst zu erkennen. Denn Sie leben ja innerhalb dieser Prägungen und glauben, das alles seien Sie selbst, das alles sei eben Ihre Persönlichkeit. Auf die Idee, dass sich da irgendwann die Meinungen oder Vorgaben anderer in Ihr Gehirn und Ihr Empfinden eingeschlichen und dort eingenistet haben, kommen Sie gar nicht. Deshalb ist es bei inneren Prägungen oft erforderlich und ratsam, externe Hilfe durch Coaches oder Therapeuten in Anspruch zu nehmen, um diese Themen schnell und konkret anzugehen.

Bestimmte innere Prägungen sind der direkte Weg in den sogenannten Burn-out, das innere Ausgebranntsein. Ist Ihre innere Prägung etwa »Ich bin nicht wertvoll«, dann versuchen Sie, sich selbst und der Welt immer wieder zu beweisen, dass Sie wertvoll sind. Indem Sie zum Beispiel freundlich und gewissenhaft Aufgaben aller Art übernehmen – für andere und zusätzlich zu Ihren eigenen Alltagstätigkeiten, bis Sie nicht mehr wissen, wo Ihnen der Kopf steht.

Oder Ihre innere Prägung ist »Ich bin nicht wichtig«. Sie versuchen daher immer wieder, es allen recht zu machen, denn in Ihrer Vorstellung sind Sie ja unwichtig und finden nur in der möglichen Anerkennung durch andere Anhaltspunkte, dass auch Sie wichtig sind. Dabei machen Sie es allen anderen recht, nur leider nicht sich selbst. Das kann enorm anstrengend sein – je älter Sie werden, desto mehr.

Das wichtigste Warnsignal für Sie, dass Sie in einer schädlichen inneren Prägung leben, ist: Ihr Leben ist so verdammt anstrengend und mühsam. Und zwar unabhängig davon, dass Sie viel tun und viel leisten und am Ende des Tages körperliche Müdigkeit verspüren, sondern darüber hinaus: Sie spüren eine große geistige und emotionale Erschöpfung.

Viele nehmen dieses ganz wichtige Warnsignal zwar noch wahr, aber entweder deuten sie es nicht richtig oder sie versuchen, dagegen anzukämpfen. Indem sie noch mehr tun und machen, statt zur Ruhe zu kommen und Ursachenforschung zu betreiben.

Ein weiteres wichtiges Warnsignal für schädliche innere Prägungen ist, dass Ihnen bestimmte Themen nachts über die Bettdecke laufen oder Sie vielleicht sogar mit ausgewachsenen Schlafstörungen zu kämpfen haben. Schlafstörungen können natürlich alle möglichen, auch körperlichen Gründe haben, die Sie immer abklären sollten. Aber wenn nichts Körperliches zu finden ist, lohnt ein Blick auf Ihre inneren Prägungen. Liegen Sie nachts wach und grübeln über Dinge, die Sie am Tag erlebt haben, Worte, die Sie gesagt haben, oder was Sie getan haben und die Reaktionen anderer darauf? Was stimmt da nicht? Wo leben Sie nicht mit Ihrer wahren Identität im Einklang? Oft kehrt geistige und körperliche Ruhe ein, wenn Sie schädliche innere Prägungen aufgelöst und durch positive neue Vorstellungen ersetzt haben.

Auch das dritte Warnsignal geht in diese Richtung: Sie bleiben auch tagsüber mit Ihren Gedanken verstrickt in ein bestimmtes Thema, das Sie einfach nicht loslässt. Sie müssen wieder und wieder über ein Ereignis, das Verhalten einer anderen Person oder Ihre eigene Aktion oder Reaktion nachdenken. Wieso hat Ihre Nachbarin heute Morgen nicht gegrüßt? Warum war Ihr Kollege heute so wortkarg? In dem Moment, in dem Sie all diese Verhaltensweisen auf sich selbst beziehen, zeigt das häufig, dass hier ein selbstschädigendes Verhaltensmuster vorliegt, das von Ihren inneren Prägungen bestimmt ist.

Innere Prägungen sind sehr vielfältig. Hier zur Orientierung die Top 10 aus meiner Coaching-Praxis:

- Ich bin nicht wertvoll.
- Ich bin fehlerhaft.
- Ich bin eine Enttäuschung.
- Ich bin nicht sicher.
- Ich bin nicht liebenswert.
- Ich bin eine Belastung.
- Ich bin allein. Ich bin auf mich allein gestellt.
- Ich bin nicht genug.
- Ich gehöre nicht dazu.
- Ich bin unsichtbar.

Diese Liste ist beliebig verlängerbar, Ihnen fällt hierzu bestimmt selbst auch noch etwas ein …

Lassen Sie uns zu meinem Eingangsbeispiel zurückkehren: Vanessa, die Frau, die alle Aufgaben selbst schultert und die Wünsche anderer erfüllt, wenn diese nur fragen.

Die vorrangige innere Prägung war hier »Ich bin eine Belastung«. Merkwürdig, oder? Vanessa versucht doch, alles allein zu bewältigen. Eben! Wenn Sie glauben, Sie seien eine Belastung für andere, vielleicht sogar eine Zumutung, dann »muten« Sie sich anderen gerade nicht zu, sondern versuchen, alles allein zu erledigen. Und die Bitten anderer zu erfüllen, aber nie selbst um Hilfe zu ersuchen. Sie führen also den permanenten Gegenbeweis, dass Sie gerade keine Belastung sind.

Aus meiner Erfahrung weiß ich, dass diese innere Prägung vor allem bei Frauen weit verbreitet ist, daher gebe ich Ihnen hier direkt zwei Tipps mit auf den Weg:

Erstens: Springen Sie durch den Feuerring und muten Sie sich anderen zu! Ich bin überzeugt, Sie werden überrascht sein, wie gern sich echte Freunde mit Ihrem echten Ich auseinandersetzen wollen.

Zweitens: Wenn das noch schwerfällt, machen Sie bitte ein Gedankenexperiment: Wenn andere Menschen Sie um Hilfe bitten, wie fühlen Sie sich da? Ich vermute, meistens geehrt, geschmeichelt, dass der/die andere gerade Sie fragt, hilfsbereit und willens, durch Ihre Hilfe Freude und Erleichterung zu schenken. Und jetzt wechseln Sie bitte die Perspektive: Warum sollte Ihr Gegenüber denn anders empfinden als Sie, wenn Sie ihn oder sie um Hilfe bitten? Genau: Einen anderen um Hilfe zu bitten, kann ein echtes Geschenk an den anderen sein. Ein Geschenk voller Vertrauen und Verletzlichkeit und damit hochgradig authentisch.

Also los: Wem wollen Sie dieses Geschenk als Erstes machen?

Innere Prägungen verändern: Ihr neuer positiver Selbstsatz

> *»Ich darf es mir selbst recht machen? Oh, das ist aber ein schöner Satz, der fühlt sich richtig gut an.«*
> **(Ingeborg, 58 Jahre, zwei erwachsene Kinder)**

Wenn Sie erst einmal Ihre inneren Prägungen erkannt haben, geht es daran, diese zu verändern. Das Verändern selbst ist ein sehr heilsamer Prozess, der bereits viel in Ihrem Innern bewirken kann. Danach kommt aber die eigentliche Arbeit, nämlich die alte innere Prägung zu löschen und durch einen veränderten Selbstsatz zu ersetzen. Das ist das Überschreiben der alten Datenautobahnen im Gehirn. Es funktioniert nur, wenn der neue Selbstsatz auch emotional verankert wird.

Der Weg zu einer neuen inneren Prägung geht also über drei Stationen: Bestandsaufnahme – positive Veränderung – Verinnerlichung.

Im Folgenden beschreibe ich Ihnen den Weg am Beispiel der weit verbreiteten inneren Prägung »Ich muss es allen recht machen«.

Diese innere Prägung können Sie häufig auch allein identifizieren, wenn Sie über die Beweggründe für Ihre Handlungen nachdenken.

1. Bestandsaufnahme

Für eine Bestandsaufnahme, die Sie allein machen, ist es oft hilfreich, Ihre Gedanken und Überlegungen aufzuschreiben. Beschreiben Sie die Situation gern mit Beispielen, konkret und bildhaft.

Dabei sollten Sie sich von den folgenden Punkten leiten lassen:

Überlegen Sie in Ruhe, wie Sie sich innerhalb der Prägung und geleitet von Ihrer Prägung verhalten. Beschreiben Sie das ausführlich, seien Sie schonungslos ehrlich sich selbst gegenüber.

Im Beispiel »Ich muss es allen recht machen« bedeutet das:

Sie orientieren sich vorrangig an den geäußerten oder vermuteten Bedürfnissen anderer. Sie überlegen proaktiv, was andere von Ihnen erwarten könnten. Sie sind in Gedanken immer bei den anderen. Ihre eigenen Bedürfnisse kennen Sie nicht. Sie nehmen sie nicht wahr oder stellen sie zurück. Sie sind gedanklich nicht bei sich selbst. Sie vernachlässigen sich damit dauerhaft selbst.

Nach dieser Beschreibung gehen Sie in sich und versuchen zu lokalisieren und zu beschreiben: Wie fühlen Sie sich dabei? Wo sitzen diese Gefühle?

Im Beispiel »Ich muss es allen recht machen« könnten Sie sich etwa so fühlen:

Sie beachten immer alle anderen viel genauer als sich selbst. Das ist ermüdend. Sie fühlen sich erschöpft, leer und ausgelaugt. Sie fühlen sich, als wären Sie in einer Dauerprüfung. Sie haben außerdem das Gefühl, Ihr Kopf sei von Ihrem restlichen Köper wie abgetrennt. Ihnen fehlt ein körperliches Gefühl für sich selbst. Sie fühlen sich wie ein Werkzeug für die Bedürfniserfüllung anderer.

Gibt es Beispiele in Ihrem Leben, in denen Sie erfolgreich außerhalb Ihrer Prägung gehandelt haben? Wie fühlt(e) sich das an? Waren Sie für sich selbst erfolgreich in Ihrem Weg? Beschreiben Sie das ausführlich.

Im Beispiel »Ich muss es anderen recht machen« könnte das so aussehen:

Sie durchforsten Ihre eigene Vergangenheit, so weit Sie denken können, und schauen, wo Sie anders gehandelt haben, als es anderen recht zu machen. Das werden Situationen sein, in denen Sie sich autark und bewusst anders entschieden haben, als Ihr Umfeld das von Ihnen erwartet hat. Das kann zum Beispiel im jungen Erwachsenenalter die eigenständige Berufswahl entgegen den Erwartungen und Forderungen anderer sein. Das können auch Entscheidungen im Rahmen Ihrer Partnerschaft sein, bei denen Sie für sich selbst eingetreten sind, zum Beispiel, wieder in Ihren Beruf einzusteigen oder Ihren Beruf zu wechseln. Das können aber auch ganz »kleine« Entscheidungen gewesen sein, zum Beispiel zu einem bestimmten Fest nicht den obligatorischen selbst gebackenen Kuchen mitzubringen, sondern mal Kekse zu kaufen. Schauen Sie genau hin, wo Sie die (vermuteten) Erwartungen anderer in Ihrem eigenen Interesse ignoriert haben.

Was könnte es für Sie selbst bringen, Ihre innere Prägung zu verändern?

Wenn Ihr Satz »Ich muss es anderen recht machen« ersetzt wird, also entfällt, könnte das Folgendes bewirken:

Sie fühlen sich selbst freier, entspannter, gelassener. Sie erleben sich selbst als wirksamer. Es tritt eine neue Leichtigkeit in Ihr Leben. Sie fühlen sich lebendig. Sie spüren sich selbst besser und sind authentischer.

So oder so ähnlich fühlt es sich übrigens meistens an, wenn eine selbstschädigende innere Prägung entfällt.

2. Positive Veränderung

Spielen Sie mit Ihrem Satz, verändern Sie ihn so, dass er sich für Sie stimmig anfühlt. Dabei ist wichtig, dass er immer positiv formuliert ist.

Der neue Satz, den Sie so finden, ist Ihr neuer Selbstsatz, also eine positive Aussage über Sie selbst, die der Verstärkung einer inneren Einstellung dient. Der Selbstsatz beginnt meist mit »Ich« verbunden mit einem Verb, zum Beispiel: »Ich bin …«, »Ich kann …«, »Ich darf …« oder »Ich schaffe …«. Er ist eine Form der sanften Selbstbeeinflussung.

Zu unserem Beispielsatz »Ich muss es anderen recht machen« könnten Sie sich Folgendes überlegen:

- »Ich muss es nicht allen recht machen.«

Die Verneinung der inneren Prägung ist immer sehr naheliegend. Sie ist ein guter Anfang, um die alte innere Prägung auf den Kopf zu stellen, und erfordert schon einigen Mut. Als neuer Selbstsatz funktioniert das nur leider nicht. Ihr Gehirn kann mit einer Verneinung nicht arbeiten; es braucht Ihre Handlungsdevise positiv formuliert. Das nutzen wir jetzt noch ein Stück mutiger mit einer Aussage wie:

- »Andere müssen es mir jetzt mal recht machen.«

Ein toller Satz, oder? Ich erlebe ihn häufig im Coaching, wenn wir an gerade dieser inneren Prägung arbeiten. Ausnahmslos alle Klienten beginnen sofort zu lachen, wenn sie diesen Satz hören. Es ist oft ein ungläubiges Lachen und folgt dem Motto: »Huch, was für ein ungewohnter Gedanke! Darf ich wirklich so denken?«

Dieser neue Satz »Andere müssen es mir jetzt mal recht machen« mutet tatsächlich eher arrogant und überheblich an, und niemand meiner Klienten hat diesen Satz bislang als Selbstsatz übernommen. Dieser ungewohnte Perspektivwechsel hilft aber ungemein, um die alte innere Prägung so richtig infrage zu stellen und zu erkennen, dass sie im Grunde genauso absurd ist wie der soeben gefundene geänderte Satz.

Und jetzt verändern Sie weiter positiv und kreativ für sich selbst:

- »Ich darf es mir jetzt mal recht machen.«

Wie hört sich das für Sie an? Ist dieser Satz stimmig für Sie, berührt er Sie? Gut so! Dieser Satz hat so ziemlich alles in sich, was es braucht, um eigenverantwortlich zufrieden und glücklich zu werden. Sie ziehen einmal mehr den Fokus ab von allen anderen und richten das Spotlight auf Sie: Ja, Sie selbst dürfen es sich recht machen, und ja, Sie selbst haben das in der Hand. Sie tanzen Ihren Lebenstanz, Sie singen Ihre Lebensmelodie.

Sie werden mit diesem Satz im Herzen auch kein egoistischer Klotz. Sondern im Gegenteil: Wenn Sie es sich selbst recht machen, geht es Ihnen gut und Sie können sich wieder in einem für Sie gesunden Rahmen um andere kümmern. Damit sind Sie auch ein Vorbild für Ihre Kinder, zu sich zu stehen und gut für sich zu sorgen. Und schließlich nehmen andere das wahr und werden Sie eher respektieren als mit Ihren alten inneren Prägungen. Denn wer selbst gut für sich sorgt, wirkt auch auf andere ganz schön beeindruckend.

Verändern Sie so Ihre alte innere Prägung und finden Sie einen neuen Selbstsatz, der Ihr Denken, Ihr Handeln und Ihr Fühlen fortan bestimmen soll. (→Die Kraft von positiven Selbstsätzen und Mantras.)

3. Verinnerlichung

Damit sind wir beim letzten Schritt, nämlich die alte innere Prägung zu löschen und durch einen Selbstsatz zu ersetzen, der Ihrem neuen Selbst besser entspricht.

Das ist jetzt leider der schwierigste Teil an dieser Sache. Denn die alte Prägung ist da. Sie leben vielleicht schon Jahre oder Jahrzehnte mit ihr, sie hat sich förmlich in Sie hineingefressen.

Die alte innere Prägung auszuradieren und mit etwas Neuem, Positivem zu überschreiben, ist ein Prozess, der Zeit beansprucht. Die Erkenntnis und die Veränderung sind nämlich zunächst rationale Vorgänge, die überwiegend im Kopf, in Ihren klaren und bewussten Gedanken stattfinden. Die alte Prägung sitzt aber viel tiefer, in Ihrem Unbewussten, in Ihren Gefühlen, in Ihren instinktiven Handlungen.

Deshalb ist es nun Ihre Aufgabe, den neuen Selbstsatz richtiggehend zu verinnerlichen.

Das funktioniert sehr gut in einem meditativen Zustand, wenn Sie sehr entspannt sind, sich auf Ihr Inneres und auf Ihr Fühlen konzentrieren. Wenn Sie Gedanken in Ihrem Kopf einfach vorbeiziehen lassen und eine Etage tiefer gehen, in Ihr Herz und in Ihren Bauch, und ins aufgeschlossene Fühlen kommen. Da können Sie sich Ihren neuen Selbstsatz über einen längeren Zeitraum immer wieder wiederholen und ihn gleichsam in jede Körperzelle eindringen lassen. (→Vom Kopf in den Bauch – die neuen Erkenntnisse verinnerlichen.)

Um diese Veränderung dann in Ihr bewusstes Leben einfließen zu lassen, helfen kleine »Fühlanker« im Alltag. Das können Haftzettel sein, die Sie an Stellen aufhängen, an denen Sie oft vorbeikommen. Noch besser bringen Sie sie an Stellen an, die für Sie überraschend sind, um einem Gewöhnungseffekt vorzubeugen. Sie können sich einen Zettel ins Portemonnaie legen oder Zettelaufsteller in Ihrer Wohnung oder in Ihrem Haus verteilen. Oder Sie nutzen die Timer- oder Erinnerungsfunktion Ihres Smartphones und stellen sich zum Beispiel alle zwei Stunden die Erinnerung: »Ich darf es mir recht machen.«

Erfahrungsgemäß wird sich Ihr neuer Selbstsatz so nach und nach in Ihr Unbewusstes, aber auch in Ihr bewusstes Leben einschleichen. Fangen Sie an und bleiben Sie aktiv am Ball. Von allein passiert leider keine Veränderung, Sie müssen dranbleiben. Ich bin überzeugt, es wird sich lohnen.

Soforthilfe: Selbstsabotage in der Trennung vorbeugen

Gerade wenn Sie vor einer Trennung stehen, gibt es viele innere Sätze, die auf verschiedenen inneren Prägungen beruhen, die Ihnen das Leben schwermachen können. Und zwar egal, ob Sie überlegen, sich zu trennen, oder verlassen wurden und vor dem Neuanfang stehen.

Einen oder mehrere dieser Sätze tragen fast alle meine Klienten mit sich herum. Letztendlich sabotieren diese Sätze eine klare Entscheidung und auch ein eigenverantwortliches Herangehen an Ihre aktuelle Situation und an eine Trennung selbst. Diese Sätze hebeln aus, was Sie »wirklich« wollen, oder versperren zumindest den klaren Blick darauf.

Als Soforthilfe möchte ich Ihnen daher hier gängige Selbstsabotage-Sätze nennen – mit einigen Anregungen zum Nachdenken und einer Abkürzung zu den positiven Selbstsätzen, die ein Ersatz für sie sein könnten.

Prüfen Sie bei jedem Satz bitte, ob sich das stimmig anfühlt. Wenn Sie einen dieser Selbstsabotage-Sätze haben, aber mit dem vorgeschlagenen neuen positiven Selbstsatz nicht einverstanden sind, gehen Sie gern den ausführlichen Weg wie im vorherigen Abschnitt beschrieben. So finden Sie Ihren höchstpersönlichen Ersatz.

Der Aufbau im Folgenden ist immer gleich:

→ *Ihr Selbstsabotage-Satz.*
Ihr Verhalten in diesem Denkmuster.
Soforthilfe: Ihre Reflexion zu diesem Satz.

Neuer positiver Selbstsatz.

Beispiele für Soforthilfe:

→ *Selbstsabotage-Satz: »Ich schaffe das nicht.«*
Sie verhalten sich passiv, ängstlich und handlungsunfähig.
Soforthilfe: Überlegen Sie in Ruhe, was Sie in Ihrem Leben bereits erreicht haben, wo Sie persönliche Erfolge hatten. Notieren Sie das, führen Sie sich das vor Augen.

Neuer positiver Selbstsatz: ***»Ich schaffe das.«***
(Was sonst ☺?)

→ *Selbstsabotage-Satz: »Ich kann nicht allein sein.«*
Sie klammern, sind bedürftig und kommen andererseits nie zur Ruhe, weil Sie immer jemanden um sich brauchen.
Soforthilfe: Überlegen Sie, welche Situationen Sie allein gemeistert haben. Schule, Ausbildung, Uni? Erste Wohnung, erster Urlaub allein?

Neuer positiver Selbstsatz: ***»Ich kann allein sein.«***

(Ich kann lernen, allein zu sein und es mit mir selbst eine Zeit lang auszuhalten. Bei Bedarf habe ich die Möglichkeit, Freunde und Bekannte zu kontaktieren.)

→ *Selbstsabotage-Satz: »Ich schaffe das allein nicht. Ich bin hilflos.«*
Sie blockieren innerlich, sind handlungs- und entscheidungsunfähig.
Soforthilfe: Überlegen Sie, wann Sie in Ihrem Leben etwas allein gemacht oder erlebt haben und dabei erfolgreich waren. Machen Sie sich einen schriftlichen Plan, wie Sie an die Sache herangehen wollen. In diesem Plan sollten Sie unbedingt Schritt für Schritt vorgehen. Notieren Sie dabei, wen Sie für welche anstehenden

Aufgaben als Unterstützung ansprechen könnten: Freunde, Bekannte, Anwälte, Coaches, Umzugsunternehmen, Babysitter.

Neuer positiver Selbstsatz: ***»Ich werde das auch allein schaffen.«***

(Ich weiß mir zu helfen, spätestens wenn ich das Ganze in Ruhe durchdacht habe.)

→ *Selbstsabotage-Satz: »Ich kann eine Trennung nicht finanzieren.«*
Sie stecken fest. Sie bleiben gefangen in einer Partnerschaft, die Sie nicht mehr wollen.
Soforthilfe: Überlegen Sie, was Sie in Ihrem Leben schon alles mit einem eingeschränkten Budget geschafft haben. Priorisieren Sie mithilfe der Leitlinien im Kapitel → Wenn Geld Ihr Thema ist.

Neuer positiver Selbstsatz: ***»Ich kriege das Finanzielle irgendwie hin.«***

(Mein persönliches Glück ist mir wichtiger, als eine finanzielle Durststrecke zu vermeiden. Ich glaube fest daran, dass diese Phase vorübergehen wird. Hierfür tue ich alles, was mir möglich ist.)

→ *Selbstsabotage-Satz: »Ich bin allein, wenn ich mich trenne.«*
Wir Menschen sind soziale Wesen. Sie wagen den Schritt der Trennung nicht, wenn Sie davon ausgehen, dass Sie hinterher allein dastehen. Sie sind zögerlich und ängstlich, vielleicht verschreckt.
Soforthilfe: Machen Sie sich eine Liste der Menschen in Ihrem Leben. Familie, Freunde, Bekannte. Notieren Sie sich, auf wen Sie sich felsenfest verlassen können oder von

wem Sie wissen, dass er/sie vorbehaltlos hinter Ihnen steht. Überlegen Sie, wen Sie vielleicht verlieren könnten. Wägen Sie ab, ob Sie – um das zu verhindern – in Ihrer Partnerschaft bleiben wollen. (Und lassen Sie sich überraschen, ob sich diese Menschen tatsächlich von Ihnen abwenden!)

Neuer positiver Selbstsatz: ***»Ich werde auch bei einer Trennung immer ausreichend soziale Kontakte haben oder neue Menschen kennenlernen.«***

(Es liegt auch in meiner Verantwortung, meinen Freundes- und Bekanntenkreis zu pflegen und zu erweitern. Ich nehme mir vor, das immer mal wieder aktiv anzugehen.)

→ *Selbstsabotage-Satz: »Ich brauche meinen Mann / meine Frau, um mit den ganzen Alltagsanforderungen klarzukommen.«*

Sie stehen innerlich vor einem Berg an Aufgaben und wissen nicht, wo Sie anfangen sollen. Sie sind handlungs- und entscheidungsunfähig.

Soforthilfe: Überlegen Sie, wie Sie, ehe Sie mit Ihrem Partner zusammengekommen sind, mit Ihrem Alltag umgegangen und klargekommen sind. Wenn Sie Kinder haben, notieren Sie sich, welche Aufgaben Ihr Partner übernimmt, welche Sie. Überlegen Sie weiter, was man davon realistischerweise nach einer Trennung aufrechterhalten kann, was nicht. Schauen Sie, ob Sie sich Hilfe holen könnten, Eltern, Betreuung, andere (Mit-)Eltern.

Neuer positiver Selbstsatz: ***»Ich werde meinen Alltag auch allein meistern können.«***

(Ich muss mich nur wieder gedanklich und im Handeln daran gewöhnen. Wichtig ist dabei, dass auch ich mir Pausen gönne. Gut ist gut genug.)

→ *Selbstsabotage-Satz: »Ich werde von meinem Umfeld verurteilt. Unsere Nachbarn werden über mich reden. Ich werde abgelehnt werden, wenn ich mich trenne.«*
Sie richten sich sehr nach den (vermuteten) Meinungen anderer. Sie grübeln oft darüber nach, was andere denken könnten, und versuchen, Ihr Handeln so auszurichten, dass nicht schlecht über Sie geurteilt wird. Sie sind unfrei. Sie sind nicht authentisch. Sie sind handlungsunfähig.
Soforthilfe: Machen Sie sich klar: Ob und was andere Menschen über Sie denken oder reden, wissen Sie nicht und haben es nicht in der Hand. Das meiste passiert in Ihrem Kopf. Was oft geschieht, ist, dass Sie gedanklich das Leben der anderen führen, aber nicht Ihres. Versuchen Sie, aktiv in Ihrem Leben anzukommen und dieses nach Ihren Vorstellungen zu leben. Der Weg mit Blick auf vermutete Vorstellungen anderer reibt nur auf.

Neuer positiver Selbstsatz: ***»Ich lebe mein Leben und treffe meine Entscheidungen im Einklang mit mir selbst.«***

(Was andere über mich sagen, hat darauf keinen Einfluss. Ich werde Stück für Stück unabhängiger von der (vermuteten) Meinung anderer. Nur so habe ich eine Chance, mein Leben so zu führen, wie es für mich richtig und gut ist. Ich bin stark genug, die Ablehnung anderer deswegen auszuhalten. Ich weiß, auf welche echten Freunde ich mich verlassen kann. Ich werde immer Menschen treffen, die mich so annehmen, wie ich bin.)

→ *Selbstsabotage-Satz: »Unser Freundeskreis wird kaputtgehen. Keiner wird mich allein mehr einladen wollen.«*

Sie befinden sich in einem Zwiespalt. Mit Ihrem Partner funktioniert es nicht mehr, aber in Ihrer Vorstellung steht Ihr gesamter Freundeskreis auf dem Spiel. Das macht Ihre Entscheidung gewaltig groß und kaum lösbar. Sie werden handlungsunfähig. Sie werden zur Marionette Ihres Freundeskreises, ohne dass dieser davon weiß.
Soforthilfe: Machen Sie eine Liste Ihrer bestehenden Freunde. Überlegen Sie gar nicht groß, wer Ihnen bleibt und wer nicht. Das können Sie nämlich gar nicht vorhersagen. Und wenn Ihre Trennung einigermaßen friedlich abläuft, haben Sie vielleicht sogar die Chance, einige Freunde gemeinsam zu behalten. Dann überlegen Sie sich, wie und wo Sie neue Freunde kennenlernen könnten oder mit welchen Menschen aus Ihrem eigenen Freundes- und Bekanntenkreis Sie die Freundschaft immer schon vertiefen wollten. Jetzt ist ein guter Moment dafür.

Neuer positiver Selbstsatz: ***»Mit echten Freunden wird die Freundschaft bestehen bleiben.«***

(Vielleicht sortiert sich mein Freundeskreis in einer Übergangszeit neu. Aber ich habe immer die Chance, neue Freundschaften zu knüpfen. »Wenn eine Tür zugeht, dann geht eine andere Tür auf«.)

→ *Selbstsabotage-Satz: »Meine Eltern verstehen überhaupt nicht, warum ich mich trenne. Meine Eltern heißen nicht gut, dass ich mich trenne. Ich erfülle die Erwartungen meiner Eltern nicht.«*
Wenn Sie ein enges Verhältnis zu Ihren Eltern haben, werden Sie durch deren (vermutete) Einstellung gehemmt, Ihr eigenes Leben zu leben. Sie brauchen immer noch die Zustimmung Ihrer Eltern zu Ihren Handlungen. Das

macht Sie unfrei, Ihr eigenes Leben zu gestalten. Egal, wie alt Sie sind.

Soforthilfe: Notieren Sie die (vermutete) Einstellung und Meinung Ihrer Eltern. Notieren Sie daneben Ihre Einstellung und Meinung zu dem Sachverhalt. Wahrscheinlich werden beide auch in anderen Bereichen konträr zur Meinung Ihrer Eltern sein. Hat Sie das davon abgehalten, diese anderen Bereiche nach Ihren Vorstellungen zu leben? Ist die Trennung vielleicht ein Weg, auch die Abnabelung von der Vorstellung der Eltern zu vollziehen? Holen Sie sich Hilfe, wenn das ein großes inneres Thema für Sie ist.

Neuer positiver Selbstsatz: ***»Ich habe das Recht, mein Leben nach meinen Vorstellungen zu leben.«***

(Meine Eltern haben das Recht, eine Meinung zu den Dingen zu haben oder nicht zu verstehen, was ich mache. Ebenso habe ich ein Recht, mein Leben so zu gestalten, wie ich es möchte. Beides besteht gleichberechtigt nebeneinander.)

→ *Selbstsabotage-Satz: »Die Trennung wird unseren Kindern schaden. Ich sollte noch durchhalten, bis die Kinder groß sind.«*

Sie kommen nicht in die Handlung und verharren in Ihrer unglücklichen Situation. Sie fühlen sich gefangen. Das Risiko ist groß, dass Sie resignieren und immer häufiger gereizt und nervös reagieren, auch Ihren Kindern gegenüber.

Soforthilfe: Machen Sie sich klar, dass Kinder feine Antennen haben, gerade auch für die Gefühle und die Situation ihrer Eltern. Sie spüren meist, wenn ihre Eltern in einer unglücklichen Partnerschaft verharren, auch wenn nicht oft oder laut gestritten wird. Überlegen Sie, was auch für Ihre Kinder besser ist: in einer unglücklichen Familie aufzuwachsen oder (im Idealfall) eine gute Trennung zu erleben – mit Eltern, die bei sich sind und aus dieser persönlichen Fülle auch voll für ihre Kinder da sein können.

Neuer positiver Selbstsatz: ***»Nur wenn auch ich zufrieden bin, kann ich meinen Kindern geben, was sie brauchen.«***

(Unseren Kindern geht es grundsätzlich gut. Ich versuche, eine möglichst gute und friedliche Trennung zu ermöglichen, ohne meine eigenen Interessen dabei preiszugeben. Ich bleibe bei mir und sehe und spüre die Bedürfnisse meiner Kinder. Ich erfülle sie altersgerecht.)

→ *Selbstsabotage-Satz: »Wir haben so viel zusammen aufgebaut. Ich habe gedacht, wir würden bis ins hohe Alter zusammenbleiben, dafür habe ich viele Zugeständnisse gemacht. Wenn ich mich jetzt trenne, bekomme ich die Belohnung ›zusammen alt werden‹ nicht.«*
Sie verharren in einer Illusion: »Ich stecke eine Zeit lang viel zurück, und im Ruhestand werde ich dann vom Leben, meinem Partner, dem Schicksal belohnt.« Das bedeutet, dass Sie für eine vermutete und erwünschte Wiedergutmachung in ferner Zukunft jahrelang ein Leben außerhalb Ihrer eigenen Bedürfnisse führen (geführt haben). Das gemeinsam Erwirtschaftete hemmt Sie und hält Sie gefangen.
Soforthilfe: Sie sind in dieser Situation gefragt, abzuwägen und Prioritäten zu setzen. Was ist Ihnen wichtiger? Die persönliche Freiheit in einem individuell erfüllten Leben (darum geht es ja, sonst wären Sie nicht in einer Entscheidungs- und Trennungssituation)? Oder das

Verharren in einer Vorstellung, von der Sie nicht wissen, ob sie jemals eintreffen wird, beziehungsweise das Haben und Halten gemeinsamer Werte? Sie werden Ihre Entscheidung treffen, wenn Sie persönliche Klarheit in dieser Abwägungssituation gewonnen haben.

Neuer positiver Selbstsatz: ***»Es ist nie zu spät, meine Vorstellung von einem erfüllten Leben zu verwirklichen.«***

(Dafür muss ich mich aber möglicherweise von bestimmten Dingen und Vorstellungen lösen, die ich gerade noch habe. Das ist ein Entscheidungsprozess, den ich bewältigen werde.)

Zusammenfassung:

Innere Prägungen in Ihrer Situation

Egal in welcher Phase Ihrer festgefahrenen Beziehung Sie aktuell sind, ob noch bei der Entscheidungsfindung, mitten in einer Trennung oder ob Sie gar verlassen wurden: Nie war es wichtiger und hilfreicher, Ihre inneren Prägungen zu identifizieren und positiv für sich selbst zu verändern. Sie werden selbst spüren, wie viel einfacher es ist, im Rahmen neuer positiver innerer Prägungen zu entscheiden und zu handeln.

- Gerade jetzt ist der richtige Zeitpunkt, um sich mit Ihren inneren Prägungen zu befassen: Ihre Entscheidungssituation und/oder Trennung sind emotionale Ausnahmezustände. Innere Prägungen könnten auf destruktive Weise das Ruder übernehmen. Erst die Auflösung innerer Prägungen macht frei für gute Entscheidungen und ein Leben »danach«.

- Innere Prägungen erkennen: Sie empfinden Ihr Leben als anstrengend und mühsam. Sie spüren emotionale und geistige Müdigkeit. Bestimmte Themen wandern Ihnen immer wieder über die Bettdecke. Auch tagsüber kreisen Ihre Gedanken ständig um bestimmte Themen.

- Innere Prägungen verändern: Die Veränderung innerer Prägungen läuft über drei Stationen: Bestandsaufnahme – positive Veränderung – Verinnerlichung. Über die positive Veränderung finden und formulieren Sie Ihren neuen positiven Selbstsatz, der fortan Ihr Denken, Fühlen und Handeln bestimmen soll.

- Soforthilfe: Selbstsabotage verhindern: Es gibt eine Reihe von Klassikern an selbstsabotierenden Sätzen, die gerade jetzt in Ihrer Situation auftauchen können. Gehen Sie sie aktiv an, um freie Entscheidungen für sich selbst treffen zu können. In der Soforthilfe gibt es zahlreiche Vorschläge für neue positive Selbstsätze.

Innere Balance

»Im Moment strömt so viel auf mich ein, ich weiß gar nicht mehr, wo mir der Kopf steht. Mein Mann und ich streiten gar nicht richtig, aber dennoch ist das alles ein komisches Gefühl und Durcheinander. Ich bin wohl auch hochsensibel und kann mich gar nicht richtig abschotten gegen all diese Eindrücke. Dabei wünsche ich mir nichts mehr, als innerlich wieder in Balance zu kommen. Wie geht das?« **(Luise, 56 Jahre alt, ein erwachsener Sohn)**

Innere Balance ist ein Zustand, den sich die meisten meiner Klienten zu Beginn des Coachings wünschen. Sie meinen damit inneren Frieden, Ausgeglichenheit, auch Gelassenheit und eine innere Stärke, durch die sie nicht mehr so leicht zum Kentern zu bringen sind. Kurz: ein emotionales und körperliches Wohlgefühl, das wir alle aus besseren Zeiten kennen.

In Ihrer Entscheidungssituation und auch rund um eine Trennung ist es ganz wichtig, diesen inneren Zustand bald wiederherzustellen – für Sie selbst, aber auch für die Kinder, die möglicherweise betroffen sind. Denn wenn Sie wieder innere Balance empfinden, gehen Ihnen die Dinge leichter von der Hand, Sie können klare und bewusste Entscheidungen treffen und Sie können Ihren (minderjährigen) Kindern wieder die Aufmerksamkeit entgegenbringen, die sie gerade jetzt so nötig brauchen.

Leider ist das mit der inneren Balance nicht so einfach.

Sie lässt sich nicht ohne Weiteres willentlich wiederherstellen, solange Sie viele harte und schlechte Gefühle haben oder sich fühlen, als würden Sie feststecken. Daneben haben Sie ja all Ihre anderen Rollen und Funktionen, in denen kaum jemand tatsächlich nach Ihren Bedürfnissen fragt: als Elternteil für kleine oder minderjährige Kinder, als Tochter oder Sohn älter werdender Eltern, mit Wohnung oder Haus und Haustieren und last but not least mit einem fordernden Haushalt und/oder einem fordernden Beruf.

Der Weg zu innerer Balance ist daher auch ein Pfad mit ein paar Umwegen. Auch diese Umwege sollten Sie gehen und bitte darauf vertrauen, dass sich alles fügen wird und Sie Ihrer inneren Balance damit wieder näherkommen.

Lassen Sie uns direkt starten:

Sie müssen leider durch das Tal der schlechten Gefühle

> *»Ich bin so furchtbar wütend und traurig, das ist alles, was ich empfinden kann. Mein Mann hat sich hinter meinem Rücken mit dieser neuen Frau ein neues Leben aufgebaut. Jetzt stehe ich da mit den Kindern und weiß nicht, wie alles weitergehen soll. Ich bin völlig fertig und fühle mich so sehr gedemütigt.«* **(Barbara, 38 Jahre, drei Kinder unter 14)**

Wenn Sie dieses Buch lesen, besteht eine große Wahrscheinlichkeit, dass auch Sie aktuell harte und schlechte Gefühle empfinden. Entweder sind Sie in einer festgefahrenen Entscheidungssituation und wissen weder vor noch zurück. Oder Sie stecken schon mitten in einer Trennung und es kommen so viele Gefühle hoch.

Die häufigsten schlechten Gefühle in diesen Situationen sind:

- Wut, Groll
- Angst
- Innere Unruhe

- Traurigkeit
- Unsicherheit
- Innere Zerrissenheit
- Leere

Das schlimmste Gefühl ist hierbei sicherlich die Wut. Wut ist ein ungemein starkes Gefühl. Wut ist nicht das Gegenteil von Liebe, das wäre Gleichgültigkeit. Wut bedeutet, dass da noch eine innere, gefühlsmäßige Verbindung zum (Ex-)Partner besteht. Unverarbeitete Wut ist auch der Grund, warum viele Menschen so lange an einer Trennung zu tragen haben, oft viele Jahre. Es ist die Wut über sich selbst, wie es dazu kommen konnte, oder wie man »so blind« sein konnte. Es ist die Wut auf den Partner, der sich rücksichtslos verhalten hat oder vielleicht auch zu passiv.

Ich kann Ihre Wut nicht wegreden.

Aber meine Erfahrung ist, dass Ihre Wut nicht Ihr ständiger Begleiter bleiben wird, wenn Sie den Fokus wieder auf sich selbst richten und Schritt für Schritt bei sich selbst ankommen.

Die meisten Menschen wollen schlechte Gefühle nicht nur gar nicht haben, sondern können sie grundsätzlich nur ganz schwer aushalten. Sie versuchen, diese Gefühle wegzudrücken, zu verdrängen oder sich abzulenken, sodass sie ihnen innerlich gar nicht begegnen müssen.

Leider gilt aber: »Widerstand leisten ist zwecklos« oder psychologisch fundiert: »Wogegen Sie sich wehren, das bleibt bestehen«.[4] Diesen Satz finden Sie in den sozialen Netzwerken auch als: »What you resist, persists.«

---

[4] Dieser Ausspruch stammt von dem Schweizer Psychiater Carl Gustav Jung (1875-1961).

Also geht es ganz wesentlich darum zu lernen, schlechte Gefühle auszuhalten – im bewussten Vertrauen darauf, dass sie sich legen werden.

Am Anfang steht die Erkenntnis: Schlechte Gefühle sind »nur« Gefühle, und es ist wie bei allen (auch guten) Gefühlen: Sie kommen und sie gehen. Das klingt vielleicht zunächst lapidar. Aber es hilft Ihnen schon ein kleines Stück weiter zu der Einsicht: Auch wenn es sich ganz schlimm anfühlt, ein Gefühl allein ist noch kein existenzieller Notstand.[5]

Und nein – Ihr (Ex-)Partner ist nicht für Ihre schlechten Gefühle verantwortlich. Er mag der Anlass gewesen sein, warum Sie so fühlen. Ihre Gefühle finden aber allein in Ihnen selbst statt, sie entstehen bei Ihnen und in Ihnen. Und darum gilt die nächste Erkenntnis: Für Ihre Gefühle sind allein Sie verantwortlich. Sorry. Das ist kein Vorwurf und ich zeige Ihnen auch gleich, wie Sie konstruktiv damit umgehen können.

Weil das aber so ist, bringt alles Partner-Bashing nichts. »Sie« mag eine dumme Zicke sein, »er« ein Scheißkerl. Und wenn Sie mögen, suhlen Sie sich in diesen Gedanken. Das ist anfangs oft so, einfach mal Dampf ablassen. Längerfristig erreichen Sie damit aber leider nur, dass Ihre schlechten Gefühle weiter Nahrung bekommen und einfach dableiben.

Auch hier hilft es wieder, den Fokus ganz schnell vom anderen abzuziehen und auf sich selbst zu richten.

Ihre Gefühle, Ihre (Eigen-)Verantwortung.

---

[5] Falls Sie merken, dass Sie schlechte Gefühle nur schwer aushalten können, diese Sie dauerhaft »runterziehen« oder Sie sich sogar in Richtung einer Depression bewegen, sollten Sie sich unbedingt medizinische oder psychotherapeutische Hilfe suchen. Zögern Sie nicht, diesen Schritt zu tun!

Deshalb möchte ich hier jetzt auch schnell mit Ihnen ans Üben gehen:

- Sie sollen ein Gespür für Ihre schlechten Gefühle bekommen.

- Sie sollen sie benennen.

- Sie sollen ihnen Raum geben und sie aushalten.

- Sie werden danach mit hoher Wahrscheinlichkeit spüren, dass Ihre Gefühle mindestens an Macht verlieren, sich meistens deutlich verringern und mit der Zeit weggehen. Zumindest ist das in den allermeisten Fällen so.

Aber bevor Sie jetzt weitermachen und in die Übung hineingehen, ist ein Warnhinweis angebracht: Es könnte sein, dass Ihre schlechten Gefühle im Moment schier überwältigend sind, noch bevor Sie sich intensiv mit ihnen auseinandersetzen. Dann machen Sie diese Übung bitte nicht, vor allem nicht allein! Das gilt insbesondere, wenn mit Ihren Gefühlen körperliche Empfindungen einhergehen wie Herzrasen, Schweißausbrüche, nervöses Zittern oder körperliche Starre.

Auch wenn es Ihnen gut geht, kann es im Lauf der Übung passieren, dass Sie ein schlechtes Gefühl so intensiv erleben, dass Sie sich überwältigt fühlen. Stoppen Sie in diesem Fall die Durchführung SOFORT, und zwar so: Machen Sie die Augen auf, schauen Sie sich bewusst im Raum um und suchen Sie Gegenstände in weißer Farbe. Alternativ können Sie beginnen, laut von 17 an rückwärts zu zählen. Beides holt Sie aus Ihrem starken Fühlen heraus in die Außenwelt. Im Text der Übung habe ich weitere Stopphinweise eingefügt.

Ihr Ziel: Schlechten Gefühlen intensiv Raum geben. Dabei ist das unmittelbare Ziel, dass Sie erkennen, dass Sie das können. Das mittelbare Ziel ist, dass sich diese Gefühle dadurch verringern.
Vorbereitung: Sie setzen sich auf einen Stuhl oder in einen Sessel, wo Sie für die Dauer der Übung ungestört sind. Bitte nicht hinlegen, das könnte Sie am Anfang überwältigen. Wenn Sie mögen und Ihnen das guttut, nehmen Sie ein Kissen auf den Schoß oder drücken es sanft an Ihren Bauch.
Zeitaufwand: So viel Sie mögen, im Durchschnitt reichen für den Anfang zehn Minuten.
Durchführung: Schließen Sie die Augen, richten Sie Ihre Aufmerksamkeit auf Ihr Inneres. Atmen Sie ein paarmal tief durch. Beginnen Sie, mit Ihren inneren Augen zu sehen und mit Ihren inneren Ohren zu hören.

Versuchen Sie herauszufinden, was Sie gerade fühlen. Das kann ein aktuelles, spontanes Gefühl sein, aber auch eines, das Sie in den letzten Tagen konstant begleitet hat.

Benennen Sie das Gefühl: »Ich fühle …«

STOPP: Überprüfen Sie kurz, wie es Ihnen geht: Alles in Ordnung? Dann machen Sie gern weiter, ansonsten gehen Sie wie oben beschrieben aus der Übung hinaus.

Können Sie beschreiben, wo dieses Gefühl in Ihrem Körper sitzt? Im Brustraum, im Bauchraum, im Herzen, im Kopf, in den Beinen, im ganzen Körper?

Atmen Sie ruhig weiter. Verlängern Sie bewusst Ihr Ausatmen. Es ist und bleibt nur ein Gefühl.

Forschen Sie weiter: Hat dieses Gefühl eine Form? Beschreiben Sie die Form Ihres Gefühls.

Hat dieses Gefühl eine Farbe? Benennen Sie die Farbe.

Sie wissen jetzt, wo Ihr Gefühl sitzt und wie es aussieht.

STOPP: Überprüfen Sie noch einmal kurz, wie es Ihnen geht: Alles in Ordnung? Dann machen Sie gern weiter, ansonsten gehen Sie wie beschrieben aus der Übung hinaus: Augen auf, weiße Gegenstände suchen oder laut von 17 an rückwärts zählen.

Jetzt betrachten Sie Ihr Gefühl und lassen es genau da sein, wo es ist.

Verändert es seine Form? Behält es seine Farbe?

Geben Sie Ihrem Gefühl Raum, es darf jetzt genau da und so sein, wo und wie es ist. Atmen Sie weiter tief durch. Es ist und bleibt nur ein Gefühl.

STOPP: Unterbrechen Sie an dieser Stelle sofort, wenn Ihr Gefühl größer wird, anstatt gleich zu bleiben oder kleiner zu werden. Augen auf, Gegenstände im Raum suchen, laut rückwärts zählen.

Kommen Sie dann langsam aus dieser Übung zurück. Atmen Sie tief durch. Bleiben Sie noch einen Moment sitzen und lassen Sie die Übung auf sich wirken.

Sie können es dabei belassen oder noch einen Schritt weitergehen, wenn es Ihnen mit dieser Übung gut ging. Notieren Sie sich gern, was Sie erlebt und gefühlt haben, wo Ihr Gefühl saß und wie es aussah. So kann mit der Zeit ein »Gefühlstagebuch« entstehen, das Ihnen noch einmal zeigt, wie Gefühle kommen und gehen, wie sie aussehen und wo Sie sie wahrnehmen. Mit der Zeit wird Ihnen das ein immer besseres Gespür für Sie selbst geben, Sie realisieren Ihre Gefühle schneller, können sie einordnen und kommen Stück für Stück in Ihre innere Balance.

Das Wissen um Ihre Gefühle ist ein Bestandteil dieser inneren Balance. Ein weiterer wichtiger Bestandteil ist das Erkennen der eigenen Bedürfnisse, die oft unter Ihren Gefühlen verborgen liegen. Oder andersherum: (Schlechte) Gefühle sind meist eine Ausdrucksform Ihrer Bedürfnisse, besonders wenn diese nicht erfüllt werden.

Daher schauen wir jetzt genau auf Ihre Bedürfnisse und verlassen so auch langsam das Tal der schlechten Gefühle:

Erster Schritt: Sie lernen Ihre Bedürfnisse (wieder) kennen
Ihre Bedürfnisse sind wichtige Bestandteile Ihrer Individualität. Es gibt zum einen existenzielle Bedürfnisse wie Essen, Trinken, Schlafen, zum anderen nichtexistenzielle, aber nicht minder wesentliche Bedürfnisse wie das Bedürfnis nach Liebe, Zuneigung, Sicherheit, Miteinander, Ruhe. Werden Ihre individuellen Bedürfnisse erfüllt, fühlen Sie sich wohl und sind mit sich selbst im Reinen: Sie sind im inneren Gleichgewicht. Werden Ihre Bedürfnisse nicht erfüllt, macht sich das unangenehm bemerkbar: Sie fühlen sich unzufrieden oder übellaunig, empfinden innere Leere oder Sinnlosigkeit oder sind gereizt und angespannt.

Das Wichtigste in Ihrer aktuellen Situation ist jetzt, dass Sie Ihre Bedürfnisse (wieder) kennenlernen und sie dann so gut wie möglich und soweit es in Ihrer Hand liegt erfüllen. Alle Menschen haben Bedürfnisse. Viele können jedoch nicht sofort benennen, welche das sind. Geht es Ihnen gerade auch so?

Manchmal muten die eigenen Bedürfnisse egoistisch an und Sie wollen in diese Richtung nicht denken oder fühlen. Dürfen Sie aber. Gerade jetzt. Denn nur so werden Sie Ihre innere Balance wiederherstellen.

Mit dem → befreienden Dreiklang kommen Sie Ihren Bedürfnissen meist schon recht gut auf die Spur. Herauszufinden, was gut für Sie ist und Ihnen guttut, führt dazu, dass Sie Ihre Bedürfnisse benennen können. Das ist der Kern: Was brauchen Sie? Meist ist das Leben zu laut, um gut in sich hineinzufühlen und die eigenen Bedürfnisse zu erforschen. Gerade in innerlich aufgewühlten (Entscheidungs-)Situationen. Deshalb möchte ich Sie zu einer weiteren Übung in Stille einladen:

Ihr Ziel: Ihre Bedürfnisse erkennen und benennen.
Vorbereitung: Wählen Sie einen ruhigen Moment abseits des Alltagstrubels. Setzen Sie sich wieder in einen Sessel oder auf einen Stuhl.
Zeitaufwand: So viel Sie mögen, ein paar Minuten in Stille reichen.
Durchführung: Wenn Sie sitzen, können Sie die Augen schließen, wenn sich das gut und sicher für Sie anfühlt, oder Sie fokussieren Ihren Blick auf einen Punkt vor sich. Wahrscheinlich galoppiert Ihr Geist noch durch Ihre Erlebnisse des Tages und Ihre To-dos. Atmen Sie tief und ruhig durch, schauen Sie, wo Sie Ihren Atem spüren, vielleicht in der Lunge oder im Bauch? Kommen Sie so Stück für Stück zur Ruhe. Gehen Sie in Ihr Inneres.

Dann fragen Sie sich ganz gezielt: Was brauchen Sie? Welche Bedürfnisse haben Sie?

Wenn das zu abstrakt ist, stellen Sie sich die Fragen des befreienden Dreiklangs: Was ist gut für mich? Was tut mir gut? Was bringt mich weiter?

Benennen Sie Ihre Bedürfnisse.

Häufige Bedürfnisse in herausfordernden Entscheidungssituationen oder einer Trennung sind:

- Zeit für mich
- Ruhe
- Klarheit
- Sicherheit
- Geborgenheit

- Soziale Kontakte / Geselligkeit
- Verlässlichkeit
- Eine Schulter zum Anlehnen

Atmen Sie mehrmals tief durch und kommen Sie langsam aus dieser Übung zurück. Notieren Sie sich Ihre Bedürfnisse in Ihr Ich-Heft.

Gratulation! Es ist ein wichtiger innerer Schritt, sich der eigenen Bedürfnisse (wieder) bewusst zu werden. Spüren Sie in sich hinein, wie fühlt sich das an? Meistens hinterlässt diese Übung ein Gefühl der Fülle und Sattheit, einfach weil das Erkennen der eigenen Bedürfnisse so wichtig für die innere Balance ist. Da Bedürfnisse sich natürlich ändern können, wiederholen Sie diese Übung gern beliebig oft. So stellen Sie immer wieder einen guten Kontakt zu sich selbst her.

Hier bleiben wir jedoch nicht stehen. Das Kennen der eigenen Bedürfnisse ist ja nur die Vorstufe, um diese Bedürfnisse im nächsten Schritt erfüllen zu können:

Zweiter Schritt: Sie erfüllen Ihre Bedürfnisse

Schauen Sie sich jetzt jedes Bedürfnis genau an, das Sie in der letzten Übung erkannt haben: Wie könnte es erfüllt werden?

Die erste Reaktion besteht häufig in Wenn-dann-Formulierungen: »Wenn die Trennung erst einmal überstanden ist …, wenn die Frist im Job abgelaufen ist …, wenn die Kinder groß sind … dann kümmere ich mich auch mal um meine Bedürfnisse.« Oder nehmen wir das Bedürfnis nach Ruhe oder »Zeit für mich«. Hier mögen Sie einwenden, dass das in Ihrem Alltag nicht geht, weil Ihre Kinder Sie brauchen, Sie eine Deadline im Job haben oder Ihr Ex Sie mit Forderungen auf Trab hält.

Hmmm, kann ich da als Coachin nur sagen, dann hängt also die Erfüllung all Ihrer Bedürfnisse noch von irgendetwas ab?

Es gibt tatsächlich Bedürfnisse, die nur durch andere erfüllt werden können, zum Beispiel das Bedürfnis, geliebt oder gelobt zu werden. Für manche Bedürfnisse benötigen Sie zumindest die Unterstützung anderer, um sie zu erfüllen, zum Beispiel beim Bedürfnis nach Geselligkeit oder sozialem Kontakt. Für die allermeisten Ihrer individuellen Bedürfnisse aber gilt, dass es nur an Ihnen liegt, sie zu erfüllen. Das ist Ihre Chance und Herausforderung zugleich. Es kommt hierbei »nur« auf Ihre innere Einstellung und Ihre Priorisierung an, die eigenen Bedürfnisse gerade jetzt ernst zu nehmen und zu erfüllen. Und falls Sie jetzt immer noch zu Wenn-dann-Konstruktionen neigen, dann versuchen Sie es doch mal mit dem Ersatz: »Wenn nicht jetzt, wann dann?«

Die Erfüllung der oben benannten Bedürfnisse könnte konkret so aussehen:

→ *Zeit für mich:*

In einem gefüllten Alltag kann es schwierig erscheinen, sich Zeit für sich selbst zu nehmen. Mein Tipp: Fangen Sie klein an und beginnen Sie mit täglich fünf Minuten für sich selbst. Die sind drin – morgens, wenn die Kinder noch schlafen, abends, wenn Sie im Bett sind, mittags in der Pause im Job. Steigern Sie sich dann auf zehn oder fünfzehn Minuten. Ihre →Magischen 15, die ich Ihnen noch vorstellen werde, sind eine gute Zeit für Sie selbst, aber auch absichtsloses Nichtstun wirkt Wunder. Dann steigern Sie sich weiter und planen zum Beispiel einen halben Tag Auszeit, entweder in Ruhe mit einem Buch, beim Shoppingbummel oder als Wellnesstag. Das Wichtigste: Planen Sie diese Zeit mit Notiz im Kalender und holen Sie sich

Unterstützung, wenn Ihre Kinder in dieser Zeit versorgt werden müssen: Babysitter, Freunde, Eltern.

→ *Ruhe:*

Unser verbreiteter Lebensstil ist hektisch und unruhig – für jeden, wenn wir nichts dagegen tun. Andere Menschen können unerwünscht in unser Leben hineinfunken, wenn wir sie nicht davon abhalten. Wir können lange warten, bis es ruhig wird, aber auch eine Menge selbst dafür tun: Priorisieren Sie Ihre äußere und innere Ruhe, und zwar so: Für Ihre äußere Ruhe machen Sie nicht alles, was möglich ist: jede Verabredung, jedes Hobby der Kinder, jede Veranstaltung, täglich frisch einkaufen. Definieren Sie für sich, was im Moment wirklich wichtig ist, und streichen Sie zumindest vorübergehend den Rest. So kehrt im Außen erfahrungsgemäß sehr schnell Ruhe ein. Ihre innere Ruhe können Sie fördern, indem Sie lernen, anderen Menschen und deren Forderungen und Erwartungen gegenüber konsequent wohltuende Grenzen zu setzen. Ein eigenes Kapitel dreht sich ausschließlich um dieses Thema, weil es so wichtig ist und gleichzeitig so viel innere Entlastung schaffen kann. (→ Gesunde Grenzen ziehen (lernen))

→ *Klarheit:*

Gerade rund um die Trennungssituation werden Ihnen unzählige Gedanken durch den Kopf gehen: Planungen, Erinnerungen, Organisatorisches. Hier hilft ein schriftliches Klären: Notieren Sie sich jeden Tag, was Sie beschäftigt. Schauen Sie sich das Geschriebene an. Sie werden selbst eine Struktur erkennen und sich weiter notieren können, was als Nächstes ansteht. Und danach. Und danach. Versuchen Sie es auch zuzulassen, dass nicht alles auf einmal angegangen werden kann. Nehmen

Sie für sich mit: »Darum kümmere ich mich später«, mit der guten Gewissheit, es aufgeschrieben und jederzeit greifbar zu haben.

→ *Sicherheit:*

Sicherheit ist ein großes, fast philosophisches Thema. Viele Menschen haben ein sehr großes Bedürfnis nach Sicherheit, auch in Form von Vorhersehbarkeit oder Gewissheit. Paradoxerweise ist Sicherheit oft nur ein vorübergehender Zustand, wie gerade Entwicklungen auf weltpolitischer Ebene zeigen. Aber Sie können selbst viel tun, um sich ein Gefühl von Sicherheit zu verschaffen. Meine beiden Anregungen für Sie sind: Selbstwirksamkeit erleben und Rituale pflegen. Selbstwirksamkeit bedeutet, zu spüren, dass Ihr Verhalten eine Wirkung hat. Das können manuelle oder kreative Tätigkeiten sein wie Malen, Zeichnen, Backen. Derartige Beschäftigungen haben viele Menschen durch die Unsicherheiten der Pandemie getragen. Das können aber auch karitative Tätigkeiten sein, bei denen Sie sich für eine gute Sache einbringen und in Gemeinschaft wirken. Oder eine regelmäßige sportliche Betätigung, die geplant immer wieder stattfindet.

Damit sind wir auch beim zweiten Punkt: Pflegen Sie Rituale. Das kann wie gesagt die feste Sporteinheit sein, vielleicht mit Freunden. Kleinere, wenig aufwendige Rituale können zum Beispiel sein, dass Sie samstags auf den Wochenmarkt gehen, sich jeden Morgen eincremen und ein paar Dehnübungen machen oder jeden Abend ein Buch lesen oder eine Filmserie schauen. Die immer wiederkehrenden Charaktere Abend für Abend können ein Gefühl von Sicherheit und Trost spenden, gerade in bewegten Zeiten. Mit Kindern pflegen Sie weiter Ihre Rituale, die Sie wahrscheinlich ohnehin bereits eingeführt haben. Erleben Sie diese wieder einmal bewusst als positives Ritual: gemeinsame Mahlzeiten, Vorlesen, Spielen.

→ *Geborgenheit:*

Geborgenheit ist noch so ein großes Thema. Die meisten empfinden sie bei einem geliebten Menschen oder im Kreise der Familie. Das könnte gerade in Ihrer Situation schwierig sein. Aber es gibt andere Möglichkeiten, sich selbst ab und zu das Gefühl von Geborgenheit zu schenken: Tun Sie sich etwas Gutes, das Ihre Sinne anspricht. Kuscheln Sie sich mit einer warmen Decke und einer Tasse Tee in einen Sessel. Versinken Sie in ein herzerwärmendes Buch. Nehmen Sie ein duftendes Bad. Legen Sie sich in einen Liegestuhl und lauschen Sie den Vögeln. Wenn es regnet und stürmt, schauen Sie durch das Fenster den Elementen zu, in dem sicheren Wissen, geschützt zu sein. Wenn Sie gläubig sind, werden Sie ein Gefühl von Geborgenheit aus Ihrem Glauben gewinnen können.

→ *Soziale Kontakte / Geselligkeit:*

Rund um eine Trennung kann sich der gesamte Freundeskreis verändern. Schauen Sie, ob Sie in Ihrem Freundes- und Bekanntenkreis Ihre Herzensfreunde benennen können. Diejenigen, die Ihnen wirklich guttun und bei denen Sie ein gutes Gefühl von gegenseitigem Wohlwollen haben. Markieren Sie diese gern mit einem Herz-Emoji in Ihrem Smartphone. Versuchen Sie, mit Ihren Herzensfreunden regelmäßig Treffen, Spaziergänge, kulturelle Veranstaltungen oder Partys zu planen. Von diesem Inner Circle ausgehend, können Sie nach und nach Ihre Kreise wieder weiter ziehen und neue Menschen ansprechen, für Sie neuartige Veranstaltungen besuchen oder gemeinsam mit anderen etwas Neues lernen. Das hilft besonders, wenn Ihr finanzielles Budget begrenzt ist oder Sie noch für kleinere Kinder sorgen. Denken Sie zum Beispiel an eine »Küchenparty«: Eine stellt Küche und Wohnung zur Verfügung, alle anderen bringen ihre Kinder mit und außerdem etwas zu essen und zu trinken. Dasselbe könnten Sie auch in Ihrer Straße mit Nachbarn im Sommer draußen machen. Manchmal ist es eine innere Scheu, die davon abhält, Fremde zu solchen gemeinsamen Veranstaltungen zu animieren. Springen Sie über Ihren Schatten: Mehr als ein freundliches »Nein, danke« kann nicht passieren, und die, die mitmachen, werden es Ihnen danken.

→ *Verlässlichkeit:*

Verlässlichkeit ist eine Charaktereigenschaft. Sie selbst haben es in der Hand, verlässlich zu sein, als Mutter, Vater, Freund oder im Beruf. Wenn Sie Verlässlichkeit von anderen erwarten, dann werden Sie künftig hierauf einen besonderen Schwerpunkt legen. Entweder schon bei der Auswahl Ihrer persönlichen Herzensfreunde oder bei neuen Menschen, die Sie kennenlernen. Wenn Sie mit dem Bedürfnis nach Verlässlichkeit eher Vorhersehbarkeit meinen, dann schauen Sie noch einmal zu meinen Hinweisen zum Bedürfnis nach Sicherheit.

→ *Eine Schulter zum Anlehnen:*

Egal, wie stark oder unabhängig ein Mensch nach außen wirkt – das Bedürfnis nach einer Schulter zum Anlehnen gibt es sehr häufig. Aber wie erfüllen, wenn Sie sich gerade in der Trennung befinden und ein neuer Partner noch nicht in Sicht ist? Lassen Sie uns hier einen anderen Weg nehmen und erkunden, wofür dieses Bedürfnis steht. Es kann den Wunsch meinen, einfach mal in den Arm genommen zu werden. Meistens steht dahinter aber das Bedürfnis nach Stärke, auch im Sinne von Ihnen »den Rücken zu stärken« und Ihnen beizustehen, Ihre aktuelle Last mitzutragen. Also der Wunsch nach einem Fels in der Brandung, nach dem Menschen, bei dem Sie sich wirklich fallen lassen dürfen. Sie könnten schauen, ob Sie in Ihrem Freundeskreis solch einen Menschen haben, der Ihnen in dieser Zeit beistehen kann. Ich möchte Sie aber lieber auffordern, gerade jetzt besonders mutig zu sein und die Perspektive zu wechseln: Seien Sie sich selbst Ihr Fels in der Brandung, Ihr hellster Stern, Ihr eigener Radar, der den Kurs bestimmt. Sie können das! Alle Übungen und Anregungen in diesem Buch zielen genau darauf ab: sie innerlich so zu stärken, dass Sie sich selbst all das sein können und so ausgerüstet gut durch Ihre Trennung kommen. Die Schulter des anderen zum Anlehnen kommt dann noch früh genug wieder in Ihr Leben, da bin ich mir sicher.

Nachdem Sie sich jetzt so intensiv mit Ihren Gefühlen und Bedürfnissen befasst haben, gibt es zum Abschluss noch eine vertiefende Übung hierzu, in der Sie Ihre Fantasie reisen lassen können. Nutzen und genießen Sie das und machen Sie von hier aus weiter:

Vertiefende Übung: Gefühle und Bedürfnisse[6]

Ihr Ziel: Sie haben bis hierher emotional viel geleistet und proben jetzt den positiven Ausblick.
Vorbereitung: Nutzen Sie die Vorlage aus dem Download oder nehmen Sie Papier und Stift und legen Sie los.
Zeitaufwand: So lange Sie mögen, ein paar Minuten reichen auch hier zunächst.
Durchführung: Sie haben eine intensive Bestandsaufnahme Ihrer Gefühle und Bedürfnisse gemacht. Von hier aus denken und träumen Sie weiter.

[6] Diese Übung können Sie unter www.annette-oschmann.de/bonusmaterial/ herunterladen.

Nehmen Sie die folgenden Aussagen und Fragen als Richtschnur:

- Ich kann meine Gefühle benennen. Ich fühle zurzeit:

- Ich möchte mich lieber anders fühlen, nämlich so:

Nutzen Sie gern Worte oder nehmen Sie ein gesondertes Blatt und malen es auf. Dabei spielt es keine Rolle, ob Sie malen und zeichnen können oder nicht.

- Ich habe auch Bedürfnisse. Ich brauche:

- Diese Bedürfnisse kann ich allein erfüllen:

- Und zwar so:

- Für diese Bedürfnisse benötige ich Unterstützung:

- Diese Unterstützung hole ich mir so:

- Außerdem überlege ich mir ganz konkret, was ich mir ab sofort täglich Gutes tun kann. Zum Beispiel: fünf Minuten meditieren, die Lieblings-CD einlegen, eine halbe Stunde lesen, frische Blumen, Fantasiereisen hören, einen Spaziergang machen …

- Meine Wahl:

Ich versuche, fünf Minuten am Tag abzuschalten. Ich stelle mir dann vor, wie glücklich und zufrieden ich sein werde, wie stark und froh, wie ich meinen Weg eigenständig gehe und wie sich alles zum Guten fügt. Ich stelle mir dazu auch die folgenden Fragen:

- Wovon will ich mehr in meinem Leben haben?
- Wovon will ich weniger in meinem Leben haben?
- Das sieht so aus, in Worten oder auch gemalt:

Nehmen Sie ein neues Blatt und machen Sie weiter!

Soforthilfe: Ihre aktuellen Sorgen und Nöte

Sie sind vielleicht gerade dabei, Ihre innere Balance wiederzufinden. Aber Ihr Kopf macht Ihnen regelmäßig einen Strich durch die Rechnung.

> *»Ich will mich trennen, es muss sein. Aber das Schlimmste ist, dass ich im Moment überhaupt nicht weiß, wie es weitergehen soll. Es strömt alles auf mich ein, es sind so viele Entscheidungen zu treffen. Und dann die ganzen Gedanken: Wie nehmen die Kinder das auf? Was sagen meine Eltern dazu, was unser Freundeskreis? Welche Wohnung suche ich, wie komme ich an Möbel? Manchmal drehen sich meine Gedanken im Kreis. Besonders beim Kochen und Autofahren bin ich nur noch in Gedanken.«* **(Saskia, 43 Jahre, zwei Kinder unter 14)**

Sie haben das Gefühl, so können Sie nicht zu sich kommen. Zuerst müssen all die Probleme in Ihrem Kopf gelöst werden.

Nein, müssen sie nicht. Das ist nämlich gar nicht möglich. Durch Denken ist das Leben nicht zu leben.

Machen Sie sich zuerst einmal klar: Jeder Mensch hat am Tag 60 000 bis 80 000 Gedanken. Relevant ist noch nicht einmal ein Prozent davon. Die restlichen 99 Prozent brauchen Sie nicht, um Ihr Leben zu führen. Sie sind also nicht überlebenswichtig. Sie dürfen sich erlauben, diese zu vergessen.

Diejenigen Gedanken, die wirklich wichtig sind, kommen sowieso immer wieder. Kürzen Sie das ab und notieren Sie sich die Gedanken, bei denen Sie sofort das Gefühl haben, dass sie wichtig sind.

→ *Schreiben befreit und klärt.*

Fangen Sie also am besten an, ein Entscheidungsheft zu führen, wie ich es oben beim Bedürfnis nach Klarheit bereits empfohlen habe. Dort hinein kommen alle Fragen, die Ihnen wichtig erscheinen, mit ausreichend Platz für Brainstorming und Lösungen. Sie können sich hier einen Fahrplan notieren, die wichtigsten To-dos nach Priorität aufschreiben und erhalten so nach und nach einen roten Faden und Klarheit.

→ *Achtsamkeit befreit auch.*

Es gibt ausreichend Ratgeber und Anleitungen zum Thema Achtsamkeit, deshalb hier nur in der gebotenen Kürze:

Versuchen Sie, im Moment zu bleiben. Murmeln Sie bei Ihren täglichen Verrichtungen zum Beispiel Sätze wie: »Wenn ich gehe, dann gehe ich. Wenn ich wasche, dann wasche ich. Wenn ich Auto fahre, dann fahre ich Auto.«

Wenn es ganz schlimm wird mit den Gedanken, machen Sie die folgende Notfallübung für eine Unterbrechung:

Stellen Sie auf Ihre Sinne um. Entweder hören Sie intensiv und versuchen, alle Geräusche im Umfeld oder weiter entfernt wahrzunehmen. Oder Sie schauen und suchen in Ihrer direkten Umgebung Dinge in einer bestimmten Farbe, zum Beispiel alles, was rot ist. Benennen Sie es: »Ah, die Vase ist rot, der Schornstein auf dem Bild ist rot, das Kissen ist rot.« Wenn Sie auf Ihre Sinne umschalten, werden Ihre Gedanken in der Regel gestoppt.

→ *Unperfekt hilft auch. Sehr sogar.*

Was meine ich damit? Die meisten Menschen gehen in einer Trennungssituation Ihre anstehenden Entscheidungen mit einer großen Portion Perfektionismus an, vor allem wenn sie sich aus einem äußerlich angenehmen und komfortablen Umfeld heraus lösen. Das ist sehr verständlich, hindert aber meist bei der zügigen Umsetzung Ihrer Pläne.

Machen Sie sich deshalb klar: Ihr nächster Schritt ist mit hoher Wahrscheinlichkeit erst mal eine Zwischenlösung. Diese Zwischenlösung kann mehrere Monate dauern oder auch Jahre. Aber sie wird in den allermeisten Fällen nicht die dauerhafte Lösung sein. Die Zwischenlösung darf deshalb unperfekt sein. Was auch bedeutet, Sie müssen nicht alles bis zum Ende durchdenken, und was als Nächstes kommt, muss nicht perfekt sein. Bleiben Sie im Moment dabei: Okay ist gut genug.

→ *Sie müssen nicht alle Probleme auf einmal lösen.*

Viele stehen vor einer Trennung und wollen alles auf einmal und konzeptionell lösen, bevor sie in die Umsetzung kommen: Haus und Hof, Familie und Unternehmen, Haustiere und Urlaube. Auch das ist verständlich und all das muss in der Regel neu organisiert werden. Aber nicht alles zum selben Zeitpunkt und ganz am Anfang. Denn das überfordert schnell und kostet viel Kraft und Energie. Die brauchen Sie aber für sich selbst und für Ihre Kinder. Und oft hindert genau diese Einstellung Menschen daran, sich überhaupt zu trennen, obwohl sie es innerlich schon lange wollen. Daher gilt ab sofort:

→ *Schalten Sie für eine gewisse Zeit auf Autopilot.*

Wenn Sie und Ihr Partner sich schnell einig sind, fein. Wenn nicht, leben Sie Ihr Leben weiter, ob vor einer Trennung, mittendrin oder danach – kümmern Sie sich um sich selbst und Ihre Kinder und vertrauen Sie darauf, dass für alle Themen die richtige Zeit kommen wird. Wenn dann noch etwas ins Stocken gerät, können Sie es angehen.

→ *Stellen Sie das Grübeln ab.*

Ich weiß, Sie können Stunden und Tage damit verbringen, sich über alles Gedanken zu machen, perfekt sein und alles auf einmal lösen zu wollen. Und damit sind wir wieder am Anfang dieses Abschnitts: bei dem maximal einen Prozent wichtiger Gedanken. Deshalb gibt es an dieser Stelle noch einen Grübelzettel für Sie. Füllen Sie ihn aus, legen Sie ihn weg und schauen Sie, was nach einer oder zwei Wochen aus Ihren Gedanken und Sorgen geworden ist.

Nutzen Sie den Grübelzettel gerade in Ihrer aktuellen Situation, aber auch zu jedem anderen Zeitpunkt für alle anderen Gedanken und Sorgen, die Sie belasten. Es hat sich bewährt, ein Exemplar des Grübelzettels neben das Bett zu legen, falls nachts Gedanken auftauchen.

Übung: Ihr Grübelzettel[7]

Ihr Ziel: Sie erkennen, dass die meisten Gedanken und Sorgen nicht real und daher überflüssig sind. Das macht über die Zeit gelassener, wenn Gedanken und Sorgen auftauchen.

---

[7] Diese Übung können Sie unter www.annette-oschmann.de/bonusmaterial/ herunterladen.

Vorbereitung: Nutzen Sie die Vorlage aus dem Download oder nehmen Sie Papier und Stift und legen Sie los.
Zeitaufwand: Ein paar Minuten.
Durchführung: Notieren Sie sich:

Mein Grübelzettel
Heute, am ________, habe ich folgende Gedanken und Sorgen:
Ich lege diesen Zettel jetzt für eine Woche weg, bis zum ____________. Dann hole ich ihn wieder hervor und stelle fest:

Soforthilfe: Ihr Mitleid

> *»Ich möchte mich von meinem Mann trennen, das geht so nicht weiter, ich gehe innerlich drauf dabei. Er will die Trennung nicht, das weiß ich. Und immer, wenn ich innerlich das Thema angehe, fängt er an mit kleinen Aufmerksamkeiten: Er hängt meine Handtücher über die Heizung, damit sie gewärmt sind, bringt mir morgens einen Kaffee mit einer Praline ins Bad und deckt abends ganz festlich den Tisch. Dann habe ich immer eine innere Blockade beim Thema Trennung, weil diese kleinen Gesten mich so berühren. Ich bekomme dann ein so überwältigendes Mitleid mit ihm, dass ich die Trennung wieder nicht anspreche.* **(Constanze, 52 Jahre, keine Kinder)**

Mitleid und Mitfühlen können sind an sich herausragende menschliche Eigenschaften. Ohne sie wäre ein fürsorgendes gesellschaftliches Miteinander kaum denkbar. »Mitleiden« zu können, zeichnet einen empfindsamen Menschen aus.

Mitleid erlebe ich im Trennungscoaching immer wieder. Allerdings meistens mit den falschen Personen oder in der falschen Situation.

Viele Menschen, die Mitleid empfinden, haben das Gefühl, sie müssten das empfundene Leid des anderen kompensieren und etwas tun. Oder etwas unterlassen, zum Beispiel eine bewusste Entscheidung treffen oder die innerlich schon vollzogene Trennung auch tatsächlich umsetzen.

Dieses Gefühl, etwas ausgleichen zu müssen, kann einen ungeheuer großen inneren Druck aufbauen und innerlich auffressen. Und das ist nicht gesund. Denn sehr oft ist das Mitleid mit (einem) anderen Menschen damit verbunden, dass das Mitgefühl für sich selbst abhandenkommt.

Ich meine hier nicht das Selbstmitleid. Selbstmitleid ist Flucht aus der Eigenverantwortung und gehört nicht zu einer bewussten Auseinandersetzung mit Ihrer aktuellen Situation oder einer guten Trennung.

Es ist nur oft so, dass sehr empfindsame Menschen viel Mitleid für andere aufbringen können, aber für ihre eigene äußere und innere Situation blind sind. Dazu gehören vermeintliche »Macher« und »Macherinnen«, die nach außen oft den Eindruck erwecken, sie hätten alles im Griff, und das meistens besser als andere. Tatsächlich liegt in dem Machen und Tun aber häufig eine große Traurigkeit und Leere.

Das geht oft mit einem übersteigerten Verantwortungsgefühl für andere einher, wovon schon die Rede war (→ Die (richtige) Verantwortung übernehmen).

Gehören Sie dazu?

Dann tut es Ihnen sehr gut, zunächst einmal Mitgefühl für sich selbst zu entwickeln, bevor Sie an andere denken.

Dieser Schritt kann sich sehr ungewohnt und groß anfühlen, deshalb möchte ich Sie anregen, sich in einem kleineren Zwischenschritt einmal mit dem großen Thema Mitleid und Kompensation zu beschäftigen. Oder anders formuliert: Stellen Sie sich einmal aktiv die Frage: Müssen Sie, wenn Sie Mitleid empfinden, etwas für andere tun? Nehmen Sie sich ein Blatt

Papier oder Ihr Tablet und einen Stift und starten Sie einen klassischen Besinnungsaufsatz. Der Titel: Wie viel Tun braucht mein Mitleid?

Kennen Sie Ihre persönlichen Werte oder: Was macht Sie glücklich?

> *»Wertvorstellungen oder kurz Werte bezeichnen im allgemeinen Sprachgebrauch als erstrebenswert oder moralisch gut betrachtete Eigenschaften bzw. Qualitäten, die Objekten, Ideen, praktischen bzw. sittlichen Idealen, Sachverhalten, Handlungsmustern, Charaktereigenschaften oder auch Gütern beigemessen werden.«*[8]

Die meisten antworten auf die Frage nach ihren Werten ähnlich: Ehrlichkeit und Loyalität gehören dazu, auch Gemeinschaftssinn und Bescheidenheit. Das alles sind große, allgemeingültige oder universelle Werte.

Diese universellen Werte meine ich nicht, wenn ich nach Ihren Werten frage. Sondern ich meine ganz konkret Ihre eigenen, persönlichen Werte, die Sie ausmachen, die für Ihr Leben eine Richtschnur sein können.

Warum ist diese Frage in einer festgefahrenen Beziehung oder in einer Trennung überhaupt wichtig und was trägt sie zur inneren Balance bei? Die Antwort ist sehr einfach und hat doch eine enorme Tragweite: Ein wertgemäßes Leben macht glücklich. Konkret: Ein Leben im Rahmen Ihrer ureigensten Werte macht Sie glücklich. Und davon können Sie gerade jetzt

---

[8] *Eintrag »Wertvorstellung« bei Wikipedia,* https://de.wikipedia.org/wiki/Wertvorstellung, *abgerufen am 20. Januar 2023.*

ein gutes Stück gebrauchen. Es lenkt den Fokus wieder auf Sie selbst und ist ein weiterer Beitrag zu Ihrer inneren Balance.

Also lassen Sie uns auf die Suche nach Ihren ganz persönlichen individuellen Werten gehen.

Vielleicht können Sie die Frage ad hoc beantworten, wenn Sie die universellen Werte ausgeschlossen haben und den Blick auf sich selbst richten?

Wenn nicht, fragen Sie sich einmal, ob es in Ihrem Leben sogenannte Peak Experiences – Lebenshöhepunkte – gegeben hat, Erfahrungen oder Erlebnisse, die positiv waren und atemberaubend, in denen Sie als Person komplett aufgegangen sind.

Das können besondere Ereignisse gewesen sein, oft auf Reisen oder bei längeren Auslandsaufenthalten, wie zum Beispiel das erste Mal einen Berggipfel zu erklimmen, vor Sonnenaufgang einen Vulkan zu besteigen oder in der Abenddämmerung auf einem menschenleeren See in den Anden zu rudern. Das können besondere Gemeinschaftserlebnisse aus Schul- oder Studienzeiten sein, Zeltlager, Gitarre am Lagerfeuer oder die große Aufräumaktion mit Gleichgesinnten in Ihrer Heimatstadt. Das können besondere Orte sein wie der Platz unter der uralten Weide am Rhein oder in den Wäldern der Eifel. So individuell wie jeder von uns ist, so individuell sind seine oder ihre Peak Experiences. Gemeinsam ist, dass für viele Eltern die Geburt ihres oder ihrer Kinder dazugehört.

Die Antwort auf die Frage nach den Lebenshöhepunkten kann schon sehr viel Aufschluss geben, denn sie eröffnet den Blick in Ihr Innerstes. Dahin, wo Sie ganz tief empfinden, weil Ihnen etwas ganz besonders wichtig ist.

Manche Menschen können keine Peak Experiences benennen. Das ist nicht schlimm. Dann nähern wir uns den persönlichen Werten über einen anderen Weg: Was bringt Sie denn in den Flow? Das heißt, bei welcher Tätigkeit, wo oder mit wem vergessen Sie Zeit und Raum?

Für viele sind das Hobbys: Musik machen, Basteln, Zeichnen, Lesen, Sammeln. Für andere sind das Sport und Bewegung, vor allem Ausdauersport wie Joggen oder Walken, Rudern oder Schwimmen. Viele haben ein ausgeprägtes Körpergefühl und nennen Yoga, Qi-Gong oder Sauna und Massagen. Reisen gehört ganz oft dazu, andere Länder und Menschen entdecken, sich selbst in der Ferne spüren.

Und so kommt bei jedem Einzelnen meist ein ganzes Potpourri an Werten zusammen: Naturverbundenheit, Bewegung, Neugierde, Familie, Miteinander, Offenheit, Kreativität, Gemeinschaftssinn, Reisen, Abenteuerlust, Sesshaftigkeit, Sinnlichkeit, Altruismus, Spielfreude und noch vieles mehr.

Ja – das, was Sie finden, das sind alles Sie!

Die Kernwerte eines Menschen sind meistens vier oder fünf der so gefundenen Werte. Eine Ausrichtung an diesen Werten kann jeden Menschen glücklich machen, und zwar bedeutend glücklicher, als jedes materielle Gut es vermag. Oder, wie ein Sinnspruch besagt: »Do more of what makes you happy in your life.« Da ist es doch sehr hilfreich zu wissen, was Sie wirklich glücklich macht.

In Ihrer aktuellen Entscheidungssituation oder schon in einer Trennung hat die Frage nach den Werten natürlich genau dieses Ziel: Ihnen die Erkenntnis zu bringen, was Sie glücklich macht. Und auch zu zeigen, dass es oft kleinere Dinge, Tätigkeiten oder Begebenheiten sind, die glücklich machen. Und dass Sie es meistens selbst in der Hand haben, diese gerade jetzt bewusst in Ihr Leben zurückzuholen und zu fördern.

Manchmal ist diese Frage nach den Werten aber auch erst einmal ernüchternd.

»Wissen Sie, da muss ich jetzt etwas nachdenken. Ich hatte viele Interessen, aber das ist so lange her. Ich erinnere mich kaum daran. In den letzten fünfzehn Jahren meiner Ehe bin ich überhaupt nicht dazu

gekommen. Ich habe noch nicht einmal mehr daran gedacht. Ich musste es ja meiner Frau immer recht machen. Und mit unseren Berufen und unserem Sohn – da war kein Platz mehr für das, was mir früher mal Freude gemacht hat.« **(Frank, 45 Jahre, ein Sohn unter 14)**

Über einer langjährigen Partnerschaft, dem Kinderkriegen, Kümmern und Sorgen, sich als Familie zusammenfinden und nebenbei meist sehr intensiven Phasen im Beruf verlieren viele Menschen das Gespür für sich selbst und das, was sie ausmacht.

Das ist so, und zwar bei vielen. Haken Sie das ab. Es ist nicht Ihre Schuld und auch nicht die Ihres Partners.

Aber das muss nicht immer so sein und sollte gerade jetzt, wenn Sie dabei sind, sich selbst wiederzufinden, oder bereits mitten in einer Trennung sind, nicht so bleiben. Denn der Zugang zu Ihren Werten gibt Ihnen einen direkten Hinweis auf schnelle und wirksame Glücklichmacher und ist damit ein wertvoller Beitrag zu Ihrer inneren Balance. Vielleicht kennen Sie Ihre Werte auch schon und stellen fest, dass sie sich im Lauf der Jahre geändert oder ausgetauscht haben. Dann ist jetzt der Zeitpunkt, Ihre neuen Werte in Ihr Leben zu integrieren.

Diese Werte sind Ihr Kompass, um im Einklang mit sich selbst durch diese meist schwierige (Vor-)Trennungszeit zu navigieren.

Mit der folgenden Übung können Sie Ihre Werte für sich selbst jeden Tag sichtbar machen. So entsteht ein visueller Marker für Ihr ganz persönliches Wertesystem, das Ihnen auch in sonst schwierigen Zeiten Erfüllung bringen kann.

Übung: Vision Board – Ihr Wertekompass

Ihr Ziel: Sich selbst vor Augen führen, wer Sie sind, was Sie ausmacht und was Sie glücklich macht.

Vorbereitung: Sie brauchen eine Grundlage für Ihr Board. Das kann zum Beispiel farbige Tonpappe sein, eine Korkpinnwand oder ein Whiteboard. Wichtig ist nur, dass es mindestens eine Größe von DIN A3 hat.
Zeitaufwand: Beliebig, das entscheiden Sie selbst. Es kann eine halbe Stunde dauern oder ein Projekt über mehrere Tage und Wochen sein.
Durchführung: Sie werden kreativ und gestalten Ihr eigenes Vision Board unter dem Motto »Das bin ich und das macht mich glücklich«.

Der erste Schritt ist, dass Sie, wie oben beschrieben, Ihre ganz persönlichen Werte herausfinden. Notieren Sie diese Werte.

Dann fangen Sie erst einmal an zu sammeln: Suchen Sie Fotos und Symbole, die für Sie und Ihre Werte stehen. Das können Ihre eigenen Fotos sein, Postkarten oder Fotos aus Illustrierten. Sie können sich auch ein prominentes Vorbild suchen, das in Ihrer Wahrnehmung für das steht, was auch Sie ausmacht. Ein Foto dieses Vorbilds gehört auch auf Ihr Vision Board.

Dazu können Sie sich kurze Sprüche oder Symbolworte auf kleinere Zettel notieren, die für Sie Ihre Werte verkörpern, und diese auch auf Ihrem Vision Board platzieren. Natürlich können das auch Ihre Werte selbst als Worte sein, jeweils auf einen Zettel geschrieben. Und eine geänderte, positiv formulierte innere Prägung, also Ihr neuer Selbstsatz, gehört auch hierher! (→Innere Prägungen erkennen und verändern)

Lassen Sie sich gern Zeit, legen alles aus und befestigen es anschließend. So entsteht Ihr ganz eigenes Werte-Vision-Board, Ihr Wertekompass, als Lichtblick und Verheißung in einer schwierigen Zeit.

Nachdem wir uns in diesem Abschnitt mit Ihren Werten und Wertvorstellungen beschäftigt haben, soll es jetzt noch um einen ganz anderen »Wert« gehen. Ich frage meine Klienten oft ganz absichtlich und provokant in einem monetär-ökonomischen Sprech: »Was ist Ihr Wert ohne Leistung?« Ich stelle diese Frage gern genauso, um zum echten Nachdenken anzuregen. Der gemeinsame Nenner mit Ihren soeben erforschten Werten und Wertvorstellungen ist, dass die Beantwortung dieser Frage Sie im Idealfall sehr glücklich machen kann:

Und was ist Ihr »Wert« ohne Leistung?

> *»Oh. Was mein Wert ohne Leistung ist? Eine gute Frage. Das kann ich spontan nicht beantworten.«* **(Alle Klienten, 26 bis 75 Jahre alt, mit Kindern, ohne Kinder)**

Das ist eine knifflige Frage: »Was ist Ihr Wert ohne Leistung?« Vielleicht fragen Sie sich jetzt auch, was diese Frage mit (Ihrer) Trennung oder der Suche nach sich selbst und einer guten Entscheidung zu tun hat.

Auf den ersten Blick vielleicht nicht so viel, denn es geht ja meist um den Beruf oder wirtschaftliche Produktivität, oder? Aber auf den zweiten Blick hat sie sehr, sehr viel mit Ihnen selbst zu tun, denn diese Frage öffnet Ihr Innerstes und beleuchtet Ihr Selbstwertgefühl und Ihre Prioritäten im Leben.

Die meisten Menschen in meinem Coaching sind sehr gewissenhaft und sorgfältig und häufig beruflich auch sehr erfolgreich. Wird kein Beruf ausgeübt, dann haben sie Familie und Haushalt gut im Griff und organisiert. Sie sind in der Regel allesamt sehr leistungsbewusst.

»Leistung« an sich ist nichts Verwerfliches; leistungsbewusst zu sein, ist ein weithin akzeptierter Charakterzug. Wir leben in einer Leistungsgesellschaft, vieles ordnet sich dem Prinzip Leistung unter. Sie sich auch?

Was bestimmt, wie Sie sich sehen? Was ist da sonst noch außer Leistung, das Ihren Wert ausmacht?

- Sie sind eine liebende Mutter, ein liebender Vater,
- eine aufmerksame Freundin, ein interessierter Freund,
- ein zugeneigter Ratgeber.
- Sie haben Humor, Sie sind ein ruhender Pol.
- Sie haben Talente, die Sie einzigartig machen, die sie aber nicht perfekt ausüben müssen.
- Sie sind fröhlich, haben Tiefgang, sind belesen oder wohltuend oberflächlich.
- Sie sind – ein Mensch.

Und dieser letzte Satz reicht schon, hier können Sie aufhören mit Ihren Überlegungen, denn Sie haben einen Wert, ohne dass Sie in Aktivität fallen müssten.

»We are Human BEINGS, not Human DOINGS.«

Im Englischen gibt es für Menschen unter anderem den Begriff »human beings«, wörtlich »menschliche Seiende«, und gerade nicht »menschliche Tuende« – »human doings«.

Sie haben also einen Wert als Mensch, ohne dass Sie etwas dafür tun müssen:

Ihre Kinder lieben Sie so, wie Sie sind, ohne dass Sie sich das ständig erarbeiten müssen durch das, was Sie für sie tun.

In einer guten Partnerschaft hat Ihr Wert als Partner nichts mit Leistung zu tun, sondern mit zugeneigtem da sein für den geliebten anderen.

Ihr Wert als Arbeitskollege geht weit über das hinaus, was Sie tun, und wird bestimmt durch das, was Sie sind: freundlich wertschätzend oder auch sachlich distanziert.

Es lohnt sich daher, sich genau jetzt dieser Frage zu stellen. Nach meiner Erfahrung befreit die intensive Auseinandersetzung mit Ihrem eigenen unerschütterlichen Wert ohne Leistung ungemein und kann sehr glücklich machen. Nämlich dann, wenn Sie erkennen, dass alles schon da ist, dass Sie sich fallen lassen dürfen in Ihr menschliches Sein, ohne sich das durch Leistung erarbeiten zu müssen. So ist die Beantwortung dieser Frage Balsam für Ihre Seele, ein wertvoller Beitrag zu Ihrer inneren Balance und damit letztlich dafür, sich selbst (wieder) zu finden.

Greifen Sie auch hier gern wieder zu Papier oder Tablet und Stift und starten Sie wie im Abschnitt → Soforthilfe: Ihr Mitleid angeregt eine weitere schriftliche Klärung – und weil Sie es wahrscheinlich noch nie gemacht haben, bitte nicht unter einer Seite.

Der Titel: Das ist mein Wert ohne Leistung.

In diesem Kapitel haben Sie wahrscheinlich innerlich viel für sich selbst geklärt und sind so hoffentlich Ihrer inneren Balance ein großes Stück nähergekommen. Ich möchte mit der Anregung zu einem sehr wohltuenden Ritual abschließen, das Ihnen inneren Frieden schenken kann und so Ihr Gleichgewicht weiter stabilisiert:

Die Macht der Dankbarkeit

> *»Ich habe das jetzt zwei Wochen gemacht, das Dankbarkeitstagebuch geführt. Das tut mir so gut. Erst hatte ich Probleme, in dem ganzen Durcheinander Dinge zu finden, für die ich dankbar sein könnte. Aber jetzt komme ich locker auf fünf bis sechs Kleinigkeiten. Das verändert tatsächlich den Fokus.«* **(Gudrun, 52 Jahre, drei erwachsene Kinder)**

Die Macht der Dankbarkeit und der Wert eines Dankbarkeitstagebuchs gehören mittlerweile schon fast zum Basic-Wissen »Glück«, über das auch in Zeitschriften regelmäßig berichtet wird. Es ist erwiesen, dass das Führen eines Dankbarkeitstagebuchs über sechs Wochen erheblich zu einem verbesserten mentalen Gesamtzustand beitragen kann.

Deshalb ermuntere ich gerade in Entscheidungs- und Trennungssituationen von Anfang an dazu.

Es geht ganz konkret »nur« darum, jeden Tag – am besten abends – drei Dinge, Menschen, Begegnungen zu notieren, für die Sie dankbar sind.

6 Vorteile sprechen dafür. Manches wird bei Ihnen mehr, manches eventuell weniger zutreffen. Versuchen Sie es:

1. Es verändert den Fokus weg vom Du und weg von allem, was gerade nicht rundläuft. Es ist nicht alles schlecht, was gerade in Ihrem Leben geschieht. Der Perspektivwechsel hilft, das zu sehen.

2. Es hilft bei der Bewältigung Ihrer schlechten Gefühle. Wer dankbar ist, kann nicht gleichzeitig wütend sein. Versuchen Sie das mal, es ist nicht möglich.

3. Es macht Sie wieder aufmerksam für das, was um Sie herum vorgeht. In einer festgefahrenen Beziehung oder auch in einer anschließenden Trennung sind viele Menschen wie in einer Blase mit ihren Gedanken gefangen. Die bewusste Suche nach Dankbarkeitsmomenten regt dazu an, aus dieser Blase hinauszutreten und wieder mit allen Sinnen wahrzunehmen. Das ist dann auch schon wieder ein gutes Stück mehr Achtsamkeit in Ihrem Leben.

4. Es macht Sie wieder empfindsamer, Ihr Herz weicher. Sie nehmen Situationen nicht nur wahr, sondern sind angeregt, sie positiv zu bewerten. Das ist ein Geschenk in dieser Zeit der Entscheidungen und möglichen Trennung.

5. Sie werden gelassener. Das bewusste Wahrnehmen und positive Bewerten zeigen Ihnen, wie viel Gutes in Ihrem Leben stattfindet. Das entspannt und verhilft zu mehr Ausgeglichenheit.

6. Ihre Ausstrahlung verändert sich. Wer dankbar ist, entwickelt eine Herzenstiefe, die er/sie auch ausstrahlt. Machen Sie den Selbsttest: Vor einem Kontakt mit einem Menschen, einem privaten Treffen oder im Beruf sammeln Sie sich kurz und überlegen, wofür Sie dankbar sind. Gehen Sie dann in den Kontakt. Ich bin überzeugt davon, dass Sie vom ersten Moment an herzlich und zugeneigt empfangen werden. Probieren Sie es aus!

Also, was hält Sie noch davon ab, eine Zeit lang ein Dankbarkeitstagebuch zu führen? Sie können es in Ihr Ich-Heft integrieren oder die Download-Vorlage nutzen.

Übung: Mein Dankbarkeitstagebuch[9]

Ich versuche, jeden Tag drei Dinge, Menschen, Ereignisse oder Gedanken zu finden, für die ich dankbar bin:

Tag 1
Tag 2
Tag 3 …

---

[9] Diese Übung können Sie unter www.annette-oschmann.de/bonusmaterial/ herunterladen.

Zusammenfassung:

Innere Balance in Ihrer Situation

In einer Trennungssituation haben Sie mit harten Gefühlen zu kämpfen, und Ihre innere Balance ist gestört. Versuchen Sie aktiv, diese innere Balance Schritt für Schritt wiederherzustellen. Sie haben es selbst in der Hand und brauchen niemanden, der das für Sie übernimmt:

- Sie haben schlechte und harte Gefühle. Versuchen Sie damit bewusst umzugehen: Geben Sie diesen Gefühlen Raum, beschreiben Sie sie. Erforschen Sie auch Ihre Bedürfnisse. Notieren Sie alles, was Sie bemerken.

- Sie haben aktuell Sorgen und Nöte. Schreiben Sie sie auf. Versuchen Sie, konstruktiv damit umzugehen. Üben Sie, achtsam zu sein. Lassen Sie fünfe gerade sein.

- Wenn Sie sehr viel Mitleid haben: Beantworten Sie für sich selbst die Frage, inwieweit Sie auch danach handeln müssen.

- Finden Sie heraus, welches Ihre persönlichen Werte sind. Erstellen Sie gerade jetzt Ihren eigenen individuellen Wertekompass: Ein wertgemäßes Leben macht glücklich.

- Widmen Sie sich der Frage, was Ihr Wert ohne Leistung ist. Am besten schreiben Sie Ihre Gedanken auf.

- Dankbarkeit verändert den Fokus und befreit. Beginnen Sie, ein Dankbarkeitstagebuch zu führen, gerade jetzt in dieser Situation.

Die 5 großen S

»Die Liebe zu mir selbst? Hm. Daran könnte ich noch etwas arbeiten. Wie groß die etwa ist? So ungefähr 20 bis 30 Prozent von dem, was wahrscheinlich möglich wäre.«
(Die meisten Klienten, 26 bis 75 Jahre alt, mit Kindern, ohne Kinder)

In einer Phase auf der Suche nach sich selbst, auf der Suche nach der »richtigen« Entscheidung oder bereits rund um eine Trennung sind Sie in einer Situation, in der es um so viele Themen des Alltags geht, um ganz praktische Fragestellungen. Aber Ihre Situation berührt immer auch die noch größeren Themen der eigenen Identität und Individualität. Sie kommen unweigerlich auf den Tisch, auch wenn Sie das gar nicht beabsichtigen. Es lohnt, sich dessen bewusst und gewahr zu werden, gerade jetzt.

Ich nenne diese Themen die 5 großen S:

- Selbstliebe
- Selbstachtung
- Selbstvertrauen
- Selbstwertgefühl
- Selbstbewusstsein

Gerade eine Trennung fordert sie in vielerlei Hinsicht heraus.

Zum einen werden diese 5 großen S in einer festgefahrenen Beziehung oder einer Trennung auf eine harte Probe gestellt: Wie ist es um Ihr Selbstvertrauen bestellt, wenn Ihre Partnerschaft gerade auseinanderbricht? Was ist mit Ihrem

Selbstbewusstsein, wenn die Abstimmung mit Ihrem Partner nicht funktioniert?

Zum anderen war vielleicht das eine oder andere »Selbst-« in der Vergangenheit verschwunden oder immer schon schwach entwickelt: Wie sieht es mit Ihrer Selbstakzeptanz aus, haben Sie sich immer und in jedem Moment Ihrer Partnerschaft selbst akzeptiert? Wie war das mit der Selbstliebe, haben Sie sich selbst genauso viel Liebe geschenkt wie Ihrem Partner oder Ihren Kindern?

Jetzt ist genau der Moment, sich mit diesen Themen intensiv zu beschäftigen, jenseits des Schmerzes und der praktischen Anforderungen des täglichen Lebens. Dadurch lernen Sie sich wieder besser kennen und finden sich selbst (wieder). Und Sie können eine innere Entwicklung erleben, die Sie für die Zukunft stärkt und freier macht.

Selbstliebe

Selbstliebe ist die Fähigkeit und das Bewusstsein, sich selbst zu lieben, und zwar bedingungslos und ohne Einschränkungen.

Damit tun sich so viele Menschen in meinem Coaching sehr schwer. Sie fragen sich zuerst »Warum soll ich mich selbst lieben?« und stellen sich damit gleich ein Bein. Denn sie suchen nach rationalen Gründen für ihre Selbstliebe. Meistens suchen sie diese Gründe sogar im Außen: Andrea/Dieter sagt, ich habe schöne Augen und könne so gut reden. Dann stimmt das wohl. Also kann ich auch anfangen, das an mir zu lieben.«

Es ist schön, dass Andrea oder Dieter etwas an Ihnen gut und schön finden und Sie vielleicht auch deshalb lieben. Aber wenn Sie diese Gründe von außen brauchen, um sich selbst zu lieben, ist das noch keine Selbstliebe. Und fragen Sie sich mal: Wieso sollten die anderen schlauer sein als Sie selbst, wo Sie doch Ihr ganzes Leben mit sich selbst verbracht haben?

Selbstliebe braucht keinen Grund von außen, kein Gegenüber, das Sie in Ihrer Liebe zu sich selbst bestätigt. Selbstliebe kommt aus Ihnen selbst heraus, ohne rationale oder logische Begründungen. Es ist die emotionale allumfassende Annahme seiner selbst. Von Herzen, nicht vom Kopf her. Damit ist die Selbstakzeptanz ein wichtiger Bestandteil der Selbstliebe: Ich bin, wie ich bin, und liebe mich genau so.

Dorthin zu kommen, ist aber für viele sehr schwer, auch weil sie oft auf eigene Schwächen fixiert sind oder sich vergleichen. »Ich bin aufbrausend.« – »Meine Beine sind dick.« – »Ich bin nicht so schlau wie XY.«

Aus einem vermeintlichen Mangelzustand heraus lässt sich keine Selbstliebe entwickeln. Wenn Sie also nur auf Ihre Schwächen blicken, ist es sehr schwer, aus dieser gedanklichen Einbahnstraße hinauszukommen und liebend und wohlwollend mit sich selbst umzugehen.

Deshalb der erste Hinweis zum Einstieg: Schauen Sie auf Ihre Stärken, auf das, was Sie wirklich an sich mögen. Das können Sie von Herzen lieben.

Wenn Sie Ihr Ich-Heft (→Innere Klarheit: Erkennen Sie sich selbst) führen, haben Sie schon viel über sich selbst herausgefunden – auch über Ihre Stärken, Ihre Vorlieben, vielleicht sogar Eigenschaften, die Sie selbst als liebenswert einordnen. Fangen Sie damit an: All das dürfen Sie lieben, ohne Wenn und Aber.

Dann tasten Sie sich weiter vor zu Ihren Schwächen oder vermeintlich negativen Seiten: Sie sind ungeduldig? Reden Sie manchmal zu viel? Unterbrechen andere? Sind manchmal begriffsstutzig? Tragen manchmal zu viel Make-up oder Parfüm und Ihr Po ist kräftiger als bei anderen?

So what? Lieben Sie es! Seien Sie freundlich zu sich selbst, oder andersherum: Seien Sie sich selbst der beste Freund, die beste Freundin. Und überlegen Sie: Ihrem besten Freund oder

Ihrer besten Freundin würden Sie doch wohl kaum sagen, dass er/sie nicht liebenswert ist, weil er/sie zu viel redet oder einen kräftigen Po hat, oder?

Falls so viel Selbstliebe jetzt gerade noch schwierig ist: Nehmen Sie Ihre Eigenschaften in einem ersten Schritt an, akzeptieren Sie sie, verstehen Sie sie als einen Teil Ihres Selbst, ohne Wertung oder Bewertung. Dann üben Sie aktiv Ihre Liebe zu dieser Eigenschaft oder diesem Merkmal. Liebe wertet nicht.

Aufgepasst: Sie können selbstverständlich damit beginnen, alles an sich zu ändern, was Sie selbst nervt. Doch bis das geändert ist: Lieben Sie es! Aus ganzem Herzen. Es gehört zu Ihnen und macht Sie einzigartig.

Wie Sie das machen sollen?

Sie fangen einfach an, denn die wichtigste Erkenntnis ist: Selbstliebe ist ein innerer Entschluss, der keine Gründe oder Bestätigung von außen braucht.

Beginnen Sie morgens beim Blick in den Spiegel, ungeschminkt oder unrasiert: Hey, ich liebe mich! Genau so, wie ich bin.

Der →befreiende Dreiklang ist Selbstliebe pur: Was ist gut für mich? Was tut mir gut? Was bringt mich weiter?

Ja, ganz recht: Ich, ich, ich … bevor Sie sich (wieder) dem Du widmen.

Der richtige Umgang mit Schuldgefühlen und die (richtige) Verantwortung zu übernehmen, ist Selbstliebe pur. Und auch Ihre Erkenntnisse über Ihren »Wert« ohne Leistung sind ein wichtiger Schritt hin zu mehr Selbstliebe.

Bleiben Sie am Ball!

Was Sie sonst noch tun können:

- Fertigen Sie sich kleine Erinnerungszettel oder kleine Kartenaufsteller an mit wichtigen Erkenntnissen über sich selbst:

- Ich liebe mich, ich bin wunderbar. (Ja! Gehen Sie aufs Ganze!)
- Ich liebe mich für meinen Humor.
- Ich liebe mich einfach so.
- Stellen Sie sich in Ihrem Smartphone eine Erinnerung, für zweimal am Tag oder alle zwei Stunden: Ich liebe mich genauso, wie ich bin!

Selbstachtung

Selbstachtung ist die wohlwollende Wertschätzung der eigenen Person, der Respekt vor sich selbst.

Selbstrespekt und Selbstwertschätzung? Wird Ihnen bei diesen Begriffen ganz komisch? Fragen Sie sich, woher dieser Respekt und diese Wertschätzung denn kommen sollen? Wo die Gründe sind für den Respekt vor sich selbst?

Dann sind Sie wieder im Außen: Sie suchen die Gründe für Selbstachtung bei anderen und hoffen, dass durch den Respekt und die Wertschätzung anderer auch Ihre Selbstachtung wachsen wird.

Dieser Weg ist absolut verständlich, weil Wertschätzung und Anerkennung oft mit anderen zu tun haben. Doch die Richtung stimmt nicht. Umgekehrt wird ein Schuh draus: Erst wenn Sie sich selbst Achtung entgegenbringen, werden das auch andere tun. Das ist das Prinzip der Resonanz, zu dem ich im Abschlusskapitel noch etwas sage, weil es so wichtig ist: So, wie Sie sich selbst sehen und behandeln, werden Sie auch von anderen Menschen gesehen und behandelt.

Der Weg zu mehr Respekt und Wertschätzung von anderen startet also bei Ihnen und Ihrer Achtung vor sich selbst.

Sie zweifeln noch? Dann machen Sie bitte den »**Diva-Test**«:

Schlüpfen Sie einen Tag lang in eine Rolle, seien Sie einen Tag lang »Diva«, egal ob weiblich oder männlich. Respektieren Sie jeden einzelnen Ihrer Wünsche und jedes Bedürfnis, formulieren Sie sie und erwarten Sie, dass sie erfüllt werden. Seien Sie »zickig«, seien Sie »kapriziös« – keine Sorge, das bleibt nicht. Tut aber zeitweise sehr gut, um die eigene Selbstwirksamkeit zu prüfen.

Also los: Sie wollen Ihren Kaffee mit zwei Stück Zucker und viel Milch, Sie wollen diese Schuhe, ach nein, doch die anderen, Sie wollen Ihren Salat mit Dressing, nein, doch lieber separat, Sie wollen nicht mit dem Bus fahren, sondern mit dem Auto abgeholt werden, Sie gehen Ihren Weg in der Fußgängerzone und weichen nicht aus und so weiter und so weiter.

Versuchen Sie es: Meine Klienten berichten immer wieder Erstaunliches. Um wie viel mehr sie respektiert und gesehen werden, dass Kollegen auf dem Flur Platz machen, dass andere, vorher eher übergriffige Menschen auf einmal sehr vorsichtig werden. Und das Beste: Dieser Test macht meinen Klienten immer auch sehr viel Spaß!

Der »Diva-Test« soll Ihnen eines klarmachen: Die Selbstachtung fängt bei Ihnen an. Wenn Sie sich selbst achten, spüren andere das und tun es auch. Wenn Sie sich selbst nicht respektieren, aber von anderen Respekt erwarten, können Sie lange warten. Das wird nicht passieren.

Und deshalb ist es oft so hart, ohne Selbstachtung in eine Partnerschaft gegangen zu sein, in der Hoffnung, der andere werde Ihnen die so sehr ersehnte Achtung entgegenbringen. Das Gegenteil ist oft der Fall.

Denn wenn Sie sich selbst nicht achten, warum sollte das ein anderer tun?

Ich hoffe, dass der »Diva-Test« genügend Ansporn für Sie ist, mit der Selbstachtung zu beginnen. Damit das auch wirklich klappt, hier noch ein paar weitere Tipps:

- Studieren Sie Ihr Ich-Heft und sehen Sie immer mal wieder nach, welch wunderbarer Mensch Sie sind. Das ist doch schon Grund genug, sich selbst wertzuschätzen!

- Denken Sie an einen Menschen in Ihrem Umfeld, von dem Sie meinen, er/sie habe ausreichend Selbstachtung. Überlegen Sie, wie Sie darauf kommen, wie dieser Mensch sich verhält, was er/sie sagt oder tut. Schreiben Sie das gern auf, das ist eine Charakterstudie, von der Sie sich möglichst eine Scheibe abschneiden sollten, um selbst in die Puschen zu kommen.

- Schließen Sie mit sich selbst einen Vertrag ab:

Ab heute werde ich, ______________, mich selbst achten, wertschätzen und respektieren. Ich fange einfach damit an, denn ich bin es mir wert. Ich weiß, wenn ich mich selbst respektiere, werden das auch andere tun.

______________ ______________________

Ort, Datum Unterschrift

Vieles wird erstaunlich gut funktionieren und Ihnen ein viel besseres Gefühl für Ihre Selbstachtung geben. Dennoch wird nicht alles von heute auf morgen sofort klappen. Die Anregungen, die Sie hier finden, sind erst einmal ein Anschub. Am besten, Sie probieren ein paar Tage konkret einen Tipp aus und schauen genau hin, was passiert. Und dann gehen Sie zum nächsten Tipp über. Versuchen Sie, das Ganze spielerisch zu sehen, mit einem ernsten Hintergrund. Das ist die Basis für Ihre innere Entwicklung, sich selbst wiederzufinden.

Selbstbewusstsein

Selbstbewusstsein ist das bewusste Wahrnehmen der eigenen Persönlichkeit, das Wissen, wer man ist und welche Eigenschaften, Stärken und Schwächen, Abneigungen und Vorlieben einen ausmachen.

Kommt Ihnen das bekannt vor? Ja, richtig, Ihr Ich-Heft hat genau dieses Ziel: durch konsequente Selbsterforschung ein besseres Bewusstsein für sich selbst zu entwickeln. Sie machen sich mit sich selbst bekannt: Gestatten, so bin ich!

Ich glaube aber, dass Sie bei dem Begriff Selbstbewusstsein auch immer noch etwas anderes im Kopf haben. Nämlich die Person, die einen Raum betritt und vor Selbstbewusstsein nur so strotzt. Die »selbstbewusste« Nachbarin, der »selbstbewusste« Kollege, das meint meist Menschen, die nach außen eine gewisse Stärke, Durchsetzungsfähigkeit und Fokussierung an den Tag legen.

Wie hängt das zusammen? Sehr eng: Die Erkenntnis, wer man selbst ist mit all seinen Eigenschaften, guten wie schlechten, seinen Wünschen und Bedürfnissen, das alles gibt sehr viel Sicherheit, Selbstsicherheit, die sich auch nach außen zeigen wird. Sie fischen nicht (mehr) im Trüben, wer Sie wohl sind, was Sie vielleicht mögen, sondern Sie sind in jeder Situation in der Lage, klar zu äußern, was Sie wollen. Weil Sie sich so gut kennen.

Und weil Sie sich so gut kennen, können Sie Entscheidungen immer auch für sich und Ihr Wohlbefinden treffen, Ihre Wünsche und Ziele immer bewusst einbeziehen und berücksichtigen.

Je besser Sie sich selbst kennen, desto selbstverständlicher wird das. Und desto mehr Stärke, Durchsetzungsfähigkeit und Fokussierung werden auch Sie nach außen ausstrahlen.

Ein paar weitere Tipps auf dem Weg dorthin sind:

- Streichen Sie die Antwort »egal« aus Ihrem Wortschatz. Weil Sie sich gut kennen, haben Sie eine Meinung und können konkret antworten. Das fängt bei banalen Alltagsfragen an – lieber Kaffee oder Tee, lieber zum Italiener oder zum Vietnamesen essen gehen –, geht weiter über die Frage nach dem Urlaub – Meer oder Berge, nah oder fern – bis zu Ihrer Einstellung zu tagesaktuellen, politischen, kulturellen oder philosophischen Fragen und Themen. Je nach Ihrer Neigung und Ihren persönlichen Interessen. In jedem Fall hilft es, eine Meinung zu haben. Ihnen selbst, aber auch anderen, die Sie als Menschen mit Facetten wahrnehmen, als jemanden, der etwas zu sagen hat, jemanden, der für etwas steht, jemanden, der einen Raum betritt und … vor Selbstbewusstsein strahlt. Probieren Sie es aus – »egal« ist ab sofort gestrichen.

- Bleiben wir bei der Sprache: Achten Sie darauf, wann Sie das Wort »eigentlich« benutzen (wollen). »Eigentlich« ist nämlich der kürzeste und direkte Weg zu Ihrem Wesen, zu dem, was Sie wirklich wollen. Testen Sie auch das: Wie oft denken Sie »eigentlich würde ich gern …« und machen dann genau das Gegenteil? Ab sofort passiert das nicht mehr! Wenn Sie »eigentlich« denken, dann machen Sie dieses »Eigentlich«. Punkt.

- Beachten Sie Ihre Körperhaltung. Die äußere Haltung beeinflusst die innere Haltung und umgekehrt. Mit hängenden Schultern und nach unten gerichtetem Blick werden Sie nicht selbstbewusst werden und auch nicht wirken. Gehen Sie zu einem Spiegel. Stellen Sie sich gerade hin, mit geerdeten Beinen, gerader Wirbelsäule, schauen Sie gerade in den Spiegel. Ziehen Sie die Schultern nicht hoch, legen Sie sie nach hinten unten ab. Denken Sie an den Spruch unserer

Großmütter: Bauch rein, Brust raus! Diese Anweisung hatte kein anderes Ziel, als »Haltung zu zeigen«. Mit dieser äußeren Haltung ist es sehr schwierig, innerlich wirklich traurig und niedergeschlagen zu sein. Es ist aber auch fast unmöglich, nicht zumindest als selbstbewusst wahrgenommen zu werden. Üben Sie das, bis Sie wirklich sind, was Ihre Haltung ausstrahlt. Und weil Sie das auch innerlich spüren werden, bleiben Sie echt und authentisch, trotz dieses kleinen äußerlichen Kniffs.

- Hören Sie auf, sich mit anderen zu vergleichen. Aus dem Vergleich mit anderen erwächst selten das eigene Selbstbewusstsein, im Gegenteil. Sie sehen als Außenstehender ohnehin nur die Schokoladenseite und nicht das, was dahintersteckt. Nehmen Sie sich für den Anfang gern ein Vorbild in Sachen Selbstbewusstsein, um die Merkmale von Selbstbewusstsein zu studieren und ein Gefühl dafür zu bekommen, was Ihr eigenes Selbstbewusstsein ausmachen könnte. Suchen Sie sich also ein »Rollenvorbild« für selbstbewusstes Verhalten, für das, was Sie erreichen wollen. Und dann fokussieren Sie sich auf Ihren eigenen Weg; Sie gehen ihn, ohne nach rechts oder links zu schauen. Tragen Sie gern für eine Zeit Scheuklappen. Das gibt Ihrem Selbstbewusstsein Raum zu wachsen. Halten Sie Ihren neuen Fokus.

Selbstvertrauen

Kommen wir zum Selbstvertrauen. Selbstvertrauen ist die eigene Überzeugung, über bestimmte Fähigkeiten oder Kompetenzen zu verfügen. Sie vertrauen sich selbst, dass Sie etwas Bestimmtes tun oder bewirken können und dass Sie wunschgemäß hinbekommen, was Sie sich vornehmen.

Es kann sein, dass Sie etwas erlernt haben: Lesen, Schreiben, ein Handwerk, eine Dienstleistung, eine bestimmte Art zu denken. Vielleicht haben Sie einen Abschluss oder ein Zertifikat über das Erlernte, Ihre Fähigkeit, Ihre Kompetenz. Das ist schon mal eine gute Basis für Ihr Selbstvertrauen. Beobachten Sie dann: Je öfter Sie dieses Erlernte anwenden und Ergebnisse sehen, desto größer wird Ihr Selbstvertrauen. Das ist die Bestätigung Ihrer Selbstwirksamkeit und gleichzeitig eine ganz wichtige Komponente des Selbstvertrauens: Es kann nur gedeihen, wenn Sie in die Handlung kommen, wenn Sie eine Fähigkeit oder Kompetenz immer wieder einsetzen.

Dann finden Sie sich irgendwann in der sogenannten Komfortzone wieder: Sie wissen, was Sie tun und damit erreichen können. Das fühlt sich gut, das fühlt sich »komfortabel« an.

Ihre Komfortzone, das ist der Bereich, von dem Sie den Eindruck haben, dass Sie ihn beherrschen, dass Ihre Fähigkeiten und Kompetenzen ausreichen, um die Anforderungen innerhalb dieser Zone zu bewältigen. Das kann Ihr Haushalt sein, Ihr lange ausgeübter Beruf, das Fahren eines Autos, mit dem Sie vertraut sind, Sport oder Hobbys, die Sie schon lange pflegen. All diese Bereiche kennen Sie sehr genau und wissen, wie Sie sich darin ohne Probleme angemessen bewegen können, ohne aus dem Gleichgewicht zu geraten.

Und dann kommt der Schritt, bei dem Sie der mittlerweile allgegenwärtigen Aufforderung folgen, die Komfortzone zu verlassen. Machen Sie das hier und jetzt aus dem Blickwinkel des Selbstvertrauens. Denn »sich was trauen« kann einen gewaltigen Boost geben. Außerhalb der Komfortzone ist zunächst Ihr Gleichgewicht gefährdet: Sie bewegen sich auf Neuland und dürfen Ihre Fähigkeiten und Kompetenzen neu einsetzen oder ganz neue erlernen. Das können sein: der Wechsel eines Berufes, der Umzug in eine neue Wohnung oder ein neues Haus, das Erlernen einer neuen Sportart oder einer Sprache. Oder das Einfinden in Ihr neues Leben nach einer Trennung.

Mit Ihrem Handeln und Tun im »Neuland« kommen neue Erfahrungen, die zweite wesentliche Komponente des Selbstvertrauens: »Ich merke/spüre, dass ich etwas (Neues) kann.« Wenn das nicht auf Anhieb klappt, lernen Sie durch mögliche Fehler und machen dann noch die doppelte Erfahrung: »Ich kann durch meine Fehler lernen und wachsen und komme dann doch noch in die Handlung.«

Selbstvertrauen wächst also durch Handlung plus Erfahrung.

Positive Nebenwirkung auf dem Beipackzettel des Ausprobierens: Selbstwirksamkeit. Sie erfahren, dass Sie etwas bewirken können. Das ist eine der wichtigsten Botschaften, die wir gemeinhin versuchen, unseren Kindern zu vermitteln: Schau, du bist in der Lage, einen Sport zu erlernen, ein Instrument, du kannst aus Sand Kuchen backen und später Kekse im Ofen.

Wenn Ihnen das mit dem »in die Handlung kommen« noch schwierig erscheint, denken Sie genau daran: wie unbefangen Kinder sich neuen Herausforderungen widmen. Entdecken und fördern Sie hieraus Ihren eigenen Anfängergeist: Er ist noch da und muss manchmal nur sanft geweckt werden.

In Ihrem Ich-Heft haben Sie vielleicht schon etwas über Ihre Erfahrungen notiert, welche Dinge oder Prozesse Ihnen gelungen sind, was Ihre größten privaten oder beruflichen Erfolge waren, welche Fertigkeiten Sie besitzen und welche Sie noch entwickeln möchten. Das alles repräsentiert bereits »Handlung plus Erfahrung« und ist eine Grundlage, gesundes Selbstvertrauen zuzulassen.

Deshalb auch der weitere Tipp zur Stärkung Ihres Selbstvertrauens:

Kommen Sie in die Handlung und machen Sie Ihre Erfahrungen mit Neuem. Überlegen Sie ganz bewusst, ob und was

Sie noch erlernen wollen, gern im Rahmen Ihrer ganz individuellen Werte, die Sie weiter vorn erkundet haben. Umso mehr Freude werden Sie daran haben. Denken Sie nach, welche Fertigkeiten und Fähigkeiten Ihnen wichtig sind, welche Sie schon haben und welche Sie noch erlernen möchten. Dann setzen Sie das um und machen Schritt für Schritt Ihre Erfahrungen, passen Ihr Vorhaben an, soweit das erforderlich ist, und lassen es zu, dass Ihr Selbstvertrauen mit Ihrem Vorhaben Stück für Stück wächst.

Tun Sie es einfach!

Selbstwertgefühl

Lassen Sie uns zu guter Letzt einen Blick auf das große S Selbstwertgefühl werfen. Das ist wahrscheinlich die Königsdisziplin und begegnet mir im Coaching immer wieder mit Aussagen wie »Ich habe nur ein sehr geringes Selbstwertgefühl. Können wir daran etwas ändern?« oder »Mein Selbstwertgefühl ist so schwach. Ich glaube, das ist der Grund für meine Probleme in der Partnerschaft« oder »Ich muss mein Selbstwertgefühl vergrößern«.

Aber wie?

Das Selbstwertgefühl ist die Bewertung, die Sie in Bezug auf sich selbst vorgenommen haben. Sie sortieren sich selbst in Ihr inneres Bewertungsschema ein: »top, mittel, gering, weiß ich nicht«.

Das Problem ist hier, dass Sie sich selbst oft der ärgste Kritiker sind. So kommt es vor, dass viele Menschen nicht über die eigene Bewertung »wenig oder mittel wertvoll« hinauskommen und so in einem gering ausgeprägten Selbstwertgefühl verharren. Von hier geht der Weg dann oft ins Außen zu anderen: Wenn Sie selbst sich nur einen geringen Wert zumessen, suchen

Sie nach Wertschätzung im Außen, um gewissermaßen vollständig zu werden. Das kann ein sehr selbstbewusster Partner sein, von dem Sie sich erhoffen, dass etwas von dem – von Ihnen so wahrgenommenen – höheren Wert dieser Person auf Sie abfärbt. Oder Sie hoffen, dass dieser Mensch Ihnen durch Äußerungen oder Handlungen einen höheren Wert bestätigt, als Sie sich selbst zumessen.

Dieser Weg eines »Upgrades von außen« funktioniert nur selten.

Denn auch hier gilt das →Prinzip der Resonanz: Sie bekommen von Ihrem Gegenüber genau den Selbstwert gespiegelt, den Sie sich selbst zumessen. Warum sollte dieser Mensch auch mehr von Ihnen halten, als Sie selbst es tun?

Es gibt natürlich die gutherzigen Helfer, die versuchen, Sie aufzurichten und Ihren Selbstwert durch Worte, Komplimente oder Taten zu erhöhen. Oft aber sind Sie gerade dann sehr misstrauisch und glauben Ihrem Gegenüber nicht. Was also tun?

Es fängt (leider) wieder alles bei Ihnen an. Da das Selbstwertgefühl aus Ihrer eigenen Bewertung über Sie entspringt, ist das zugleich eine gute und eine schlechte Nachricht. Die gute Nachricht ist: Sie haben es in der Hand, Ihre innere Bewertung zu verändern und so Ihr Selbstwertgefühl effektiv von innen zu stärken. Die schlechte Nachricht ist: Sie haben es leider auch selbst in der Hand, Ihr Selbstwertgefühl noch weiter zu verringern.

Ihre erste und wichtigste Aufgabe ist es daher, Ihren inneren Feind und Kritiker zu entmachten. Versuchen Sie, so oft es geht, die Perspektive zu wechseln, und seien Sie sich selbst Ihr bester Freund oder Ihre beste Freundin. Sobald Ihr innerer Kritiker sein Lied anstimmt, was an Ihnen alles verkehrt ist und was Sie falsch gemacht haben, stoppen Sie ihn ganz bewusst und überlegen Sie sich, was Sie selbst Ihrer besten Freundin / Ihrem besten Freund in dieser Situation sagen würden. Würden

Sie weiter Salz in die Wunde streuen oder würden Sie eher so reagieren: »Schwamm drüber, ist passiert. Das ist doch nicht schlimm. Das hat nichts mit dir zu tun. Du bist und bleibst ein toller Mensch.«

Zur Vertiefung und besseren Veranschaulichung empfehle ich Ihnen die folgende Übung:

Übung: Den inneren Kritiker entmachten[10]

Ihr Ziel: Ihren inneren Kritiker stoppen und dadurch Ihr Selbstwertgefühl stärken.
Vorbereitung: Nutzen Sie die Vorlage aus dem Download oder nehmen Sie Stift und Papier und legen Sie los.
Zeitaufwand: 10 bis 15 Minuten, um in Ruhe nachdenken zu können.
Durchführung: Zeichnen Sie sich eine Liste mit drei Spalten auf. In die linke Spalte kommt das, worum es geht, der Bezugspunkt Ihrer Gedanken über sich selbst: Ihr Körper, Ihre Charaktereigenschaften, Ihre Fähigkeiten, Ihre Vorlieben. In der mittleren Spalte darf Ihr innerer Kritiker wüten: Wie findet er das alles? Welche Meinung hat er über Sie? Machen Sie die große Mängelliste über sich selbst: zu empfindsam, zu laut, zu dünn, zu dick, zu langsam, zu ungeschickt, zu redselig und so weiter. Für die rechte Spalte schließlich wechseln Sie die Perspektive und nehmen die Rolle ein, sich selbst Ihr bester Freund oder Ihre beste Freundin zu sein, mit viel Mitgefühl. Lassen Sie dann den liebevollen und wohlwollenden Blick Ihrer eigenen inneren besten Freundin oder Ihres eigenen inneren besten Freundes

[10] Diese Übung können Sie unter www.annette-oschmann.de/bonusmaterial/ herunterladen.

über Sie gleiten: Was denken Sie über sich selbst, wenn Sie diese Rolle einnehmen? Wie kann man es auch sehen? Entkräften Sie so Stück für Stück und so gut es geht Ihren inneren Kritiker und ersetzen Sie ihn durch den liebevollen Blick auf sich selbst.

Denn es ist ja »nur« ein inneres geglaubtes Bewertungssystem, keine in Stein gemeißelte Wahrheit, was Sie selbst über sich denken.

Ich weiß, dass es schwer ist, die Perspektive zu wechseln. Ich stelle im Coaching aber immer wieder fest, wie viel Spaß das meinen Klienten macht, wenn sie einmal auf den Geschmack dieses Experiments gekommen sind.

Wenn Sie an den vorangegangenen vier großen S schon etwas mehr gearbeitet haben – der Selbstliebe, der Selbstachtung, dem Selbstbewusstsein und dem Selbstvertrauen – könnte Ihnen das beim fünften S etwas leichter fallen. Denn eins hat mit dem anderen zu tun, alles greift ineinander.

Oft hängt ein geringes Selbstwertgefühl auch mit inneren Prägungen zusammen, die Sie irgendwann erhalten haben, in der Kindheit, der Jugend oder den jungen Erwachsenenjahren. »Ich bin nicht wertvoll« ist so eine tief sitzende innere Prägung, die Sie meistens irgendwann durch die Art, wie andere gehandelt und Sie behandelt haben – Eltern, Lehrer, enge Verwandte –, übernommen haben. Wenn Ihre Wünsche nie zählten, wenn Sie selbst keine Wirksamkeit erfahren durften, wenn Sie das Gefühl hatten, jemand anderes wurde Ihnen vorgezogen, dann ist es eine größere Herausforderung, ein gutes Selbstwertgefühl zu entwickeln. Schauen sie sich daher gern noch einmal intensiv den Abschnitt über → Innere Prägungen und deren bewusste Veränderung an.

Zusammenfassung:

Die 5 großen S in Ihrer Situation

Ihr neues Bewusstsein für die 5 großen S wird Sie innerlich weit nach vorn bringen und Ihnen helfen, sich selbst wiederzufinden. Das ermöglicht, (wieder) gute Entscheidungen für sich selbst zu treffen:

- Selbstliebe ist die Fähigkeit und das Bewusstsein, sich selbst zu lieben – bedingungslos und ohne Einschränkungen. Selbstliebe ist ein Entschluss. Fassen Sie ihn genau jetzt.

- Selbstachtung ist die wohlwollende Wertschätzung der eigenen Person, der Respekt vor sich selbst. Beginnen Sie genau jetzt, sich selbst Wertschätzung entgegenzubringen.

- Selbstbewusstsein ist das bewusste Wahrnehmen der eigenen Persönlichkeit. Das Wissen, wer Sie sind und welche Eigenschaften, Stärken und Schwächen, Abneigungen und Vorlieben Sie ausmachen. Entwickeln Sie es Stück für Stück gerade jetzt neu.

- Selbstvertrauen ist die Überzeugung von den eigenen Fähigkeiten oder Kompetenzen. Werden Sie jetzt aktiv und verbessern Sie Ihre Fähigkeiten und Kenntnisse.

- Selbstwertgefühl ist die Bewertung, die Sie in Bezug auf sich selbst vornehmen. Werden Sie sich jetzt selbst zur besten Freundin / zum besten Freund: Sie sind wertvoll!

Vom Kopf in den Bauch – die neuen Erkenntnisse verinnerlichen

> *»Verstanden habe ich das alles ja, mein Kopf ist voll davon. Aber es ist bei mir noch nicht angekommen. Ich spüre es nicht, und ich handle nicht danach. Was soll ich tun?«* **(Birgit, 45 Jahre, zwei Kinder unter 18)**

Das ist ein ganz typisches Symptom unserer Zeit und die Ursache für viele individuelle Probleme: Wir sind mit unserem Empfinden ständig in unserem Kopf, aber nicht (mehr) in unserem Körper.

In unseren Köpfen findet daher viel statt, vor allem viel Überflüssiges. Zwischen 60 000 und 80 000 Gedanken können so täglich zusammenkommen. Oft versuchen wir, unser Leben durch den Kopf zu leben. Das funktioniert nur leider nicht. Gerade da, wo es um das Treffen individuell guter Entscheidungen geht, kann das nicht aus dem Kopf heraus geschehen, sondern sollte im Körper gefühlt werden und dort verankert sein.

Stellen Sie für gute Entscheidungen auf der Basis Ihrer in den vergangenen Kapiteln angestoßenen inneren Entwicklung also Ihre Mind-Body-Connection wieder her: die Verbindung zwischen Kopf und Bauch.

Sie haben eine innere gedankliche Einstellung zu äußeren Vorgängen, Sie haben eine innere Entwicklung gemacht, um sich selbst wiederzufinden. Das wirkt sich positiv auf Ihre geistige Haltung und Ihre Denkmuster aus; es ist Ihr »Mindset«.

Daneben gibt es aber auch Ihr »Bodyset«: eine körperliche und emotionale Einstellung zu äußeren Vorgängen. Dieses Bodyset ist entscheidend für Ihre guten und richtigen Entscheidungen, Ihre spontanen Handlungen und Reaktionen. Das Bodyset entsteht, indem Ihr neues Mindset körperlich wirklich verinnerlicht wird, sodass Sie im Einklang mit Ihrem Bauchgefühl handeln und sein können.

Daher heißt es nun, eine Verbindung »vom Kopf in den Bauch« herzustellen: Erst wenn Erkenntnisse und Veränderungen auch »im Bauch«, also im Bodyset, angekommen sind, setzen sie sich fest und werden irgendwann wie selbstverständlich – also verinnerlicht. Sie wollen ja nicht jedes Mal von Neuem überlegen müssen, was Sie jetzt wie tun sollen. Vielmehr sollte Ihr neues Mindset im Einklang mit dem Bodyset wie selbstverständlich anspringen, sodass Sie in jeder Situation verlässlich im Einklang mit Ihren neuen Erkenntnissen und Veränderungen entscheiden und handeln.

Für ein neues Bodyset ist es erforderlich, dass Sie auf Basis Ihrer rationalen Erkenntnisse regelmäßig auch ins Fühlen und Spüren gehen. Dazu gebe ich Ihnen in diesem Kapitel einige Übungen an die Hand.

Das Wichtigste ist jedoch:

Nehmen Sie sich für diesen Prozess »vom Kopf in den Bauch« bewusst Zeit, in der Sie sich ungestört mit sich selbst und Ihrer inneren Entwicklung beschäftigen. Am besten natürlich täglich, aber ich weiß, dass das manchmal nicht klappt. Dann zumindest alle zwei oder drei Tage – Hauptsache ungestört.

Es ist gar nicht so viel Zeit pro Tag, die Sie für sich reservieren sollten. Es reichen meistens fünfzehn Minuten. Das sind Ihre ganz persönlichen »Magischen 15« – Ihre Tankstelle für die Seele.

Die Magischen 15 – Ihre Tankstelle für die Seele

Die Magischen 15 sind Ihr Schritt in einen neuen Lebensabschnitt mit einem neuen Mindset, einem neuen Bodyset und vor allem einer wiederbelebten Mind-Body-Connection.

Reservieren Sie sich am besten täglich fünfzehn Minuten für Ihre bewusste Entwicklung: Das ist Ihre Tankstelle für die Seele. Diese fünfzehn Minuten sollten Sie ungestört verbringen können.

Wenn Sie Kinder haben, dann sollte das je nach Alter Ihrer Kinder eine Zeit sein, in der sie zuverlässig beschäftigt und versorgt sind: Bei ganz kleinen Kindern kann das der Mittagsschlaf sein, bei größeren die Kindergarten- oder Schulzeit und die Spielzeit bei Freunden. Wenn Sie zusätzlich berufstätig sind, kann es sich erfahrungsgemäß anbieten, diese Magischen 15 entweder ganz früh am Morgen oder abends nach dem Zubettgehen der Kinder einzurichten. Aber vielleicht ist auch die Mittagszeit für Sie ideal.

Wenn Sie keine Kinder haben und berufstätig sind, können diese fünfzehn Minuten ebenfalls eine Herausforderung sein. Nach einem vollen Berufsalltag können abends Lust und Energie fehlen, sich selbst noch fünfzehn Minuten in Stille zu nehmen. Versuchen Sie es trotzdem: entweder frühmorgens oder als erste Maßnahme der Selbstfürsorge, wenn Sie nach der Arbeit nach Hause kommen.

Je eher Sie aus den Magischen 15 ein echtes Ritual der Selbstfürsorge machen, desto besser. Achten Sie jedoch von Anfang an darauf, dass die Magischen 15 einem echten »Wollen« entspringen, keinem »Müssen«. Sobald Sie sich widerwillig hinsetzen, um sich mit sich selbst zu beschäftigen, sollten Sie abbrechen. Starten Sie erst voll durch, wenn die Magischen 15 einem echten Bedürfnis nach Selbsterkenntnis und positiver Entwicklung entspringen.

Machen Sie sich dafür klar: Die Magischen 15, das ist Ihre persönliche »Tankstelle für die Seele«.

Diese Zeit gehört nur Ihnen, Sie dürfen sich in Ruhe mit sich selbst beschäftigen, um Ihr verändertes Mindset körperlich zu verinnerlichen und durchzustarten. Sie füttern in dieser Zeit Ihr innerstes Wesen mit Stille, neuen Erkenntnissen und

Veränderungen. Tanken Sie voll, bevor Sie weitermachen! In meiner Praxis haben sich dabei die folgenden Tools sehr bewährt: Das Potenzial des eigenen Körpers durch BodyScan und Embodiment entdecken, die positive Macht von Visualisierungen nutzen und die Kraft von positiven Selbstsätzen erleben.

In den nächsten drei Abschnitten stelle ich Ihnen diese Methoden einzeln vor und beschreibe Übungen, mit denen Sie diese Tools für Ihre innere Entwicklung gewinnbringend einsetzen können.

Das Potenzial des eigenen Körpers entdecken: BodyScan und Embodiment

Ihr Körper, Ihr bewusst gepflegtes Bodyset, kann und wird Ihnen helfen, sich positiv zu verändern. Ich gehe sogar so weit zu sagen, dass das ganze Potenzial Ihrer inneren Entwicklung – rational, mental und emotional – in Ihrem Körper liegt.

Zwei wunderbare Körperübungen, um das selbst festzustellen, sind der BodyScan und das sogenannte Embodiment.

1. BodyScan

Der BodyScan ist eine Achtsamkeitsübung, bei der nach und nach der ganze Körper »gescannt« wird. Sie kennen diese Reise durch den Körper vielleicht als Maßnahme zum Stressabbau, aus Entspannungs- oder Meditationsprogrammen. Das ist gut, denn dann sind Sie schon mit den Grundzügen vertraut.

Der Sinn des BodyScans ist, ganz bei sich selbst anzukommen. Er ist ein wesentliches Element der Mind-Body-Connection. Sie schalten bewusst die Außenreize ab und gehen in Ihr Innerstes, um dort die Transformation anzustoßen.

Dazu starten Sie mit einem neuen individuellen Selbstsatz, den Sie bei der Veränderung innerer Prägungen gefunden haben, zum Beispiel »Ich vertraue mir« oder »Ich bin wertvoll«. Dieser neue Selbstsatz sollte gut verinnerlicht werden. Hierfür habe ich Ihnen im Kapitel → Innere Prägungen verändern: Ihr neuer positiver Selbstsatz bereits einige Hinweise gegeben. Am wirkungsvollsten ist es, diesen Selbstsatz in einen BodyScan einzubetten, den ich Ihnen hier vorstelle.

Lesen Sie die nachfolgend beschriebene Übung in Ruhe durch, um den grundsätzlichen Aufbau zu kennen: BodyScan, Atemzählen, Selbstsatz, Atemzählen, Ende.

Ich empfehle Ihnen, sich selbst in Gedanken durch diesen BodyScan zu führen und nicht auf einen eingesprochenen BodyScan zum Hören umzusteigen. Dabei kann es nämlich passieren, dass Sie entweder einschlafen oder wegen der gesprochenen Worte abdriften. Das ist aber nicht das Ziel dieser Übung. Wenn Sie sich selbst durch den BodyScan führen, erreichen Sie zweierlei: Sie sind im Idealfall achtsam bei sich selbst und bleiben wach. Und Sie bleiben unabhängig und spüren, dass Sie selbst es in der Hand haben, sich zu entspannen, zu konzentrieren und zu verändern.

Bei der Übung BodyScan können Sie sich vorab überlegen, welchen Selbstsatz Sie aktuell manifestieren wollen. Es bietet sich an, zunächst mit dem Selbstsatz zu arbeiten, den Sie bei der Veränderung innerer Prägungen für sich gefunden haben. Sie können aber auch spontan schauen, was sich Ihnen nach dem Atemzählen eröffnet.

Ich empfehle Ihnen, den BodyScan möglichst täglich oder alle zwei Tage durchzuführen. Dabei sollten Sie ein bis zwei Wochen denselben Selbstsatz benutzen und schauen, was sich in Ihnen verändert. Erst danach sollten Sie einen neuen Selbstsatz zur Verinnerlichung auswählen.

Um Sie noch besser zu erreichen, ist der BodyScan in der direkten Anrede »Du« entworfen.

Ihr Ziel: Über das Verinnerlichen neuer Erkenntnisse in die Entwicklung zu kommen: über ein verändertes Mindset auch das Bodyset nachhaltig zu verändern, um schneller und besser entscheiden zu können.
Vorbereitung: Ein ruhiger Ort, ein Sessel oder Stuhl.
Zeitaufwand: circa 8 bis 10 Minuten
Durchführung: Setze dich an einen ruhigen Ort, in einen Sessel oder auf einen Stuhl. Stelle die Füße flach auf den Boden, beide Beine nebeneinander. Deine Hände kannst du auf den Oberschenkeln ablegen.

Atme drei Mal tief durch und schließe die Augen. Spüre deinen Po auf der Sitzfläche, deine Füße auf dem Boden.

Jetzt fühlst du in dich hinein und wanderst mit deiner Aufmerksamkeit von oben nach unten durch deinen Körper.

Du beginnst im Kopf und stellst dir vor, dass es dort ganz still ist. Lockere in Gedanken deine Kopfhaut an den Seiten und hinten.

Dann gehst du weiter in dein Gesicht und entspannst deine Stirn, deine Schläfen, deine Augenbrauen. Du lockerst deinen Unterkiefer. All diese Stellen sind im Alltag oft verspannt. Schon wenn du mit deiner Aufmerksamkeit dorthin gehst, werden sie sich entspannen.

Du wanderst weiter zum Nacken und zu den Schultern. Schaue, wie sich diese Bereiche anfühlen: locker oder verspannt? Nimm das im Moment nur wahr und lasse deine Aufmerksamkeit dort.

Dann lenkst du die Aufmerksamkeit weiter durch die rechte Schulter, den rechten Oberarm, den rechten Unterarm, die rechte Hand. Schaue, ob du hier etwas wahrnimmst: Pulsieren, Wärme, Schwere? Das wiederholst du auf der linken Seite.

Dann wanderst du mit deiner Aufmerksamkeit durch den Brustkorb, nimmst dein Atmen wahr und wie sich die Rippen dabei heben und wieder senken.

Gehe mit deiner Aufmerksamkeit in den Bauch, spüre, wie sich der Atem auch hier sanft ausbreitet.

Lenke dann deine Aufmerksamkeit auf deinen Rücken, deine Schultern, den mittleren Rücken und den unteren Rücken. Spürst du hier Verspannungen? Oder fühlt es sich locker an? Nimm wieder nur wahr und lass alles so sein, wie es ist.

Du gehst mit deiner Aufmerksamkeit in dein Becken und spürst, wie du auf dem Stuhl sitzt.

Nun wanderst du durch dein rechtes Bein: Spüre deinen Oberschenkel, der auf dem Sessel oder Stuhl aufliegt. Gehe mit deiner Aufmerksamkeit zu deinem Knie, deinem Unterschenkel, deinem Fuß. Schaue, was du wahrnimmst: Gibt es verspannte Stellen? Fühlt sich etwas locker und weich an? Nimm nur wahr und lass alles so sein, wie es ist. Wiederhole das auf der linken Seite mit dem linken Bein.

Du spürst den Boden unter deinen Füßen. Du bist gut geerdet.

Wenn du magst, gehst du noch ein zweites Mal wie beschrieben in Gedanken durch deinen Körper.

Dann atmest du ruhig ein und aus und spürst, wo du den Atem in deinem Körper am stärksten wahrnimmst: an den Nasenlöchern, im Brustkorb, im Bauch? Spüre, wie dein Bauch sich hebt und senkt. Zähle deine Atemzüge: 1 (ein), 2 (aus), 3 (ein), 4 (aus) bis 10 (aus). Wiederhole das drei Mal oder nach Belieben öfter.

Jetzt entwickelst du ein besseres Gespür für dich selbst. Atme ruhig weiter. Vielleicht möchtest du dich in Gedanken klein machen und in deinen Bauch setzen. So bist du wirklich in deiner Mitte.

Nun ist der richtige Moment für deinen Selbstsatz, der dir hilft, eine alte innere Prägung zu überwinden. Wiederhole diesen Selbstsatz drei Mal oder so oft du willst. Wenn du gerade keinen konkreten Selbstsatz hast, nimm in der Trennungssituation eine der folgenden positiven Aussagen, zum Beispiel:

»Ich schaffe das.« – »Ich bleibe gelassen.« – »Ich vertraue mir.« – »Ich glaube an mich.« – »Ich bleibe ruhig.« – »Ich bin zuversichtlich.« – »Ich entspanne mich.«

Im Anschluss daran kannst du – wenn du möchtest – weiter in dich hineinfühlen und überlegen, was du wirklich willst, was dir wichtig ist oder nicht, welche Träume, Ziele und Wünsche du hast. Wer bist du, was macht dich aus?

Schließe gern drei Wiederholungen deines Selbstsatzes an.

Danach kannst du noch einmal mindestens dreimal deine Atemzüge von 1 bis 10 zählen.

Abschließend atmest du tief ein und aus, öffnest die Augen und streckst dich. Damit ist die Übung beendet.

2. Embodiment

Beim »Embodiment« geht es allgemein um die Wechselwirkung zwischen Bewusstsein und Körper, das Zusammenwirken von Körper und Geist.

Ich möchte hier gar nicht in die Theorie gehen, sondern Ihnen pragmatisch und konkret drei kleinere Übungen für Ihre aktuelle Situation an die Hand geben, mit der Sie sich immer wieder in Ihren Körper zurückholen können, wenn Ihr Kopf Achterbahn fährt.

Der Zeitaufwand ist jeweils minimal. Es reichen meistens einige wenige Minuten, um die Aufmerksamkeit bewusst zu beeinflussen und umzulenken:

Unter der Dusche

Probieren Sie gleich morgens unter der Dusche aus, bei sich anzukommen. Dafür konzentrieren Sie sich zum Beispiel auf den Wasserstrahl, der auf Ihren Körper trifft. Welchen Körperteil trifft er? Richten Sie darauf Ihre Aufmerksamkeit. Wie fühlt sich das an? Sanft, energetisierend oder wohlig? Bleiben Sie mit Ihrer Aufmerksamkeit beim Wasserstrahl, bis Sie bei sich sind.

Das kann morgens ein echter Achtsamkeits- und Energieschub für Sie sein.

Mein Körper, mein bester Freund

Wenn Sie tagsüber den Kontakt zu sich selbst verlieren, nehmen Sie sich kurz Zeit und ziehen sich an einen ruhigen Ort zurück. Atmen Sie einige Atemzüge in Ruhe durch. Beginnen Sie dann, mit der rechten Hand Ihren linken Arm abzuklopfen, immer wieder rauf und runter. Machen Sie dasselbe mit Ihrer linken Hand und Ihrem rechten Arm. Wenn es in der Situation passt, klopfen Sie weiter: ihre Beine rauf und runter. Dann Ihren Rumpf, die Hüfte, den Po, den Bauch, den Brustkorb. Klopfen Sie sanft, es sollte sich gut anfühlen und nur einen leichten Berührungsreiz ausüben, damit Ihre Aufmerksamkeit wieder bei Ihnen und in Ihrem Körper ist.

Schnelle Hilfe: Mir wird gerade alles zu viel

Wenn Sie das Gefühl haben, im Moment wird Ihnen alles zu viel, gibt es noch eine schnelle Hilfe. Klopfen Sie mit Zeigefinger, Mittelfinger und Ringfinger leicht auf Ihr Brustbein mittig auf Ihrem Dekolleté. Wandern Sie mit dem Klopfen etwas herauf und etwas herunter. Klopfen Sie circa 30 Sekunden. An dieser Stelle sitzt hinter dem Brustbein die Thymusdrüse, die durch das leichte Klopfen aktiviert wird. Das bewirkt Entspannung und Gelassenheit.

Über den BodyScan oder über das Embodiment greifen Sie direkt auf das Potenzial Ihres eigenen Körpers zu.

Bei der zweiten Methode zur Verinnerlichung Ihrer Erkenntnisse entwerfen Sie zunächst in Ihrem Kopf eine Idee, bevor Sie auch hier ins Fühlen gehen:

Die positive Macht der Visualisierung nutzen

Gönnen Sie sich ab und an in Ihren Magischen 15 ganz bewusst einen positiven Tagtraum und lassen Sie Ihre Fantasie schweifen:

Visualisieren Sie sich selbst in Ihr ideales Leben und in Ihr besseres Selbst.

Visualisierung bedeutet, sich möglichst bildhaft und farbig auszumalen, wie etwas – Sie selbst eingeschlossen – sein könnte.

Aber Vorsicht! Es geht dabei nicht und niemals um Perfektionismus. Ihr besseres Selbst ist nicht perfekt. Es muss nicht perfekt sein und wird es nach menschlichem Ermessen auch nie sein. Gut so! Wichtig ist nur, dass Ihr besseres Selbst Ihnen individuell entspricht. Ihren Wünschen und Bedürfnissen, Ihren Sehnsüchten und Vorstellungen.

Dann ist Visualisierung eine sehr hilfreiche und positive Maßnahme, Veränderungen einzuleiten und durchzuführen. Sobald Sie sich innerlich und in Gedanken damit befasst haben, wohin Sie wollen, und dieses Ziel durch bildhaftes Ausmalen für sich selbst verinnerlicht haben, werden Sie Ihre Schritte unbewusst in diese Richtung lenken.

Durch Visualisierung »norden« Sie sich gleichsam selbst ein in Richtung Ihres Ziels. Sie stellen Ihre unbewussten inneren Weichen, um es zu erreichen.

Übung: Visualisierung – Mein gutes Leben

Ihr Ziel: Sie tagträumen und malen sich aus, wie Sie Ihr Leben gern gestalten würden.
Vorbereitung: Ein ruhiger Ort, ein Sessel, ein Liegestuhl oder eine Rast bei einem Spaziergang
Zeitaufwand: Beliebig. Ein paar Minuten reichen; wenn Sie länger in Ihren Vorstellungen schwelgen wollen, gern.

Durchführung: Denken und fühlen Sie unbedingt vom **Ergebnis** her. Hierzu gebe ich Ihnen folgende Anregungen:

→ *Sie selbst:*

Malen Sie sich bildhaft und farbig aus: Wer wollen Sie sein? Wie wollen Sie sein?

Beschreiben Sie Ihre erwünschten Eigenschaften in Ihrer Visualisierung. Das können Charaktereigenschaften sein, es kann aber auch Äußerlichkeiten wie Ihren Körper, Ihre Frisur, Ihre Kleidung betreffen. Sie sind völlig frei darin, sich selbst zu visualisieren.

Malen Sie sich dann aus, wie es Ihnen damit geht, so zu sein, wie Sie sich das vorstellen.

Dann gehen Sie ins Fühlen und setzen Ihre Sinne ein. Wie fühlt es sich an, so zu sein? Wo spüren Sie dieses Gefühl? Verbinden Sie einen Geruch oder Geschmack damit?

Je mehr Sinne Sie ansprechen, desto wirkungsvoller wird Ihre Visualisierung sein.

→ *Ihr Verhalten:*

Nutzen Sie die Visualisierung auch gern für Ihr Verhalten: Wie wollen Sie sich verhalten? Gibt es vielleicht Situationen oder Konfrontationen, die Sie scheuen? Befürchten Sie, sich in bestimmten Situationen nicht »richtig« verhalten zu können, in die Ecke gedrängt zu werden oder sich schlicht »falsch« zu verhalten?

Gehen Sie diese Situationen gedanklich vorab durch. Visualisieren Sie dabei Ihr Handeln, Ihre Einstellung, Ihre Worte und Reaktionen vorweg. Wie wollen Sie sich verhalten? Wie können Sie in heiklen Situationen erst mal etwas Zeit gewinnen? Was kommt Ihrer individuellen Vorstellung am nächsten? Dann malen Sie sich das aus, wieder möglichst bildhaft und farbig, sprechen Sie alle Sinne an und durchfühlen Sie die Situation und Ihr Verhalten in dieser Situation.

Das wird Ihnen helfen, sich auch in schwierigeren Situationen und bei Konfrontationen zurechtzufinden, bis Ihnen das visualisierte Verhalten in Fleisch und Blut übergegangen ist.

→ *Ihr Leben nach einer Trennung:*

Erweitern Sie Ihre Visualisierung konkret in Bezug auf eine Trennung: Wie sieht Ihr Leben nach der Trennung aus? Wie geht es Ihnen? Wie geht es Ihren Kindern, Ihrem Ex? Wie gehen Sie miteinander um? Seien Sie bewusst großzügig und positiv in Ihrer Vorstellung, auch wenn Sie noch nicht so viele Anhaltspunkte für eine positive Entwicklung zu haben scheinen.

Gehen Sie davon aus: Was Sie sich nicht vorstellen können, ist schwierig umzusetzen. Und umgekehrt: Was Sie sich vorstellen können, ist in der Regel auch umsetzbar.

So kann Ihre Visualisierung nicht nur Ihnen selbst nützen, sondern auch Ihren Kindern und Ihrem zukünftigen Expartner.

Bei der dritten Methode zur Verinnerlichung Ihrer Erkenntnisse geht es noch einmal darum, die Energie von positiven Selbstsätzen (auch »Affirmationen« genannt) und Mantras zielgerichtet zu nutzen:

Die Kraft von positiven Selbstsätzen (Affirmationen) und Mantras erleben

Nutzen Sie positive Selbstmotivationen, um sich innerlich neu auszurichten.

Affirmationen haben Sie unter dem Begriff »Selbstsätze« schon bei der Veränderung schädlicher innerer Prägungen und als Kern Ihres BodyScans kennengelernt: Das sind positive Aussagen über sich selbst, die der Verstärkung einer inneren Einstellung dienen. Sie beginnen meistens mit »Ich«, verbunden mit einem Verb, zum Beispiel: »Ich bin …«, »Ich kann …«, »Ich darf …« oder »Ich schaffe …«

Der Begriff »Mantra« kommt aus dem Sanskrit und meint einen »heiligen Spruch oder Vers«. In unserem Zusammenhang ist damit eine positive Aussage über Sie und Ihre Lebensumstände gemeint, die Richtschnur Ihrer Entwicklung und Ihres Handelns sein soll. Ein Mantra muss sich nicht direkt auf Sie beziehen, sondern kann auch etwas abstrakter formuliert werden. So kann es Ausdruck eines allgemeinen Vertrauens oder Urvertrauens sein: »Das Leben meint es gut mit mir« oder »Alles wird gut« oder »Alles fügt sich« oder »Mit Geduld und Gelassenheit gelingen die Dinge«.

Affirmationen wie Mantras wirken über die Macht des Wortes, also in erster Linie über den Kopf. Umso wichtiger ist es, solche Affirmationen und Mantras zu **verinnerlichen**, wie in diesem Kapitel weiter vorn beschrieben: etwa im Rahmen des BodyScans oder auch im Rahmen Ihrer Visualisierung.

Wenn Sie Ihre persönliche Affirmation oder Ihr persönliches Mantra formulieren, sollten Sie so vorgehen:

- Affirmation und Mantra sind immer positiv formuliert. Mit negativen Formulierungen können weder Ihr Kopf noch Ihr Körper umgehen.

- Affirmationen und Mantras sollten so konkret wie möglich formuliert werden.

- Affirmationen und Mantras sollten kurz und knackig sein. Versuchen Sie nicht, zu viel Sinn in einen Satz hineinzuformulieren. Arbeiten Sie lieber mit wechselnden Affirmationen oder Mantras, zum Beispiel im Wochen- oder Monatsrhythmus.

Neben BodyScan und Visualisierung hat sich zur Verinnerlichung auch bewährt, Ihre positiven Selbstsätze auf Kärtchen oder kleine Kartenaufsteller zu notieren und diese zur Erinnerung zum Beispiel auf einer Kommode, dem Nachttisch, im Bad, im Portemonnaie oder an anderen »privaten Plätzen« aufzustellen oder zu hinterlegen. Sie können auch die Erinnerungsfunktion Ihres Smartphones nutzen, um sich Ihren aktuellen Selbstsatz zu bestimmten Uhrzeiten anzeigen zu lassen. Oder Sie gestalten die Hintergrundbilder Ihrer technischen Geräte entsprechend mit individuellen Selbstsätzen. Die Wiederholung macht's.

Zusammenfassung

Vom Kopf in den Bauch – die neuen Erkenntnisse verinnerlichen

In Ihrer aktuellen Entscheidungs- oder Trennungssituation sind Sie dabei, sich selbst wiederzufinden und so Ihre Entscheidungsfähigkeit verlässlich zu stärken. Um Ihre rationalen Erkenntnisse (Mindset) nachhaltig abrufbar zu machen, sollten Sie sie regelrecht körperlich verinnerlichen und verankern und so Ihr Bodyset entsprechend umprogrammieren. Dann können Sie im Einklang mit Ihrem Bauchgefühl handeln und sein. Das gelingt durch verschiedene Übungen:

- Sie holen Ihre neuen Erkenntnisse vom Kopf in den Bauch.
- Sie ändern Ihr Mindset *und* Ihr Bodyset.
- Sie gönnen sich die Magischen 15 und richten in Ihrem Tagesablauf 15 Minuten in Stille und ungestört für sich ein als »Tankstelle für die Seele«. Dabei können Sie verschiedene Tools nutzen:
  - Sie entdecken das positive Potenzial Ihres Körpers: Sie verinnerlichen Ihre neuen Erkenntnisse durch BodyScan oder Embodiment.
  - Sie nutzen die positive Macht der Visualisierung und nehmen sich Zeit, sich sich selbst und Ihr künftiges Leben intensiv vorzustellen. Denken und fühlen Sie vom Ergebnis her und lassen Sie sich überraschen, was Ihre positive Vorstellung bewirken kann.
  - Sie formulieren Ihre eigenen Affirmationen und Mantras und erleben deren Kraft für weitergehende Veränderungen.

III.
Ich lasse (dich) los …

Sie haben schon unheimlich viel erreicht: Sie haben sich mit Entscheidungen und Entscheidungsfindung beschäftigt. Sie haben Ihre Beziehung einem ersten Check unterzogen (und im Verlauf des Weges vielleicht auch noch einem zweiten und dritten Check?). Sie haben sich aufgemacht, um sich selbst (wieder) zu finden, Klarheit zu gewinnen, sich von negativen inneren Prägungen zu befreien, Ihre innere Balance wiederzufinden. Sie üben regelmäßig, um all Ihre neuen Erkenntnisse auch nachhaltig zu verinnerlichen.

Bravo! Das haben Sie hervorragend gemacht! Das erfordert viel Mut, Energie und Ausdauer.

Ich hoffe sehr, dass Sie spüren, wie sehr sich das auszahlt. Sie sind wahrscheinlich bei sich selbst angekommen, sehen Dinge neu, spüren sich wieder, haben Ihr Selbstwertgefühl gesteigert, erkennen Ihren eigenen Wert als Mensch, fühlen sich mit sich selbst im Reinen.

Aber ist da vielleicht noch etwas anderes, das Sie spüren?

Ist es die Angst vor einer endgültigen Entscheidung? Haben Sie innerlich großen Respekt vor Ihrer Entscheidung? Oder haben Sie noch begründete Hoffnung, dass es in Ihrer Beziehung weitergeht? Mit beidem beschäftigen wir uns jetzt.

So oder so, es hilft alles nichts: Nun kommt es darauf an, dass Sie ehrlich sind zu sich selbst.

Und dass Sie, wenn Sie innerlich bereit sind und es wirklich wollen, Ihre Entscheidung treffen – in die eine Richtung oder die andere. Und dann loslassen.

Es ist so weit: Seien Sie ehrlich zu sich selbst

Da stehen Sie jetzt also nach Ihrer inneren Entwicklung, nach allem, was Sie für sich innerlich geklärt haben. Und doch ist da so ein komisches Gefühl im Bauch. Sie spüren, dass eine Entscheidung da ist, aber Sie lassen sie noch nicht aufsteigen, sie kommt Ihnen noch nicht über die Lippen.

Halten Sie jetzt inne.

Nehmen Sie sich eine echte Auszeit aus Alltag, Beruf, Familie, wenn das irgendwie möglich ist. Gehen Sie in Ihren Kopf und erforschen Sie Ihre Gedanken. Gehen Sie in Ihren Bauch und erforschen Sie Ihr Fühlen. Stellen Sie bewusst immer wieder Ihre Mind-Body-Connection her. Vielleicht braucht dieser Moment des Innehaltens ein paar Minuten, vielleicht aber auch Stunden oder Tage. Geben Sie sich die Zeit, die Sie brauchen.

Denn es geht um nicht mehr und nicht weniger als darum, dass Sie jetzt schonungslos offen und ehrlich zu sich selbst sind.

Nach dem Prozess, den Sie bis hierher durchlaufen haben, können Sie in sich hineinhorchen und Sie werden eine Antwort finden.

Sie spüren vielleicht, dass da noch Hoffnung ist, vielleicht so eine Art inneres Wünschen: Es wäre doch so schön / alles viel einfacher / für alle besser / für mich bequemer. Das ist menschlich und absolut verständlich. Sie sind ja ein fühlender Mensch, kein Computer, der die Fakten mal kurz durchcheckt und dann sagt: Alles klar, das Ergebnis ist eindeutig, ich gehe. Sie verspüren Hoffnung, Sie wollen vielleicht Ihrer Partnerschaft oder Ihrem Partner noch eine Chance geben. Oder wünschen Sie sich ganz einfach doch noch ein Happy End, weil alles andere ab jetzt so mühsam erscheint?

Seien Sie auch angesichts dieser inneren Sehnsucht weiter ehrlich zu sich selbst, im Denken und im Fühlen.

Gibt es eine Aussicht auf Erfolg? Ist Ihre Hoffnung begründet? Oder tut sich doch eher eine Antwort auf, die in Richtung Trennung geht, aber Sie haben Respekt vor der Größe und Tragweite dieser Entscheidung?

Bleiben Sie bei diesem Punkt: Erscheint Ihnen das alles immer noch zu groß, was Sie mit einer Entscheidung für eine Trennung aufwirbeln würden? Für sich selbst, Ihren Partner, Ihre Kinder, Ihren Freundeskreis, Ihre finanzielle Situation?

Gehen Sie zurück zu sich selbst, lassen Sie eine Antwort aufsteigen.

Sind da, auch nachdem Sie sich wiedergefunden haben, vielleicht doch noch Gefühle für Ihren Partner, vielleicht sogar stärker, als Sie vorab vermutet hätten? Auch das ist möglich: Sie erkennen jetzt besser, wie viel Ihnen tatsächlich an Ihrem Partner liegt.

Bleiben Sie bei sich und finden Sie Ihre ureigene Entscheidung. Für oder gegen Ihre Partnerschaft.

Denn beides ist möglich: der Neustart Ihrer alten Partnerschaft oder die Trennung.

Was, wenn ein Neustart möglich erscheint?

Könnte Ihre Entscheidung ein Neustart sein, weil er Ihnen wirklich möglich erscheint?

Vergegenwärtigen Sie sich diese Frage genau, bleiben Sie dabei: Ist ein Neustart »nur« Ihr innerer Wunsch, weil dann alles einfach wäre und beim Alten bleiben könnte? Oder sehen Sie wirklich Anzeichen dafür, dass er möglich erscheint?

Da wäre einmal Ihr echter innerer Wunsch, es mit Ihrem Partner noch einmal zu versuchen. Sie spüren Liebe, Wertschätzung und Respekt für Ihren Partner. Sie wünschen sich, dass Ihr Partner weiter um Sie herum ist, Sie wollen Ihr Leben mit ihm/ihr verbringen. Sie merken, dass auch Ihr Partner noch ehrlich an Ihnen interessiert ist. Sie wissen, dass Sie eine gute Kommunikationsgrundlage in Ihrer Partnerschaft haben. Gerade das ist unabdingbar. Ein Neustart erfordert Kommunikation beider Partner und die echte Bereitschaft beider, aufeinander zuzugehen. Denn wenn alles beim Alten bleibt, haben Sie schnell wieder die Situation, die Sie zu diesem Buch hat greifen lassen.

Wenn Sie also herausfinden und ehrlich sagen können, dass Ihre Hoffnung begründet ist, versuchen Sie, Ihre Partnerschaft neu zu beleben. Der **Neustart** Ihrer alten Partnerschaft kann aus meiner Erfahrung aber nur unter **veränderten Vorzeichen** gelingen.

Das könnte damit beginnen, dass auch Ihr Partner sich mit sich selbst beschäftigt und in einem ersten Schritt wieder zu sich selbst findet. Vielleicht weiß er auch nicht mehr so richtig, wo und wofür er steht. Auch Ihr Partner hätte so die Möglichkeit, sich selbst grundlegend zu reflektieren, wenn er das will. Er kann damit zu Ihrem inneren Entwicklungsprozess aufschließen. Das könnte schon einmal eine gute gemeinsame Basis dafür sein, dass ein Neuanfang möglich wird.

Dann könnte es im »Wir« weitergehen: Sie könnten ein Paar-Coaching oder eine Paartherapie machen. Ein Neustart gelingt mit dem neutralen Blick eines Dritten auf Ihre Partnerschaft oft leichter. Außerdem kann das sehr hilfreich sein, um eine gute, vielleicht sogar verbesserte Kommunikationsbasis zu finden.

Paar-Coaching und Paartherapie halten viele Tools bereit, um wieder zueinanderzufinden: Gespräche, gemeinsames Brainstorming, gemeinsame Lösungssuche, was schätzen Sie, was schätzen Sie nicht, Entdeckung neuer Gemeinsamkeiten und Routinen, Entwicklung von Wünschen und Zielen für die Zukunft.

Wenn ein Neustart Ihre Entscheidung ist, dann machen Sie sich auf den Weg. Legen Sie dieses Buch an dieser Stelle zur Seite und sprechen Sie mit Ihrem Partner, um gemeinsam diesen Weg zu beschreiten.

Was, wenn Sie sich für eine Trennung entscheiden – wie geht es für Sie weiter?

Ihre Entscheidung könnte aber auch die Trennung sein – endgültig oder auf Probe.

Dann sind Sie wahrscheinlich innerlich jetzt sehr aufgewühlt. Sie haben es vermutlich tief in Ihrem Innersten geahnt, wollten es aber nicht wahrhaben. Erst dadurch, dass Sie sich selbst wiedergefunden haben, haben Sie entdeckt, dass Ihre aktuelle Partnerschaft Ihre Bedürfnisse nicht (mehr) erfüllt. Dass Sie nicht bleiben wollen, dass Sie mit diesem Partner nicht weiter Ihr Leben verbringen wollen.

Und jetzt?

Sie entscheiden, wie es weitergeht.

Sie könnten sich zunächst auf Probe trennen, um zu sehen, wie Sie beide jeweils ohne einander klarkommen. Fehlt Ihnen Ihr Partner? Genießen Sie Ihr Leben ohne Ihren Partner? Oder vermissen Sie ihn? Kann es einen Neustart geben unter veränderten Vorzeichen oder geht es doch in Richtung einer endgültigen Trennung?

Wenn Sie sich sicher und innerlich klar sind, kann eine endgültige Trennung Ihre Entscheidung sein.

Das heißt aber wahrscheinlich, dass gerade jetzt noch einmal sehr viel auf Sie einprasselt:

Wie soll das alles weitergehen? Wie gehen wir mit den Kindern um? Wie regeln wir die Finanzen? Wie den Alltag, den nächsten Urlaub, das Auto oder die Autos? Wer bleibt in der Wohnung, im Haus wohnen, wer zieht aus?

Alle diese Fragen stellen sich, für alle diese Fragen gibt es Lösungen. Im Kapitel → Ich setze das um und bleibe dran gibt es zu einigen wichtigen Themen Anregungen und Hilfestellungen.

Das wichtigste Thema nach Ihrer Entscheidung für eine Trennung ist jedoch, jetzt auch wirklich innerlich loszulassen.

Solange Sie noch anhaften, nicht losgelassen haben, tragen Sie den ganzen Ballast aus der Vergangenheit noch mit sich herum. Das kann den wohlwollenden Blick auf die guten Momente in Ihrer Partnerschaft versperren, auf Erinnerungen, die Sie wertschätzend für sich mitnehmen wollen, und auf Ihren Partner als den Menschen, in den Sie sich einmal verliebt haben und den Sie vielleicht auch jetzt noch wertschätzen oder der/die als Vater oder Mutter Ihrer gemeinsamen Kinder auch weiter Teil Ihres Lebens sein wird.

Loslassen ist der bewusste, gute Abschluss mit all dem. Gerade jetzt kann es den Kopf und das Herz frei machen für alle Themen, die unweigerlich anstehen. Und es kann die Basis dafür sein, auch künftig ein gutes Miteinander mit Ihrem Partner zu haben.

Loslassen, wenn Sie verlassen wurden

Wenn Sie verlassen wurden, dann hat Ihr Partner eine Entscheidung getroffen.

Ich weiß, dass es Ihnen wahrscheinlich dreckig geht. Sie fühlen sich ausgeliefert, schlecht, gedemütigt und abgelehnt.

Nachdem Sie von Ihrem Partner so in die Defensive gedrängt wurden, ist es jetzt wichtig für Sie zu erkennen, dass Sie gleichwohl Entscheidungsräume haben, die Sie betreten und ausfüllen können. Die im ersten Kapitel (→Und was, wenn Sie verlassen wurden?) beschriebenen inneren Haltungen haben Ihnen vielleicht schon geholfen, sich von dem Schock zu erholen. Das innere Loslassen, das ich in den folgenden Abschnitten beschreibe, ist noch viel wichtiger (und heilsamer), wenn Sie die Trennungssituation nicht herbeigeführt haben.

Sie haben sich bis hierher mit den Anregungen in diesem Buch beschäftigt. Sie haben sich selbst wiedergefunden, ein besseres Gefühl für sich selbst entwickelt. Das wird Ihnen helfen, sich in dieser neuen Situation neu zu sortieren.

Haben Sie vielleicht schon das Gefühl, dass es auch für Sie wieder bergauf gehen könnte?

Dann sind auch Sie jetzt gefordert, eine aktive Entscheidung zu treffen für Sie selbst, Ihre Kinder und Ihr zukünftiges Leben.

Gehen Sie in sich und schauen Sie in Ruhe, ob Sie die Situation, die Sie nicht ausgelöst und sich nicht gewünscht haben, dennoch akzeptieren können. Vielleicht auf der Basis all dessen, was Sie in den vergangenen Kapiteln über sich selbst erfahren haben.

Wenn Sie bereit sind zu akzeptieren, ist es Ihnen dann vielleicht auch möglich, eine bewusste Entscheidung für sich selbst und Ihren eigenen Neustart zu treffen? Machen Sie das in Ruhe, gehen Sie ins Denken, gehen Sie ins Fühlen. Schauen Sie, was sich ergibt.

Aus meiner Erfahrung weiß ich, dass auch für Sie ein Licht am Ende des Tunnels scheint.

Wenn Sie das ebenfalls zumindest ahnen, lesen Sie weiter in diesem Buch und ergründen Sie, ob Ihnen ein Loslassen als Grundstein für alles Weitere (schon) möglich ist.

Wen oder was lassen Sie los?

»Ich glaube, in den letzten Jahren bin ich in meiner Ehe blind gewesen. Ich war beruflich viel unterwegs und habe überhaupt nicht mitbekommen, in welche Richtung meine Frau sich entwickelt hat. Dabei hatte ich doch ganz andere, ganz klare Vorstellungen: sie und ich, wir zwei und unser Sohn und unsere Tochter. Meine Frau kümmert sich um Heim und Kinder und ich versorge alle. Wir genügen uns und sind glücklich. Jetzt stehe ich da und sehe: Das war alles eine Illusion.« **(Oliver, 47 Jahre, zwei Kinder unter 10 Jahren)**

Nach allem, was Sie für sich selbst erreicht und entschieden haben, kommt jetzt noch eine besonders harte Nuss für Sie: das Loslassen.

Aus meiner Erfahrung als Trennungscoachin weiß ich, dass Ihnen das wahrscheinlich sehr schwerfällt. Bis hierher haben Sie sich um sich selbst und Ihre innere Entwicklung gekümmert. Davon war anfangs noch keine andere Person so wirklich betroffen. Es ging ausschließlich um Sie und Ihre neue innere Ausrichtung. Also ging es in die Fülle hinein, Sie haben Ihr Inneres bereichert und vermehrt, sind innerlich größer und stärker geworden.

Aus all dieser Fülle und diesen Erkenntnissen heraus haben Sie eine fundierte Entscheidung getroffen, hinter der Sie wirklich stehen. Sie haben dabei gesehen, dass Ihre Entscheidungsfähigkeit (wieder) da ist. Sie fühlen sich idealerweise mit Ihrer Entscheidung im Reinen.

Beim Loslassen geht es jetzt darum, etwas wegzugeben.

Als Erstes stellt sich die Frage: Wen oder was lassen Sie denn eigentlich los?

Zunächst geht es offensichtlich darum, Ihren Partner innerlich loszulassen. Das bedeutet nicht, dass Sie Ihre Gefühle komplett kappen, dass die Vergangenheit nichts zählt, dass in Zukunft nicht noch ein freundlicher Umgang möglich sein könnte. Es bedeutet vielmehr, dass Sie Ihren Partner freigeben, freilassen, sein lassen. Den Fokus von Ihrem Partner abziehen hin auf sich selbst und auf Ihren Neustart ohne ihn. Das klingt jetzt so einfach, ist es aber nicht. Vor allem für dieses innere Loslassen des Ex gibt dieses Kapitel Anregungen und Übungen.

Oft geht es in einer Trennungssituation aber noch um ein anderes Loslassen, das fast noch schwerer fällt.

Mit Ihrer Partnerschaft und vielleicht Familie haben Sie sehr wahrscheinlich auch Vorstellungen und Wünsche verbunden. Viele Menschen haben dieses innere Bild einer Paar- oder Familienidylle vor sich: »Vater, Mutter, Kind(er). Wir zusammen in Harmonie und gegenseitigem Verständnis, ein jeder den anderen unterstützend, geliebt und liebend.« – »Du und ich zusammen. Wir lieben uns, unterstützen uns und stehen zusammen gegen den Rest der Welt.«

Es ist eine tiefe menschliche Sehnsucht, dieses liebevolle menschliche Miteinander zu leben und zu erleben. Genau diese Sehnsucht in der eigenen Familie und durch den Partner erfüllt zu sehen.

Mit einer Trennung verabschieden Sie sich auch (vorerst) von Ihren Vorstellungen von Idylle und Harmonie, die Sie vielleicht über viele Jahre zu leben versucht haben. Eben weil diese Vorstellungen oft auf einer tiefen inneren Sehnsucht beruhen, fällt das ungeheuer schwer und kann sehr wehtun: Sie müssen vielleicht erkennen, dass Ihre Vorstellung von einer Familienidylle mit Ihrem aktuellen Partner nicht zu verwirklichen war. Vielleicht müssen Sie sogar feststellen, dass das alles eine Illusion war. Vielleicht hatten Sie ein »Drehbuch« für

Ihre Partnerschaft und Familie und erkennen, dass sich dieses Drehbuch im gelebten Leben nicht bewährt hat.

Wenn Sie auch jetzt wieder ehrlich zu sich selbst sind: Haben diese Vorstellungen Sie vielleicht sogar in einer für Sie schlechten oder unbefriedigenden Partnerschaft gehalten? Waren Ihre Vorstellungen eventuell Ihre Fesseln? Und könnte ein Loslassen dieser Vorstellungen Sie vielleicht sogar befreien und dem echten Leben näherbringen?

Spüren Sie in sich hinein und schauen Sie, welche Antworten hier auftauchen.

Haben Ihre inneren Vorstellungen Sie eingeengt?

Haben sie dazu beigetragen, Ihre Entscheidungsfähigkeit zu verringern?

Könnte das Loslassen dieser Vorstellungen Sie frei machen für wirkliches Glück?

Gehen und lassen Sie los …

Loslassen ist die kleine Schwester von Verzeihen

Inneres Loslassen hat eine ähnlich wohltuende Wirkung wie Verzeihen. Es ist aber nicht auf Ihr Gegenüber gerichtet, sondern findet ausschließlich bei Ihnen und in Ihnen statt. Wenn Verzeihen also (noch) nicht möglich ist (→Der Druck, zu verzeihen), beginnen wir mit dem Loslassen und tasten wir uns im Verlauf dieses Kapitels weiter vor.

»Loslassen« klingt auf den ersten Blick so einfach: »Du musst einfach nur loslassen.« Oder »Lass doch mal los.« Meistens ist es jedoch sehr schwierig, das in die Praxis umzusetzen.

Deshalb ist das auch eine der häufigsten Fragen, die ich im Coaching höre: »Ich würde ja gern loslassen. Aber wie geht das?« oder »Ich möchte meinen Ex endlich loslassen. Können Sie mir dabei helfen?«

»Loslassen« ist ein Prozess, der nicht von heute auf morgen abläuft, sondern immer auch Zeit der Auseinandersetzung mit diesem Thema braucht. Im Denken und im Fühlen, das kennen Sie ja schon.

Der Prozess des Loslassens beginnt damit, dass Sie aktiv den Entschluss fassen, loszulassen. Am Anfang steht also wieder eine Entscheidung, die Sie ganz bewusst und in Ruhe treffen: »Ich wähle, dass ich loslasse.«

Um diesen Entschluss umzusetzen, wird es jetzt konkreter: Starten Sie mit dem Begriff »Loslassen« und machen Sie sich klar, was das Gegenteil von Loslassen ist. Das Gegenteil ist: behalten, anhaften, dabeibleiben, (aktiv) festhalten. Und dieses Gegenteil macht gerade in Ihrer Situation oder in einer Trennung so oft zu schaffen.

Beispiele für dieses Anhaften:

- Mit den Gedanken beim anderen sein und bleiben. Den anderen vielleicht sogar stalken, auf sozialen Medien verfolgen, was er/sie wo und mit wem macht oder sagt.

- Grübeln, wo die Partnerschaft den falschen Weg eingeschlagen hat.

- Nachdenken, was man selbst in der Vergangenheit hätte tun können, um eine Trennung abzuwenden.

- Sich erinnern an gute Zeiten – sind sie jetzt weg?

- Denken an die vielen Jahre der Partnerschaft – war das alles umsonst?

- Überlegen, ob Sie mehr hätten tun können oder müssen.

- Sich vorstellen, wie der Partner oder schon Ex jetzt die Zeit verbringt mit einem neuen Partner.

Das alles sind Kennzeichen, dass Sie innerlich noch von Ihrem Partner oder Ex ausgefüllt sind, gedanklich anhaften und bei ihm oder ihr bleiben. Sie schaffen es noch nicht, die gedankliche Grenze zu ziehen und den Fokus vom anderen, von dem, was war, und dem, was hätte sein können, abzuziehen.

Wenn ich Ihnen jetzt sage: »Denken Sie doch mal an etwas anderes«, werden Sie nur müde lächeln – zu Recht. Wenn Sie an etwas anderes denken könnten, hätten Sie ja schon losgelassen.

Machen Sie sich klar, dass Sie es nur schaffen, den Fokus Ihrer Gedanken vom anderen wegzulenken, wenn da etwas ist, wohin Sie Ihre Gedanken lenken können. Dieses »Etwas« muss groß, stark, positiv und anziehend sein, damit es die Anhaftung an den (Ex-)Partner ersetzen kann.

Beginnen Sie mit der folgenden Überlegung:

Wenn Sie weiter in Gedanken bei Ihrem Partner bleiben, führen Sie sein Leben. Und wenn Sie das Leben Ihres Partners führen – wer führt dann Ihr Leben?

Möglicherweise ist da dann eine Leerstelle in Ihrem Leben: nämlich Sie! Es ist an Ihnen, diese Leerstelle auszufüllen und die Chance zu ergreifen, Ihr eigenes Leben zu gestalten.

Und das ist das »Etwas«, zu dem Sie Ihre Gedanken lenken sollten, wie wir es in den vergangenen Kapiteln bereits immer wieder gemacht haben: Sie!

Richten Sie den Fokus Ihrer Gedanken konsequent auf sich selbst, stellen Sie die Linse scharf: Wer sind Sie? Was macht Sie aus? Was sind Ihre Werte? Wie sieht Ihr wertgemäßes Leben aus?

Stellen Sie sich immer wieder die Kontrollfrage: Bringt mich dieser Gedanke (an den Partner, Ex, die Vergangenheit, meine Vorstellung von Familienidylle) auf meinem Weg weiter? Wenn ein Gedanke Sie nicht weiterbringt, ziehen Sie den Fokus ab und richten ihn auf etwas, das Sie weiterbringt, glücklicher macht, etwas, das Sie verwirklichen wollen. Ein neuer Plan, eine neue Vision, ein neuer Traum? Der mehr mit Ihnen zu tun hat als vielleicht Ihr altes Leben? Kann das alles eine Zäsur sein, für die Sie irgendwann einmal rückblickend dankbar sind: »Weißt du noch, damals? Da fing mein eigentliches Leben erst richtig an.« (→ Ihr Ausblick: Neue Lebensfreude manifestieren.)

Das ist Übungssache. Machen Sie sich konsequent klar, dass ein gedankliches Loslassen nicht funktioniert, wenn da nicht etwas anderes ist, mit dem sich Ihr Geist stattdessen konstruktiv und kreativ beschäftigen kann.

Diese Hinweise helfen bei einem gedanklichen Loslassen. Meistens ist die Anhaftung aber nicht nur gedanklich, sondern unbewusster, gleichsam emotionaler und seelischer: Ihr (Ex-) Partner läuft Ihnen immer wieder über die Bettdecke, taucht zu den merkwürdigsten Zeitpunkten in Ihrem Empfinden auf.

Wenn Sie zu tun haben, ist alles gut, aber sobald Sie zur Ruhe kommen, fallen Gedanken und Gefühle über Sie her.

Deshalb gibt es an dieser Stelle noch eine Übung mit drei Varianten zum Loslassen, die hier weiterhelfen können. Sie nützt vor allem, wenn Ihnen bildliche Vorstellungen oder Visualisierungen etwas bringen. Es hat anfangs vielleicht etwas von »Voodoo«, aber hier geht es ums Unbewusste; rationale Erwägungen helfen kaum, dafür dürfen Sie in die Trickkiste greifen. Vielen meiner Klienten hat es sehr geholfen.

Übung: Sich das Loslassen bildlich vorstellen

Ihr Ziel: Sich durch Visualisierungen innerlich zu lösen.
Vorbereitung: Schauen Sie jeweils, dass Sie ungestört sind, sammeln Sie sich. Setzen Sie sich in einen Sessel oder auf einen Stuhl oder nutzen Sie eine Pause bei einem Spaziergang.
Zeitaufwand: Jeweils 1 bis 2 Minuten.
Durchführung: Wählen Sie eine der drei Varianten für Ihre Visualisierung.

Variante 1: Pffffft …

Stellen Sie sich vor, dass Ihr Ex ein lebensgroßer Luftballon ist, mit einem Körper, Armen und Beinen, in einer Kleidung, die Sie von ihm/ihr kennen. Dieser Luftballon tanzt vor Ihnen herum, ist mal links, mal rechts, fliegt etwas in die Luft und dann passiert es: Sie hören ein sanftes Pffffft … und sehen, dass der Ballon Luft verliert, ganz langsam, aber gleichmäßig … pffffft … Ihr Luftballon-Ex wird immer kleiner und kleiner, verliert Kontur, sackt in sich zusammen und bleibt entleert auf dem Boden liegen.

Wiederholen Sie diese Vorstellung bei Bedarf und schauen Sie, ob es Ihre innere Anhaftung verändert.

Variante 2: Die Taue lösen

Stellen Sie sich vor, Sie stehen an einer Hafenmole, vor sich das weite, strahlend blaue und ganz ruhige Meer, eine wunderschöne Sonne am Horizont. Sie bemerken, dass Sie nicht allein sind: Ihr Ex ist auf einem der kleinen Boote zugange, die im Hafen liegen. Sie gehen zu der Stelle, an der das Boot Ihres Ex vertäut ist. Sie schauen ihn ruhig an. Ganz langsam lösen Sie die Taue, Stück für Stück. Sie sind völlig bei sich und arbeiten ungestört und konzentriert. Schließlich sind die Taue gelöst, und jetzt versetzen Sie dem Boot Ihres Ex noch einen kleinen Stoß. Es beginnt, sich mit der auslaufenden Strömung in Bewegung zu setzen, und schwimmt ganz ruhig zum Hafenausgang und hinaus auf das große weite Meer. Sie wissen sicher, dass das Boot irgendwo an Land gehen wird, Ihrem Ex wird nichts passieren. Sie verfolgen das Boot mit den Augen, bis es den Horizont erreicht hat und nicht mehr zu sehen ist.

Wiederholen Sie diese Vorstellung bei Bedarf und schauen Sie, ob es Ihre innere Anhaftung verändert.

Variante 3: Auf den Mond schießen

Und schließlich noch eine etwas radikale und ungewöhnliche Übung, aber – ob Sie's glauben oder nicht – meine Klienten lieben sie, vor allem wenn belastende Erinnerungen den wertschätzenden Blick zurück noch erschweren:

Stellen Sie sich vor, wie Ihr Ex vor Ihnen steht. Ganz langsam schrumpft er/sie vor Ihren Augen zu einem Püppchen. Vielleicht spricht er/sie und die Stimme wird beim Schrumpfen immer höher und quietschiger, wie die einer Comic-Figur. Und wenn Ihr Ex auf Püppchengröße geschrumpft ist, dann nehmen Sie diese Puppe, stecken ihr eine Rakete in den Hintern und schießen sie zum Mond. Schauen Sie ruhig hinterher, dieser Flug dauert recht lange.

Wiederholen Sie das immer wieder mal und fühlen Sie in sich hinein, ob es an Ihrer inneren Anhaftung etwas ändert.

Der Druck zu verzeihen

»Mein Mann hat mich vor drei Monaten nach 25 Ehejahren verlassen. Er ist Zahnarzt, ich habe als Arzthelferin bei ihm mitgearbeitet. Er hat immer gesagt, er richtet die Zähne und ich die Behandlungsstühle. So war das bei uns aufgeteilt. Er hat mich für eine andere Frau verlassen. Jetzt hat unser gemeinsamer Sohn Geburtstag und wünscht sich, dass wir zu dritt mit seinem Vater essen gehen. Mir fällt das so schwer, aber das muss ich wohl erfüllen. Ich habe gelesen, dass ich in einer Trennung verzeihen soll. Ich bemühe mich sehr, aber ich schaffe es nicht. Können Sie mir erklären, wie das geht?«

(Interessentin, 51 Jahre, ein Sohn unter 16)

Nein, liebe Interessentin, das kann ich nicht erklären und wissen Sie, was? Ich will das in diesem frühen Stadium Ihrer Trennung auch gar nicht. Denn ich glaube: Was Sie versuchen, ist schlicht übermenschlich und außerdem höchst ungesund für Sie und alle Beteiligten.

Sie spüren es selbst: In diesem Abschnitt geht es um ein sehr großes Thema, hier geht es ans Eingemachte, hier wird es richtig hart. Die Frage nach dem Verzeihen oder vielleicht sogar »Verzeihenmüssen« ist eine echte Gretchenfrage.

Verzeihen ist eine Geste, die Sie immer im Hinterkopf behalten sollten, weil sie für alle Beteiligten nährend und besänftigend ist.

Aus meiner Erfahrung im Coaching muss ich jedoch klar sagen, dass Verzeihen so selten und so schwer ist, so privat und so individuell, dass das nicht das erste Ziel in einer Trennung sein kann und soll.

Auch wenn die Trennung auf Ihrer fundierten Entscheidung basiert, bringt sie so vieles mit sich, um das Sie gar nicht gebeten haben. Und das gilt erst recht, wenn Sie verlassen wurden. Das ganze Leben wird durcheinandergewirbelt, Sie müssen am laufenden Band neue Fragen beantworten und Entscheidungen treffen, Ihre Gefühle fahren Achterbahn und manchmal sind Sie froh, einen Tag nur irgendwie überstanden zu haben.

Dann taucht da dieses große Thema des Verzeihens auf, das Sie sowohl philosophisch als auch religiös betrachten können, aber gerade bei einer Trennung liegt der Druck zu verzeihen auch gesellschaftlich in der Luft. Und zwar irgendwo zwischen Erwartung und Forderung: »Wenn ihr euch trennt, dann doch wohl im Guten.« oder »Zum Wohle der Kinder werdet ihr euch doch wohl vertragen.« So bedeutet eine Trennung im Guten nach allgemeinem Verständnis eine weitgehend friedliche Trennung, bei der die Partner einander eben auch verzeihen.

Und schnell sehen Sie sich ins Land der großen Gesten katapultiert, der Leinwandmomente, die so herzergreifend sind, dass sie unser Innerstes berühren. Weil Verzeihen und Verzeihenkönnen menschliche Eigenschaften sind, die so viel Größe zeigen und den Glauben an das Gute auch im Schlechten bekräftigen. Verzeihen gibt uns allen Hoffnung auf eine bessere Welt. Daraus wird dann schnell ein gesellschaftliches Ideal oder ein gesellschaftliches Sollen, dem gegenwärtig auch Trennungen unterworfen werden.

Das hat natürlich seinen Grund. Viele Menschen haben Erfahrungen mit »schlechten Trennungen« gemacht, selbst oder in ihrem Umfeld. Trennungen, bei denen sich die Partner bis aufs Blut bekämpft haben, vielleicht sogar Rosenkriege, mit all den niederträchtigen Emotionen, die Menschen haben können, wenn sie sehr verletzt oder sehr wütend sind. Die Leidtragenden sind die Betroffenen selbst, die von ihren Gefühlen oft jahrelang, manchmal ein Leben lang heimgesucht werden. Aber es sind vor allem auch die Kinder in solch einer Trennung, denen die liebende Basis verloren geht, die vielleicht keine Elternteile mehr haben, auf die sie sich bedingungslos verlassen können. So ist die Aussage »Ich bin ein Scheidungskind« oder »Ich bin ein Trennungskind« ein Satz, der immer noch viel erklärt, vor allem das Bedürfnis nach friedlichem und harmonievollem Miteinander des erwachsenen »Trennungskindes«.

Darum ist Verzeihen eine zutiefst gewünschte und ersehnte Geste, die verhindert, dass zu viel verbrannte Erde hinterlassen wird.

Verzeihen ist ein liebender Akt, der vor allem dem/der Verzeihenden guttut. Er oder sie kann seinen inneren Frieden machen. Damit ist auch klar: Verzeihen ist Privatsache! Dabei muss das Verzeihen noch nicht einmal der anderen Person gegenüber ausgesprochen werden. Es reicht, in Gedanken zu verzeihen, um die inneren Wogen zu glätten. Damit Verzeihen gelingt, muss es also nicht die große äußere Geste sein, die für alle sichtbar ist. So gehe ich dieses Thema im Coaching auch sehr demütig und feinfühlig an, um zu sehen, was in welcher Form an Verzeihen eventuell möglich ist.

Gerade am Anfang einer Trennung oder wenn die Trennung sehr frisch ist, ist jedoch an Verzeihen nicht zu denken. Da klafft eine innere Schlucht zwischen all den immer wieder und immer noch auftauchenden schlechten Gefühlen – Wut, Ärger, Traurigkeit – und dieser unausgesprochenen großen Forderung »Du musst jetzt verzeihen«. Das ist ein Druck und Zwang, der oft von außen kommt, den viele, vielleicht auch Sie, unbewusst zu verinnerlichen versuchen. Das tut Ihnen in diesem Moment aber gar nicht gut. Und Sie zäumen das Pferd von hinten auf, denn bevor an Verzeihen auch nur zu denken ist, sind noch einige andere Phasen zu durchlaufen hin zu einer echten, eigenen inneren Entwicklung.

Danach ist alles möglich. Ein ausgesprochenes Verzeihen, ein stilles Verzeihen, die gemeinsame Trennungsparty, die umgekehrte Hochzeit – all das gibt es, zum Beispiel in den USA. Das heißt aber nicht, dass das Ihr Weg sein wird oder sein muss.

Im Coaching habe ich die Erfahrung gemacht, dass Verzeihen ein besonderes Anliegen meiner Klientinnen ist. Kein Wunder, »Verzeihenkönnen« wird gemeinhin als eine weibliche Eigenschaft gesehen. Von Männern wird das nicht erwartet, im Gegenteil: »Du weißt doch, wie er ist. Er kann nicht über seinen Schatten springen.« Viele Frauen, denen ich im Coaching begegne, haben aber gerade diesen »Dauerauftrag« in sich: »Ich muss doch über meinen Schatten springen. Auf den anderen zugehen.«

Kippen Sie das über Bord: Sie müssen gar nichts. Aber Sie dürfen, wenn Ihnen danach ist. Finden Sie Ihren individuellen Weg des Verzeihens.

Um herauszufinden, ob Ihnen danach ist, ist es zuerst wieder das Wichtigste, über sich selbst (innere) Klarheit zu gewinnen, seinen bewussten Weg zu innerer Balance zu gehen. Wenn dann Raum ist für ein Verzeihen, ist das gut so. Sie werden das übrigens ganz entspannt selbst feststellen und innerlich spüren.

Manchmal ist Verzeihen nie möglich, auch nicht Jahre nach einer Trennung. Das ist schlicht menschlich und darf so sein. Wichtig ist dann nur, dass der/die Betroffene für sich selbst einen bewussten inneren Abschluss macht und es aushält, dass ein endgültiges Verzeihen nicht gelingt. In diesem Fall hilft eben »nur« inneres Loslassen, um bewusst seinen Weg gehen zu können.

Hier möchte ich noch kurz auf die am Anfang des Kapitels beschriebene Situation eingehen. Nehmen wir an, Sie haben gemeinsame Kinder und Ihnen ist ein Verzeihen nicht möglich. Oder die Trennung ist noch ganz frisch und schmerzhaft. Oft wünschen sich Kinder gerade jetzt, dass beide Eltern an besonderen Tagen dabei sind: Geburtstage, Feiertage, Ausflüge, aber auch »offizielle« Veranstaltungen wie Kommunion, Konfirmation oder Abiball. Und gerade jetzt könnte es sein, dass Sie sich dazu nicht in der Lage fühlen. Was tun?

Als Coachin mit Blick auf Ihr inneres Wohlbefinden bin ich versucht, Ihnen zu raten, bei sich zu bleiben und Ihren Stiefel durchzuziehen. Das würde bedeuten, ausschließlich nach Ihrem inneren Empfinden zu handeln, Grenzen zu ziehen und notfalls solchen Veranstaltungen entgegen dem Kinderwunsch fernzubleiben.

Als Mutter weiß ich, dass kaum etwas so schmerzt wie die Traurigkeit oder Enttäuschung des eigenen Kindes und dass Eltern aus Liebe zu ihren Kindern alles tun, um ihren Kindern solche Gefühle und Erfahrungen zu ersparen. Oder wie eine liebe Freundin es rückblickend einmal formuliert hat: »Meine Güte, habe ich vor zwanzig Jahren bei meiner Trennung oft insgeheim die Zähne zusammengebissen, immer für meine Töchter.« Daher kann ich Ihnen für diesen Fall leider keinen pauschal gültigen Rat geben, sondern vielmehr nur diesen: Erhalten Sie sich Ihre innere Flexibilität und beurteilen Sie jede derartige Situation neu. Manchmal werden Sie einfach nicht teilnehmen können und danach handeln. Manchmal – wahrscheinlich sogar öfter – werden auch Sie zeitweilig die Zähne zusammenbeißen und an derartigen Veranstaltungen für Ihr Kind teilnehmen. Schauen Sie sich dann vor einem solchen Ereignis die Übungen zum Loslassen in diesem Kapitel weiter vorn an und prüfen Sie, ob Ihnen diese innerlich weiterhelfen können. Schauen Sie auch weiter hinten im Buch bei den Tipps und Übungen zu Kontakt und Kommunikation. Diese können Sie auch lange nach einer Trennung in solchen immer wiederkehrenden Situationen unterstützen.

Machen Sie sich bewusst, dass Ihr Herz sich in diesem Moment aus Liebe für das Wohl Ihres Kindes und gegen Ihr eigenes Wohl entscheidet. Fordern Sie keine Dankbarkeit von Ihrem Kind und wecken Sie keine Schuldgefühle. Sie machen das in diesem Moment für Ihr Kind, aber auch für sich selbst: liebend, empfindsam und authentisch.

Wann Verzeihen gut ist

> *»Am Anfang unseres Coachings hätte ich nicht gedacht, dass ich meinem Ex verzeihen könnte. Aber jetzt habe ich so viel aufgearbeitet und verstehe viel besser, warum ich mich in bestimmten Situationen so verhalten habe. Ich sehe klar meinen Beitrag in der ganzen Sache. Mit meinem Ex habe ich viele Gespräche geführt, wir haben Briefe und E-Mails geschrieben. Ich habe das Gefühl, wir haben unsere Partnerschaft sehr intensiv reflektiert. Jetzt kann ich mit leichtem Herzen verzeihen, und es ist mir ein echtes Bedürfnis.«* **(Nadja, 41 Jahre, zwei Kinder unter 12)**

Sie dürfen und sollten jederzeit verzeihen, wenn Ihnen dies möglich ist. Und damit sind wir schon mittendrin in der Frage, wann Verzeihen gut ist.

Verzeihen ist gut, wenn es Ihnen leichtfällt und Ihnen vielleicht sogar ein inneres Bedürfnis ist. Wenn Ihr Herz ungezwungen Ja sagt zum Verzeihen, es also aus einem inneren Antrieb heraus kommt.

Dieses innere Gefühl kommt oft erst, wenn Sie Ihre Partnerschaft und die Trennung für sich selbst wohlwollend aufgearbeitet haben. Wenn Sie sich selbst wiedergefunden haben, wenn Sie die Prioritäten in Ihrem Leben neu sortiert haben und sich ganz bewusst dafür entschieden haben, Ihren eigenen Weg zu gehen. Wirklich bei sich zu bleiben, ohne nach rechts und links zu schauen.

Dann ist der Wunsch nach Verzeihen ein ganz natürliches Gefühl, dem Sie unbedingt nachgehen sollten.

Dabei bedeutet Verzeihen nicht unbedingt, das vor Ihrem Ex auch wirklich auszusprechen. Sie sollten vielmehr genau das machen, wonach Ihnen ist. Das kann ein Gespräch sein oder ein Brief. Das muss aber auch gar kein direktes In-Kontakt-Treten mit Ihrem Ex sein, sondern kann stattdessen nur in Gedanken geschehen oder in einem Brief, den Sie nicht abschicken.

Weil das Verzeihen vor allem Ihnen innerlich weiterhilft, ist ein direkter Austausch nicht nötig. Oder mit anderen Worten: Ihr Verzeihen braucht keinen Adressaten, der Ihnen tatsächlich gegenübersitzt, um wirksam zu sein. Sie tun es in erster Linie für sich. Sie werden merken, dass das allein schon hilft, die Atmosphäre insgesamt zu verbessern.

An diesem Punkt Ihrer inneren Entwicklung werden Sie selbst wissen, wie Sie verzeihen wollen, und es genau so gestalten.

Wenn Verzeihen nicht geht

»Sie fragen, ob ich meinem Ex-Mann etwas Gutes tun möchte? Ob ich irgendwie die Hand reichen möchte oder verzeihen kann? Nein. Ganz einfach, nein. Er hat mich so schlecht behandelt, er hat mich so hinters Licht geführt, ich habe all mein Vertrauen verloren. Ich kann das nicht, und ich möchte das auch nicht. Ich habe das Gefühl, wenn ich ihm jetzt die Hand reiche, nimmt er den ganzen Arm.« **(Patricia, 48 Jahre, zwei Kinder unter 18)**

Es gibt Situationen im Leben und natürlich auch bei Trennungen, in denen Verzeihen nicht geht. Diese Erkenntnis mag Sie vielleicht traurig stimmen, aber wenn Sie bemerken, dass Ihnen ein Verzeihen aus Ihrem Inneren heraus nicht möglich ist, sollten Sie es nicht übers Knie brechen.

Wie also merken Sie, dass Verzeihen nicht geht?

1. Wenn sich innerlich noch etwas sträubt, sodass ein Verzeihen Ihnen innerlich nicht leichtfällt oder naheliegt.
Der Wunsch zu verzeihen sollte in Ihnen selbst wachsen, und zwar so, dass es die für Sie naheliegendste Handlung ist. Wenn aber der Wunsch zu verzeihen in Ihnen nicht keimt, dann sollten Sie es auch (noch) nicht versuchen.

Sie können sich in einem Zwischenschritt noch einmal mit sich selbst beschäftigen, versuchen zu erkunden, was Ihnen daran nicht möglich ist, woher womöglich der innere Widerwille kommt. Wenn Sie das gemacht haben und Ihnen das Verzeihen immer noch fremd bleibt, ist das so. Versuchen Sie, das auszuhalten und Ihr Leben weiter eigenständig zu gestalten.

2. Wenn es nicht von oder aus Ihnen selbst kommt.
Sie merken, dass Verzeihen nicht geht, wenn Sie sich selbst innerlich davon überzeugen oder sich selbst dazu zwingen müssen.

Sobald Sie anfangen, innere Diskussionen zu führen wie etwa »Ich sollte verzeihen. Alle sagen das. Ich habe gehört, das soll mir guttun und allen anderen, die von der Trennung betroffen sind. Also ist es total logisch, dass ich verzeihe. Ich muss mir nur etwas mehr Mühe geben« oder sobald Sie beginnen, inneren Zwang zu verspüren (»Jetzt bin ich schon zehn Monate getrennt, jetzt muss ich einfach verzeihen«), stimmt etwas nicht.

Dann sollten Sie sich selbst eine Pause verordnen vom »Verzeihenmüssen« und dieses Thema (zunächst) zur Seite legen. Vielleicht kommen Sie in Ihrer inneren Entwicklung noch an einen Punkt, an dem es für Sie naheliegt, sich so zu verhalten, vielleicht aber auch nicht. Dann lassen Sie dieses Thema liegen und führen Ihr Leben weiter mit einem Fokus auf Gegenwart und Zukunft und was Ihnen guttut.

3. Wenn Sie sich selbst schützen müssen.
Es kann schließlich eine Frage des Selbstschutzes sein, bewusst *nicht* zu verzeihen. Das gilt vor allem für schwierige oder toxische Beziehungen mit schwierigen Partnern oder Narzissten. Hier kann es eine Frage der inneren Abgrenzung und des Schutzes sein, noch nicht einmal in Gedanken zu verzeihen. Das kommt auch in anderen Arten von Beziehungen vor, wenn die Verletzungen rund um eine Trennung zu schmerzhaft und tiefgehend waren.

Dass es bei Ihnen eine Frage des Selbstschutzes ist, merken Sie an Ihrem inneren Gefühl, beim Verzeihen zu viel von sich preiszugeben. Sie könnten auch das Gefühl haben, dass Sie Ihre innere Grenze oder Abgrenzung nicht wahren können, wenn Sie verzeihen. Oder dass Ihr ausgesprochenes Verzeihen dazu führt, dass Ihr Ex (wieder) zu weit geht oder Sie (erneut) verletzt oder übergriffig wird.

In diesen Fällen ist Ihnen Verzeihen innerlich nicht möglich und sollte auch nicht erzwungen werden. In dieser Situation hilft die Akzeptanz, dass es so ist. Lassen Sie den Druck zu verzeihen liegen und gehen Sie weiter Ihren Weg. Bewusstes Loslassen genügt dann völlig.

Gesunde Grenzen ziehen (lernen)

»Wenn mein Ex und ich uns die Kinder übergeben, ist das immer problematisch. Ich halte mich an Absprachen und Zeiten, aber er schickt mir immer wieder kurz vorher Nachrichten, ob es später geht oder früher, manchmal ein oder zwei Stunden. Das macht mich total kirre. Ich habe ja einen neuen Partner und auch eigene Pläne. Für die Kinder stimme ich immer zu. Aber eine Verschiebung um zwei Stunden abends – dann kann ich meinen eigenen Abend vergessen.«

(Barbara, 38 Jahre, drei Kinder unter 14)

Wir sind immer noch beim Loslassen. Sie merken schon, dieses Loslassen hat verschiedene Facetten:

Loslassen bedeutet, den Partner und vielleicht einige Ihrer eigenen Vorstellungen und Illusionen freizugeben. Das bedeutet im Umkehrschluss aber auch, dass Sie sich selbst in diesem Moment in all Ihrer (neu entdeckten) Individualität in den Mittelpunkt stellen, sich und Ihre Wünsche, Bedürfnisse und Interessen aktiv schützen. Sind Sie in Ihrem eigenen Fokus, hat das zwei wichtige Konsequenzen:

- Loslassen bedeutet auch, Ihre eigenen Verhaltensweisen, die Ihnen selbst und Ihrer individuellen Lebensführung schaden, loszulassen und auszutauschen.

- Außerdem bedeutet loslassen, das Verhalten anderer, das Sie bislang vielleicht geduldet haben, das Ihnen »eigentlich« aber schadet oder zumindest nicht gefällt, ab sofort zu Ihrem eigenen Wohlergehen abzuwehren.

Genau dabei helfen Ihnen gesunde Grenzen.

Im Eingangsbeispiel ist die Übergabe der Kinder nach einer Trennung ein sehr offensichtliches Beispiel, bei dem es um eine gesunde Grenzziehung geht. Es kann vorkommen, dass der Expartner immer wieder in die Zeiten des anderen hineingrätscht. Wenn das ab und zu mal passiert, werden Sie wahrscheinlich gutmütig darauf eingehen, auch zum Wohl Ihrer Kinder. Aber ein Verhaltensmuster, bei dem immer wieder in Ihre Zeitplanung hineingefunkt wird, ist übergriffig, und das müssen Sie nicht hinnehmen.

Bei Eltern in und nach der Trennung ist häufig dauerhaft eine angemessene Grenzziehung in der Kommunikation nötig, zum Beispiel bei der Abstimmung von Urlauben und Wochenenden oder bei der Frage, wie viele Erklärungen sie für ihr Verhalten liefern beziehungsweise welche Auskünfte sie über ihr neues Leben nach der Trennung geben wollen.

Hat ein Paar keine Kinder, sind gesunde Grenzen meist in der direkten Trennungssituation nötig, um Ansprüche zu klären oder gemeinsames Gut aufzuteilen. Dabei gilt beim Thema Grenzenziehen umso mehr der Grundsatz, möglichst eine gesunde Balance zwischen konstruktiven Zugeständnissen und Grenzenziehen zu halten. Weder ein übermäßiges Nachgeben noch starres Beharren werden zu einer befriedigenden Trennung führen. Und so könnte die Aufforderung, »Grenzen zu ziehen«, in Ihren Ohren vielleicht sogar etwas kämpferisch klingen. Vielleicht befürchten Sie gar den berüchtigten Rosenkrieg, wenn Sie ausgerechnet jetzt anfangen, Grenzen zu etablieren.

Nach meiner Erfahrung kommen Sie aber gerade in der Trennungssituation kaum darum herum, wenn Sie sich nicht (weiter) verleugnen wollen. Mit hoher Wahrscheinlichkeit wird es Ihnen auch in anderen Lebenssituationen helfen, wenn Sie lernen, gesunde Grenzen zu ziehen.

Grenzen dienen keinem Selbstzweck. Ihre einzige Funktion ist es, die schützenden Rahmenbedingungen zu schaffen, die es Ihnen ermöglichen, Ihre Individualität voll zu entfalten, und dabei alles, was Sie daran hindert oder auch nur dabei stört, loszulassen.

Zu abstrakt? Dann gebe ich Ihnen das Beispiel »Haus mit Vorgarten«:

Stellen Sie sich vor, Sie seien ein Haus mit Vorgarten. Wer Ihr Haus betritt, entscheiden Sie an der Haustür. Ins Innere dringt also niemand ohne Weiteres vor. Aber wie sieht es mit Ihrem Vorgarten aus? Wenn keine undurchdringliche Hecke gepflanzt wird oder Sie einen stabilen Gartenzaun bauen, können andere eine Abkürzung über das Grundstück nehmen und ihre Pizzakartons und Limonadendosen auf den Rasen schmeißen. Eine unangenehme Vorstellung, oder?

Die gute Nachricht ist: Sie können einen belastbaren Zaun bauen, um sich zu schützen. Und so gleichzeitig (mindestens vorübergehend) alles loslassen, was sich draußen vor Ihrem Zaun so abspielt.

Am Anfang steht Ihre Entscheidung, unbedingt für sich selbst und Ihre Interessen und Bedürfnisse einzustehen. Mit dieser Grundsatzentscheidung steht und fällt alles. Danach kommt die Praxis, das höfliche Klarmachen und Durchsetzen eigener Grenzen gegenüber anderen. Hier gilt: üben, üben, üben!

Das mag erst einmal ungewohnt oder unangenehm klingen, wenn Sie es gar nicht gewohnt sind. Viele Klienten kommen beispielsweise ins Coaching mit der Haltung und Selbstbeschreibung »Ich bin ein sehr harmoniebedürftiger Mensch«. Dann werde ich immer sehr hellhörig. Gemeinsam schauen wir, ob das wirklich eine echte Charaktereigenschaft ist oder vielleicht die Erscheinungsform einer inneren Prägung. (→ Innere Prägungen erkennen und verändern)

Denn es ist so, dass viele Menschen ohne gute Grenzen eine Neigung haben, anderen zu gefallen oder gefallen zu müssen oder generell ihr Handeln vor anderen zu rechtfertigen. Dann ist die Aussage »Ich bin sehr harmoniebedürftig« oft die Umschreibung für »Die Bedürfnisse anderer kommen bei mir immer an erster Stelle. So gehe ich jedem Konflikt aus dem Weg«. Das alles sind Symptome schwacher oder nicht vorhandener eigener Grenzen. Das führt dazu, dass zum Beispiel die Argumente dieser Menschen in Diskussionen häufig zerpflückt oder ihre Anliegen ignoriert werden. Wie im Eingangsbeispiel bei der Übergabe der Kinder. In einer Trennung ist das oft der direkte Weg dahin, auch bei allen anderen zu regelnden Fragen übervorteilt zu werden.

Schauen Sie für sich: Gehören Sie vielleicht auch zu den sehr Harmoniebedürftigen?

Gerade dann sind gesunde Grenzen besonders während einer Trennung enorm wichtig. Denn sie gewährleisten, dass Sie Ihren Blick auf den anderen (endlich) loslassen. Sie sind ein Grundstein dafür, dass zwischen Ihnen und Ihrem Partner Augenhöhe (wieder-)hergestellt werden kann und Sie die Trennung bewusst und nachhaltig gestalten können. Gute Grenzen, die freundlich, aber bestimmt vertreten werden, sind die Grundlage für den Respekt des anderen. Nur so werden Sie letztlich zu einem zufriedenstellenden Ergebnis für alle Beteiligten – Sie selbst eingeschlossen – kommen. Es kann übrigens gut sein, dass sich Ihr Gegenüber mächtig über Sie wundert, wenn Sie beginnen, Ihre Grenzen zu ziehen. Deshalb empfehle ich auch gerade in einer Trennung, hier mit Fingerspitzengefühl das rechte Maß zu wahren. (→Das rechte Maß: Grenzen ziehen in der Trennung)

Wenn Sie gemeinsame Kinder haben, dürfen Sie sich auch gern vor Augen führen, dass gute Grenzen sogar noch viel wichtiger sind. Denn Sie als Elternteil sind immer auch in Ihrem

Handeln (unbewusstes) Vorbild für Ihre Kinder. Mit Ihrem Verhalten und klar abgesteckten Grenzen legen Sie als Vorbild ein solides Fundament für den Selbstschutz Ihrer Kinder.

Was sind gesunde Grenzen?

> *»Grenzen ziehen? Damit habe ich eigentlich kein Problem. Ich weiß nämlich gar nicht so genau, was das sein soll.«* **(Beate, 43 Jahre, zwei Kinder unter 18)**

Das ist im Coaching eine ganz übliche Antwort auf die Frage: »Sind Sie gewohnt, Ihre Grenzen angemessen zu ziehen?« Mit einer solchen Antwort fängt die gemeinsame Arbeit natürlich erst an.

Grenzen sind ein höchst individuelles Thema. Was gesunde oder angemessene Grenzen sind, kann nur jeder für sich selbst beantworten: Gesunde Grenzen sind solche, die Sie für sich definieren. Die es Ihnen ermöglichen, Ihr Leben und das Ihrer Lieben nach Ihren Vorstellungen zu gestalten ohne Ein- und Übergriffe anderer. Haben Sie jetzt vielleicht Sorge, dass Sie »schlechte« Grenzen ziehen könnten? Also vielleicht »zu empfindlich«, »zu streng«, »zu kategorisch« »zu engstirnig«, »zu festgefahren« werden? Nun, das sind alles Bewertungen, die von außen kommen. Ihr Maßstab ist aber ausschließlich, ob Ihnen selbst Ihre Grenzen guttun, und zwar ohne darauf zu achten, ob Sie bei anderen anecken oder anderen missfallen. Aus meiner Coachingerfahrung weiß ich, dass gerade Menschen, die bislang nur schwache Grenzen hatten, zunächst beim Einüben von Grenzen manchmal ein wenig übers Ziel hinausschießen, zum Beispiel einmal zu oft Nein sagen. Eine meiner Klientinnen etwa hat nach ihrer Trennung einen neuen Mann kennengelernt und war gleichzeitig dabei zu lernen, für sich selbst gesündere Grenzen zu ziehen. Sie hat ihrem neuen Partner direkt zu Anfang gesagt: »Pass mal auf, ich übe das gerade mit dem Grenzenziehen, weil ich spüre, dass das gut für mich ist. Es könnte aber sein, dass ich manchmal zu krass rüberkomme. Nimm es mir bitte nicht übel und sprich mich gern darauf an.« So kann man es mit sehr nahestehenden, vertrauten Personen auch halten: um Feedback in der Übungsphase bitten. Übrigens sind die beiden mittlerweile seit Jahren ein glückliches Paar.

Beim Grenzenziehen gilt also: üben, üben, üben. Wenn Sie das Grenzenziehen dann allmählich verinnerlicht haben, werden Sie von selbst geschmeidiger und flexibler und mit hoher Wahrscheinlichkeit nicht mehr »so krass« reagieren.

Ihre wichtigste Überlegung beim Grenzenziehen darf immer die folgende Frage sein:

Geht's mir hier in dieser Situation mit einem Ja besser oder mit einem Nein?

Die erste Voraussetzung, die Sie zur Beantwortung dieser Frage erfüllen müssen, ist innere Klarheit: Sie sollten wissen, wer Sie sind, was Ihre Vorlieben, Interessen und Bedürfnisse sind. Dafür finden Sie im Kapitel über →Innere Klarheit jede Menge Hinweise. Und genau aus diesem Grund empfehle ich Ihnen auch das Schreiben eines Ich-Hefts: damit Sie sich mit sich selbst beschäftigen und auseinandersetzen und herausfinden, was Sie wirklich wollen.

In diesem Zusammenhang noch ein hilfreicher Tipp: Menschen, die sich selbst als sehr harmoniebedürftig bezeichnen, gehen oft auch den kleinsten womöglich kontroversen Alltagsentscheidungen aus dem Weg. Genauso ergeht es Menschen, die sehr viel und engagiert arbeiten. Sie sind manchmal schlichtweg zu müde, um abends oder am Wochenende auch noch Entscheidungen im Privaten zu treffen.

Gerade für diese Menschen ist es sehr hilfreich, im Ich-Heft in einer freien und ruhigen selbstreflexiven Zeit zu notieren, was sie gern mögen und was nicht. Dann geht eine Entscheidung oder Meinungsäußerung leichter von der Hand, wenn sie ansteht. Vielleicht haben Sie das auf Ihrem Weg bis hierhin selbst schon gespürt.

Denn eines ist wichtig, gerade beim Thema Grenzen: Die Antwort »Ist mir egal« ist keine Option! »Egal« ist nämlich keine ernst zu nehmende Antwort, sondern wischi-waschi und macht Sie zum farblosen Chamäleon. Wer häufig »Ist mir egal« antwortet, wird irgendwann nicht mehr gefragt und übergangen. Das ist der direkte Weg in mangelnde Wertschätzung und fehlenden Respekt.

Deshalb streichen Sie diese Antwort aus Ihrem Wortschatz und üben Sie, eine Meinung zu haben. Sehen Sie das positiv: Wenn Sie Ecken und Kanten haben, dann werden Sie für Ihr Gegenüber viel greifbarer. Der andere weiß genau, was Sie nicht mögen, aber gerade auch, was Sie gernhaben. Konturen zu haben, ermöglicht es anderen erst, Ihnen eine echte Freude zu machen.

Sollten Sie jetzt Sorge haben, dass Ihre Meinungsäußerung zu Konflikten führen wird, möchte ich Ihnen diese Angst nehmen: Wenn Ihnen etwas wichtig ist, sollten Sie das auch verdeutlichen und dafür freundlich, aber bestimmt eintreten. Wenn Ihnen eine Entscheidung innerlich nicht so wichtig ist, können Sie immer noch einen Kompromiss finden oder sich einer anderen Meinung anschließen.

Bleiben Sie innerlich geschmeidig.

Beim Stichwort »Kompromisse finden« sind wir aber auch schon wieder mitten im Thema gesunde Grenzen ziehen: Viele Menschen mit sehr schwachen Grenzen sagen gern von sich, sie seien besonders kompromissfähig. Sie würden immer als Erste einen Kompromiss vorschlagen oder eingehen. Auf Dauer geben solche Menschen dadurch jedoch vor allem ihre eigenen Interessen preis und treten gar nicht mehr für sich ein. Wie oben gesagt, was gesunde Grenzen sind, definieren Sie selbst:

Sie können das handhaben, wie Sie das mögen. Es lohnt sich aber der Versuch, für sich bessere Grenzen zu ziehen und zu schauen, welche Auswirkungen das auf das eigene Lebensglück und die eigene Lebensfreude hat.

Es gibt einige Anhaltspunkte und Eckpunkte für gesunde Grenzen, an denen Sie sich bei Ihrer individuellen Selbstfindung orientieren können und die ich Ihnen im nächsten Abschnitt vorstelle.

Soforthilfe: Wie Sie Ihren Grenzen schnell(er) auf die Spur kommen

Im Folgenden stelle ich Ihnen Fragen, die Sie für sich selbst beantworten dürfen. Diese Fragen sind Eckpunkte, um Ihre eigenen Grenzen herauszufinden. Bei jeder Frage gebe ich Erläuterungen und stelle einen allgemeinen Bezug zu gesunden Grenzen her, damit Sie hierfür ein Gespür entwickeln können:

- Kennen Sie Ihre Gefühle, Bedürfnisse, Prioritäten, Vorlieben, Träume und Wünsche?

Wenn Sie gesunde Grenzen haben, dann kennen Sie Ihre Gefühle, Bedürfnisse & Co. Das liegt ganz einfach daran, dass Sie sich selbst wichtig sind. Innere Klarheit und das Führen Ihres Ich-Heftes haben Ihnen vielleicht schon weitergeholfen. Nur wenn Sie sich selbst gut kennen, wissen Sie, was Ihnen wichtig ist und an welchen Punkten Sie Ihre Grenzen abstecken sollten, um sich selbst zu schützen.

- Sind Sie ein mitfühlender und empathischer Mensch? Haben Sie einen sechsten Sinn für die Bedürfnisse und Befindlichkeiten anderer?

Es gibt diese feinfühligen, sensiblen, vielleicht sogar hochsensiblen Menschen, die die Gefühle, Befindlichkeiten und Stimmungen Ihres Gegenübers wahrnehmen, bevor dieses es selbst tut. Es kommt sogar oft vor, dass sie die Probleme anderer wie ihre eigenen empfinden und annehmen. Diese Empathie und Sensibilität sind ein Geschenk. Dieses Geschenk und sich selbst sollten Sie allerdings mit sehr starken Grenzen besonders gut schützen. Mit dieser Gabe sind Sie nämlich allzu oft mit Ihren Empfindungen bei anderen, aber nicht bei sich selbst. Die Gefahr schwacher Grenzen ist, dass Sie durch Ihr Mitgefühl für andere sich selbst nicht mehr wahrnehmen. Richtig kritisch wird das, wenn Sie nicht nur Mitgefühl für andere haben, sondern diese Wahrnehmung immer auch als Handlungsimpuls verstehen: »Da muss ich doch etwas tun« (→ Soforthilfe: Ihr Mitleid). Gute Grenzen helfen Ihnen, Ihr übermäßiges Mitfühlen für andere immer wieder zum Selbstschutz loszulassen.

- Haben Sie einen guten Draht zu sich selbst, zu Ihrem Bauchgefühl?

Bleiben wir beim guten Gespür für Empfindungen: Wenn Sie sich selbst ernst nehmen und einen guten Kontakt zu Ihrem Bauchgefühl haben, sind Sie auf dem Weg zu schützenden, gesunden Grenzen. Denn dann haben Sie die Möglichkeit, sich immer wieder selbst zu befragen und angemessen zu handeln. →Der befreiende Dreiklang kann Ihnen hier weiterhelfen.

- Wenn Sie handeln, denken Sie da in erster Linie an sich (und Ihre engsten Liebsten) oder eher an andere Menschen, die Sie nicht enttäuschen wollen?

Dafür gibt es im Englischen den schönen Begriff »People Pleaser«: Menschen, die vorrangig andere zufriedenstellen wollen. Zur

Entwicklung gesunder Grenzen ist es wichtig, zu erkennen und zu akzeptieren: Es ist praktisch unmöglich, ein Leben gemäß Ihrer eigenen Individualität und Ihrem eigenen Wesen zu führen, ohne jemals einen anderen Menschen in seinen Erwartungen zu enttäuschen. Das ist eine Konsequenz, die Sie akzeptieren dürfen. Lassen Sie also die Vorstellung los, andere nicht enttäuschen zu wollen. Im nächsten Schritt können Sie natürlich versuchen, die Enttäuschung anderer durch freundliche und bewusste Kommunikation abzufedern – allerdings ohne Ihren Standpunkt aufzugeben. Und bedenken Sie bitte: Wenn Ihre gesamte Energie davon aufgesaugt wird, andere zufriedenzustellen, bleibt irgendwann nichts mehr für Sie übrig. Wer soll denn dann Ihren Lebenstanz tanzen?

- Sind Sie ein gebender Mensch, ein sogenannter »Giver«? Vielleicht sogar ein »Over-Giver« – ein Mensch, der freimütig übermäßig viel gibt?

Freimütig und großzügig geben zu können, ist wortwörtlich eine Gabe. Aber auch hier besteht wieder die Gefahr des »Zuviel« und des »Zuviel beim anderen«. Wenn Sie im Gegenzug nichts erwarten, kann »Geben« einfach ein altruistischer Charakterzug sein. Wenn Sie aber etwas erwarten – und seien es »nur« Anerkennung oder Beachtung – oder wenn Sie das Gefühl haben, »eigentlich« werden Sie sehr oft ausgenutzt, dann ist übermäßiges Geben ein Zeichen für schwache Grenzen. Beginnen Sie behutsam, Ihre Grenzen zu ziehen, indem Sie für sich selbst definieren, dass Freundschaft oder Miteinander ein wechselseitiges Geben und Nehmen sind. Schauen Sie zuerst, was Sie wollen und was Ihre Bedürfnisse sind, und geben Sie nur dann, wenn Sie spüren, dass auch Sie dafür etwas empfangen. Das ist Loslassen pur.

- Empfinden Sie Ihre eigenen Wünsche und Vorstellungen schnell als unbedeutend und werfen Sie alles über Bord, wenn Ihr Gegenüber etwas anderes von Ihnen erwartet oder fordert?

Erst einmal herzlichen Glückwunsch: Sie kennen Ihre Wünsche und Vorstellungen. Das ist ein großer Schritt hin zu gesunden Grenzen. Jetzt fehlt es noch an der Durchsetzung. Machen Sie sich klar, wer die Hauptrolle in Ihrem Leben spielt: Sie! Deshalb spielen für Sie selbst Ihre Wünsche und Vorstellungen die wichtigste Rolle, sie haben in Ihrem Leben Priorität. Eine Bewertung als »unbedeutend« gibt es dabei nicht. Ihre Vorstellungen sind für Sie bedeutend, das allein zählt. Verfolgen Sie konsequent Ihre Wünsche und Vorstellungen. Weichen Sie nur in äußersten Notfällen davon ab, wenn zum Beispiel Ihre Kinder auf Sie angewiesen sind oder Ihren Freunden Krankheit und Notfälle widerfahren.

- Machen Sie in Entscheidungssituationen oft Kompromisse? Ist es Ihnen vielleicht sogar peinlich, wenn Ihr Gegenüber Anstalten macht, Ihrer Position entgegenzukommen?

Das ist ein ganz typisches Verhalten für Menschen mit schwachen Grenzen und gleichzeitig ein Charakterzug des »People Pleasers«. Üben Sie Folgendes: Bleiben Sie innerlich geschmeidig und in Kontakt zu Ihrer Intuition. Bleiben Sie bei Ihrer Meinung, wenn ein Kompromiss für Sie nicht das Richtige ist und umgekehrt: Machen Sie souverän einen Kompromiss, wenn er sich für Sie gut anfühlt. Wenn Sie bei Ihrer Meinung bleiben und sich durchsetzen: Setzen Sie einen Schlusspunkt! Rollen Sie das Ganze nicht wieder auf. Versuchen Sie zu genießen, dass Ihre Meinung Gehör gefunden hat. Lassen Sie los und gewöhnen Sie sich an den Gedanken, dass Sie sich »durchgesetzt« haben. Und nein, das ist nicht egoistisch (→ Du bist egoistisch! – Bist du egoistisch?).

- Werfen Sie Ihre eigenen Pläne und Prioritäten schnell über den Haufen, wenn ein anderer Sie vermeintlich braucht oder aber Ihre Zeit beansprucht, »weil er sich doch nur Sorgen um Sie macht«?

Nehmen Sie sich selbst und Ihre Pläne ernst. Sie sind wichtig. Sie spielen die Hauptrolle in Ihrem Leben. Werfen Sie sie nicht leichtfertig über den Haufen, es geht schließlich um die Rahmenbedingungen für Ihr Leben. Schenken Sie Zeit und Aufmerksamkeit erst dann, wenn Sie sich und Ihren Plänen ebensolche Zeit und Aufmerksamkeit geschenkt haben. Und zu den Menschen, die ihre kaum zu erkennende Übergriffigkeit mit dem Mantel der »Sorge« um Ihre Person umhüllen: Weisen Sie das unaufgeforderte Sich-Sorgen-Machen freundlich, aber bestimmt zurück. Wenn Sie jemanden brauchen, werden Sie sich schon melden.

- Ist Ihre Devise eher: Me first – mein Wohlbefinden zuerst. Nur dann kann ich gut für andere sorgen? Oder aber: Zuerst die anderen, dann – vielleicht – ich?

Machen Sie es sich zur Devise, sich zuerst um Ihr eigenes Wohlbefinden zu kümmern. Gestatten Sie sich selbst, durch gesunde Selbstfürsorge zufrieden und erfüllt zu sein. Suchen Sie sich Ihre Tankstellen für die Seele: Zeit allein, Zeit mit anderen, Zeit mit einem Buch oder einer Serie, Zeit beim Sport, Zeit in der Badewanne – was auch immer Ihnen hilft, regelmäßig Ihre Energiespeicher aufzuladen, tun Sie es! Und zwar prioritär! Denn nur dann haben Sie anschließend noch Zeit und Energie, um sich um andere Menschen zu kümmern, die Ihnen wichtig sind. Das gilt vor allem, wenn Sie älter werden: Üben Sie aktives und gesundes Haushalten mit den eigenen Kräften. Auch das ist Loslassen pur.

- Haben Sie das Gefühl, Sie lassen einen anderen im Stich oder sind ein Verräter, wenn Sie an sich selbst denken oder für sich selbst eintreten?

Dann sind Sie ein sehr loyaler Mensch. Auch das ist grundsätzlich eine Gabe und ein Geschenk. Dennoch darf die erste Frage sein: Wer hat das von Ihnen verlangt? Oder: Wer hat das zuerst in Ihrem Leben von Ihnen verlangt? (→ Innere Prägungen erkennen). Stellen Sie sich der Frage, zu welchem Menschen Sie oberste Loyalität haben sollten. Richtig, das sind Sie selbst, es ist Ihr Leben. Ihre Loyalität zu sich selbst darf den obersten Stellenwert in Ihrem Leben haben. Schauen Sie deshalb genau, ob Sie sich selbst gerecht werden und angemessen für sich selbst eintreten. Priorisieren Sie bewusst sich selbst; seien Sie loyal zu sich selbst.

- Wie stehen Sie zu der Aussage »›Nein.‹ ist ein ganzer Satz«?

Wenn Sie ein »Nein« als ganzen Satz betrachten, ist das ein Zeichen für sehr starke Grenzen. Prima, Ziel erreicht. Oder gehören Sie eher zu den Menschen, die ihre Entscheidungen wortreich erklären und rechtfertigen? Die viele Worte rund um das »Nein« herum machen und in der dann folgenden Diskussion mit Ihrem Gegenüber ganz oft dann doch bei einem »Na ja, vielleicht« oder sogar einem »Ja« landen? Das ist nämlich das Problem mit dem Rechtfertigen: Es öffnet Tür und Tor für etwas ganz anderes, als Sie wollten. Versuchen Sie, künftig in Ihrem eigenen Interesse Ihre Erklärungen so kurz wie möglich zu halten. Dieses Thema ist so wichtig, dass ich ihm einen eigenen Abschnitt gewidmet habe: →Rechtfertigen oder nicht? Wem Ihre Erklärungen helfen.

- Haben Sie (im Nachhinein) oft das Gefühl, dass Entscheidungen, die Sie gemeinsam mit anderen oder in Bezug auf andere Menschen treffen, auf Ihre eigenen Kosten gehen?

Zunächst einmal herzlichen Glückwunsch: Sie haben gemerkt, dass da etwas schiefläuft. Jetzt ist die nächste Erkenntnis: »Wer A sagt, muss noch lange nicht B sagen.« Will heißen: Wenn Sie im Nachhinein spüren, dass eine Entscheidung zu Ihren Lasten geht oder Ihnen sogar schadet, dürfen und sollten Sie diese Entscheidung erneut zur Debatte stellen und revidieren. Sie müssen nicht immer »vorhersehbar« und »konsequent« sein; diese innere Verpflichtung hat häufig mit inneren Prägungen zu tun, denen Sie auf den Grund gehen sollten. Erkennen Sie Ihre Selbstwirksamkeit. Sie können Dinge beeinflussen und jederzeit auch in Ihre Richtung lenken. Damit hängen häufig die folgenden Fragen zusammen:

- Sind Sie oft mental in einer Opferrolle? Haben Sie das Gefühl, »die Dinge« passieren Ihnen, ohne dass Sie viel dagegen ausrichten könnten?

Es gibt Dinge, die Sie nicht in der Hand haben – das Schicksal, Unglücksfälle, das Wetter oder auch die Handlungen und Einstellungen anderer Menschen. Aber es gibt viele Dinge, die Sie sehr wohl in der Hand haben. Diese können Sie selbst beeinflussen: durch Ihre Handlungen, durch Ihre Kommunikation oder manchmal auch nur durch Ihre Einstellung. Diese Dinge »passieren« Ihnen nicht einfach, sondern Sie können entscheiden, wie Sie damit umgehen, und Sie können steuern, wie die Dinge sich weiterentwickeln. Eigenverantwortung ist das Zauberwort auf dem Weg zu gesunden Grenzen: Beginnen

Sie, die Verantwortung zu übernehmen für die Themen, die Sie in der Hand haben. Und dann handeln Sie danach.

- Haben Sie eine hohe Verlustangst? Tendieren Sie vielleicht dazu, zu klammern und dem anderen wenig Freiraum zu geben?

Das ist ein Verhalten, das in einer Partnerschaft schnell die gegenseitigen Gefühle ersticken kann. Mit Blick auf gesunde Grenzen hat eine hohe Verlustangst aber auch noch eine andere Konsequenz: Um Verlust zu vermeiden, kann es sein, dass Sie von Ihrem Partner viel hinnehmen, oft klein beigeben und sich selbst und Ihre eigenen Bedürfnisse dabei verleugnen. Das passiert besonders oft bei narzisstischen Partnern (→ Die Trennung von einem Narzissten). Gerade dann ist es fatal, weil in dieser Beziehung und Trennung nur gesunde, starke Grenzen helfen. Gehen Sie Ihren Verlustängsten auf den Grund und entwickeln Sie ein gesundes Verhältnis von Nähe und Distanz.

- Hoffen Sie in einer schlechten Situation immer weiter, dass alles besser wird, auch wenn Sie dafür keine Anhaltspunkte haben?

Kontrollieren Sie ehrlich und schonungslos, ob es für Ihre Hoffnung echte Anhaltspunkte gibt oder nicht. Beginnen Sie, für sich zu definieren, welches Verhalten Sie tolerieren wollen und welches nicht. Senken Sie nicht Ihre inneren Standards, wenn Sie schlecht behandelt werden, sondern erhöhen Sie sie vielmehr: »Ich dulde es nicht, dass ich angeschrien werde. Ich dulde keine Menschen in meinem Umfeld, die mich beschimpfen.« Handeln Sie nach Ihren inneren Standards, nehmen Sie andere in die Verantwortung, Sie so zu behandeln, wie Sie es wünschen und verdienen. Gehen Sie Ihrer Verlustangst auf den Grund, wenn sie die Ursache für Ihre Passivität ist. Machen Sie sich bewusst: Sie dürfen Beziehungen und Freundschaften lösen oder lockern, wenn Ihre Grenzen permanent missachtet werden.

- Lassen Sie es zu, dass andere sich Ihnen gegenüber unhöflich verhalten, laut werden oder Sie beschimpfen?

Definieren Sie, was Sie bereit sind, von einem anderen Menschen hinzunehmen. Nehmen Sie sich vor, nur noch solche Menschen nah um sich herum zu dulden, die Ihre Grenzen achten und respektieren. Verinnerlichen Sie Ihre eigenen Grundsätze und fangen Sie an, danach zu handeln. Das Mindeste ist, dass Sie sich aus einer belastenden Situation sofort entfernen. Gehen Sie gedanklich Situationen durch, in denen Sie sich hilflos fühlen, und notieren Sie vorab mögliche Verhaltensweisen und Formen der konstruktiven Kommunikation. Üben Sie sie ein, bevor Sie wieder in eine solche Situation geraten (könnten). Orientieren Sie sich zum Beispiel an den Hinweisen in diesem Buch im Abschnitt → Wertschätzende und konfliktarme Kommunikation.

- Sind Sie gewohnt, Ärger und Wut hinunterzuschlucken, statt diese impulsiv zu äußern oder ein konstruktives Gespräch zu suchen?

Woher kommt dieses Verhalten? Wer hat früher von Ihnen verlangt, Wut und Ärger nicht zu zeigen? Die Ursache liegt oft in inneren Prägungen. Üben Sie, Ihrer Wut und Ihrem Ärger Ausdruck zu verleihen. Das kann auch mal »politisch unkorrekt« sein, indem Sie wirklich wütend werden und das auch zeigen. Längerfristig besser und reifer ist es, mit Wut und Ärger konstruktiv umzugehen und gewaltfrei zu kommunizieren. Sprechen Sie ruhig an, was Sie stört. Auch das ist wieder Übungssache.

Geht das mit Ihrem Partner nicht, sollten Sie sich fragen, ob dieser Mensch tatsächlich in Ihr Leben gehört oder ob Sie die Verbindung nicht lockern wollen.

- Können Sie unterscheiden zwischen Ihrer Eigenverantwortung und der Fremdverantwortung anderer?

Für gesunde, starke Grenzen ist es ganz wichtig zu akzeptieren, dass es Angelegenheiten gibt, die Sie betreffen und ein Handeln oder Unterlassen von Ihnen erfordern. Das liegt in Ihrer Eigenverantwortung. Und dass es gleichzeitig Angelegenheiten gibt, die andere Menschen betreffen und mit denen Sie nichts zu tun haben. Das liegt in deren Verantwortung. Versuchen Sie, andere für sich selbst sorgen zu lassen. Sich einzumischen, häufig unter dem Mantel der Fürsorge, ist ein Zeichen schwacher eigener Grenzen beim »Einmischer«. Ihm fehlt die grundlegende Akzeptanz von unterschiedlichen Verantwortungsbereichen. So kann ein Mensch mit schwachen Grenzen gleichzeitig durchaus übergriffig sein. Üben Sie die Akzeptanz Ihrer eigenen Reichweite und »Begrenztheit« und achten Sie die Grenzen anderer. Auch das ist wieder Loslassen pur.

Diese Aufzählung ist sicherlich nicht vollständig, aber wenn Sie sich in dem einen oder anderen Punkt wiedererkannt haben, sollten Sie beginnen, gesunde, starke Grenzen einzuüben. Die unerlässliche Voraussetzung hierfür ist, dass Sie sich selbst sehr gut kennen (lernen). → Innere Klarheit ist hierfür essenziell. Ihr Ich-Heft kann Ihnen hier viele Hinweise auf Sie selbst geben. Sie können es an dieser Stelle auch erweitern um Ihre inneren Standards, die Sie bereit sind, mit starken Grenzen zu schützen. Definieren Sie genau, welches Verhalten Sie bereit sind zu dulden und welches nicht. Üben Sie, ein schwieriges Gespräch zu beginnen, wenn Sie spüren, dass Ihre Grenzen verletzt werden.

Die beiden folgenden Übungen können den Einstieg in das bewusste Grenzenziehen und die angemessene Durchsetzung von Grenzen erleichtern:

Übung: Visualisierung Grenzen

Ihr Ziel: Sie entwickeln ein (physisches) Gefühl für Ihre Grenzen.
Vorbereitung: Ein ungestörter ruhiger Ort, ein Sessel oder Stuhl.
Zeitaufwand: circa 10 Minuten
Durchführung: Setzen Sie sich aufrecht hin und schließen Sie die Augen. Gehen Sie in sich. Machen Sie jetzt einen (kurzen) BodyScan, ausgehend von den Füßen bis zum Kopf: Gehen Sie durch alle Körperteile und spüren Sie bewusst Ihre körperlichen Begrenzungen. Stellen Sie sich dann weiter vor, dass Sie in einem gepolsterten Skianzug oder Raumfahrtanzug stecken, der Ihre äußere Begrenzung verstärkt. Diese äußere Hülle stärkt und schützt Sie und Ihr Inneres zugleich. Machen Sie es sich ruhig bequem in dieser Hülle, bis Sie sich richtig wohlfühlen. Legen Sie diese Hülle in Gedanken dann wieder ab, wenn Sie aus der Visualisierung zurückkommen. Aktivieren Sie diese visualisierte zusätzliche Schutzschicht, wenn Sie in einen schwierigen Kontakt gehen.

Übung: Die Vermittlung und Durchsetzung von Grenzen in der Kommunikation

Ihr Ziel: Sie wappnen sich für schwierige Situationen, in denen in der Vergangenheit häufig Ihre Grenzen missachtet wurden.
Vorbereitung: Stift und Papier oder digitales Notizbuch
Zeitaufwand: Beliebig

Durchführung: Überlegen Sie, in welchen Situationen und von wem Ihre Grenzen häufig missachtet wurden, und notieren Sie sich diese Situationen. Oft gibt es hier personenbezogene Verhaltensmuster, zum Beispiel verwickelt ein bestimmter Mensch Sie immer auf dieselbe Weise in eine Diskussion oder ein anderer Mensch befragt Sie immer nach Ihren Gründen (»Warum machst du das so und so?«), um dann mit Ihnen zu diskutieren. Oder jemand greift über kurze, fordernde WhatsApp-Nachrichten in Ihren Tagesablauf ein. Versuchen Sie, diese Verhaltensmuster anderer herauszufinden, und notieren Sie sie.

Überlegen Sie sich dann angemessene Verhaltensweisen und eine angemessene Kommunikation für sich selbst. Notieren Sie mögliche Verhaltensweisen und/oder Antworten.

Die Richtlinien dabei sind:

- Bleiben Sie freundlich, aber bestimmt.
- Kommunizieren Sie klar in möglichst kurzen, sortierten Sätzen. Üben Sie das vorher vor dem Spiegel.
- Antworten Sie nicht oder bitten Sie sich eine Bedenkzeit aus, wenn Sie sich innerlich über Ihre Antwort noch nicht im Klaren sind.
- »Gehorchen« Sie ganz bewusst keinen Menschen, die sich auf Ihrer Augenhöhe befinden (sollten). Trainieren Sie Ihren »Ungehorsam«.

Wenn Sie noch Schwierigkeiten haben, machen Sie sich klar: Jedes Nein zum anderen ist ein Ja zu sich selbst. Ohne die Verdeutlichung Ihrer Grenzen haben Sie keine Chance auf ein erfülltes Leben in Ihrer Individualität.

Ebenso gilt: »Nein« ist ein ganzer Satz. Stoppen Sie Rechtfertigungen und weitschweifige Erklärungen für Ihre Antwort, Ihre Entscheidung, Ihr Handeln.

Fällt Ihnen gerade das schwer? Sind Sie ein Mensch, der sich gern und freigiebig erklärt und rechtfertigt? Lassen Sie diese Verhaltensweise los! Warum das nur Ihrem Gegenüber nützt, aber nicht Ihnen, erfahren Sie im nächsten Abschnitt.

Rechtfertigen oder nicht? Wem Ihre Erklärungen helfen.

> *»Ich erkläre meinem Partner immer meine Entscheidungen und warum ich etwas mache oder nicht. Ich möchte doch, dass er mich versteht und meine Entscheidung nachvollziehen kann. Ich hoffe immer, dass er mich dann darin unterstützt. Aber ganz oft führt das zu endlosen Diskussionen. Einmal haben wir fast den ganzen Tag nur über ein Thema diskutiert. Das war so anstrengend und ermüdend.«* **(Stefanie, 32 Jahre, keine Kinder)**

Viele meiner Klienten sind sehr feinfühlige und gewissenhafte Menschen. Vielleicht geht es Ihnen auch so: Ihnen ist daran gelegen, dass andere Ihre Beweggründe verstehen und Ihr Handeln dann vielleicht sogar unterstützen. Im Grunde wollen Sie nichts anderes als die innere Zustimmung zu Ihren Entscheidungen, jedenfalls wollen Sie keinesfalls, dass Sie mit Ihrer Entscheidung anecken.

Das ist oft ein Symptom von Menschen, die vorrangig anderen gefallen oder andere nicht enttäuschen wollen. Dahinter steht jeweils die Angst, vom anderen abgelehnt zu werden – bei Nichtgefallen und bei Enttäuschung. Das führt direkt in die Unfähigkeit oder zumindest Unsicherheit, Entscheidungen zu treffen. Ihre Rechtfertigung und Ihre Erklärungen sind dann nur der Versuch, nicht unangenehm aufzufallen und abgelehnt zu werden. »Ich entscheide mich so, weil … und bitte hab mich weiter lieb.«

Es ist völlig üblich, dass Menschen den ihnen sehr nahestehenden Personen mehr Rechtfertigung und Erklärungen geben als anderen. So ist es ein feiner Balanceakt herauszufinden, wie viel Rechtfertigung eine Beziehung benötigt und verträgt. Denn oft kommt es vor, dass Ihre Erklärungen nur Ihrem Gegenüber dabei helfen, Ihre Grenzen zu überschreiten oder Ihre Meinung zu ändern.

Versuchen Sie, den Gedanken loszulassen, von anderen eine Zustimmung zu Ihren Entscheidungen oder Handlungen zu bekommen. Versuchen Sie, das (oft von außen auferlegte) Bedürfnis loszulassen, sich Ihrem Gegenüber immer erklären zu müssen.

»›Nein‹ ist ein ganzer Satz« kann dabei eine wertvolle, natürlich extreme Leitlinie sein. Sie müssen Ihre Entscheidungen grundsätzlich nicht rechtfertigen.

Wenn Sie es doch tun, birgt das je nach Gegenüber **zwei Risiken:**

1. Sie verlieren Augenhöhe.

Sobald Sie anfangen, sich zu erklären, verlassen Sie die gleichberechtigte Augenhöhe mit Ihrem Gegenüber. Bei gleichberechtigter Augenhöhe zum Beispiel in vertrauensvollen Partnerschaften oder Freundschaften muss sich keiner der beiden rechtfertigen; idealerweise respektieren und schätzen beide sich gleichermaßen und akzeptieren die Person und die Meinung des anderen ohne weitere Erklärungen. Das ist Ausdruck von Respekt und Wohlwollen: »Der andere wird schon seine Gründe haben. Da er/sie eine tolle Person ist, wird das schon alles seine Richtigkeit haben. Ich brauche keine

Erklärung, weil ich weiß, dass er/sie in der Lage ist, eigene Entscheidungen zu treffen.« Vielleicht haben Sie das in guten Freundschaften schon erlebt: Sie beginnen im Gespräch, Ihre Handlung oder Entscheidung zu rechtfertigen, und Ihr Freund / Ihre Freundin winkt nur ab und sagt vielleicht noch: »Ach, Ingrid, lass mal stecken. Weiß ich doch. Wenn du das so entscheidest, wird das schon richtig sein.« Sie dürfen und sollten aber misstrauisch werden, wenn Ihr Gegenüber Sie sehr oft nach Ihren Beweggründen fragt und Sie angesichts dieser wachsenden Ausforschung in einen Rechtfertigungsmodus wechseln – übrigens leider nach meiner Erfahrung ein »typisch weibliches« Verhalten.

Sobald Sie dann anfangen, sich zu rechtfertigen, verlassen Sie die Ebene der gleichberechtigten Augenhöhe. In dem Moment unterstellen Sie, dass es nötig ist, etwas zu erklären, weil Ihr Wort allein kein Gewicht hat. Mit Ihrer Rechtfertigung erschaffen Sie eine Hierarchie und sortieren sich »unterhalb« Ihres Gegenübers ein.

Schwierige oder narzisstische Partner nutzen so etwas daher gern als Taktik, Ihre Partner zurechtzustutzen: Die Frage nach den Gründen eröffnet Möglichkeiten, die »Rangordnung« neu festzusetzen. »Warum machst du das und das?« ist daher eine sehr unangenehme Frage, weil sie immer auf Rechtfertigung zielt.

Im Coaching ist diese Frage deshalb übrigens grundsätzlich tabu. Ich benutze sie nur in Ausnahmefällen und nur, wenn mein Klient der Frage »Warum?« zugestimmt hat. Im Coaching geht es nämlich um Entwicklung, nicht um Rechtfertigung.

2. Sie eröffnen selbst Diskussionsfelder, die Ihre Meinung komplett umdrehen können.

Wenn Sie sich rechtfertigen, eröffnen Sie den Marktplatz der Diskussionen: Sobald Sie Gründe für Handeln oder Entscheidungen liefern, werden bestimmte Menschen darauf anspringen und versuchen, all Ihre Gründe infrage zu stellen. »Du kannst das nicht, weil du …? Aber das kannst du doch dann und dann erledigen« oder »Das geht nicht, weil …? Aber das kannst du doch so und so machen«. Und schon sind Sie in der allerschönsten Diskussion, warum Sie etwas anders machen oder entscheiden sollten, als Sie es getan haben. Alles nur, weil Sie sich selbst erklärt haben.

Auch das gilt im Extremfall wieder besonders für schwierige Partner und Narzissten, kann aber auch mit guten Freunden oder Bekannten passieren. Und schon werden Sie einmal komplett umgedreht, obwohl Sie »eigentlich« etwas ganz anderes wollten.

Fazit:
Ihre Erklärungen nützen häufig Ihrem Gegenüber und das oft zu Ihren Lasten.

Wenn Sie sich ab und zu mal erklären, wenn Sie ab und zu mal die Augenhöhe verlieren oder in die falsche Diskussion rutschen, ist das natürlich alles nicht tragisch. Passiert es allerdings regelmäßig, werden Ihre gesunden und starken Grenzen und damit der Schutz Ihrer Individualität und Ihr Wesen nach und nach ausgehöhlt.

»Nein« ist ein ganzer Satz. Und ein guter Anfang, um Übergriffen, Respektlosigkeiten und Fremdbestimmung vorzubeugen.

Lassen Sie also Ihr »Rechtfertigenwollen« zu Ihrem eigenen Wohl los!

Das rechte Maß: Grenzen ziehen in der Trennung

Sie haben jetzt bereits ein Gespür für gesunde, starke Grenzen entwickelt. Genau diese Grenzen helfen Ihnen, immer weiter loszulassen.

Meine Empfehlung in einer Trennung ist nun: Bleiben Sie gerade in der Trennung innerlich geschmeidig und wenden Sie (noch) nicht alles auf einmal an, was Ihnen jetzt klar geworden ist.

Warum?

Ihr Partner ist an Sie gewöhnt, so wie Sie bisher waren. Das bedeutet auch, er ist an einen bestimmten Level an Grenzziehung bei Ihnen gewöhnt. Brechen Sie jetzt »plötzlich« aus diesem gewohnten System aus, wird das möglicherweise für starke Reaktionen sorgen. Damit steigt die Gefahr verhärteter Fronten und einer sehr emotionalen Auseinandersetzung.

Hier ist eine gesunde Balance gefragt: Wahren Sie das rechte Maß.

Setzen Sie sich da für sich selbst ein, wo es für Sie in der Trennung wesentlich ist. Welche Bereiche das genau sind, kann individuell sehr unterschiedlich sein. Dazu kann zum Beispiel das Einhalten von Übergaberegeln für Ihre Kinder gehören, aber auch Auseinandersetzungen über Sachwerte oder Finanzen. Das können unangekündigte Besuche in Ihrer ehemals gemeinsamen Wohnung sein oder die Entscheidung, dass Sie Eigentum Ihres Partners in Kisten verstauen und separat zur Abholung lagern. Hierzu kann aber auch ein gewisses taktisches Entgegenkommen gehören, wenn Sie merken, dass das Beharren auf Ihren neu erkannten eigenen Grenzen die Situation gerade zu Ihren Lasten verschärfen würde.

Behalten Sie Ihr Fingerspitzengefühl und treiben Sie die Situation nicht sofort auf die Spitze. Es wird noch Zeit genug sein, Ihre (neue) Grenzziehung noch umfassender durchzusetzen. Und wenn Sie das immer wieder tun, versteht das dann auch Ihr Gegenüber jedes Mal ein Stück mehr.

Das gilt insbesondere in der Trennung von einem Narzissten: Gesunde Grenzen sind in einer solchen Situation und zur Abgrenzung gegen die natürliche Übergriffigkeit eines

Narzissten für Sie (über-)lebenswichtig. Um aber die Wogen gerade in solch einer Trennung niedrig zu halten, kann es taktisch hilfreich sein, in bestimmten Situationen nicht sofort auf die eigenen starken Grenzen zu pochen. Auch wenn Sie gemeinsame Kinder mit einem Narzissten haben, werden Sie noch länger Fingerspitzengefühl beweisen müssen (→ Trennung von einem Narzissten). Nennen Sie es Taktik oder Ihre Strategie – wichtig ist nur, dass Sie den Fokus auf Ihre innere Loslösung beibehalten. Die gesunde Grenzziehung mit Augenmaß ist dann oft eine natürliche Folge.

Zusammenfassung

Ich lasse (dich) los …

Ihre individuelle Entscheidungssituation ist da. Sie treffen im Einklang mit sich selbst eine Entscheidung, die sowohl Neustart als auch Trennung bedeuten kann. Wenn Sie sich für die Trennung entscheiden, ist inneres Loslassen der nächste Schritt. Verschiedene Aspekte spielen hier eine Rolle:

- Sie entschließen sich, bewusst loszulassen: Ihren Ex, die Vergangenheit mit Ihrem Ex, das Grübeln, auch Illusionen und Vorstellungen von Partnerschaft oder Familie, die sich nicht bewährt haben.
- Verzeihen kann, muss aber nicht sein, wenn Sie es nicht aus Überzeugung fühlen.

- Entwickeln Sie gerade in der Trennungssituation ein Gespür für gesunde, starke Grenzen, um Ihre Individualität zu schützen. Das umfasst:

  - Richten Sie noch einmal den Fokus auf innere Klarheit, um die für Sie richtigen Grenzen finden und setzen zu können: Wer sind Sie, wofür stehen Sie, was wollen Sie?

  - Definieren Sie dann für sich Ihre gesunden, starken Grenzen. Achten Sie vor allem darauf, ob Sie vieles tun, um anderen zu gefallen oder um vorrangig andere zufriedenzustellen. Überlegen Sie, welches Verhalten anderer Sie tolerieren und welches Sie nicht dulden wollen.

  - Eine Soforthilfe unterstützt Sie dabei, Ihren Grenzen schneller auf die Spur zu kommen.

  - Üben Sie für sich die Durchsetzung starker Grenzen.

- Bleiben Sie im Trennungsprozess selbst geschmeidig und flexibel: Bewahren Sie Augenmaß und setzen Sie Ihre neuen Erkenntnisse umsichtig, taktisch und bewusst um.

- Es wird die Zeit kommen, in der Sie verlässlich innerhalb gesunder Grenzen Sie selbst sein können.

IV.
Ich setze das um und bleibe dran

Sie sind schon wahnsinnig weit gekommen:

- Sie haben sich selbst wiedergefunden.
- Sie haben im Reinen und im Einklang mit sich selbst eine bewusste Entscheidung für eine Trennung getroffen.
- Wenn Sie verlassen wurden, haben Sie die Entscheidung getroffen, nach vorn zu schauen.
- Sie haben sich entschieden, aktiv loszulassen.
- Sie sind dabei, gesunde Grenzen für sich selbst zu etablieren.

Jetzt kommen die Umsetzung und das Dranbleiben. Es geht um ganz praktische Themen, wie Kontakt und Kommunikation in einer Trennung aber auch typische Hindernisse bei der Umsetzung im Alltag.

Und auch wenn Sie eine möglichst friedliche und harmonische Trennung anstreben, muss das für Ihren Partner nicht gelten, gerade wenn Sie einen einseitigen Trennungsentschluss gefasst haben. Bleiben Sie dennoch für sich bei Ihrem Ziel und lassen Sie sich nicht verunsichern, wenn Ihr Partner ganz anders reagiert, als Sie sich das wünschen. Sie wissen ja: Wie Ihr Partner handelt und reagiert, darauf haben Sie keinen Einfluss. Aber Sie können sich selbst immer wieder neu justieren und bei Ihrer Vision bleiben, ohne Ihre Interessen preiszugeben.

Falls erforderlich, gehen Sie immer wieder zum Abschnitt →Sich selbst (wieder-)finden zurück und frischen Ihre Erkenntnisse auf. Machen Sie sich auch innerlich auf Überraschungen gefasst, denn leider gilt oft: Erst in einer Trennung lernen Sie Ihren Partner richtig kennen.

Wenn das bei Ihnen auch so ist, lassen Sie sich davon nicht abschrecken. Bleiben Sie bei sich, versuchen Sie, Ruhe zu bewahren.

Hier erhalten Sie Ihre Guideline für die nächste Zeit, auch wenn es unruhig werden sollte.

Stress vermeiden: Kontakt und Kommunikation in der Trennung

»Die Kommunikation ist bei uns zurzeit sehr, sehr schwierig. Entweder kocht alles hoch und eskaliert, oder ich habe das Gefühl, wir reden aneinander vorbei. Manchmal rede ich auch einfach wie gegen eine Wand und fühle mich überhaupt nicht gehört. Und wenn er dann über WhatsApp etwas schreibt, ist das ganz schrecklich. Das regt mich jedes Mal völlig auf. Ich bin dann wie das Kaninchen vor der Schlange, unfähig, das Richtige zu tun oder zu sagen.« **(Christina, 43 Jahre, zwei Kinder unter 16)**

Kommunikation und Kontakt rund um eine Trennung sind häufig sehr anspruchsvoll, allein wegen der Emotionen, die im Spiel sind, und der weiteren Entscheidungen, die unweigerlich anstehen.

Wenn Sie sich rund um Ihre Trennung gut verstehen und verständigen können, ist das sehr gut. Wertschätzen Sie das und schützen Sie diese gute Art des Umgangs.

Wenn es jedoch nicht rund läuft in Kontakt und Kommunikation, verzweifeln Sie nicht. Meistens ist es eine Phase, die Sie überstehen werden. Mit einigen Tipps und Hinweisen lassen sich unangenehme Umgangssituationen souverän entschärfen.

Auch hier ist es wieder das Wichtigste, dass Sie bei sich selbst bleiben. Innere Klarheit über sich selbst ist für eine gelungene, entschärfte Kommunikation unentbehrlich, und innere Balance zahlt sich in jedem direkten Kontakt aus, solange es noch knirscht.

Im Folgenden soll es um den konkreten Kontakt und die Kommunikation dabei gehen, aber auch um einige Anregungen für eine insgesamt wertschätzende und konfliktarme Verständigung. Denn auch wenn Ihr Gegenüber in der Kommunikation über die Stränge schlägt, liegt es an Ihnen, wie Sie damit umgehen und wie Sie dem begegnen. Sie sind weder hilflos, noch müssen Sie aggressiv reagieren, um Ihren Standpunkt zu verdeutlichen.

Gerade bei Problemen in Kommunikation und Kontakt kann es sich lohnen, die konkrete Situation mit einer externen Person, einem guten Freund, einem Coach oder einem Therapeuten durchzuspielen, um innerlich gefestigt in eine schwierige Situation zu gehen. Viele meiner Klienten haben von solchen gemeinsamen »Trainingseinheiten« sehr profitiert und viel Sicherheit gewonnen.

Den konkreten Kontakt gestalten

Trennungs-, Paar- und Familienkonstellationen sind so vielfältig, dass es hier bei der Gestaltung des konkreten Kontaktes um einige Grundregeln gehen soll. Der konkrete Kontakt meint dabei das echte Aufeinandertreffen von Ihnen und Ihrem Ex, umfasst aber auch alle anderen Kommunikationsformen, mit denen Sie in Kontakt treten, also etwa E-Mail, WhatsApp oder andere Nachrichtendienste sowie Telefonate.

Grundregel Nr. 1: Versuchen Sie, den konkreten Kontakt so konzentriert und reibungsarm wie möglich zu gestalten.
Ich weiß, das klingt sehr naheliegend, ist aber schwierig in der Umsetzung.

Wie Sie in den Kontakt gehen, hängt zunächst von Ihnen selbst und Ihrer Einstellung ab. Bleiben Sie nach Möglichkeit ruhig und freundlich. Versuchen Sie, Ihr bestes erwachsenes Ich zu aktivieren, das besonnen und gelassen spricht, handelt und reagiert. Konzentrieren Sie sich auf höchstens zwei, drei konkrete Themen, die Sie pro Treffen erörtern wollen. Eine Trennung ist ein Prozess, Sie müssen nicht alles auf einmal und am Anfang lösen, sondern können die Themen nach und nach angehen. Schreiben Sie sich am besten auf, was Sie zuerst besprechen wollen und was später. Versuchen Sie freundlich, bei Ihrer Agenda zu bleiben, indem Sie bei Abschweifungen immer wieder darauf zurückkommen. Mit anderen Worten: Lassen Sie sich nicht auf Nebenschauplätze ein, sondern bleiben Sie fokussiert.

Dieser Hinweis ist ganz wesentlich. Denn häufig eskaliert der konkrete Kontakt, weil er mit Themen überfrachtet wird und dann ein Wort das andere ergibt. Deshalb ist es wichtig, dass Sie bei sich bleiben und sich auf das konzentrieren, was gerade ansteht.

2. Treffen Sie sich nach Möglichkeit an einem neutralen Ort.
Viele treffen sich in der ehemals gemeinsamen Ehewohnung oder im gemeinsamen Haus, das ist aber gerade kein neutraler Ort. Ein Café oder Bistro ist da schon besser, kann sich aber zu öffentlich anfühlen und die Gefahr bergen, dass Sie sich »wie auf dem Präsentierteller fühlen«, sollte es doch einmal lauter und hitziger werden. Bewährt haben sich Klärungen unter freiem Himmel, zum Beispiel bei einem Spaziergang, auf einer Parkbank oder an einem See. Das öffnet meist den Blick und oft auch das Herz und kann zu sehr konstruktiven Ergebnissen führen.

3. Nehmen Sie eine neutrale Person mit.
Wenn der konkrete Kontakt sich richtig schwierig gestaltet, kann es helfen, einen neutralen Dritten dabeizuhaben. Neutral bedeutet, es darf kein Freund nur eines der Partner sein. Diese neutrale Person muss keine Moderationsfunktion übernehmen,

sondern kann einfach »Zeuge« oder »Beobachter« Ihres Kontaktes sein. Erfahrungsgemäß verhalten die meisten Menschen sich auch in emotional schwierigen Situationen etwas disziplinierter, wenn sie dabei beobachtet werden.

4. Versuchen Sie, das Verhalten und die eventuell unangemessenen Worte Ihres Ex nicht persönlich zu nehmen.
Ich weiß, das mutet schwierig an, weil Ihr Gegenüber Ihre wunden Punkte in der Regel gut kennt und genau weiß, was er/sie sagen oder tun muss, um Sie aus dem Gleichgewicht oder auf die Palme zu bringen. Wenn Sie es aber tatsächlich schaffen, nichts Gesagtes oder Getanes persönlich zu nehmen, werden Sie innerlich deutlich ruhiger in den Kontakt gehen und auch währenddessen bleiben. Am Ende dieses Abschnitts gibt es Übungen, die Ihnen dabei helfen können.

5. Versuchen Sie, Erörterungen oder Absprachen nicht über WhatsApp oder andere verkürzende Nachrichtendienste zu führen.
Nach meiner Erfahrung ist WhatsApp Gift für Ihren konkreten Kontakt und Ihre Kommunikation in der Trennung. Das hat zwei Gründe: Erstens sind Nachrichten auf WhatsApp oft sehr verkürzt formuliert. Es bleibt viel nicht Gesagtes auf der Strecke, vor allem auch das Verbindliche, Freundliche, das die Stimmung zwischen Ihnen verbessern könnte. Zweitens haben WhatsApp-Nachrichten durch ihre Kürze häufig die Anmutung einer Aufforderung oder sogar eines Befehls. Diese Anmutung kann vor allem den Adressaten stark beeinträchtigen und die Atmosphäre nachhaltig verschlechtern, auch wenn das gar nicht so gemeint war.

Also ist meine klare Empfehlung: Kein WhatsApp! Sie tun sich damit keinen Gefallen. Nutzen Sie es höchstens und ausschließlich für Organisatorisches: Modalitäten rund um ein persönliches Treffen oder Telefonat, Datum, Ort und Uhrzeit, aber nicht für inhaltliche Diskussionen.

Interessanterweise trifft alles, was ich zu WhatsApp-Nachrichten gesagt habe, in der Regel nicht auf E-Mails zu. Das liegt daran, dass eine E-Mail eher Briefcharakter hat, meist mit einer Anrede und mehr Raum für persönliche oder verbindliche Worte. Wenn Sie das beherzigen und nutzen, schreiben Sie bevorzugt E-Mails, soweit erforderlich.

Probieren Sie aus, ob Ihnen diese Grundregeln für den konkreten Kontakt bereits weiterhelfen können.

In meinem Coaching erlebe ich immer wieder, dass es zwei sehr häufige Verhaltensweisen im konkreten Kontakt gibt, mit denen Sie sich selbst ein Bein stellen können: Sie werden im direkten Kontakt konfus und kopflos und wissen nicht mehr, was Sie sagen wollen. Oder Sie gehen zum Treffen mit Ihrem Ex schon mit einem mulmigen Gefühl im Bauch, weil Sie befürchten, im direkten Kontakt überrollt zu werden.

Deshalb beschreibe ich Ihnen hier drei Übungen, die Sie ausprobieren können, um im konkreten Kontakt bei sich und Ihrem Thema zu bleiben.

Für den Fall, dass Sie noch so voller Emotionen oder auch Groll sind, dass Sie selbst Ihren Ex kaum treffen können, ohne innerlich überzukochen: Versuchen Sie es mit der vierten Visualisierungsübung »Ich bin Frieden«, um innerlich etwas weniger aufgeladen in den konkreten Kontakt zu gehen.

Übung: Die Spiegelübung

Ihr Ziel: Sie werden sich klar über das, was Sie wollen. Sie üben vor dem Kontakt, was Sie sagen wollen und wie sich das anfühlt.

Vorbereitung: Ein Spiegel. Außerdem Stift und Papier oder ein digitales Notizbuch.
Zeitaufwand: circa 10 Minuten
Durchführung: Sortieren Sie für das nächste Treffen als Erstes Ihre Gedanken und Themen. Welche Themen sollen besprochen werden? Was ist Ihnen dabei wichtig? Machen Sie sich dazu Notizen. So bereiten Sie sich innerlich vor.

Dann stellen Sie sich vor einen Spiegel, am besten einen Ganzkörperspiegel. Achten Sie auf Ihre Haltung: Kopf gerade, Schultern runter, gerade stehen mit leicht gebeugten Knien. Stehen Sie ruhig etwas breiter als gewöhnlich, das gibt Sicherheit. Wenn Sie im Kontakt sitzen werden, üben Sie auch eine lockere Sitzhaltung – gerade, entspannt. Konzentrieren Sie sich auf Ihre Schultern. Hier sitzt oft die ganze Anspannung. Lassen Sie bewusst los.

Üben Sie nun, was Sie sagen wollen und wie Sie es sagen wollen. Üben Sie es so lange, bis Sie sich sicher fühlen.

Wenn Sie Bedenken haben, dass Sie damit nicht mehr authentisch sind oder im Kontakt nur »Gelerntes« sagen: Erfahrungsgemäß sind Sie im Kontakt sowieso nervös oder emotional berührt. Dann wird Ihnen helfen, was Sie vorher »geprobt« haben, und Sie werden dennoch Sie selbst bleiben.

Übung: Das Alphamännchen

Ihr Ziel: Sich selbst stärker und größer wahrnehmen, als Sie sich eigentlich fühlen. Diese Übung kann Ihnen vor allem helfen, wenn Sie im direkten Kontakt schnell eingeschüchtert sind.
Vorbereitung: Sie brauchen eine kleine freie Fläche von circa 2 x 2 Metern.
Zeitaufwand: Ein paar Minuten.
Durchführung: Stellen Sie sich hin, rundherum sollte etwas Platz sein. Stellen Sie sich vor – auch (und gerade) wenn Sie eine Frau

sind (!) –, Sie seien der Herdenführer, das »Alphamännchen« in einer Gorillafamilie. Der, auf den alle hören, der, den alle respektieren, der, der meistens etwas größer und kräftiger als alle anderen Gorillas ist.

Jetzt strecken Sie Ihre Arme zur Seite aus, gerade und lang. Wiederholen Sie das mit diagonal ausgerichteten Armen und Armen, die nach oben oder unten oder schräg ausgestreckt sind.

Ihre Armbewegungen in alle Richtungen sollen Ihnen physisch vermitteln, wo Ihr Raum ist: Machen Sie sich breit, machen Sie sich groß, plustern Sie sich auf. Überall, wo Ihre Arme hinreichen, das ist Ihr persönlicher Raum, den Sie für sich, Ihre Bewegungen und Ihre Worte nutzen dürfen.

Üben Sie das mehrmals zu Hause und dann vor jedem möglicherweise problematischen direkten Kontakt.

Wenn Sie diese Übung machen, weil Sie schnell eingeschüchtert sind, brauchen Sie sich keine Sorgen zu machen, dass Sie dadurch vielleicht »zu angriffslustig« werden könnten. Diese Übung bringt Sie nur auf ein Normalmaß an Selbstgefühl und Selbstvertrauen, sodass Sie den direkten Kontakt wahrscheinlich innerlich gefestigter erleben werden.

Übung: Die Chefpose

Ihr Ziel: Sich selbst stärker und größer wahrnehmen, als Sie sich eigentlich fühlen, vor allem, wenn Sie schnell eingeschüchtert sind.
Vorbereitung: Sie brauchen einen Stuhl an einem Schreibtisch oder Küchentisch.
Zeitaufwand: circa 10 Minuten
Durchführung: Setzen Sie sich auf den Stuhl, dann legen Sie dreist die Beine auf den Tisch, gern überkreuzt, so wie es für Sie bequem ist oder wie Sie sich das innerlich am besten vorstellen

können. Schließlich legen sie Ihre Hände hinten an den Kopf, die Ellbogen zu beiden Seiten ausgestreckt.

Bleiben Sie einen Moment so sitzen: Das ist eine Pose, die wir aus Filmen der Fünfziger- oder Sechzigerjahre mit dem Chef am Schreibtisch kennen: etwas unflätig, aber mit Sicherheit sehr selbstbewusst und selbstsicher.

Übung macht den Meister: Probieren Sie diese Pose aus und erforschen Sie, wie Sie sich fühlen. Mit hoher Wahrscheinlichkeit nicht klein, unscheinbar und hilflos. Das ist in dieser Körperpose nämlich fast unmöglich.

Atmen Sie tief ein und aus und genießen Sie, dass Ihre Selbstsicherheit steigt.

Üben Sie das ab und an und vor jedem möglicherweise schwierigen direkten Kontakt.

Auch diese Übung macht Sie nicht arrogant oder überheblich, sondern bringt Sie auf ein gesundes Maß punktuellen Selbstbewusstseins. Sie hilft auch, wenn Sie sich kurzzeitig mal traurig oder niedergeschlagen fühlen. Gefühle dieser Art halten in der Chefpose meist nicht lange an.

Übung: Ich bin Frieden

Ihr Ziel: Sie sind innerlich sehr aufgebracht, empört oder wütend. Dennoch müssen Sie mit Ihrem Ex noch vieles regeln. Probieren Sie vor einem konkreten Kontakt die folgende Visualisierungsübung aus, um innerlich etwas ruhiger in ein Gespräch zu gehen.
Vorbereitung: Keine; diese Übung machen Sie vor einem Kontakt, im Sitzen oder Stehen, wie es gerade passt, das geht auch im Auto.
Zeitaufwand: circa 10 Minuten
Durchführung: Schließen Sie die Augen, wenn es geht, und stellen Sie sich einen Ort vor, den Sie sehr gern mögen, an dem

Sie sich richtig wohlgefühlt haben oder wohlfühlen würden. Das kann eine Situation in einem entspannten Urlaub sein, am Strand, auf einer Waldlichtung, auf einem Berg, im Garten, auf einer Wanderung, am Fluss, unter einem Baum.

Stellen Sie sich vor, Sie sind an diesem Ort. Atmen Sie tief durch. Spüren Sie in Ihren Körper: Sie sind ganz entspannt und gelassen. Sagen Sie sich jetzt in Gedanken drei Mal vor: Ich bin ganz entspannt und gelassen. Ich bin Frieden.

Dabei können Sie Ihre rechte Hand aufs Herz legen. Machen Sie das mehrmals hintereinander. Verknüpfen Sie das mit einem ruhigen Atmen.

Kommen Sie langsam zurück. Öffnen Sie die Augen und atmen Sie ein paarmal tief durch.

Schauen Sie, ob Ihnen diese Übung punktuell hilft, einen Kontakt positiv oder zumindest gelassener zu gestalten.

Auf den Punkt kommen

Wenn es Ihnen gelingt, den direkten Kontakt gut und möglichst reibungsarm zu gestalten, ist eine gelungene Kommunikation im konkreten Kontakt der nächste Punkt, dem Sie sich widmen sollten.

Wenn Sie sich gerade in einer Trennungssituation befinden, kennen Sie das sicherlich: Ihnen schwirren zahlreiche Gedanken und Überlegungen im Kopf herum, außerdem haben Sie sicherlich zumindest diffuse Gefühle hinsichtlich der gesamten neuen Situation. Vielleicht hatten Sie auch schon verschiedene Gespräche mit Ihrem Ex, die möglicherweise wenig zielführend waren oder ohne Ergebnisse endeten. Oder Sie verzetteln sich in Nebenthemen oder haben zu viele Punkte, die Sie besprechen wollen. Oder Ihr Gegenüber schweift ab und bleibt nicht bei der Sache oder Sie selbst beginnen, zu erklären, zu rechtfertigen oder sehr weit auszuholen, warum die Dinge sind, wie Sie sind. Oder, oder, oder …

Das alles ist zunächst völlig normal. Wenn es aber so bleibt, wird es schwierig, eine konstruktive Kommunikation zu führen und tragfähige Ergebnisse zu erhalten oder gemeinsam wichtige Entscheidungen zu treffen.

Die Leitlinie für Ihre Kommunikation sollte daher sein: Kommen Sie auf den Punkt und bleiben Sie beim Thema, freundlich und klar.

Das klingt einleuchtend, ist aber oft einfacher gesagt als getan. Letztlich ist es aber »nur« eine Frage der Übung und des klaren Fokus. Deshalb ist es erlernbar.

Die wichtigste Voraussetzung für eine klare, strukturierte Kommunikation ist Ihre innere Klarheit. Auch eine gute Kommunikation fängt daher bei Ihnen an: Was ist Ihr Thema, was ist Ihr Standpunkt dazu? Wenn Sie den Standpunkt Ihres Ex bereits kennen: Wie stehen Sie dazu? Lehnen Sie das völlig ab oder sehen Sie Raum für Kompromisse? Wenn Sie Kompromissmöglichkeiten sehen, wie weit würden Sie gehen? Und wo ist die Grenze?

Notieren Sie sich Ihr Thema und Stichpunkte zu diesen Fragen. Das ist Ihre innere Agenda für Ihr Gespräch.

Das gilt übrigens für alle Themen, die zu klären sind oder im Lauf der Trennung auftauchen: Verteilung von Hausrat, Umgang mit geplantem Urlaub, finanzielle Regelungen, Umgang mit den Kindern, konkrete Übergaben der Kinder und vieles mehr. Es lohnt sich, diese Themen jeweils einzeln zu durchleuchten, selbst wenn die Kommunikation mit Ihrem Ex ganz gut läuft.

Picken Sie sich für das anstehende Gespräch höchstens zwei bis drei Themen heraus. Mit dieser Agenda im Hinterkopf kommunizieren Sie nun in der konkreten Situation mit Ihrem Ex. Dabei kann es sein, dass Ihr Gegenüber abschweift oder versucht, andere Nebenthemen zu eröffnen. Versuchen

Sie dann immer wieder, freundlich und klar, auf das aktuell zu regelnde Thema zurückzukommen. Wenn Ihnen das komisch vorkommt: Denken Sie daran, dass es für Sie beide nicht gut ist, wenn zu oft zu viele Themen angerissen werden und dann ohne Ergebnis »liegen bleiben«.

Besonders schwierig ist es, auf den Punkt zu kommen und dort zu bleiben, wenn Ihr Gegenüber etwas sagt, wodurch Sie »getriggert« werden. Er/Sie weiß ja genau, auf welche Themen Sie emotional anspringen und vielleicht sogar erst einmal eher kopflos reagieren.

Identifizieren Sie daher vor einem Gespräch auch diese möglichen Nebelbomben und Störfeuer für sich selbst: Welche Themen reizen Sie besonders? Durch welche Themen oder Aussagen fühlen Sie sich am meisten provoziert? Oft haben diese Themen etwas mit Ihren →inneren Prägungen zu tun. Es lohnt sich hier besonders, diesen Dingen auf den Grund zu gehen, damit Sie grundsätzlich souveräner damit umgehen können.

Wenn Sie diese Punkte identifiziert haben und vielleicht Ihrer inneren Prägung noch nicht auf der Spur sind oder diese nicht »auf die Schnelle« für sich positiv verändern können: Machen Sie sich bewusst, dass das betreffende Thema ein Reizthema für Sie ist. Nehmen Sie sich dann vor, nicht darauf einzugehen, koste es, was es wolle.

Das ist meist extrem schwierig. Wahrscheinlich wollen Sie gerade zu diesem Thema ganz viel sagen, erläutern, vielleicht sogar rechtfertigen. Ganz oft widerstrebt es dem eigenen Gerechtigkeitssinn, bestimmte Aussagen unwidersprochen stehen zu lassen und beim eigentlichen Thema des Gesprächs zu bleiben. Sie sollen das auch gar nicht still herunterschlucken, sondern vielmehr auf einen anderen Zeitpunkt vertagen. Zeigen Sie daher in der aktuellen Gesprächssituation kurz, dass Sie das abschweifende Thema gesehen haben, und biegen Sie es mit kurzen, klaren Worten ab: »Darüber sprechen wir am besten nächste Woche / beim nächsten Mal. Lass uns für heute bei unserem aktuellen Thema bleiben.« Machen Sie sich eine gedankliche Notiz, Ihren Standpunkt zu diesem Thema zu bestimmen und es dann wieder aufzugreifen.

Kommunikation – nur in Ihrem Kopf?

Kennen Sie das: Sie haben ein Thema identifiziert und dann geht es in Ihrem Kopf los: Sie überlegen und denken nach, grübeln über dieses Thema. Und ganz schnell wird dabei aus einer Mücke ein Elefant. Das passiert auch oft in Gesprächen über die Trennung mit Freunden oder Freundinnen, die klar »auf Ihrer Seite« sind. Sie steigern sich förmlich in ein Thema hinein, überlegen, wie Ihr Ex das wohl sieht, was er dazu sagen könnte. Und fast unbemerkt springt Ihr Kopfkino an und läuft immer weiter.

Das ist ein weitverbreitetes Phänomen. In meinem Coaching fühle ich mich oft erinnert an »Die Geschichte mit dem Hammer« des Kommunikationswissenschaftlers Paul Watzlawick[11]. Zum Beispiel, wenn mir meine Klientin Isolde, 46 Jahre mit zwei Kindern unter 14, über ihren Trennungsstreit erzählt:

> *»Ich habe überlegt, ob ich mit meinem neuen Partner und den Kindern im Sommer in die Türkei fliegen soll. Ich habe ein Hotel ausgesucht an einem schönen Strand, das auch Kinderbetreuung bietet. Meine Kinder lieben Sonne, Sand und Meer, und ich weiß, dass ihnen das gefallen wird. Dann sehe ich beim Recherchieren, dass ich für diese Auslandsreise die Zustimmung meines Expartners benötige, und falle aus allen Wolken. Ab da*

[11] Watzlawick, Paul (2021). Anleitung zum Unglücklichsein. Piper.

kann ich an nichts anderes mehr denken: Wird mir mein Ex die Zustimmung geben? Bestimmt nicht, er wird neidisch sein wegen des schönen Urlaubs in der Sonne. Er gönnt mir sowieso nichts. Er möchte sicher nicht, dass ich mit den Kindern einen tollen Urlaub erlebe. Wie kann man nur so kleinkariert denken? Es sind doch auch seine Kinder. Er müsste sich doch freuen, wenn ich ihnen einen schönen Urlaub biete. Aber letztens hat er bei der Übergabe schon so finster geschaut. Vielleicht steckt da doch mehr dahinter. Wenn er einen schönen Urlaub mit den Kindern planen würde, ich würde ja sofort zustimmen. Es geht doch um das Glück unserer Kinder. Da kann man doch mal großzügig sein und über seinen eigenen Schatten springen. Wie kann man nur so hartherzig sein? Solche Menschen vergiften einem das Leben. Wahrscheinlich glaubt er jetzt, er hat mich in der Hand, nur weil ich für den Türkeiurlaub seine Zustimmung brauche. Mir reicht's, das ist der eine Tropfen, der das Fass zum Überlaufen bringt. Und in dem Moment greife ich zum Telefon, wähle die Nummer meines Ex, und noch bevor er am Telefon überhaupt seinen Namen sagen kann, schreie ich ihn an: ›Ich bin auf deine Zustimmung gar nicht angewiesen. Wir fahren nämlich nicht in die Türkei, sondern ins Allgäu!‹«

Wenn Ihnen das bekannt vorkommt, sollten Sie in Ihrer Trennung besonders wachsam sein. Die vielen Emotionen und unterschiedlichen Entscheidungssituationen können dazu führen, dass Sie ganz schnell in dieses Verhalten fallen und in Ihrem Kopf Berge und Probleme entstehen, die bei näherer Betrachtung gar nicht so real sind … oder »Scheinriesen« wie Herr Tur Tur in der Wüste bei Jim Knopf. Sind sie aber erst einmal da, ist es schwer, sie innerlich wieder abzubauen, um auf neutralem Boden sachlich und möglichst wertungsfrei miteinander zu reden.

Prüfen Sie sich deshalb immer wieder selbst, um es zu registrieren, wenn Sie in dieses Verhalten fallen. Wenn es also nicht »nur« darum geht, ein Problem oder Thema für ein Gespräch zu identifizieren und Ihren eigenen Standpunkt hierzu herauszufinden. Sondern Ihr Ex in Ihrem Kopf quasi hinzutritt und Sie mit ihm eine innerliche Unterhaltung beginnen.

Sobald Sie feststellen, dass Sie solche Gespräche mit einem Phantom führen, sollten Sie versuchen, Ihre Gedankengänge so schnell wie möglich zu unterbrechen. Sie können zum Beispiel selbst »STOPP!« sagen und Ihre Gedanken bewusst wieder auf die sachliche Ebene bringen: Themen identifizieren, Standpunkt herausfinden und Kompromissmöglichkeiten definieren. Oder Sie unterbrechen sie für einen Moment und versuchen bewusst, Platz in Ihrem Kopf zu machen. Konzentrieren Sie sich darauf, Ihren Kopf aktiv zu leeren, und nehmen Sie vielleicht von innen Ihre Schädeldecke wahr. Das hat den Effekt, dass Ihre Aufmerksamkeit von den Vorstellungen in Ihrem Kopf abgezogen wird, bevor diese sich verfestigen und Sie sich gedanklich darin festbeißen.

Sie können auch den Grübelzettel verwenden (→ Innere Balance / Soforthilfe: Ihre aktuellen Sorgen und Nöte) und sich notieren, was gerade in Ihrem Kopf herumgeht und wie Ihr Ex sich verhalten könnte. Legen Sie den Zettel dann für ein paar Tage weg und schauen Sie, was danach mit Ihren Gedankengängen passiert ist. Ist irgendetwas davon eingetreten oder eher nicht? Je öfter Sie den Grübelzettel nutzen, desto eher wird Ihnen bewusst werden, dass sich vieles, was Sie dort notieren, wirklich nur in Ihrem Kopf abspielt. Real wird es in der Regel nicht. Diese Erkenntnis kann Ihnen helfen, Ihre eigenen Gedankengänge besser zu beurteilen und aktiv zu unterbrechen, wenn Sie sich verheddern.

Die aktive willentliche Unterbrechung solcher Kopfgespräche ist wesentlich, damit Sie in der Realität in der Lage sind, möglichst konstruktiv zu kommunizieren.

Wertschätzende und konfliktarme Kommunikation

Ihr Ziel in der Trennung sollte eine möglichst wertschätzende und konfliktarme Kommunikation sein. Wenn das gelingt, sind viele Vereinbarungen und Entscheidungen viel leichter und einvernehmlicher zu treffen als in einer emotional angespannten Kommunikation. Auch hier gilt wie so oft: Der Ton macht die Musik.

Es ist völlig klar, dass das bei den meisten Trennungen nicht sofort gelingt, egal wie gut oder schlecht die Kommunikation in Ihrer Paarbeziehung war. Von Anfang an eine wertschätzende und besonnene Kommunikation zu erwarten oder zu verlangen, wäre schlicht lebensfremd.

Wenn sich aber die ersten emotionalen Wogen geglättet haben oder auch, wenn Sie einfach merken, so kommen wir hier nicht weiter, lohnt es sich, den Schalter umzulegen und die eigene Art der Kommunikation zu überdenken. Eine Verbesserung kann schon eintreten, wenn zumindest einer der Beteiligten wertschätzender und bewusster kommuniziert. Ganz oft färbt das auf den anderen ab.

Allerdings muss ich Sie warnen: Es ist ein guter Anfang, wenn Sie selbst Ihre Kommunikation überdenken und positiv verändern. Aber: Es ist ungeheuer schwierig. Das Wichtigste ist, dass Sie alles, was Sie oft impulsiv äußern, erst einmal zurückhalten:

»Das war ja wieder typisch.«

»War ja nicht anders zu erwarten.«

»Immer machst du …«

»Nie hörst du …«

»Klar, dass du das wieder so siehst.«
»Kannst du nicht ein Mal …«

Die impulsiven oder instinktiven Aussagen oder Reaktionen kommen meist entweder aus unverarbeiteten inneren Prägungen oder beruhen auf lange eingeübten schlechten Kommunikationsmustern in Ihrer Partnerschaft. Tief in Ihnen ist ein kleiner Knopf, der sofort gedrückt wird, wenn Sie bestimmte Aussagen hören, und dann sprudeln Ihre eigenen impulsiven Äußerungen aus Ihnen heraus. Diese Art der Reaktion bringt Sie nicht weiter, das wissen Sie auch. Aber bis jetzt konnten Sie einfach noch nicht anders.

Ab jetzt versuchen Sie, sich genau dieser Situation bewusst zu werden. Statt herauszusprudeln, versuchen Sie, den Mund zu halten, sich auf die Zunge zu beißen und tief durchzuatmen. Das schaffen Sie, auch wenn es sich schwierig anhört. Das eigentlich Schwierige kommt erst jetzt: Versuchen Sie bewusst, von Ihrer üblichen impulsiven Äußerung auf eine innere, sachlichere Position zu wechseln und aus dieser sachlicheren inneren Position heraus zu kommunizieren.

Das erfordert viel Konzentration, Fokus auf das, was Sie erreichen wollen, und ganz oft auch eine große Portion Selbstüberwindung von Ihrer Seite. Wichtig: Das hat nichts mit »Kleinbeigeben« zu tun. Es ist Übungssache und kann gut mit einer dritten Person trainiert werden.

Das ist ein guter Ausgangspunkt, um die folgenden Grundregeln für eine wertschätzende Kommunikation zu beherzigen. Mit den genannten Methoden kann sich schon eine Menge in Ihrer Trennungskommunikation tun. Dabei ist die erste Grundregel noch recht einfach. Die anderen drei Grundregeln sind anspruchsvoller und meist erst umzusetzen, wenn sich bei beiden Partnern die inneren Wogen bereits etwas geglättet haben. Probieren Sie daher die Grundregel 1 immer, die anderen erst, wenn Sie sich dazu innerlich in der Lage fühlen.

Die **vier Grundregeln** der wertschätzenden Kommunikation:

1. Benutzen Sie »Ich-Botschaften«
Kommen Sie weg vom »Du« und möglichen Vorwürfen und formulieren Sie um in eine »Ich-Botschaft«.

Das ist das A und O einer guten Kommunikation in einer Partnerschaft, aber auch unter Freunden, und besonders wichtig in einer Trennung, um die gesamte Gesprächssituation nachhaltig zu entspannen. Es ist eine anspruchsvolle, reife Art der Kommunikation und erfordert ein echtes Umdenken. Hier sind einige Beispiele:

Statt: »Du willst hier wieder mal deinen Willen durchsetzen. Alles soll so laufen, wie du es willst. Erst das Haus, dann das Auto und so weiter. Was kommt als Nächstes?«

Besser: »Ich habe das Gefühl, ich werde hier völlig übersehen. Mir ist es wichtig, dass wir gerecht aufteilen. Dafür würde ich gern eine Liste machen, die wir dann gemeinsam besprechen. Was hältst du davon?«

Oder statt: »Immer kommst du zu spät, wenn du die Kinder abholen sollst. Ist ja typisch. Du machst deinen Kram, und wie ich hier klarkomme, ist dir mal wieder völlig egal.«

Besser: »Ich würde gern noch mal die Übergabe der Kinder mit dir besprechen. Ich habe das Gefühl, dass ich mich da nicht auf deine Zeitangaben verlassen kann. Mir ist aber sehr wichtig, dass die Übergabe der Kinder für mich zuverlässig planbar ist und wir unsere vereinbarten Zeiten einhalten. Wie können wir das lösen?«

Das Grundprinzip ist also, dass Sie schildern, was Sie empfinden, wie Sie sich fühlen, was das mit Ihnen macht und was Sie stattdessen gern hätten. Das setzt wieder einmal viel innere

Klarheit und innere Balance voraus. Sie sollten wissen, was Sie wollen, und spüren, was Ihre Gefühle und Bedürfnisse sind. Das äußern Sie dann in einer »Ich-Botschaft«. Die Folge ist, dass Ihr Gegenüber nicht mit einem Vorwurf in die Ecke gedrängt wird, sondern von Ihnen eine Nachricht über Sie selbst erhält. Das regt viel eher dazu an, das Gesagte zu bedenken, als wenn mit einer »Du-Aussage« etwas kommt, was als persönlicher Angriff verstanden wird.

Auch wenn Sie jetzt noch skeptisch sind, ob das mit der besseren Alternative in »Ich-Form« klappen könnte: Versuchen Sie es. Mit der bisherigen Kommunikation – möglicherweise einschließlich Vorwürfen – sind Sie nicht weitergekommen, oder? Dann verlieren Sie nichts, wenn Sie eine lösungsorientiertere konstruktive Kommunikation ausprobieren.

Hier gibt es nur drei Ausnahmen: Sie werden beleidigt, die Situation ist noch zu spannungsgeladen oder Ihr Partner ist ein schwieriger Partner beziehungsweise Narzisst. Dann bringt eine solche konstruktive Kommunikation in der Regel nichts. Im Gegenteil, wenn Sie äußern, was für Sie gut oder besser wäre, wird diese Aussage wahrscheinlich ausgenutzt und gegen Sie verwendet. Für die Kommunikation mit Narzissten gelten daher Sonderregeln (→ Die Trennung von einem Narzissten).

2. Nehmen Sie Ihr Gegenüber in seiner Ganzheit an und vermitteln Sie erst dann Ihren eigenen Standpunkt

Jetzt geht es in den Leistungskurs guter Kommunikation: Versuchen Sie in Gesprächen zu beherzigen, dass jeder Mensch drei Grundbedürfnisse hat, die Sie in der Kommunikation erfüllen können: Er/Sie möchte gesehen werden, verstanden werden und angenommen werden – so, wie er/sie ist. Wenn es Ihnen gelingt, diese Bedürfnisse in der Kommunikation zu erfüllen, ohne dass Sie sich groß verbiegen müssen, haben Sie viel gewonnen. Sie werden sehen, dass es sich dann viel leichter reden lässt.

Versuchen Sie zunächst, Ihr Gegenüber zu sehen, wie er/sie ist: ein Mensch mit einem bestimmten Charakter, Eigenschaften, Wünschen und Bedürfnissen. Signalisieren Sie das im Gespräch: »Ich sehe dich. Ich nehme dich als Person wahr.«

Versuchen Sie dann, diesen Menschen zu verstehen. Sie kennen ihn/sie gut: Können Sie zumindest nachvollziehen, warum er/sie so handelt? Signalisieren Sie das im Gespräch: »Ich sehe deine Beweggründe.«

Es hilft, wenn Sie paraphrasieren, was der andere Ihnen gesagt hat. Sie drücken es also in Ihren Worten aus, fassen es zusammen. Dann fragen Sie Ihr Gegenüber: »Habe ich das so richtig wiedergegeben?« Oder »Ich verstehe es so, dass dir … wichtig ist. Liege ich damit richtig?«

Dann versuchen Sie, den anderen / die andere so anzunehmen, wie er/sie ist, mit seinem Wunsch oder Bedürfnis: »Ich akzeptiere, dass du das so siehst. Ich akzeptiere, dass du das so regeln willst.«

Mit diesen drei Schritten haben Sie den anderen Menschen in seiner Ganzheit angenommen. Das heißt nicht, dass Sie ihm/ihr zustimmen (müssen). Auch Sie haben einen Standpunkt, den Sie nun verdeutlichen sollten: »Ich sehe die Dinge etwas anders. Mir ist wichtig, dass … Deshalb möchte ich das so … regeln. Können wir hier gemeinsam eine Lösung finden?«

Mit dieser Diskussionseröffnung haben Sie für sich den Weg in eine konstruktive Auseinandersetzung geebnet.

3. Stellen Sie sicher, dass Ihr Gegenüber Ihre Aussage versteht

Wenn Sie reden, drücken Sie sich klar und deutlich aus und sagen Sie genau, was Sie wollen und meinen. Bilden Sie kurze Sätze. Vermeiden Sie Wertungen, bleiben Sie sachlich – auch wenn es schwerfällt. Sprechen Sie das konkrete Thema klar an, vertrauen Sie nicht darauf, dass »man das doch nur so verstehen kann« (wie Sie). Rückversichern Sie sich, ob der andere Sie verstanden hat: »Bitte fasse kurz zusammen, wie du mich verstanden hast.«

So wirkt jetzt die Grundregel 2 auch zu Ihren Gunsten: Sie werden gesehen und Sie stellen sicher, dass Ihr Standpunkt verstanden wurde.

Auch wenn das anfangs vielleicht etwas mechanisch wirkt und viel Disziplin verlangt (wozu auch gehört, den anderen ausreden zu lassen) – wenn Sie beide den geschilderten kommunikativen Dreiklang beherzigen, dann steigen die Chancen, dass Sie alles so sagen und meinen, wie Ihr Gegenüber es auch versteht. Probieren Sie es aus und beziehen Sie den nächsten Hinweis ein, wenn Sie dazu tendieren, Aussagen Ihres Gegenübers sehr persönlich zu nehmen. Überprüfen Sie in diesem Fall noch einmal Ihre →inneren Prägungen: Gesagtes oft persönlich zu nehmen, kann auch etwas mit dem eigenen Selbstwertgefühl zu tun haben.

4. Trennen Sie Person und Sache

Versuchen Sie, bei heiklen Themen Sache und Person zu trennen. In der zwischenmenschlichen Kommunikation unterscheidet man spätestens seit den Forschungen der Kommunikationswissenschaftler Paul Watzlawick und Friedemann Schulz von Thun zwischen Sach- und Beziehungsebene. Simples Beispiel: A sagt zu B: »Der Mülleimer in der Küche ist voll.« Auf der Sachebene beschreibt dieser Satz einen Zustand, der objektiv nachprüfbar ist. B, der in der Familie zumeist die Küche macht, mag diesen Satz allerdings auch als Vorwurf oder Aufforderung verstehen: »… denn du hast ihn noch nicht / wieder nicht rausgebracht.« Vielleicht hat A ja genau das gemeint. Damit ist unser scheinbar so unschuldiger

Beispielsatz auf der Beziehungsebene zwischen A und B angekommen und mündet dort nahtlos in eine Diskussion über Aufgabenerfüllung im gemeinsamen Haushalt.

Kommunizieren Sie daher möglichst auf der Sachebene, das heißt möglichst objektiv bezüglich des Themas, der Sache, der zu regelnden Frage. Vermeiden Sie dabei Aussagen auf der Beziehungsebene, vor allem Wertungen über die Eigenschaften und Verhaltensweisen des anderen.

Gehen Sie in Gesprächen in Zusammenhang mit Ihrer Trennung wie folgt vor: Ihr Ex sagt oder tut etwas, auf das Sie – auch aufgrund Ihrer gemeinsam gelebten Zeit – sofort innerlich anspringen, zum Beispiel:

Er/Sie kommt zu spät zum Gespräch.
Er/Sie greift auf Lebenserfahrungen von Eltern oder Großeltern zurück.
Er/Sie äußert ein Rollenverständnis für Sie als Frau oder Mann, bei dem Ihnen der Kragen platzt.
Er/Sie macht Ihnen altbekannte Vorwürfe: »Nie unterstützt du mich.«
Er/Sie drängt Sie mit negativ besetzten Pauschalvorwürfen in die Ecke: »Dir geht es immer nur ums Geld.«

Versuchen Sie, sich Ihrer inneren Reaktion bewusst zu werden, und versuchen Sie, Person und Sache zu trennen, sodass Sie das Gesagte oder Getane nicht persönlich nehmen müssen:

Verhalten	Beziehungsebene	Sachebene
Er/Sie kommt zu spät zum Gespräch.	Er/Sie missachtet Sie.	Er/Sie ist einfach ein unpünktlicher Mensch. Soll es geben; mit Ihnen hat das nichts zu tun.
Er/Sie greift auf Lebenserfahrungen von Eltern oder Großeltern zurück.	Er/Sie missachtet Sie als Frau/Mann in der Gegenwart. Er/Sie soll sich seine/ihre überkommenen Beispiele aus dem Mittelalter bitte sparen.	Er/Sie ist ein traditionsbewusster Mensch. Vielleicht ist er/sie auch ein unsicherer Mensch und verlässt sich gern auf das, was andere vor ihm/ihr erlebt haben. Mit Ihnen hat das nichts zu tun.
Er/Sie äußert ein Rollenverständnis für Sie als Frau oder Mann, bei dem Ihnen der Kragen platzt.	Er ist ein ätzender Chauvi. Sie ist eine nervtötende Emanze.	Er/Sie ist ein konservativer oder liberaler Mensch mit einem bestimmten Rollenverständnis. Das soll es geben. Vielleicht ist das ja mit ein Grund für die Trennung.
Er/Sie macht Ihnen altbekannte Vorwürfe: »Nie unterstützt du mich.«	Er/Sie kann nur in Schubladen denken. Die Leier habe ich schon zigmal gehört. Komm mir nicht schon wieder damit.	Er/Sie bleibt seinen/ihren Kommunikationsmustern verhaftet. Er/Sie hat seine/ihre Sicht der Dinge. Mit Ihnen hat das nichts zu tun, kann aber vielleicht durch eine konstruktive Kommunikation weiterentwickelt werden.
Er/Sie drängt Sie mit negativ besetzten Pauschalvorwürfen in die Ecke: »Dir geht es immer nur ums Geld.«	Sie haben ganz andere Handlungsmotive und fühlen sich durch diesen Pauschalvorwurf gedemütigt und mundtot gemacht.	Ihm/Ihr geht es ums Geld, gerade weil er/sie diesen Pauschalvorwurf erhebt. Nehmen Sie es nicht persönlich und versuchen Sie, auf der Sachebene weiterzukommunizieren.

Finden Sie es schwierig, so cool zu bleiben? Ist es auch! Und es geht wirklich nicht immer, zum Beispiel bei Beleidigungen und verbalen Übergriffen (dann gehen Sie sofort aus der Situation heraus und beenden das Gespräch). Aber das innere

Runterkochen hilft, dass Sie Ihr Thema in Ruhe erörtern und ein Problem lösen können – durchaus in Ihrem Sinne. Solche speziellen Gespräche können gut mit einem Dritten trainiert werden.

Sie merken: Eine wertschätzende, möglichst konfliktarme Kommunikation hat viel damit zu tun, dass Sie für sich innerlich klar sind und (schon wieder) eine grundsätzlich entspannte, gelassene Grundhaltung einnehmen können. Dazu ist es nie zu spät. Probieren Sie es aus, wenn Sie mit Ihrer angestammten Kommunikation nicht weiterkommen. Sie können nur gewinnen.

»Du hörst von meinem Anwalt« – eine gute Idee?

Wenn Partner nicht gut miteinander kommunizieren können oder einer der Partner sich im direkten Gespräch regelmäßig unterlegen fühlt, wird in der Trennung oft der Ausweg über die Kommunikation durch Rechtsanwälte gesucht: »Du hörst von meinem Anwalt.«

Das ist sehr verständlich. Manche Menschen haben in Konflikten einfach das Gefühl, dass sie nicht gehört werden, nicht verstanden werden und sich in dieser Ausnahmesituation nicht anders wehren können. Sie suchen dann einen außenstehenden Dritten, der für sie spricht.

Es gibt aber auch den umgekehrten Fall, dass jemand um keinen Preis einen Rechtsanwalt oder eine Rechtsanwältin in den Trennungsprozess einschalten möchte:

> *»Mein Mann hat mich wegen einer anderen Frau verlassen. Jetzt hat er mir eine Scheidungsfolgenvereinbarung unter die Nase gehalten und gesagt, ich solle unterzeichnen, sonst würde ich unsere gemeinsame vierjährige Tochter viel seltener sehen. Das möchte*

ich natürlich nicht, also habe ich die Vereinbarung unterschrieben, ohne sie vorher überprüfen zu lassen. Das wird doch wohl nicht so schlimm sein, oder?«

(Larissa, 37 Jahre, eine Tochter)

Ist dieses Verhalten blauäugig? Ja! Ist es denn auch typisch? Leider auch ja. Vor allem empathische Frauen scheuen den Gang zum Anwalt, »wegen der Kinder, um die Sache nicht eskalieren zu lassen«. Leider wird das schnell ausgenutzt, wie im zitierten Beispiel.

Ob der Gang zum Anwalt eine gute Idee ist, hängt von vielen Umständen ab. Lassen Sie mich in einem ersten Schritt zwischen einer rechtsanwaltlichen Erstberatung und dem möglichen »Anwaltsschreiben« unterscheiden.

Die anwaltliche Rechtsberatung in einer Trennungssituation dient dazu, Ihnen über Ihre Lage, Ihre möglichen Ansprüche, Ihre Rechte die erforderliche Klarheit zu verschaffen. Ganz oft ist vieles unbekannt, was es zu bedenken und zu regeln gibt. Gute Entscheidungen und auch gute Kompromisse können Sie jedoch nur finden, wenn Sie die Sachlage in ihrer Gesamtheit erfassen. Damit hat eine Erstberatung viele Vorteile und kann sogar vernünftigen und ausgewogenen Lösungen den Weg bereiten.

Daher bitte ich alle meine Klienten ausnahmslos, mindestens eine externe anwaltliche Erstberatung in Anspruch zu nehmen, um rechtliche Klarheit über die eigenen Rechte und Pflichten zu bekommen: (Trennungs-)Unterhalt, Versorgungsausgleich, Sorgerecht, Umgang und Aufenthaltsbestimmung für Kinder. Mir ist wichtig, dass meine Klienten genau wissen, wo sie stehen und was ihnen rechtlich zusteht. Das bedeutet noch nicht Streit und Gericht. Sondern ganz im Gegenteil: Erst wenn Sie wissen, was Ihnen zusteht, können Sie sich darüber Gedanken machen, was Ihnen möglicherweise wirklich wichtig ist und worauf Sie eventuell verzichten könnten – aber nicht müssen.

Ein Verhalten ohne dieses Wissen »ins Blaue« hinein und womöglich in einer Harmonieblase steckend, kann langfristig finanziell und existenziell schaden. Und wissen Sie wirklich, ob Ihr Ex sich nicht auch schon rechtlich vorbereitet hat?

So erlebe ich es im Coaching gerade bei Klientinnen, bei denen es um größere Vermögenswerte in der Partnerschaft geht, immer wieder, dass zum einen der Mann die Hand darauf hat und zum anderen die Frau – trotz guten Zuredens von allen möglichen Seiten – sehr lange darauf vertraut: »Mit dem Vermögen wird schon nichts passieren, das kann er ja nicht machen.« Die Realität ist, er kann es und er tut es, und oft ist diese Erkenntnis im Nachhinein sehr schmerzhaft und finanziell existenziell weitreichend.

Daher schließt sich an meine Empfehlung für eine frühe anwaltliche Erstberatung meistens auch gleich der allgemeine Hinweis an, sämtliche verfügbaren Unterlagen zu sichern, als Papierkopie, auf einem Stick oder einer externen Festplatte. Einkommen, Aktien, Versicherungen, was auch immer in Ihrer Partnerschaft existiert. Wenn Sie es in Ihrer Trennung nicht brauchen, prima. Dann verbrennen Sie es später. Falls Sie diese Unterlagen jedoch irgendwann einmal benötigen, werden Sie dankbar sein, dass Sie sie haben.

Die Erstberatung ist also in praktisch allen Trennungssituationen nach meiner Erfahrung eine gute Idee, vor allem, bevor Sie etwas unterschreiben, das Ihnen Ihr Partner »unter die Nase hält«.

Ob diese Erstberatung tatsächlich in ein Anwaltsschreiben an Ihren Partner münden muss, ist eine ganz andere Frage.

Sie wissen es selbst, sobald Sie über Rechtsanwälte kommunizieren, wird das häufig als Angriff verstanden und die Fronten können sich erst recht verhärten. Sie können und sollten daher immer zuerst versuchen, die vorab genannten Anregungen für einen reibungsarmen Kontakt und eine wertschätzende Kommunikation umzusetzen. Sie haben Ihr Wissen aus der Erstberatung im Hinterkopf und können für sich überlegen, was Ihnen wirklich wichtig ist und wo Sie Kompromisse eingehen könnten. Diese Phase des Miteinander-Aushandelns kann sich durchaus über mehrere Wochen oder Monate hinziehen. Sie kann auch im Rahmen einer Mediation stattfinden, einer Form der außergerichtlichen Einigung, in der alle wichtigen Trennungsthemen begleitet durch einen neutralen Mediator erörtert und abgeschlossen werden. Es bleibt Ihnen unbenommen, jede Entscheidung oder Einigung mit Ihrem Partner vor einer verbindlichen Unterschrift (im Hintergrund) von einem Rechtsanwalt / einer Rechtsanwältin überprüfen zu lassen, damit Sie sich der Tragweite auch wirklich bewusst sind.

Auch dann können weiter Sie es sein, die/der nach außen kommuniziert. Nur wenn Sie mit Ihrem Bemühen um eine gute direkte Kommunikation mit Ihrem Ex nicht weiterkommen, dann lassen Sie Ihren Anwalt / Ihre Anwältin sprechen beziehungsweise schreiben. Es kann auch sein, dass Ihr Partner beginnt, über Rechtsanwälte zu kommunizieren. Oder Sie haben das Gefühl, dass Sie knallhart übervorteilt werden. Oder dass der Streit um Sorgerecht, Umgang mit Ihren Kindern und dem Unterhalt auf deren Rücken ausgetragen werden soll. Oder Sie bemerken, dass der andere aus irgendeinem Grund auf Zeit spielt, dass Gespräche und Entscheidungen immer wieder verschoben werden. Besonders häufig geht es dabei um einen angekündigten Auszug aus der gemeinsamen Wohnung oder dem gemeinsamen Haus oder um Unterhaltszahlungen (im Trennungsjahr).

Das alles sind Entwicklungen, bei denen Sie immer noch über einen Rechtsbeistand reagieren und kommunizieren können und auch sollten, bevor Sie echte finanzielle oder sogar existenzielle Nachteile erleiden.

Zusammenfassung

Kontakt und Kommunikation in der Trennung

Kontakt und Kommunikation in der Trennung und auch danach beschäftigen viele Getrennte sehr, vor allem, wenn die Trennung einseitig war oder noch sehr frisch ist. Dann können starke Gefühle einem konstruktiven Dialog entgegenstehen und die Bearbeitung der wichtigsten Themen verhindern.

Folgende Anregungen und Übungen können den Kontakt und die Kommunikation erleichtern:

- Versuchen Sie, den konkreten Kontakt möglichst reibungsarm an einem neutralen Ort stattfinden zu lassen. Vermeiden Sie WhatsApp, nutzen Sie E-Mail, Brief oder Gespräch.

- Kommen Sie in Ihrem direkten Kontakt und in Ihrer Kommunikation auf den Punkt. Machen Sie sich vorher Notizen, was Ihnen wichtig ist. Halten Sie diesen Fokus, freundlich und klar.

- Stoppen Sie Ihr Kopfkino, wann immer Ihr Ex darin auftaucht. Stoppen Sie Grübeleien und innere Dialoge. So bleiben Sie offen und wertfrei für den realen Kontakt.

- Versuchen Sie selbst, eine wertschätzende und konfliktarme Kommunikation zu pflegen. Versuchen Sie zumindest die Anregung zu »Ich-Botschaften« umzusetzen. Probieren Sie die anderen Hinweise für eine konstruktive Kommunikation aus, wenn Sie innerlich so weit sind.

- Die anwaltliche Erstberatung ist immer eine gute Idee. Das Anwaltsschreiben oft nicht. Sie sollten wachsam bleiben und abwägen. Die Kommunikation über Rechtsbeistände sollte das letzte Mittel sein, wenn Sie kommunikativ nicht mehr weiterkommen und finanzielle oder existenzielle Schäden drohen.

Typische Hindernisse bei der Trennung

Über die gesamte Trennungsphase kann es vorkommen, dass Sie in Ihrer neuen Lebenssituation und Ihrem neuen Alltag bei der Umsetzung Ihrer Trennung Hindernissen begegnen: größeren, kleineren, emotionalen oder ganz praktischen Hürden, die Sie vielleicht sogar an Ihrer gut gereiften Entscheidung zweifeln lassen.

Das ist völlig normal, weil Sie in einer großen Umbruchphase in Ihrem Leben sind. Viele Abläufe und äußere Umstände verändern sich oder müssen umgestellt werden. Vieles fühlt sich ungewohnt an.

Mit all dem konfrontiert, verspüren Sie vielleicht sogar noch den grundsätzlichen Zweifel: »Ist das alles wirklich richtig?«, vor allem, wenn der Trennungsentschluss noch sehr frisch ist. Dieser Zweifel kann auch aufkommen, wenn Sie Ihr bisheriges gemeinsames Leben wirtschaftlich neu sortieren, wenn es um (größere) Vermögenswerte oder Immobilien geht. Also immer dann, wenn die Trennung auch dazu führt, dass Ihr Lebensmittelpunkt und Ihre finanzielle Situation sich ändern könnten. Der Zweifel kann sich auch dann einschleichen, wenn Sie Kinder haben und Ihren Alltag mit Ihren Kindern und Ihrem Ex neu gestalten. Einerseits fühlen Sie wahrscheinlich eine enorme innere Erleichterung, weil Ihnen mit dem Trennungsentschluss eine Last von den Schultern genommen ist. Andererseits könnte sich Ihr Alltag aber gerade jetzt besonders anstrengend anfühlen, wenn Sie noch dabei sind, all die neuen praktischen Anforderungen zu koordinieren.

Prüfen Sie Ihren Zweifel sofort, wenn er auftaucht: Ist er begründet? Geht es Ihnen um Ihren Partner als Mensch, mit dem Sie weiterhin zusammenleben wollen, oder um die äußeren Umstände, die sich ändern? Geht es um Bequemlichkeit? Gehen

Sie gedanklich zurück zu Ihrer wohlüberlegten Entscheidungsfindung: Sind die äußeren Umstände wirklich Grund genug, Ihre innere Entscheidung über den Haufen zu werfen?

Oft sind gerade diese Zweifel und andere Hindernisse nur kurzzeitige Störfeuer, die Ihre Richtung nicht grundsätzlich ändern, sondern zunächst einfach nur mehr Aufmerksamkeit beanspruchen.

Manchmal hilft es schon, sie geschrieben zu sehen. Schreiben Sie daher Ihre aktuellen Hindernisse gleich auf, zum Beispiel in Ihr Ich-Heft, und lassen Sie sie ein bis zwei Tage dort stehen. Dann schlagen Sie sie wieder auf und notieren mögliche Lösungen. Auch den Grübelzettel können Sie hierfür verwenden. Ich kann Ihnen aus meiner Erfahrung aus dem Coaching versichern: Sie sind damit nicht allein; es geht ganz vielen Menschen so. Zusätzlich gibt es im Folgenden für Sie Vorschläge und Anregungen, wie Sie mit vier typischen Hindernissen bei der Umsetzung Ihrer Trennung gut umgehen können.

Plötzlich wieder Single

Nach einer Trennung sind Sie kein Teil eines Paares mehr, sondern erst einmal allein, Single. Das kann sich sehr ungewohnt anfühlen. Ich erlebe das bei Klienten jeden Alters: das erste Mal allein in einer neuen Wohnung, das erste Wochenende nur mit sich. Das sind Situationen, die jeden Menschen nach einer Zeit als Paar herausfordern. Einige meiner dreißig-, vierzig- oder fünfzigjährigen Klienten haben noch nie allein gewohnt. Manche sind seinerzeit vom Elternhaus direkt in eine Ehe gestartet. Manche hatten mehrere Beziehungen hintereinander, aber nie eine Beziehungspause.

Das erste Mal allein zu sein und es wirklich mit sich selbst auszuhalten, ist eine echte Challenge, wenn man es vorher nie geübt hat. Das kann von einem rasenden Geist bis hin zu körperlichem Missempfinden reichen. Man weiß einfach nicht, wohin mit sich.

Aber auch wenn es bei Ihnen nicht so extrem ist, Sie vielleicht die Zeit allein, »endlich«, begrüßen, kann es ungewohnt sein, einen ganzen Tag mit sich selbst wohltuend zu gestalten.

Werden Sie sich zunächst Ihrer Situation und Ihrer Gefühle bewusst: Wie fühlt sich das an? Vielleicht wollen Sie dieses Gefühl mit der Übung →»Gefühlen Raum geben« (Kapitel II, Innere Balance, Sie müssen leider durch das Tal der schlechten Gefühle) jetzt bewusst erforschen.

Dann denken Sie nach: Gab es schon Phasen in Ihrem Leben, in denen Sie ohne Partner waren? Wie haben Sie die erlebt? Was haben Sie gemacht? Was haben Sie unternommen?

Wenn Sie sich in der Frühphase der Trennung allein unwohl fühlen, dann versuchen Sie, Ihrem Tag Struktur zu geben: An Ihren Arbeitstagen geschieht das meist von selbst, vielleicht beschließen Sie zusätzlich, jeden Abend frisch zu kochen oder ins Fitnessstudio zu gehen. Versuchen Sie in der Anfangsphase aber auch, am Wochenende so etwas wie eine Routine einzuführen: aufstehen, essen, duschen, lesen, Spaziergang, soziale Kontakte. Verabreden Sie sich, wenn Sie wissen, dass es Ihnen besonders schwerfällt, allein zu sein: zum Brunch, zum Kaffee, zum Abendessen. Gehen Sie in die neueste Ausstellung, ins Schwimmbad oder auf den Wochenmarkt. Solche Strukturen geben eine gewisse neue Sicherheit im Alltag. Das stärkt Sie.

Wenn Sie diese Anfangsphase überstanden haben und sich allein immer noch nicht wohl in Ihrer Haut fühlen, dann erweitern Sie Ihren Radius: Versuchen Sie den Fokus auf all Ihre Möglichkeiten und Freiheiten zu richten, die Sie allein erst einmal wieder haben. Geben Sie sich die Zeit, um allein in Ihrem neuen Leben anzukommen und vielleicht auch Ihre innere Entwicklung noch weiter voranzubringen. Beschäftigen Sie sich mehr mit sich selbst, zum Beispiel mithilfe der Kapitel in diesem Buch zu innerer Klarheit, innerer Balance und zum Grenzenziehen. Greifen Sie sich Aspekte heraus, die Sie vertiefen wollen.

Gehen Sie raus: Entdecken Sie neue Hobbys. Schauen Sie dabei, ob Sie etwas machen können, das Ihren eigenen Werten entspricht. Oder probieren Sie etwas ganz Neues aus, gerade weil es nicht Ihren Werten entspricht. Eine meiner Klientinnen hatte sich so für jedes Quartal des Jahres zwei bis drei völlig unterschiedliche Aktivitäten vorgenommen, die sie ausprobieren wollte, getreu dem Motto: Für gute Vorsätze braucht es nicht den Neujahrstag.

Versuchen Sie, Ihren Freundes- und Bekanntenkreis zu erweitern. Nehmen Sie sich vor, jeden Monat drei fremde Menschen anzusprechen und sich auf einen Kaffee zu verabreden: in Ihrem Sportverein, Ihrer Yogaklasse, aus dem Kreis der Miteltern, bei Veranstaltungen und Partys. Ich weiß, das ist gerade für introvertierte Menschen eine riesige Herausforderung. An dieser Stelle kann ich nur sagen: Springen Sie durch diesen inneren Feuerring, seien Sie mutig. Sie wissen natürlich nicht, was daraus wird. Aber wenn Sie es nicht machen, wird garantiert nichts draus. Vielleicht hilft Ihnen diese Überlegung: Aus zehn solcher Kontakte könnte eine Bekanntschaft oder gar Freundschaft erwachsen. Denken Sie auch an Bekannte oder Freunde von früher zurück oder Freundschaften, die irgendwann eingeschlafen sind: Möchten Sie irgendetwas wiederbeleben? Dann greifen Sie zum Telefon oder schreiben eine E-Mail, auch wenn die innere Hürde hoch ist: Sie werden überrascht sein, denn die meisten Menschen freuen sich, wenn alte Freunde sich wieder melden.

Nutzen Sie die Möglichkeiten der Online-Kontaktbörsen, wenn Ihnen das gefällt. Viele meiner Klienten haben damit längerfristig gute Erfahrungen gemacht, auch wenn kurzfristig kleinere Reinfälle dabei waren. Es dauert etwas, Profile und Menschen auf diesem Onlineweg einschätzen zu können.

Aus meiner Erfahrung heraus bleiben übrigens die wenigsten meiner Klienten lange Single. Meistens kommt die Liebe ganz überraschend – und meistens »eigentlich« zu früh.

(Fast) Alleinerziehend – den Alltag auf den Schultern

Wenn Sie Kinder haben und sich getrennt haben, sind Sie nicht allein und können sich nicht in Ruhe sortieren. Sie sind sofort eingebunden und müssen den Alltag allein gestalten, der vorher vielleicht zumindest teilweise auf zwei Paar Schultern lag.

Da gibt es nichts herumzureden: Das kann körperlich und mental extrem anstrengend sein.

Früh aufstehen, Frühstück für alle, eigener Job, Schularbeiten, Arztbesuche, Familieneinkäufe, Fahrten zu Freunden und Hobbys, Kleidung kaufen, Wäsche, Essen kochen, Zu-Bett-geh-Arien – das alles allein zu meistern, jeden Tag, schlaucht enorm. Und das sind nur die äußeren Lebensumstände, die zeit- und energieaufwendig sind. Hinzu kommen Ihre ganzen Emotionen mit Ihren und für Ihre Kinder: das aufgeschlagene Knie, die Klassenkameradin, die sich doof verhalten hat, die Fünf in Mathe, die Diskussionen um Mediennutzung, Nachhilfe und nächtliche Ausgehzeiten und, und, und. Manchmal kann Ihnen auch die Vorbereitung für den heiß ersehnten Urlaub den Rest geben, weil Sie jetzt alles Organisatorische im Vorfeld allein stemmen müssen, nebst An- und Abreise und Programm vor Ort.

Eins ist sicher: Der Versuch, einfach alles so zu machen wie bisher, ist meist zum Scheitern verurteilt. Weil dabei im Zweifel alles auf Ihren Schultern liegt und diese Schultern nur eine begrenzte Last tragen können.

Hier helfen **vier Maßnahmen:**

1. Schnell Prioritäten setzen

Was geht noch und was nicht mehr? Wofür können Sie sich Hilfe holen? Ihr Ex, andere Eltern, Großeltern, Babysitter, Patentanten? Was streichen Sie ganz?

Überprüfen Sie alles bedingungslos. Aus meiner Erfahrung sind es oft die ungeschriebenen, oft überhöhten inneren Standards und Ansprüche, mit denen Sie sich selbst ein Bein stellen. Was muss wirklich sein? Was können Sie anders erledigen?

Weil es mir in meiner Coachingpraxis so häufig vor allem bei Klientinnen begegnet, ein Wort zu Ernährung und Mahlzeiten: Wir alle wissen, wie gesunde Ernährung aussieht, die Ihnen gerade jetzt Kraft und Vitalität geben kann: viel Obst und Gemüse, komplexe Kohlenhydrate, fettarme Milchprodukte, hochwertige pflanzliche Fette, viel Fisch, wenig, aber hochwertiges Fleisch, zumindest, wenn Sie Mischkost bevorzugen. Als Vegetarier oder Veganer wissen Sie, was Ihnen stattdessen guttut.

Aber müssen Sie wirklich täglich oder mehrmals pro Woche frisch einkaufen oder gar zum Biobauern fahren oder reicht nicht zumindest vorübergehend der einmalige wöchentliche Besuch im Supermarkt? Muss jeden Tag frisch gekocht werden oder geht mal, wirklich nur ausnahmsweise, die Tiefkühlpizza? Auch Rohkost geht eigentlich immer und vor allem schnell. Oder könnten Sie sich mit Meal Prep anfreunden und das Essen ein paar Tage im Voraus planen und zubereiten? Hier gibt es mittlerweile viel Literatur und zahlreiche Hilfsmittel am Markt. Bleiben Sie bei Ihrem Fokus auf gesunder Ernährung, aber seien Sie gerade jetzt nett zu sich selbst und lassen Sie ab und zu mal fünfe gerade sein.

Und damit sind wir weiter beim Entschlacken Ihres Alltags: Müssen alle Termine der Kinder sein oder können Sie vorübergehend das ein oder andere streichen oder sich mit anderen Eltern abwechseln? Kann die Geigenstunde ausfallen, weil Sie einfach nicht mehr können? Ich weiß, Sie wollen Ihrem Kind beibringen, dass man am Ball bleibt und Disziplin zeigt. Wenn Sie solche Verpflichtungen in der Anfangszeit nach Ihrer Trennung absagen, zeigen Sie Ihrem Kind aber auch, dass keine förmliche Regel wichtiger ist als liebevolle Selbstfürsorge.

Bei kleineren Kindern, die Sie nachmittags noch fahren, werden Verabredungen mit anderen Kindern auch in dieser anstrengenden Phase oft zwanghaft eingehalten. Die meisten Eltern wünschen sich, dass ihre Kinder gesellig sind und soziale Kontakte knüpfen und pflegen. Dennoch könnten Verabredungen zum Beispiel wöchentlich begrenzt werden oder vorübergehend – vorab kommuniziert – nur bei Ihnen oder nur bei den anderen Eltern stattfinden, je nachdem, was für Sie gerade besser ist. Bei den Hobbys der Kinder bietet sich manchmal eine echte Pause von vier bis sechs Wochen an, bis sich Ihr Alltag etwas zurechtgeruckelt hat. Damit die (Sport-)Trainer Ihrer Kinder entsprechend planen können, sollte das im Vorhinein kommuniziert werden. Ich weiß, was Sie jetzt einwenden: »Das geht nicht, dann wird er nicht mehr aufgestellt / fliegt sie aus dem Kader raus.« Ja, das kann passieren. Aber wenn Sie nicht mehr aufgestellt sind oder aus Ihrem Kader fliegen, dann geht demnächst gar nichts mehr.

2. »Me first«

Maßstab für Ihre Priorisierung sind im Moment nur Sie. Es ist eine Phase der Umgewöhnung, und Ihre Kinder werden größer. Wenn Sie aber nicht mehr können, ist niemandem geholfen. Und nein, Sie müssen Ihre Entscheidung für eine Trennung nirgendwo abarbeiten und so tun, als würde sich für alle anderen nichts ändern. Es hat sich gewaltig viel geändert. Das dürfen Sie berücksichtigen und sich weiter fragen, ob das, was

Sie da machen oder planen, gut für Sie ist. Ihr Wohlbefinden steht im Moment an erster Stelle bei allem, was Sie tun oder eben nicht tun.

Nicht verändert hat sich die Liebe zu Ihren Kindern. Und die können Sie auch anders zeigen als durch nachmittägliche Taxifahrten. Zum Beispiel gemütlich auf dem Sofa beim Familienfilm. Oder beim Gemüseschnippeln in der Küche. Oder beim gemeinsamen Socken sortieren. Beziehen Sie Ihre Kinder altersgerecht in Ihren Alltag ein, nicht umgekehrt. Machen Sie das zur Familienzeit.

3. Verantwortung übertragen

Versuchen Sie, Verantwortungspäckchen auf andere zu übertragen. Meistens sind es die Mütter, die immer alles sehen und wissen, was rund um die Kinder zu tun ist: Geburtstagsfeiern, -geschenke und -kuchen, Klassenfahrten, Elternabende, neue Kleidung, Socken, Wäsche, besondere Sportkleidung, Geschenke für Lehrer und Trainer. Im Coaching erlebe ich, dass all diese Aufgaben auch diejenigen Mütter übernehmen, die Vollzeit arbeiten und »eigentlich« die Hauptverdiener der Familie sind. Sie delegieren dann gelegentlich Teile an ihren Partner, dennoch liegt die Hauptverantwortung weiter bei ihnen. Mütter sind so der Flughafentower der Familie: Sie sehen alles, wissen alles und koordinieren alles. Das lässt sich nicht von heute auf morgen abstellen, aber versuchen Sie gerade jetzt, nicht nur »Einzelaufgaben« zu delegieren, sondern ganze »Verantwortungspäckchen«. Das bedeutet bei einer Klassenfahrt zum Beispiel, die Teilnahme am vorangehenden Elternabend, die Überweisung, die Durchsicht des Packzettels, das Packen, die Kopien der Versicherungsbescheinigungen und den Proviant für die Anreise bei einer Person zu bündeln. Das bedeutet beim Kleidungskauf zum Jahreszeitenwechsel nicht nur zwei Hosen zu kaufen, sondern auch wetterfeste Jacke, Mützen und

Schuhe. Das bedeutet bei Aufholbedarf in Schulfächern nicht nur eine einzige Session, sondern ein fortlaufendes, wöchentliches Dranbleiben und Üben. Schauen Sie, wer das übernehmen kann: Nachbarn, Großeltern, ältere Schüler, professionelle Nachhilfelehrer? Und ja, auch Ihr Ex!

Sie werden jetzt einwenden: »Wenn ich es nicht mache, macht es keiner.« Oder: »Wenn ich mich nicht kümmere, geht alles schief.« Ja, stimmt genau, denn alle haben sich daran gewöhnt, dass Sie sich kümmern. Ändern werden Sie das nur, wenn Sie jetzt anfangen, für sich und Ihre Zeit einzutreten und klar kommuniziert Verantwortungspäckchen abzugeben. Und dann innerlich einen Schritt zurücktreten.

4. Pausen machen

Versuchen Sie unbedingt, sich selbst Pausen in Ihrem Alltag einzuräumen, gerade wenn Sie Kinder haben und auch arbeiten. Ich weiß, das klingt wieder einfacher, als es ist. Wenn die Zeit für längere Pausen noch fehlt, versuchen Sie es hiermit: zehn Minuten hinsetzen, dösen. Immer wieder. Nichts tun, nichts denken, Löcher in die Luft starren. Mindestens drei solcher Kurzpausen sollten Sie täglich einbauen. Kommunizieren Sie kleineren Kindern, dass Sie anschließend wieder für sie da sind. Machen Sie es in der Schlafenszeit von Säuglingen oder Babys, bevor Sie alles aufräumen und erledigen, was liegen geblieben ist. Zwingen Sie sich dazu. Unterdrücken Sie jeden Impuls, aufzuspringen. Alles andere muss warten, weil ohne Sie sonst gar nichts mehr läuft.

Der Freundeskreis entscheidet sich …

Das ist noch so eine Umstellung: Vielleicht haben Sie gehofft, Ihr Freundeskreis werde irgendwie so bleiben, wie er war. Sie und Ihr Ex könnten weiterhin beide daran teilnehmen. Oder Sie haben gehofft, Ihr Freundeskreis werde sich für Sie entscheiden.

In und nach einer Trennung sortieren sich Bekannten- und Freundeskreise in der Regel neu. Es kann sein, dass Freunde bleiben oder dass Freunde sich abwenden, von denen Sie es nie vermutet hätten.

Wie Menschen reagieren, können Sie nur begrenzt vorhersehen. Beeinflussen können Sie es meistens nicht. Versuchen Sie daher, sich vor und in der Trennung – nur gedanklich – auf den Worst Case einzustellen: Ihr Freundeskreis bricht weg.

Dann freuen Sie sich über jeden, der Ihnen bleibt.

Es könnte sein, dass Sie von dem ein oder anderen enttäuscht sind, weil er/sie sich nicht eindeutig für Sie entscheidet oder sogar gegen Sie. Schauen Sie, ob Sie diesen Gefühlen bewusst Raum geben wollen (→ Übung Gefühlen Raum geben / Sie müssen leider durch das Tal der schlechten Gefühle, Kapitel II, Innere Balance). Je nach Situation können Sie überlegen, die jeweilige Freundin, den jeweiligen Freund darauf anzusprechen, wenn Ihnen das ein besonderes Bedürfnis ist.

Es könnte auch sein, dass Ihnen Ihr Freundeskreis bleibt, aber hauptsächlich aus Paaren besteht. Dann kann es schwierig werden, sich nicht wie das fünfte Rad am Wagen zu fühlen. Sie könnten in solchen Situationen versuchen, mit Ihrem Freundeskreis Unternehmungen zu machen wie Ausstellungsbesuche, Museumsbesuche oder Konzerte. Das kann sich für eine Übergangszeit besser anfühlen, als zu fünft oder zu siebt beim Essen um einen Tisch zu sitzen.

Beginnen Sie möglichst schon vor der Trennung, wenn Sie spüren, dass Ihr Entschluss wächst, Ihren neuen Freundes- und Bekanntenkreis »post Trennung« aufzubauen, wie weiter oben beschrieben. Setzen Sie sich Ziele: Sprechen Sie jeden Monat drei Menschen an und versuchen Sie, mit ihnen in Kontakt zu kommen, sich auf einen Kaffee zu treffen, zu telefonieren oder spazieren zu gehen. Schauen Sie, was daraus wird.

Und: Qualität geht vor Quantität. Sie brauchen keine große Schar an Freunden. Es reichen ein, zwei oder drei gute, mit denen Sie gerade in dieser Zeit intensiven Austausch pflegen können. Im Idealfall sind das Ihre »Herzensfreunde«, von denen im Buch schon die Rede war. (→Sie müssen leider durch das Tal der schlechten Gefühle – Zweiter Schritt: Sie erfüllen Ihre Bedürfnisse.)

Ihr Ex ist in einer neuen Partnerschaft

Auch wenn Sie es waren, der/die den Trennungsentschluss gefasst hat: Wenn Ihr Ex in einer neuen Partnerschaft ist, kann das noch einmal eine harte Prüfung für Sie sein.

Falls diese neue Information starke Gefühle bei Ihnen auslöst, setzen Sie sich hin und klären Sie die Situation für sich in Ruhe. Was ist da los? Soll ein anderer ihn nicht haben? Ist es so etwas wie Eifersucht? Oder geht es darum, dass Sie den beiden ein Glück nicht gönnen, das bei Ihnen und Ihrem Ex nicht von Dauer war? Hat es (noch) etwas mit Besitzansprüchen zu tun, »mein Mann«, »meine Frau«? Oder sind Sie mit Ihrer Trennung noch nicht so richtig glücklich? Vermissen Sie ihn als Menschen und Partner?

Gerade in dieser Situation kann es auch sein, dass Ihnen Ihr Ex so sehr im Kopf herumspukt, dass Sie ihm auf Social Media folgen. Sie beobachten täglich (oder stündlich?), was er so macht, postet oder wen er trifft.

Versuchen Sie, herauszufinden: Ist das echtes liebevolles Interesse an Ihrem Ex oder fühlt es sich eher wie ein Beobachtungszwang an?

Als erste Gegenmaßnahme unterbrechen Sie sich selbst aktiv, wenn Sie auf Social Media beim Ex sind. Schleichen Sie das zur Not langsam aus: jeden Tag ein paar Minuten (oder Stunden) weniger. Stellen Sie einen Timer. Bis Sie bei null sind.

Dann ist das Wichtigste, dass Sie wieder konsequent den Fokus auf sich selbst richten, auf Ihr Leben, Ihre Wünsche, Ziele, Interessen, Ihren Neustart. Führen Sie sich Ihre Lebenszeit vor Augen, die Sie beim Verfolgen auf Social Media verplempern oder mit Ihren Gedanken, die beim Ex und seiner neuen Partnerschaft sind.

Machen Sie sich klar, dass das eine der Konsequenzen einer Trennung ist: Der andere ist frei und kann tun und lassen, was er will. Dazu gehört auch, sich einen neuen Partner zu suchen. Üben Sie, das zu akzeptieren, indem Sie zurückgehen zum → Kapitel III über das Loslassen. Schauen Sie, ob eine der dort beschriebenen Übungen Ihnen weiterhilft, und lenken Sie immer wieder bewusst und zielgerichtet den Fokus auf Ihr Leben. Sehen Sie das Gute und versuchen Sie, es zu vermehren. Und denken Sie bei alledem auch daran: Alles, was Ihr Ex macht, das »dürfen« Sie selbstverständlich auch machen.

Das sind die häufigsten Hindernisse bei der Umsetzung der Trennung, die mir im Coaching immer wieder begegnen. Wichtig ist, dass Sie sie wahrnehmen und sich um sie kümmern, statt zu versuchen, sie irgendwie innerlich wegzudrücken. Sie erinnern sich: »Wogegen Sie sich wehren, das bleibt bestehen.« Deshalb möchte ich Sie am Ende dieses Kapitels noch zu einer Visualisierungsübung einladen. Sie nehmen in dieser Übung wahr, welches Hindernis Sie gerade beschäftigt. Dann gebe ich Ihnen eine Visualisierung an die Hand, mit der Sie sich in dieser Situation selbst beeinflussen können, um bei sich und Ihrem Weg zu bleiben.

Das ist ein gutes Mittel, unbeschadet durch diese erste Zeit zu kommen.

Ihr Ziel: Sie wappnen sich gut für die kleineren und größeren Hindernisse bei der Umsetzung Ihrer Trennung.
Vorbereitung: Ein ruhiger Ort, ein Sessel oder Stuhl oder auf einem Spaziergang.
Zeitaufwand: 5 bis 10 Minuten
Durchführung: Nehmen Sie sich eine klitzekleine Auszeit: Setzen Sie sich hin, gehen Sie ruhig spazieren oder lehnen Sie sich an einen Baum. Je nachdem, ob es in der Situation passt, schließen Sie gern die Augen. Versuchen Sie dann zunächst, Ihr Hindernis zu benennen:

- Ich fühle mich einsam.
- Es ist so furchtbar anstrengend.
- Mir schwirrt der Kopf, ich weiß gar nicht, wo ich anfangen soll.
- Ich werde meinen Kindern nicht gerecht.
- Ich bin enttäuscht über einen Freund.
- Ich sehe, wie glücklich mein Ex jetzt ist, und bin neidisch.

Sie sehen, das sind sowohl Gefühle als auch Gedanken. Nehmen Sie bewusst wahr, was Sie fühlen und denken. Vielleicht wollen Sie später noch einmal zurückgehen zur Übung → »Gefühlen Raum geben« (Kapitel II, Innere Balance, Sie müssen leider durch das Tal der schlechten Gefühle) und sich intensiver mit diesen Gefühlen befassen. Hier und jetzt reicht es aus, sich ihrer bewusst zu werden.

Atmen Sie mehrere Male tief ein und aus. Richten Sie jetzt bewusst Ihren Fokus auf sich selbst. Und nun visualisieren Sie, dass Sie durch Ihre Trennung gleiten wie ein Eisbrecher durchs Packeis:

Sie sind gefestigt, Sie sind entschlossen und Sie haben starke Außenwände.

Eisschollen rammen Sie, aber Sie bleiben auf Ihrem Weg.

Manchmal wackelt es sehr, aber Sie bleiben auf Ihrem Weg.

Sie konzentrieren sich auf sich selbst und bleiben auf Ihrem Weg.

Ihre Kinder brauchen Sie, darum kümmern Sie sich, dann bleiben Sie wieder auf Ihrem Weg.

Sie kümmern sich gut um sich, entschlacken zumindest vorübergehend Ihren Alltag und bleiben auf Ihrem Weg.

Schon wieder wackelt es, aber Sie bleiben auf Ihrem Weg.

Sie fühlen sich einsam, aber Sie wissen, das halten Sie aus und es wird vorübergehen. Deshalb bleiben Sie auf Ihrem Weg.

Sie holen sich Hilfe für Aufgaben, die auch andere übernehmen können, und bleiben auf Ihrem Weg.

Sie setzen auf die Freunde, die da sind, strecken Ihre Fühler nach neuen Menschen aus und bleiben auf Ihrem Weg.

Sie lassen Ihren Ex immer mehr los und bleiben auf Ihrem Weg.

Sie schieben die Eisschollen weg, die Ihnen den Weg versperren wollen.

Sie sind so fokussiert darauf, den Eisbrecher auf Kurs zu halten, dass Sie keine Zeit mehr haben, Ihrem Ex auf Social Media zu folgen.

Sie sind ein Eisbrecher im Packeis und wissen, dass Sie Ihren ganz persönlichen Heimathafen mit viel Wärme, Licht und Sonnenschein unbeschadet erreichen werden. Indem Sie auf Kurs bleiben.

Zusammenfassung:

Typische Hindernisse bei der Umsetzung

Auf Ihrem Weg durch die Trennung können Ihnen typische Hindernisse begegnen. Nehmen Sie sie wahr und kümmern Sie sich um sie. So gehen Sie gut damit um:

Prüfen Sie etwaige Zweifel an Ihrem Trennungsentschluss sofort: Geht es Ihnen um Ihren Partner oder sind es die äußeren Umstände und Probleme, die Sie jetzt bewältigen und lösen müssen?

- Plötzlich wieder Single: Versuchen Sie, konstruktiv mit dem Alleinsein umzugehen, indem Sie es realisieren und Ihrem Tag Struktur geben. Erweitern Sie dann Ihren Radius und knüpfen Sie neue Kontakte.

- (Fast) Alleinerziehend: Gerade mit Kindern kann die erste Phase nach der Trennung sehr anstrengend sein, bis sich alles eingespielt hat. Vier Maßnahmen helfen:
  - Setzen Sie schnell Prioritäten.
  - »Me first«: Maßstab für Ihre Priorisierung sind im Moment nur Sie. Wenn Sie nicht mehr können, läuft gar nichts mehr.
  - Übertragen Sie Verantwortung für Ihre Kinder auch auf andere, am besten ganze Verantwortungsbereiche: auf Nachbarn, Großeltern, Freunde, Nachhilfelehrer und auch Ihren Ex.
  - Machen Sie Pausen.

- Rechnen sie damit und akzeptieren Sie, dass Ihr Freundeskreis sich entscheidet. Beginnen Sie möglichst schon vor der Trennung, zusätzlich einen neuen Freundes- und Bekanntenkreis aufzubauen.

- Lernen Sie damit umzugehen, wenn Ihr Ex eine neue Partnerschaft hat. Hören Sie auf, Ihrem Ex auf Social Media zu folgen.

V.
Kinder in der Trennung

»Meine Kinder sind noch recht jung, zehn und zwölf Jahre alt. Die Situation mit meinem Ehemann ist für mich inzwischen unerträglich, ständig gibt es Streit oder Provokationen. Ich fühle mich in meinem eigenen Haus nicht mehr wohl. Trotzdem überlege ich, ob ich nicht noch ein paar Jahre aushalten soll für die Kinder. So circa fünf Jahre, dann müssten doch die beiden aus dem Gröbsten raus sein, oder?« **(Jeannette, 45 Jahre, zwei Kinder unter 14)**

Eine gute Trennung – das wollen fast alle trennungsentschlossenen Elternteile, und zwar vor allem für ihre Kinder. Sie sollen so wenig wie möglich unter der Trennung der Eltern leiden, sollen das gut verarbeiten. Außerdem wollen meistens beide Eltern vollwertige Ansprechpartner ihrer Kinder sein und bleiben.

Tatsächlich können Kinder unfassbar unter der Trennung ihrer Eltern leiden, unabhängig vom Alter und mit unverarbeiteten inneren Problemen und Verletzungen, die diese Kinder lange, oft bis ins Erwachsenenalter, unausgesprochen und unbewältigt mit sich herumtragen.

Der negativ geprägte Begriff des »Trennungskindes« oder »Scheidungskindes« ist dabei in vielen Köpfen noch präsent. Alles, was man damit gedanklich gemeinhin verbindet, soll um jeden Preis vermieden werden: Schuldgefühle des Kindes, Traurigkeit, Harmonieverlust, Nestverlust, früh auf sich selbst gestellt zu sein, eine Mittlerrolle zwischen den zerstrittenen Eltern zu haben oder das Gefühl, sich für einen Elternteil entscheiden zu müssen, ständigen Streit und Gemeinheiten der Eltern zu erleben, Verlust von Vertrauen, Selbstvertrauen und Urvertrauen.

Dieses negative Bild des Trennungskindes ist natürlich auch im Coaching oft unterschwellig dabei. Viele – oft die Mütter – überlegen im Vorfeld einer Trennung, ob sie eine unglückliche Partnerschaft nicht doch noch ein paar Jahre für ihre Kinder aushalten sollen. Klienten berichten auch vom ausdrücklichen Rat der Groß- oder Schwiegereltern, zum Wohle der Kinder noch ein paar Jahre die Zähne zusammenzubeißen.

Früher war das ja durchaus üblich, oft mit der Folge einer unglücklichen Ehe oder Partnerschaft und um den Preis des eigenen Lebensglücks. Leider handelt es sich dabei um ein fatales Missverständnis.

Dem zugrunde liegt ein Ideal: eine Familie, die ein Ort der Liebe, der Geborgenheit, der Zuneigung, des Wohlwollens, des Wachsens und Gedeihens ist. In einer unglücklichen Partnerschaft besteht aber oft nur noch das Konstrukt »Familie« ohne all das Positive, das damit verbunden wird. Dort herrschen Streit statt Liebe, Haltlosigkeit statt Geborgenheit, Abneigung statt Zuneigung, Missgunst statt Wohlwollen, Hemmung statt Entwicklung. Eine solche familiäre Situation aufrechtzuerhalten, ist für Kinder mindestens genauso grausam, wie eine »schlechte« Trennung voller Streit miterleben zu müssen.

Vor allem: Unterschätzen Sie bei alldem nicht Ihr Kind.

Kinder haben sehr feine Antennen für die angespannte Atmosphäre, die zwischen ihren Eltern herrscht – selbst, wenn diese nicht lauthals vor ihnen streiten. Kinder spüren deshalb meistens ganz genau, wie es um die Partnerschaft ihrer Eltern bestellt ist.

Für Ihr Kind ist also weder eine schlechte Trennung mit viel Streit und Missgunst gut noch das andere Extrem, eine unglückliche Familie mit einer schlechten Atmosphäre.

Eine »gute Trennung« hingegen, die Ihnen und Ihrem Partner wieder die Chance auf ein eigenes Lebensglück eröffnet, kann auch für Ihr Kind ein Neuanfang sein – in einem zugeneigten, wohlwollenden Umfeld, in dem seine Bedürfnisse gesehen und erfüllt werden.

Wie also kann so etwas wie eine »gute Trennung« konkret für Ihr Kind aussehen?

Ihr Kind gut durch die Trennung begleiten = gute Trennung für Ihr Kind

»Meine Frau und ich sind mit unseren Kindern viel herumgekommen. Wir sind beide Mitte vierzig, hatten tolle Jobs und eine gute Zeit. Irgendwie haben wir das perfekte Leben gelebt. Und doch haben wir uns leider auseinandergelebt. Jetzt wollen wir die perfekte Trennung, auch für unsere Kinder. Die beiden sind elf und dreizehn Jahre alt. Wir haben ihnen noch nichts gesagt. Wie gehen wir das richtig an?« **(Peter, 44 Jahre, zwei Kinder unter 14)**

Eine gute Trennung für Ihr Kind bedeutet, dass Sie Ihr Kind gut durch Ihre eigene Trennung begleiten. Dabei sollten Sie einige Grundregeln im Zusammensein mit Ihrem Kind beherzigen. Auch sollten Sie sich gut überlegen, wann und wie Sie es Ihrem Kind sagen und wie Sie mit möglichen kontraproduktiven Verhaltensweisen Ihres Ex gut umgehen.

Grundregeln für eine gute Trennung für Ihr Kind

Die Grundregeln für eine gute Trennung für Ihr Kind sind: Seien Sie bei sich, seien Sie präsent im Umgang mit Ihrem Kind, sehen Sie die Bedürfnisse Ihres Kindes und erfüllen Sie sie altersgemäß.

Das alles können Sie und Ihr Partner gemeinsam übernehmen. Wenn das aktuell (noch) nicht geht, reicht es aus, wenn Sie allein diese Grundregeln für Ihr Kind beherzigen.

Schauen wir uns die einzelnen Aspekte einmal genauer an:

1. Seien Sie bei sich

Bei einer Trennung – auch einer wohlüberlegten – sind die meisten anfangs eher »außer sich« als bei sich. In diesem Zustand können sie ihr Kind oft nicht angemessen unterstützen. Viele »funktionieren« in dieser Phase nur noch: Sie können die essenziellen Bedürfnisse ihres Kindes erfüllen – essen, wohnen, Aktivitäten –, jedoch meistens nicht seine emotionalen Bedürfnisse, weil sie zu sehr mit sich selbst und den äußeren Entwicklungen beschäftigt sind.

Wenn Sie bei sich sind, ist das auch für Ihr Kind ungeheuer wertvoll. Sie können Ihrem Kind die Liebe schenken, die es braucht. Ihr Kind spürt, dass es sich weiterhin auf Sie verlassen kann, dass Sie die Kraft und Energie haben, weiter gut für Ihr Kind zu sorgen.

Sie kommen zu sich, wenn Sie die vorangegangenen Anregungen beherzigt haben: Sie haben innere Klarheit und innere Balance gewonnen, Sie haben sich mit Ihren inneren Prägungen auseinandergesetzt und haben gelernt, gesunde Grenzen für sich selbst zu ziehen. Sie nehmen sich täglich Ihre »magischen 15« Minuten und kümmern sich um Ihre Bedürfnisse und sich selbst.

So sind Sie idealerweise vom Zustand des »Außer-sich-Seins« schnell wieder zu sich selbst gekommen. Sie ruhen vielleicht sogar wieder in sich, sind innerlich »satt« und reich geworden. Das ist ein Zustand der Fülle, aus dem heraus Sie auch Ihrem Kind wieder das geben können, was es braucht.

Wenn Sie diesen inneren Zustand (noch) nicht ganz erreicht haben, machen Sie weiter, bleiben Sie am Ball. Sie tun es für sich und Ihr Kind.

Zu diesem Zustand des »Bei-sich-Seins« gehört auch, dass Sie vor Ihrem Kind nicht schlecht über Ihren Ex reden. Niemals. Ihre möglicherweise harten Gefühle Ihrem Ex gegenüber gehören nicht vor Ihr Kind. Das würde Ihr Kind je nach Alter in vielerlei Hinsicht überfordern. Es könnte Schuldgefühle bekommen, das Gefühl, es müsste zwischen Ihnen vermitteln oder müsste sich zwischen Ihnen beiden entscheiden. All das ist emotional ungesund für Ihr Kind. Unterlassen Sie es also.

Sollte umgekehrt Ihr Ex schlecht über Sie reden, gibt es in diesem Kapitel einige Anregungen, wie Sie damit umgehen können.

2. Seien Sie präsent im Umgang mit Ihrem Kind

Seien Sie präsent, seien Sie aufmerksam, seien Sie liebevoll im Augenblick, wenn Sie mit Ihrem Kind kommunizieren oder wenn Ihr Kind einen Wunsch, ein Anliegen, ein Bedürfnis an Sie heranträgt.

Je nach Alter benötigt Ihr Kind oft nur ein paar Minuten ungeteilter Aufmerksamkeit, damit es innerlich emotional gesättigt und zufrieden wird. Und wenn es ein paar Minuten mehr sein sollen: Nehmen Sie sich genau jetzt diese Zeit, sie bildet die Basis für Ihr weiteres, gesundes Miteinander als Elternteil und Kind. Davon können Sie wahrscheinlich ein Leben lang zehren.

Ungeteilte Aufmerksamkeit bedeutet dabei, dass Sie in dieser Zeit tatsächlich nichts anderes machen, als für Ihr Kind da zu sein. Sie haben kein Smartphone, keinen Computer an, Sie gehen nicht ans Telefon und schreiben keine Nachricht und keinen Einkaufszettel. Diese Zeit gehört ausschließlich Ihrem Kind.

Nur so können Sie Ihr Kind wirklich sehen, und das ist wörtlich gemeint: Eine echte Unterhaltung erfordert Augenkontakt und Zugewandtheit. Probieren Sie es aus: Die Erfahrung zeigt, dass Ihr Kind Ihre Präsenz spürt, dabei wahrscheinlich viel schneller merkt, dass sein Anliegen erfüllt ist, und zu seinen eigenen Aktivitäten zurückkehrt. Dann ist auch wieder Zeit für alles, was Sie im direkten Kontakt mit Ihrem Kind nicht »nebenbei« erledigen konnten: Haushalt, telefonieren, Nachrichten schreiben, Listen machen.

Neben dieser präsenten Zeit der echten, ungeteilten Aufmerksamkeit können und sollten Sie mit Ihrem Kind je nach Alter auch Zeit »nebeneinander« verbringen. Das kann bei all den Tätigkeiten sein, die nicht Ihre volle geistige Konzentration erfordern: aufräumen, Wäsche machen, kochen, backen, malen, gärtnern, Fahrrad fahren, Spaziergänge, auch fernsehschauen kann dazugehören.

Das ist eine absichtslose Zeit, die Sie einfach mit Ihrem Kind verbringen, während Sie beide durchaus etwas tun. Merken Sie in dieser Zeit, dass Ihr Kind echte, konzentrierte Präsenz von Ihnen benötigt, schalten Sie um und geben Sie sie ihm. Danach gehen Sie weiter Ihrer gemeinsamen Beschäftigung nach.

3. Sehen Sie die Bedürfnisse Ihres Kindes

Wenn Sie bei sich sind und mit Ihrem Kind präsente Zeit der echten, ungeteilten Aufmerksamkeit verbringen, erfüllen Sie schon zwei wesentliche Voraussetzungen, um die Bedürfnisse Ihres Kindes zu sehen.

Dabei geht es um zweierlei:

Sie sehen Ihr Kind in seiner Identität. Sie kennen und sehen seine Stärken und Schwächen, seine Vorlieben und Abneigungen, wissen, was ihm Freude macht und was nicht. Sie sind dabei wertfrei und offen für neue Entwicklungen in all diesen Bereichen; Sie erlauben Ihrem Kind, sich selbst zu entdecken und sich auszuprobieren. Sie lieben Ihr Kind bedingungslos, wie es ist.

Auf dieser Grundlage sehen Sie die Bedürfnisse Ihres Kindes. Das kann je nach Alter des Kindes das Bedürfnis nach Aufmerksamkeit, Trost, Spielen, Unterhaltung, Körpernähe, Kuscheln, Entwicklung, Antworten auf Fragen, kreativer Anregung, Diskussionen, gemeinsamen Unternehmungen und vieles mehr sein.

4. Erfüllen Sie die Bedürfnisse Ihres Kindes zeitnah und altersgerecht

Versuchen Sie, die so wahrgenommenen Bedürfnisse Ihres Kindes zeitnah und altersgerecht zu erfüllen.

Schieben Sie nichts auf die lange Bank, wenn Sie sehen, dass es sich um ein drängendes aktuelles Bedürfnis handelt. Trösten Sie, kuscheln Sie, lesen Sie vor. Je nach Alter des Kindes machen Sie das sofort oder zumindest zeitnah, wenn Sie gerade eine unaufschiebbare Tätigkeit ausführen. Erklären Sie Ihrem Kind kurz, wann Sie für es da sein werden, und halten Sie das ein.

Erfüllen Sie die Bedürfnisse Ihres Kindes altersgerecht und mit viel Liebe und Verständnis. Was damit gemeint ist, wissen Sie selbst: Ihr dreijähriges Kind hat andere Bedürfnisse, ein anderes Zeitgefühl und eine andere Konzentrationsfähigkeit als Ihr zehnjähriges oder fünfzehnjähriges Kind.

All das stärkt das Vertrauen Ihres Kindes in die neue Situation: Es hat sich zwar äußerlich sehr viel verändert, aber Ihr Kind ist Ihnen weiterhin wichtig und wird geliebt und umsorgt. Das zu spüren, ist wesentlich für Ihr Kind und sehr beruhigend.

Ein Wort noch zu materiellen Bedürfnissen. Auch diese gibt es, Ihr Kind braucht ein neues Fahrrad oder ein neues Handy, möchte eine Guthabenkarte für Computerspiele, den Hoodie einer bestimmten Marke oder ganz einfach eine zuckerhaltige Limonade und eine Tüte Chips, in der Zeit, in der es bei Ihnen ist.

Besonders diejenigen Elternteile, die ihr Kind in oder nach einer Trennung nur zeitweilig sehen, haben oft ein schlechtes Gewissen und kompensieren das – je nach finanziellen Möglichkeiten – mit der sofortigen Erfüllung solcher materieller Bedürfnisse. Oft sehr zum Unmut des jeweils anderen Elternteils.

Wenn Sie der gebende Elternteil sind: Prüfen Sie für sich, warum Sie das materielle Bedürfnis gerade erfüllen: Haben Sie ein schlechtes Gewissen? Möchten Sie mit dem Geschenk bei Ihrem Kind in einem guten Licht dastehen? Wollen Sie Ihr Kind einfach mal verwöhnen? Das alles ist sehr menschlich und kommt vor. Machen Sie es, aber seien Sie sich Ihrer Beweggründe bewusst.

Vielleicht können Sie sich dann irgendwann in einem nächsten Schritt doch einmal fragen: Braucht Ihr Kind den Gegenstand zurzeit wirklich? Können Sie sich eventuell mit Ihrem Ex darüber abstimmen? Oder können Sie sogar den eigentlich materiellen Wunsch Ihres Kindes anders, zum Beispiel durch gemeinsam verbrachte Zeit oder Unternehmungen, erfüllen?

Gerade der ausgewogene Umgang mit materiellen Bedürfnissen benötigt in einer Trennung erfahrungsgemäß etwas Zeit. An dieser Stelle daher nur die Anregung, Ihr Verhalten und Ihre Beweggründe ab und an zu überdenken, offen zu sein für Entwicklungen und vielleicht, sofern und sobald das möglich ist, das abstimmende Gespräch mit Ihrem Ex zu suchen.

Wenn Sie der andere Elternteil sind und sehen, dass Ihr Ex immer wieder spontan und ohne Abstimmung materielle Wünsche erfüllt: Versuchen Sie, gelassen zu bleiben und eine mögliche innere Empörung etwas abflachen zu lassen. Reflektieren auch Sie mögliche Beweggründe Ihres Ex. Sprechen Sie das Thema erst an, wenn dies so ruhig und sachlich wie möglich erfolgen kann. Sobald das der Fall ist, sollten Sie es dann auch tun.

5. Geschwister

Falls Sie mehrere Kinder haben, gelten diese vier Grundregeln nach Möglichkeit im Umgang mit jedem einzelnen Kind. Nehmen Sie sich insbesondere in der Anfangszeit einer Trennung für jedes Kind individuell präsente Zeit und geben Sie ihm das Gefühl, auch als Einzelperson gesehen zu werden.

Geschwister erleben die Trennung ihrer Eltern oft unterschiedlich. Das wissen Sie als Elternteil am besten: Behandeln Sie jedes Ihrer Kinder in seiner Individualität und je nach seinem Alter und seiner Reife, um Ihre Trennung zu einer »guten« Trennung für jedes einzelne Kind zu machen.

Haben Sie mehrere Kinder, versuchen Sie auch konkret, die Geschwister in ihrer Gemeinschaft zu stärken, soweit Ihre Kinder dafür (noch) zugänglich sind. Das hängt stark vom Charakter und vom Alter Ihrer Kinder ab. Aber auch dann gilt: Überlassen Sie Ihre Kinder nicht sich selbst als »Kindergruppe«, sondern bleiben Sie mit allen einzelnen Kindern und in der Gemeinschaft in Kontakt. Geschwister untereinander können sich in dieser Zeit eine Stütze sein. Es ist jedoch weiterhin Ihre Pflicht als Elternteil, Ihre minderjährigen Kinder in dieser Phase zu unterstützen und diese Aufgabe nicht etwa auf ältere Geschwisterkinder zu übertragen.

6. Bonus: Ein gutes freundschaftliches Miteinander

Wenn Sie all das Vorgenannte beherzigen, haben Sie schon viel dafür getan, dass Ihre Trennung zu einer »guten« Trennung für Ihr Kind wird.

Ein besonderer Bonus wäre dann noch, wenn es Ihnen und Ihrem Ex gelingen würde, eine neue Form des wohlwollenden Miteinanders zu entwickeln und zu leben, in dem alle ehemaligen Familienmitglieder ihren Platz haben. Während Sie die vorgenannten Anregungen alle auch allein umsetzen können, gehören hierzu jedoch beide Expartner mit viel gutem Willen, einem wirklich gewünschten Miteinander und konstruktiven Übereinkünften.

Das können Sie nicht (allein) übers Knie brechen. Es kann sich aber gerade auch über Ihre eigene Entwicklung Stück für Stück ergeben und ist manchmal eine Frage der Zeit.

Nehmen Sie sich das innerlich vor und bleiben Sie wachsam, wann ein solches gutes Miteinander nach einer Trennung möglich sein könnte.

Neben der grundsätzlichen Frage, wie Sie Ihr Kind gut durch die Trennung begleiten, gibt es einige Einzelfragen, auf die ich in den nächsten Abschnitten eingehen werde.

Wann und wie sagen Sie es Ihrem Kind?

> *»Ich möchte mich trennen, habe aber meinen Kindern immer noch nichts gesagt. Die beiden sind sieben und zehn Jahre alt. Ich würde das Gespräch mit den Kindern gern zusammen mit meinem Mann führen. Aber mein Mann möchte die Trennung nicht und möchte auch nicht mit mir zusammen mit den Kindern sprechen. Ich habe große Bedenken, den Kindern allein von der Trennung zu erzählen. Was soll ich tun?«* **(Saskia, 43 Jahre, zwei Kinder)**

Ist die Entscheidung für eine Trennung bei einem Paar gefallen – egal ob einvernehmlich oder einseitig –, ist die nächste große Frage für Eltern immer, wann und wie sie es ihrem Kind sagen.

Für ein solches Gespräch gibt es keine pauschal gültige Herangehensweise, wohl aber wieder einige grundsätzliche Anregungen. Wie Sie ein solches Gespräch angehen, hängt immer auch vom Alter und der Reife Ihres Kindes / Ihrer Kinder ab. Nur eins ist sicher: Unterschätzen Sie Ihr Kind nicht. Viele Kinder wissen instinktiv, dass etwas nicht stimmt, ohne das vielleicht aussprechen zu können. Die Mitteilung über die Trennung ist daher oft »nur« noch das Aussprechen einer

Gewissheit. Gerade das kann aber auch eine sehr erleichternde Wirkung haben: Wenn Ihr Kind eine innere Ahnung hat, dass etwas nicht stimmt, ist es eine Erleichterung, endlich zu erfahren, was es ist – und dass die Situation vor allem nichts mit dem Kind zu tun hat.

Für ein möglichst gutes Gespräch mit Ihrem Kind können Sie die folgenden Anregungen berücksichtigen:

1. Sprechen Sie so früh wie möglich mit Ihrem Kind, sobald für Sie als Paar die Trennung feststeht. Das ist der Fall, wenn die Trennung entweder einseitig eindeutig ausgesprochen oder gemeinsam beschlossen ist.

    Steht die Trennung fest, entlastet ein Gespräch Ihr Kind, Sie und Ihren Partner. Sie sollten ein solches Gespräch allerdings vermeiden, wenn die Trennung noch nicht beschlossene Sache ist oder Sie sich selbst noch nicht klar darüber sind. In solch einer Situation besteht die Gefahr, dass Sie Ihr Kind in der Unterhaltung mindestens als Zuhörer, vielleicht aber sogar als Berater (aus-)nutzen. Beides sind Funktionen, die nicht kindgerecht sind, und das fast unabhängig vom Alter.

2. Versuchen Sie in Bezug auf die Trennung ein informatives, sachliches Gespräch mit Ihrem Kind und Ihrem Partner zu führen, ohne Schuldzuweisungen zwischen Ihnen beiden.

    Das ist sehr schwierig, vor allem wenn die Trennung einseitig ist. Versuchen Sie es dennoch zum Wohl Ihres Kindes: Ihre Trennung ist Ihre Sache, auch wenn Sie verlassen werden. Ihr Kind ist weder Zuhörer noch Berater noch Richter über Ihre Trennung und soll in diesem Gespräch auch nicht bewegt werden, Partei für einen Elternteil zu ergreifen. Formulieren Sie in diesem Gespräch kind- und altersgerecht.

Das gilt vor allem, wenn Sie die Ursachen einer Trennung beschreiben.

Besonderes Fingerspitzengefühl in der Kommunikation mit Ihren Kindern brauchen Sie, wenn der konkrete Anlass für Ihre Trennung (auch) ein eklatantes, (selbst-)schädigendes Verhalten Ihres Partners ist, wie zum Beispiel fortgesetzter Alkohol- oder Drogenmissbrauch, körperliche Gewalt. Häufig wird Ihr Kind von solchen Exzessen schon einiges mitbekommen haben. Mit einem transparenten, expliziten Ansprechen sind Sie Vorbild für Ihr Kind und zeigen ihm, dass eine Trennung in solchen Extremfällen die beste Form des Selbstschutzes sein kann.

Wenn Fremdgehen bei Ihrer Trennung eine Rolle spielt, kann ich Ihnen keine pauschale Empfehlung geben, es ist ein zu weites Feld. Hier sollten Sie für sich geklärt haben, ob ein einzelner Seitensprung bereits ein Grund für eine Trennung ist, ob Versöhnung möglich oder gescheitert ist oder ob es sich um fortlaufendes, nicht zwischen den Partnern abgestimmtes Fremdgehen handelt. Auch hier ist der wichtigste Maßstab: Was auch immer Sie Ihrem Kind sagen, tun Sie es reife- und altersgerecht. Nicht alle Details einer solchen Konstellation gehören vor Ihr Kind. Hüten Sie sich besonders in einem solchen Fall vor verbalen Abwertungen Ihres Partners, bleiben Sie sachlich.

»Sachliches Gespräch« heißt natürlich nicht, dass Sie nur einmal (und dann nie wieder) mit Ihrem Kind über die Trennung sprechen. Vielmehr wird Sie das über das ganze Erwachsenwerden Ihres Kindes stetig begleiten. Bleiben Sie also immer gesprächsbereit für Ihr Kind! »Sachliches Gespräch« bedeutet dabei auch nicht, dass Sie keinerlei Gefühle zeigen (dürfen). Sie werden Gefühle haben, und wenn Sie sie nicht zurückhalten können, ist das nur menschlich. In solch einem Fall wird Ihr Kind auf Ihre

Gefühle reagieren. Versuchen Sie dann, möglichst reif und erwachsen mit Ihren harten Gefühlen umzugehen und Ihr Kind nicht durch Ihre Gefühle zu manipulieren. Das kann auch durch allgemeine, vielleicht etwas oberflächliche Formulierungen geschehen: »Wir haben uns auseinandergelebt. Es funktioniert nicht mehr zwischen uns als Paar. Ich bin darüber noch sehr traurig, manchmal weine ich auch, aber unser Entschluss steht fest.« Im Vordergrund steht auch hier, dass Sie Ihr Kind nicht mit Ihren eigenen Problemen belasten.

3. Bekennen Sie Farbe, wenn es sein muss. Wenn Sie derjenige sind, der sich trennen will, führt manchmal kein Weg daran vorbei, das auch zu sagen. Ich weiß aus meiner Coaching-Praxis, dass der sich trennende Teil das oft scheut und den anderen ins Boot holen will, um vor den Kindern nicht als der Böse dazustehen: Auch der andere soll sagen, dass er sich trennen will.

   Das funktioniert aber oft nicht. Dann hilft es nichts, da müssen Sie durch. Finden Sie auch hier wieder Formulierungen, die keine Schuld zuweisen und so sachlich und neutral wie möglich sind: »Ich habe mich anders weiterentwickelt. Ich habe eure Mutter / euren Vater noch (sehr) gern, wir haben eine gemeinsame Vergangenheit und werden versuchen, Freunde zu bleiben. Wir werden euch auch weiterhin Mama und Papa sein und für euch sorgen. Aber ich möchte nicht mehr in dieser Partnerschaft sein.«

4. Sagen Sie Ihrem Kind altersgerecht, dass Sie beide es bedingungslos lieben und weiter für es sorgen werden. Es kann sich weiterhin an Sie beide wenden, wenn es Unterstützung braucht. Es wird immer Ihr geliebtes Kind bleiben, auch wenn Sie als Paar auseinandergehen. Sie werden sich beide

um Ihr Kind und seine existenziellen und emotionalen Bedürfnisse kümmern. Das sind Aussagen, die Sie klar und eindeutig und ohne Bedingungen äußern sollten.

5. Geben Sie Raum für eine gewisse Geschwisterdynamik, wenn Sie mehrere Kinder haben. Führen Sie ein erstes Gespräch und rechnen Sie damit, dass wahrscheinlich noch einige weitere, individuelle Gespräche mit jedem einzelnen Kind folgen werden. Lassen Sie Raum für Gespräche zwischen den Geschwistern. Bieten Sie an, dass Sie für weitere Unterhaltungen immer zur Verfügung stehen.

6. Versuchen Sie in jedem Fall, Ihr Kind nicht für Ihre Trennung oder bei Ihrer Trennung zu »missbrauchen«. Ich benutze dieses harte Wort, denn ein solches übergriffiges Verhalten kann sehr schnell auftreten, wenn harte Gefühle Sie überwältigen und Ihr Kind vielleicht besonders feinfühlig oder intelligent ist und Ihnen gern zur Seite stehen will. Ihr Kind ist Kind und hat es verdient, kind- und altersgerecht behandelt zu werden.

   Beherzigen Sie all das, was Ihr Kind nicht ist:

- Ihr Kind ist nicht schuld, und Ihr Kind sollte auch keine Schuldgefühle oder ein schlechtes Gewissen bekommen, weil Sie sich trennen. Wenn Sie Ihre eigenen Gefühle nicht manipulativ einsetzen, kann das gelingen.

- Ihr Kind ist nicht Ihr Tröster. Sie sind erwachsen, um Ihre Gefühle können Sie sich selbst kümmern, mit Freunden sprechen oder sich professionelle Hilfe holen.

- Ihr Kind hat keine Vermittlerrolle. Es ist nicht seine Aufgabe, Mutter und Vater zu versöhnen oder auch nur zu befrieden.

- Ihr Kind ist nicht Ihr Partnerersatz. Gespräche auf Erwachsenen-Augenhöhe gehören genau dahin: zwischen Erwachsene, nicht vor Ihr Kind.

Alle diese Anregungen sind darauf gerichtet, wie Sie sich in solch einem Gespräch verhalten und positionieren. Das soll helfen, Ihrem Kind die Situation möglichst gut und ruhig zu erläutern. Aber selbst wenn Ihr Kind Ihre Trennung bereits im Gefühl hatte: Rechnen Sie mit allen möglichen Reaktionen Ihres Kindes. In den meisten Fällen bricht doch eine Welt zusammen: Das Konzept Familie löst sich auch für Ihr Kind auf. Alles, was es kannte und liebte, wo es sich geborgen und geschützt fühlte, droht wegzubrechen. Stützen Sie Ihr Kind sofort, fangen Sie auf, trösten Sie: Vieles wird sich ändern, aber Ihre Liebe zu Ihrem Kind wird immer bleiben. Vielleicht fühlte Ihr Kind sich auch vor der Trennung schon solidarischer mit einem Elternteil. Das kommt oft vor, wenn Mutter oder Vater viele eigene, ungelöste Probleme haben und emotional sehr bedürftig erscheinen. Dann könnte Ihr Kind jetzt bei der Trennung (unbewusst) Partei ergreifen für diesen bedürftigeren Elternteil. Halten Sie das aus, bleiben Sie dennoch präsent für Ihr Kind und unterstützen Sie es, wo Sie können. Genauso kann es vorkommen, dass – gerade ältere – Kinder die Ankündigung der Trennung überraschend positiv aufnehmen, wenn nämlich die familiäre Atmosphäre vorher sehr belastet war. Es ist nicht ungewöhnlich, dass diese Kinder mit einem »Endlich!« reagieren. Was auch immer an Reaktionen kommt, es ist höchst individuell, oft sehr emotional und kann sich über die kommende Zeit immer wieder verändern. Bleiben Sie bei sich, bleiben Sie in engem Kontakt mit Ihrem Kind und beherzigen Sie die Anregungen weiter oben, wie Sie Ihr Kind gut durch Ihre Trennung begleiten können. Vermeiden Sie dabei in jedem Fall, schlecht über Ihren zukünftigen Ex zu sprechen, er/sie ist und bleibt der Vater oder die Mutter Ihres Kindes. Passiert es umgekehrt, dass Ihr Ex schlecht über Sie spricht, finden Sie im folgenden Abschnitt Hinweise, damit zum Wohle Ihres Kindes umzugehen.

Ihr Ex macht Sie vor den Kindern schlecht

> *»Wenn meine Tochter am Wochenende bei ihrem Vater war, ist sie immer völlig verstört, wenn sie sonntagabends wieder bei mir ist. Sie beäugt mich dann so komisch, ist gereizt und pampig. Ich brauche meistens den ganzen Sonntagabend und den Montag, damit wir wieder normal miteinander umgehen können. Ich glaube, mein Ex-Mann spricht am Wochenende sehr schlecht über mich und stachelt unsere Tochter gegen mich auf.«*
> **(Bettina, 39 Jahre, eine Tochter unter 10)**

Dieses kindliche Verhalten kennen viele getrennte Elternteile. Je nach Alter reagiert Ihr Kind auf einmal »komisch«, also nicht so, wie Sie es gewöhnt sind. Es kann Sie merkwürdig oder verstohlen anschauen, vielleicht auch fragend oder sogar traurig. Es reagiert gereizt, genervt und benützt vielleicht Worte oder Redewendungen, die Sie noch nie verwendet haben, die auch gar nicht kindlich klingen, sondern sehr erwachsen.

Ist Ihr Kind schon etwas älter, kann es Sie auch direkt konfrontieren mit Aussagen wie »Du bist ja schuld an der Trennung, Papa wollte das nicht« oder »Du warst schon immer komisch und egoistisch, sagt die Mama«.

Ein solches Verhalten nach einer beim anderen Elternteil verbrachten Zeit kann verschiedene Ursachen haben. Es kann auch einfach »nur« in der Zeit bei Ihrem Ex viel los gewesen sein, Treffen, Partys, Familienbesuche oder Ausflüge, und Ihr

Kind ist überreizt, braucht jetzt gerade Ruhe und muss sich erst einmal selbst sortieren.

Wenn sich jedoch Ihr Verdacht erhärtet, dass Ihr Ex versucht, Sie vor Ihrem Kind schlechtzumachen, trifft Sie das meistens bis ins Mark. Jetzt ist der Zeitpunkt gekommen, dass Sie sich selbst positionieren und überlegen, wie Sie damit umgehen.

Das Wichtigste ist, dass Sie selbst zuerst einmal Ruhe bewahren. Das allein kann schon sehr schwierig sein. Die Erfahrung zeigt aber, dass es in diesem Moment und in dieser Situation wenig bringt, Ihren Ex persönlich zur Rede zu stellen. Meistens sind solche Gespräche zu diesem Zeitpunkt unsachlich und laut, lösen aber das Problem nicht.

Versuchen Sie daher zunächst, Ihrem Kind gegenüber selbst sachlich zu bleiben, freundlich und zugeneigt. Es kann nichts dafür, wird nur leider instrumentalisiert.

Wenn sich Ihre innere Empörung etwas gelegt hat, können Sie versuchen, vorsichtig und mit viel Mitgefühl das Gespräch mit Ihrem Kind zu suchen. Dabei sollten Sie das Thema feinfühlig ansprechen, aber nicht weiterbohren, wenn Ihr Kind nicht reden will. Versuchen Sie, Verständnis dafür zu haben, dass Ihr Kind in einem Loyalitätskonflikt ist, den Sie nicht auf die Spitze treiben sollten.

Auf einen Vorwurf wie »Du bist ja schuld an der Trennung, Papa wollte das nicht« könnten Sie zum Beispiel bei einem unterstellten Kindesalter von circa fünf bis circa zwölf Jahren so reagieren: »Ich verstehe, dass Papa noch traurig ist über die Trennung. Aber aus meiner Sicht haben Papa und ich uns auseinanderentwickelt. Jetzt war der Zeitpunkt für mich gekommen, allein weiterzugehen. Ich glaube, dass Papa das eines Tages auch verstehen wird. Ganz sicher ist, dass Papa und ich, wir beide, weiter für dich da sind.«

Eine mögliche Reaktion auf: »Du warst schon immer komisch und egoistisch, sagt die Mama« wäre zum Beispiel:

»Weißt du, manchmal kommt es vor, dass zwei Erwachsene zu derselben Sache zwei Meinungen haben. So ist es auch hier. Das, was du sagst, ist Mamas Meinung. Ich sehe das anders, weil ich meine, dass ich mich immer sehr um alle in unserer Familie gekümmert habe. Aber weißt du was: Auch wenn Mama und ich unterschiedlicher Meinung sind, sind wir uns in einem einig: Wir werden immer für dich da sein.«

Ich weiß, hier verlange ich viel von Ihnen. Aber je ruhiger und sachlicher Sie agieren, desto überzeugender ist es und desto eher wird sich Ihr Kind wieder beruhigen. Es gilt auch jetzt wieder, mehr denn je: Bleiben Sie im Kontakt mit Ihrem Kind bewusst präsent. Folgen Sie Ihrer Liebe zu Ihrem Kind: Nehmen Sie es wahr, hören Sie zu, seien Sie für es da.

Daneben sollten Sie (wieder) einen besonderen Fokus darauf legen, auch mit sich selbst in Kontakt zu sein, bei sich zu sein. Seien Sie so authentisch und dabei gelassen wie möglich. Ihr Kind wird das sehr genau wahrnehmen und bemerken. Wenn Sie selbst möglichst gelassen bei sich bleiben, ist das beruhigend für Ihr Kind und meistens viel überzeugender als das schlechte Gerede Ihres Ex über Sie. Sie zeigen ihm damit, dass es auch anders geht.

Oft reicht das schon, um mit diesem Verhalten Ihres Ex umzugehen, manchmal aber nicht.

Wenn der Verdacht sich erhärtet, dass er immer wieder schlecht über Sie redet oder das schlechte Gerede eine andere, gemeinere oder verletzendere Qualität annimmt, lässt sich oft ein klärendes Gespräch mit Ihrem Ex nicht vermeiden.

Für ein solches Gespräch gilt: Versuchen Sie, sachlich und möglichst gelassen zu bleiben. Seien Sie möglichst freundlich und bestimmt, dabei klar und konkret, um der Situation die Spitze zu nehmen. Das schlechte Reden über Sie zeigt vor allem, dass Ihr Ex selbst noch mit der Trennung zu kämpfen hat. Das manipulative Verhalten Ihrem Kind gegenüber entschuldigt das nicht, zeigt aber meist, dass noch viele harte Emotionen im Spiel sind.

Lassen Sie sich nicht auf diese emotionale Ebene hinunterziehen, so schwer das auch fällt. Sie treten in so einem Gespräch in Ihren eigenen Angelegenheiten auf – wegen des schlechten Geredes über Sie –, aber auch als Sachwalter der Interessen Ihres Kindes: Es wird manipuliert und instrumentalisiert.

Wenn es Ihnen schwerfällt, ruhig und sachlich zu bleiben, denken Sie vor allem daran, dass Sie das für Ihr Kind tun. Das hat eine viel größere Wirkung, als wenn Sie außer sich sind, schimpfen oder gar im Gegenzug beleidigen. Mit Ihrem gegenteiligen Verhalten zeigen Sie, dass es auch anders geht. Üben Sie das vorher zu Hause in Ruhe allein oder trainieren Sie mit einem (professionellen) Gegenüber, wenn Sie noch unsicher sind.

Ihr Ex hält sich nicht an Vereinbarungen

Gerade wenn Sie gemeinsame Kinder haben, sind immer wieder Absprachen und Vereinbarungen mit Ihrem Ex nötig. Das können alltägliche Dinge sein wie Hausaufgaben, nachmittägliche Aktivitäten Ihres Kindes oder reguläre Arztbesuche. Das können Abstimmungen über die angemessene Kleidung für Ihr Kind bei Kälte oder starker Hitze, den Gebrauch von Sonnenschutzmitteln oder die Einnahme von Medikamenten bei akuten Infekten sein. Bei älteren Kindern kann es um Alkoholkonsum oder nächtliche Partys gehen. Oft gibt es Übergabevereinbarungen für die Kinder am Wochenende oder Abstimmungen bezüglich der Ferien und Urlaube.

Solche Vereinbarungen sind gut und wichtig, um das Miteinander einigermaßen reibungslos zu gestalten. Sie sind umso wichtiger, wenn Sie mehrere Kinder haben oder Sie oder Ihr Ex wieder einen neuen Partner / eine neue Partnerin, vielleicht ebenfalls mit eigenen Kindern. Je mehr Personen beteiligt sind, desto wichtiger sind diese Absprachen und umso gravierender sind die Störungen, wenn sich Ihr Ex nicht an solche Vereinbarungen hält. Oder im letzten Moment seine Pläne ändert und damit auch Ihre und die aller daran hängenden Beteiligten.

Die erste Reaktion hierauf ist in der Regel emotional. »Das gibt's doch nicht« – Ihre innere Empörung springt an und wahrscheinlich stehen Sie zunächst jedes Mal da wie vom Donner gerührt. Sie werden sauer und ärgern sich, reagieren gereizt und genervt, vielleicht werden sogar Ihr neuer Partner oder gar Ihre Kinder in Mitleidenschaft gezogen.

Nehmen Sie das alles erst einmal intensiv wahr, Ihre Gefühle, Ihren Ärger, Ihre Wut, Ihre Fassungslosigkeit über Ihren Ex.

Versuchen Sie dann von dieser emotionalen Ebene wieder auf eine Ebene der Sachlichkeit zu kommen, indem Sie für sich einmal ehrlich überlegen: Warum ist die Situation so, wie sie ist? Liegt das alles nur an Ihrem unverschämten Ex?

Gehen Sie tiefer und bleiben Sie ehrlich sich selbst gegenüber: Könnte es sein, dass Sie es Ihrem Ex manchmal leichtmachen, Sie zu übergehen? Vielleicht sind Sie manchmal etwas zu passiv und lassen viel zu, statt sich rechtzeitig zu positionieren und – gelassen und sachlich – Ihre Meinung zu äußern?

Das häufige Über-den Haufen-Werfen von Vereinbarungen hat ganz oft auch etwas mit Ihren Grenzen zu tun: Kennen Sie Ihre eigenen Wünsche und Bedürfnisse? Setzen Sie diese Wünsche und Bedürfnisse mithilfe von guten und gesunden Grenzen um? Haben Sie in der Vergangenheit bewusst Ihre Grenzen gegenüber Ihrem Ex gezogen oder haben Sie viel geschehen lassen?

Daran, wie es war, hat Ihr Ex sich gewöhnt und legt nun das entsprechende Verhalten an den Tag: »Ich kann tun und lassen, was ich will. Mein/e Ex sagt ja eh nichts.«

Bleiben Sie auch bei dieser Erkenntnis gelassen: Das können Sie ändern. Wichtig ist, dass Sie für sich selbst klären, was Sie wollen (→»Innere Klarheit« und →»Innere Balance«). Im nächsten Schritt befassen Sie sich noch einmal mit dem Thema →»Gesunde Grenzen ziehen (lernen)«. Und dann beginnen Sie, das im Verhältnis mit Ihrem Ex Stück für Stück und mit Augenmaß umzusetzen. Zeigen Sie mit der gebotenen Achtsamkeit, dass die alten Verhaltensmuster in Ihrer Partnerschaft nicht mehr gelten, sondern dass Sie ab sofort für sich selbst eintreten und Grenzen ziehen werden.

Machen Sie dabei einen Schritt nach dem anderen. Bleiben Sie besonnen, aber klar und konsequent.

Wenn Ihr Ex sich zum Beispiel nicht an Übergabezeiten hält, fordern Sie sie ein. Indem Sie zum Beispiel mit Ihrem Kind etwas unternehmen, wenn er nicht pünktlich ist. Indem Sie Ihr Kind proaktiv bei Ihrem Ex abholen, wenn er Ihr Kind zu spät bringt.

Wenn Ihr Ex sich nicht an alltägliche Vereinbarungen hält, wie Verabredungen Ihres Kindes mit Freunden oder reguläre Arztbesuche, beginnen Sie (auch ohne Einbeziehung des Jugendamtes) ein Umgangsheft zu führen, in das jeder Elternteil einträgt, was er/sie in der gemeinsamen Zeit mit Ihrem Kind gemacht hat. Wenn Ihr Ex sich sowieso nicht an Vereinbarungen hält, kann es natürlich sein, dass er/sie sich weigert, ein solches Umgangsheft mitzuführen. Starten Sie es dann für sich allein, notieren Sie, welche alltäglichen Vereinbarungen Sie erfüllt haben und Ihr Ex nicht eingehalten hat. Machen Sie das einige Wochen lang und schauen Sie, wie »schwerwiegend« die Missachtung des Alltäglichen ist: Geht es manchmal »nur« um Schal und Mütze bei Wind und Regen oder um Sonnenschutz bei starker Sonne? Mütter und Väter haben bei diesen Themen manchmal ein unterschiedliches Herangehen, das jedoch das Wohlergehen Ihres

Kindes nicht unbedingt gefährdet. Oder wird die Antibiotika-Behandlung bei Erkrankung ausgesetzt oder Ihr junges Kind jede Wochenendnacht mit auf Partys genommen? Bewerten Sie noch einmal neu, was Sie sich notiert haben, und entscheiden Sie, wie Sie vorgehen: laufen lassen oder offizielle Unterstützung holen, wie Erziehungsberatung, Jugendamt oder anwaltliche Beratung.

Wenn Ferien und Urlaube aufgeteilt sind, planen Sie diese Zeit mit Ihrem Kind oder Ihrer neuen Patchworkfamilie und geben Sie diese vereinbarte Zeit nicht preis, wenn Ihr Ex es sich kurzfristig anders überlegt.

Kommunizieren Sie freundlich und bestimmt, wenn Zeiten spontan geändert werden sollen und das nicht in Ihre Planungen passt: »Nein, das geht leider nicht.« Punkt. Erinnern Sie sich: Sich zu rechtfertigen hilft nur Ihrem Gegenüber (→Rechtfertigen oder nicht? Wem Ihre Erklärungen helfen). Natürlich soll Sie das im Einzelfall nicht daran hindern zu schauen, ob Sie Ihrem Ex ab und zu entgegenkommen können. Die innere Einstellung, ab jetzt alle Anfragen abzuschmettern, ist genauso hinderlich wie die Einstellung, immer alles mitzumachen. Erhalten Sie sich Ihre innere Flexibilität und entscheiden Sie jeweils zu Ihrem und dem Wohl Ihrer Kinder.

Wenn Sie ältere Kinder haben und es zum Beispiel um nächtliche Uhrzeiten geht, wann Ihr Kind zu Hause sein soll, beziehen Sie Ihr Kind in diese Vereinbarungen ein. Lassen Sie sich nicht gegeneinander ausspielen; sprechen Sie das sofort freundlich, aber bestimmt bei Ihrem Ex und Ihrem Kind an, wenn Sie es feststellen.

Es kann durchaus sein, dass Ihre aktive Grenzziehung die Atmosphäre zunächst einmal belastet. Das ist auch der Grund, warum viele davor zurückschrecken. Das und die Sorge, vor Ihrem Kind als »der Böse« oder »der Formalist« dazustehen, wenn Sie das Einhalten von Vereinbarungen einfordern.

Tun Sie das jedoch nicht, werden Sie auf unabsehbare Zeit zum Spielball in den Planungen Ihres Ex. Das wird Ihnen dauerhaft Probleme bereiten, Ihr neues Leben zu leben, egal ob mit einem neuen Partner oder ohne. Mir wird im Coaching öfter darüber berichtet, wie der Ex aus der Ferne über das gemeinsame Kind in die neue Beziehung hineinfunkt.

Ich bin überzeugt, dass Ihr Kind an Ihrer grundsätzlichen Liebe nicht zweifeln wird, wenn Sie ansonsten ein zugeneigtes, liebendes Eltern-Kind-Verhältnis leben und daneben auf das Einhalten von Absprachen mit Ihrem Ex bestehen. Auch in dieser Situation dürfen Sie sich wieder daran erinnern, dass Sie immer auch Vorbild für Ihr Kind sind: Sie treten dadurch für sich und Ihre Bedürfnisse ein. Das nimmt auch Ihr Kind wahr. Noch greifbarer wird das, wenn Sie tatsächlich neu in einer Patchworksituation leben. Das ungeklärte, womöglich »grenzenlose« Verhältnis zu Ihrem Ex ist das häufigste Problem und ein Punkt endloser Reibung in einer Patchworkfamilie.

Gehen Sie daher Stück für Stück und besonnen vor, um das Verhältnis zu Ihrem Ex und Ihre Grenzen zu klären. Bleiben Sie in Balance, bleiben Sie innerlich flexibel. Widerstrebt Ihnen eine konsequente Grenzziehung (noch), hören Sie auf Ihr Bauchgefühl und gehen Sie moderat vor. Wenn Sie jedoch bemerken, dass das Ihnen oder Ihren Kindern oder Ihrer neuen Partnerschaft schadet, führt in der Regel kein Weg darum herum, konsequent und klar für sich selbst und seine Grenzen einzutreten.

Zusammenfassung:

Kinder in der Trennung

Eine schlechte Partnerschaft ist für ein Kind so schlimm wie eine schlechte Trennung. Wenn Sie Ihren Trennungsentschluss getroffen haben, versuchen Sie, Ihre Trennung zu einer »guten Trennung« für Ihr Kind werden zu lassen. Das können Sie auch einseitig beeinflussen:

- Gestalten Sie eine gute Trennung für Ihr Kind, indem Sie es gut durch die Trennung begleiten. Das bedeutet:
  - Bleiben Sie bei sich.
  - Bleiben Sie präsent im Umgang mit Ihrem Kind.
  - Sehen Sie die Bedürfnisse Ihres Kindes.
  - Erfüllen Sie die Bedürfnisse zeitnah und altersgerecht.
- Informieren Sie Ihr Kind, sobald es geht, über Ihre Trennung. Entweder, wenn der Entschluss einseitig eindeutig feststeht, oder wenn beide Partner die Trennung beschlossen haben.
- Versuchen Sie, Ihr Kind so sachlich und ruhig wie möglich über Ihre Trennung zu informieren. Führen Sie dieses Gespräch wenn möglich gemeinsam mit Ihrem Partner.
- Sagen Sie Ihrem Kind klar und eindeutig und ohne Bedingungen, dass Sie es lieben und immer für es da sein werden.

- Wenn Ihr Ex Sie vor den Kindern schlechtmacht, versuchen Sie, Ruhe zu bewahren. Bleiben Sie ruhig und gelassen bei sich und im liebenden Kontakt zu Ihrem Kind. Suchen Sie das Gespräch mit Ihrem Ex, wenn es nicht anders geht. Versuchen Sie dabei, so sachlich, konkret und klar wie möglich zu kommunizieren.

- Wenn Ihr Ex sich nicht an Vereinbarungen hält, hat das oft auch mit Ihrer eigenen Grenzziehung zu tun. Bleiben Sie bei sich, erkunden Sie, was Sie wollen und wünschen. Beginnen Sie, besonnen Ihre Grenzen zu etablieren, die Sie und Ihre Lieben schützen sollen.

VI. Die Trennung von einem Narzissten – Entscheidungen treffen, sich selbst finden und loslassen x 100!

»Ich bin durch Zufall auf Ihren Blog zu Narzissmus und toxischen Beziehungen gestoßen und fühlte mich sofort irgendwie angenommen und verstanden. Es ist ansonsten oft so unheimlich schwierig, anderen Menschen das, was man in einer toxischen Beziehung (und danach) erlebt hat, begreiflich zu machen. Ich bin erst seit Kurzem von meinem Ehemann getrennt. Ich weiß, er wird nie verstehen, was er mir angetan hat – das liegt nicht in seinem Charakter – und doch habe ich noch Hoffnung und warte darauf. Ich möchte gern lernen, souverän für mich einzustehen und ihn endgültig loszulassen. Können Sie mir dabei helfen?« **(Julia, 42 Jahre, eine Tochter unter 10)**

Solche Zuschriften erhalte ich sehr häufig: von Menschen, die auf meinen Blog stoßen und sich darin manchmal erstmalig wiederfinden und verstanden fühlen. Für einige sind meine Artikel zur Trennung von einem Narzissten regelrechte Augenöffner, für andere die Bestätigung eines unterschwelligen Gefühls, das sie schon lange hatten.

> *»Gestern bin ich über Ihre Internetseite gestolpert. Sämtliche Inhalte habe ich regelrecht verschlungen, und ich finde mich in allen gesagten und geschriebenen Inhalten wieder. Ich bin in meiner Partnerschaft an einem Punkt angelangt, wo ich dringend eine Reflexion und mentale Unterstützung brauche. Ich denke vermehrt über Trennung nach, nachdem mir klar wurde, dass ich in einer toxischen Beziehung zu sein scheine. Ich möchte und kann jedoch keine Diagnosen stellen und weiß nicht so recht, wo ich stehe, ob das, was ich denke und fühle, real und richtig ist. Können Sie mir weiterhelfen?«*
>
> **(Nicole, 48 Jahre, ein Sohn unter 18)**

Diese E-Mails und Anfragen berühren mich immer sehr, denn ich weiß, was im Coaching (oder gegebenenfalls einer Therapie, s. u.) möglich ist.

Aber eines müssen Sie vorab wissen: Die Trennung von einem Narzissten ist wegen der inneren Abhängigkeit und meist enormen Manipulation extrem schwierig, deutlich schwieriger als jede Trennung aus einer anderen Art von Beziehung heraus. Sie erfordert viel Kraft, Energie und Mut von Ihnen. Schon die Entscheidung für eine Trennung ist ein Kraftakt für Sie – trotz aller negativen und selbstzerstörerischen Aspekte Ihrer Beziehung, die Sie wahrscheinlich klar sehen. Es wird Ihnen deutlich schwerer fallen, wieder zu sich selbst zu finden, weil Sie in Ihrer Beziehung häufig überhaupt nicht mehr bei sich sind.

Es wird sehr schwierig – aus Ihrer Sicht im Moment vielleicht unerreichbar – einen Narzissten und Ihre toxische Beziehung wirklich loszulassen und Ihre inneren, unsichtbaren Fesseln zu sprengen.

Schwierig, aber nicht unmöglich.

Ihr Weg geht dabei über drei Etappen: Erkennen – Handeln – Durchhalten.

Erkennen: Begriffe und Merkmale

Zunächst ist es mir sehr wichtig, ein klärendes Wort zum Begriff »Narzisst« oder »Narzissmus« vorauszuschicken:

Begriffsbestimmung

Die Begriffe »Narzisst« und »Narzissmus« stammen aus der Psychologie und werden verwendet für komplexe Persönlichkeitsstörungen und psychische Erkrankungen, die sehr unterschiedlich ausgeprägt sein können. Dasselbe gilt zum Beispiel auch für die Persönlichkeitsstörungen des »Borderliners« oder des »Pseudologen«.

Ich bin keine Psychologin oder Psychotherapeutin, sondern Trennungscoachin. Ich kann weder im direkten Kontakt noch gar über die Entfernung eine ärztliche oder therapeutische Diagnose stellen und maße mir das auch nicht an. Ob ein Partner also tatsächlich Narzisst ist oder nicht, vermag ich nicht festzustellen.

Mir reicht die Aussage meiner Klienten, dass ihr Partner nicht gut für sie ist und sie ihr Leben nicht weiter mit ihrem Partner führen wollen. Verbunden ist das meistens mit der Schilderung typischer Verhaltensweisen. So etwas formuliert niemand ohne Grund.

Meine Aufgabe als Trennungscoachin ist es ausschließlich, den Fokus auf dem Hilfesuchenden zu haben und diesen im Coaching zu stabilisieren, in der Trennung zu stärken und einen echten Neustart zu ermöglichen.

Bereits in der Anbahnung eines Coachingverhältnisses erfordert das meine besondere Sorgfalt: Wo immer es um einen narzisstischen Partner gehen könnte, bin ich besonders wachsam und verlasse mich zusätzlich auf mein Gespür. Es gibt nämlich Fälle, in denen meine Coachinginteressenten durch eine schwierige oder toxische Beziehung innerlich so in Mitleidenschaft gezogen sind, dass ein Coaching nicht das Richtige wäre, sondern eine Psychotherapie ins Auge gefasst werden sollte. Es gehört zu meinen Coachinggrundsätzen, das feinfühlig, aber klar anzusprechen und entsprechende therapeutische Wege aufzuzeigen.[12]

In diesem Buch verwende ich bewusst den Begriff des »Narzissten«. Denn er wird mittlerweile überall, in allen Medien, im Internet, in Sozialen Medien wie selbstverständlich genutzt. Und ich möchte allen Lesern ermöglichen, sich mit ihrer Lebenssituation in diesem Buch wiederzufinden.

Merkmale einer Narzisstin

Schwierig zu erkennen ist die weibliche Narzisstin. Für Außenstehende wirkt sie oft perfekt. Sie scheint eine superfürsorgliche Mutter zu sein, eine echte Glucke mit einem großen Hang zu Perfektionismus. Sie ist sehr gepflegt und macht immer eine gute Figur (»bella figura«). Im Lauf der Zeit und Partnerschaft stellt man dann aber zunehmend fest, dass sie zum Beispiel fast ausschließlich von sich selbst erzählt und sich wenig (empathisch)

---

[12] Wenn Sie bei sich eine große emotionale Not feststellen, sollten Sie sich unbedingt (psycho-)therapeutisch begleiten lassen. Erste Ansprechpartner hierfür können neben Psychotherapeuten Ihr Hausarzt oder Ihr Frauenarzt sein. Aber auch Frauenberatungen wie »Frauen helfen Frauen«, Lebens- oder Familienberatungsstellen oder das bundesweite Hilfetelefon 08000 116 016 helfen in emotionalen Notlagen oder bei psychischer Gewalt weiter, die gerade in Beziehungen mit Narzissten existieren können. Schauen Sie auch, ob weitere Coachingangebote wie zum Beispiel bei Diakonie oder Caritas Sie unterstützen können.

für ihr Gegenüber interessiert. Sie ist oft sehr fordernd; man kann es ihr jedoch nie recht machen und sie ist selten zufrieden. Die Narzisstin hat häufig eine klare verächtliche Meinung über andere und lässt kein gutes Haar an ihnen. Schuld sind immer die anderen. Sie ist hinsichtlich ihres Partners und ihrer Kinder stark kontrollierend und übergriffig, duldet keine Geheimnisse anderer und lügt, wenn sie in die Ecke gedrängt wird. Wenn mehrere dieser Aspekte zusammentreffen, dann haben wir es wahrscheinlich mit einer Narzisstin zu tun. Sie kann auf ihren Partner ebenso verheerende, zersetzende Auswirkungen haben wie ein Narzisst auf seinen Partner.

Merkmale eines Narzissten

Der weitaus häufigere Fall in meinem Coaching ist, dass Klientinnen unter einem männlichen Narzissten leiden. Die Liste der (psychologischen) Merkmale eines männlichen Narzissten ist lang, weil es so viele unterschiedliche Ausprägungen gibt. So gibt es durchaus einen »gesunden Narzissmus« und den »freundlichen Narzissten«, ebenso wie es »pathologische Narzissten« gibt. Die Bandbreite zwischen diesen Extremen ist groß. Es kommt auch darauf an, in welchem Kontext der Narzisst sich bewegt: beruflich oder privat, bei öffentlichen Veranstaltungen und Treffen oder in der Zweisamkeit.

Allgemein gesagt ist ein Narzisst ein Mensch, der sich ausschließlich für sich selbst und seine Interessen einsetzt, der wenig oder keine Empathie für andere Menschen empfinden kann und der (unbewusst) hochgradig manipulativ zu seinem eigenen Vorteil kommuniziert und handelt. Dem zugrunde liegt oft ein sehr geringes Selbstwertgefühl, das der Narzisst jedoch nicht reflektieren oder sich eingestehen kann, sondern durch Selbstüberhöhung, die eigene »Grandiosität«, zu überspielen versucht. Damit einher geht oft die toxische Abwertung anderer, insbesondere auch des Partners und der eigenen Kinder. Ob Narzissmus erblich ist oder durch Umweltfaktoren zum Beispiel in der Kindheit und Jugend hervorgerufen wird (auch durch eigene narzisstische Eltern(-teile)), ist nicht abschließend geklärt. Partner eines Narzissten sind häufig sehr sensible und empathische Menschen, von denen der Narzisst sich genau die »empathische Zufuhr« holt, die er selbst nicht zu geben vermag.

Allen öffentlichen Auftritten eines Narzissten gemein ist in der Regel, dass er sich sehr gut darstellen kann. Er ist oft sehr eloquent und redegewandt, gepflegt und charmant, weiß sich in Szene zu setzen und fällt auf.

Vielleicht war Ihr narzisstischer Partner so auch bei Ihrem Kennenlernen. Als Sie seine Aufmerksamkeit bekommen haben, fühlten Sie sich bewundert und begehrt. Vielleicht haben Sie sich wie eine Prinzessin oder ein Prinz gefühlt, jedenfalls wie die klare Nummer eins. Konnten Sie Ihr Glück nicht fassen? Vermutlich haben Sie sich im Gegenzug gern um diesen Menschen gekümmert, ihm Ihre Aufmerksamkeit und Fürsorge geschenkt.

Oft ist es dann so, dass dieser glückliche, verheißungsvolle Zustand umschlägt in das, was gemeinhin als »toxische Beziehung« bezeichnet wird.

Meistens passiert das schon nach einigen Monaten bis zu einem Jahr. Oft verändert sich die Stimmung auch, wenn Sie ein Kind bekommen haben. Vielleicht wollte Ihr Partner gar kein Kind, vielleicht haben Sie ihn sogar dazu überredet. Mit der Ankunft eines Kindes jedenfalls ändert sich vieles, denn die Aufmerksamkeit der Mutter geht stark zum Säugling, Baby und Kleinkind. Das ist oft ein Wendepunkt in solch einer Partnerschaft. Und es gibt nicht wenige narzisstische Männer, die mehrere Expartnerinnen mit je einem Kind haben, weil sie irgendwann weiterziehen.

All diese Veränderungen im Verhalten des narzisstischen Partners finden meistens nur in der Partnerschaft spürbar und fühlbar statt, also in der Zweisamkeit. Oft bleibt der Narzisst nach außen der charmante Mensch, vielleicht sogar »Entertainer« oder »Salonlöwe«, in den Sie sich anfangs verliebt hatten. An diesem Punkt versteht von außen niemand, was Sie meinen, wenn Sie von Schwierigkeiten oder einer toxischen Beziehung sprechen. Denn das Bild von Ihrem Partner nach außen bleibt: charmant, umgänglich, für jeden Spaß zu haben.

Das andere Extrem gibt es auch: Ihr ganzes Umfeld bemerkt, wie schwierig Ihr Partner ist, und schüttelt den Kopf, wie Sie mit diesem Menschen zusammen sein können. Vielleicht erhalten Sie sogar den direkten Rat, sich zu trennen. Daran denken Sie aber gar nicht oder Sie schaffen es einfach nicht, denn irgendetwas bindet Sie unsichtbar an diesen Menschen, sodass eine Trennung innerlich unmöglich erscheint.

So ungleich diese beiden Konstellationen auf den ersten Blick aussehen mögen, ihnen ist oft eines gemeinsam: Sie, der Partner des Narzissten, haben das Gefühl, dass mit *Ihnen* etwas nicht stimmt, dass *Sie* der Ursprung Ihrer Probleme sind. Verkehrte Welt!

Das ist aber ein ganz typisches Verhalten der nichtnarzisstischen Partner in einer toxischen Beziehung: Sie suchen die Schuld zuerst bei sich, haben Hoffnung, dass sich alles ändert, wenn nur sie sich jetzt ändern. Oft haben die Partner eines Narzissten daher das Gefühl, sie hätten einfach noch nicht lange genug durchgehalten, sie hätten noch nicht alles versucht, um ihre Beziehung zu retten.

Damit sind wir mitten im schädlichen Konstrukt einer toxischen Beziehung, die es so extrem schwierig macht, sich vom anderen zu lösen. Deren Merkmale schauen wir uns jetzt genauer an: Die Erkenntnis, in welcher Art von Beziehung Sie sich befinden, kann schon der Auslöser für (erste) neue Entscheidungen sein.

Merkmale einer toxischen Beziehung

> *»Seine Liebe zu mir ist so groß. Er liebt mich wie noch keine vor mir. Deshalb folgt er mir auch überall, auf Sozialen Medien, bei Treffen mit Freunden. Er möchte immer wissen, wo ich bin, weil ich ihm so wichtig bin.«*
>
> **(Eva, 32 Jahre, keine Kinder)**

Diese Zuschrift einer Interessentin zeigt sehr deutlich, wie verdreht die Wahrnehmung in einer toxischen Beziehung werden kann. Manchmal mutet es wie Gehirnwäsche an, was da passiert. Ganz gelegentlich hat es auch mit Sex und sexueller Abhängigkeit zu tun. Meist sind aber das Zwischenmenschliche, die Kommunikation und die kleinen Gesten in solch einer Beziehung entscheidend dafür, in den Strudel einer inneren Abhängigkeit zu geraten.

Wer noch nie (und sei es in der Beziehung zu den eigenen Eltern) eine gesunde, auf Augenhöhe und echter Zuneigung beruhende Partnerschaft erlebt und gleichzeitig ein wenig ausgeprägtes Selbstwertgefühl hat, ist besonders anfällig für eine toxische Beziehung. Viele Betroffene meinen anfangs auch, es sei nur eine vorübergehende schlechte Phase ihrer Partnerschaft, in der sie besonders gefordert sind, durchzuhalten. Denn das komme ja überall mal vor. Und danach werde alles besser.

Oft sind die betroffenen Frauen aber auch echte »Macherinnen«: Frauen, die im Job und Privatleben »ihre Frau« stehen, viel Verantwortung übernehmen und es gewohnt sind, lösungsorientiert zu handeln. Genau diese Handlungsmuster übertragen sie auf eine toxische Beziehung: Sie übernehmen die – alleinige – Verantwortung für diese Beziehung und suchen – lösungsorientiert – nach Wegen, wie sie – wiederum im Alleingang – die Beziehung verbessern können. Gerade diese

Frauen erkennen oft sehr spät, dass sie sich in einer ungesunden Partnerschaft voll innerer Abhängigkeit befinden.

Die Eigenschaften einer toxischen Beziehung sind in allen Konstellationen sehr ähnlich.

Die **wichtigsten Merkmale** sind:

1. Ihr ungutes Gefühl

Das erste wichtige Merkmal einer toxischen Beziehung ist tatsächlich Ihr ungutes Gefühl.

Sie spüren instinktiv, dass etwas nicht in Ordnung ist. Vielleicht sind Sie oft innerlich aufgewühlt und verwirrt. Sie fahren regelmäßig emotional Achterbahn, denn mal ist alles wunderbar und Sie haben Hoffnung, dass es so bleibt oder besser wird. Dann aber schlägt die Stimmung plötzlich wieder um. Vielleicht erkennen und spüren Sie, dass Sie kein geborgenes Zuhause in Ihrer Beziehung haben und keine zugeneigte, wohlwollende Liebe empfangen. Diese Erkenntnis schmerzt anfangs sehr, ist aber wichtig, um irgendwann wieder entscheidungs- und handlungsfähig zu werden.

2. Kontrolle

Ein weiteres Merkmal einer toxischen Beziehung kann die dauernde Kontrolle durch Ihren Partner sein.

Es kann sein, dass Ihr Partner Ihnen ständig Fragen stellt, wo Sie sind, was Sie machen, mit wem Sie sich treffen. Das können auch häufige Anrufe oder SMS- oder WhatsApp-Nachrichten sein. So sind Sie in einem permanenten Rechtfertigungsmodus. Wenn Sie nicht oder nicht sofort antworten, ist Streit vorprogrammiert.

Es kann auch sein, dass Ihr narzisstischer Partner Sie stalkt und auf den sozialen Netzwerken verfolgt, und zwar in Form eines zwanghaften Verhaltens, das über das simple Liken Ihrer Posts hinausgeht. Kontrolle kann aber auch über GPS, Spy-Apps und Privatdetektive ausgeübt werden. Je nach finanziellen

Möglichkeiten Ihres narzisstischen Partners ist hier vieles denkbar und wird in der Praxis auch tatsächlich angewendet.

Vielleicht sind Sie ab und zu geneigt, diese Kontrolle für den Ausdruck einer besonders großen Liebe Ihres Partners zu Ihnen zu halten. Das ist leider nicht so. Im Gegenteil, mit aufrichtiger und wohlwollender Liebe hat ständige Kontrolle durch den Partner nichts zu tun. Es ist vielmehr ein starkes Indiz dafür, dass etwas nicht stimmt.

3. Isolation

Ihre wachsende soziale Isolation kann ein weiteres Merkmal Ihrer toxischen Beziehung sein.

Oft versucht ein Narzisst, seinen Partner zu isolieren. Das passiert meistens sehr subtil, durch eine Äußerung hier, eine kurze Anmerkung da: Ihr Freundeskreis oder Ihre Familie gefallen ihm nicht, er hat an jedem etwas auszusetzen. Es kann sein, dass Sie deshalb selbst beginnen, Ihren Freundeskreis zu hinterfragen.

Ihr narzisstischer Partner kann sich aber auch klar weigern, zu Treffen oder Feiern mit Familie oder Freunden mitzukommen. Da kann es passieren, dass auch Sie absagen, denn was sollen Sie ohne Ihren Partner bei der Veranstaltung?

Nach und nach können so Ihre sozialen Kontakte verloren gehen. Es kommt in meiner Coachingpraxis häufig vor, dass die Betroffenen erzählen, dass sie schlicht keine Freunde mehr haben, weil ihr Partner alle »vergrault« habe. Im Extremfall bleibt Ihnen so nur noch Ihr narzisstischer Partner. Das macht den Schritt hin zu einer Trennung natürlich umso schwerer, denn Ihnen fehlt ein soziales Netz, das Sie zumindest in der Anfangsphase mit auffangen könnte.

4. Egoismus und Schuldvorwürfe

Eine toxische Beziehung ist in der Regel einerseits geprägt vom enormen Egoismus des narzisstischen Partners und andererseits von ständigen Schuldvorwürfen gegenüber dem nichtnarzisstischen Partner.

Der Egoismus in der toxischen Beziehung ist sehr greifbar, aber oft sehen die betroffenen Partner ihn dennoch nicht. Manchmal, weil es ihnen wie selbstverständlich vorkommt, um die Wünsche und Bedürfnisse des Partners zu kreisen. Der narzisstische Partner kommt immer an erster Stelle und genießt die ganze Aufmerksamkeit. Bekommt er das nicht freiwillig, fordert er es ein. Anfangs oft subtil: »Könntest du für mich … tun? Du machst das so toll.« Später auch offen und konkret: »Du kannst dich doch wohl mal darum kümmern … (Du machst doch sonst nichts).«

Dieser klare Egoismus ist oft gepaart mit dauernden Schuldvorwürfen Ihnen gegenüber. Angeblich sind Sie an allem schuld, vor allem an Schwierigkeiten in Ihrer Beziehung. Häufig wirft Ihnen Ihr Partner dann vor, dass *Sie* das Problem sind und Sie sich »nur« ändern müssten, damit alles besser wird.

Und tatsächlich suchen Sie die Schuld immer zuerst bei sich. Das ist ein flächendeckendes, fast ausnahmsloses Verhaltensmuster in einer toxischen Beziehung: Sie geben sich noch mehr Mühe, meinen, Sie müssten sich ändern – körperlich, charakterlich, in Ihren persönlichen Erwartungen und Vorstellungen. Sie wollen Ihrem Partner »beweisen«, dass Sie es wert sind und dass Sie es können: ihre Beziehung retten. Oft fokussieren sich die Betroffenen dann noch mehr auf ihren narzisstischen Partner und ihre Beziehung und merken nicht, wie dadurch der Kontakt zur Realität immer mehr verloren geht.

Meistens wird es dadurch jedoch nicht besser, denn diese ganzen Bemühungen reichen aus der Sicht des narzisstischen Partners sowieso nicht aus. Im Gegenteil, im Extremfall konfrontiert er Sie mit weiteren Vorwürfen: Sie »verstehen ihn nicht« und machen ihn angeblich mit Ihrer Art »kaputt«.

Da die Partner von Narzissten oft sehr empathische und sensible Menschen sind, wirken diese Vorwürfe sehr perfide: Sie werden bedingungslos ernst genommen. Und die Spirale an toxischer Verstrickung kann weitergehen.

5. On-off-Beziehung

Am Anfang praktisch jeder partnerschaftlichen Beziehung ist es oft ein bisschen wackelig. Dann sind sich beide Partner noch nicht so recht im Klaren darüber, ob das was wird oder nicht. Irgendwann hat das Paar eine Entscheidung getroffen oder beide wissen es: Wir sind zusammen oder nicht.

In einer toxischen Beziehung kann die Ungewissheit, ob man zusammen ist und auch bleibt, länger oder sogar dauerhaft bestehen bleiben. Das ist eine besondere Spielart der toxischen Beziehung: die unstete, wetterwendische »On-off-Beziehung«.

Sie erleben ständige Kontaktabbrüche und »Schlussmachen«, aus heiterem Himmel oder weil Sie »etwas falsch gemacht haben«. Und dann nimmt er doch wieder Kontakt auf und beschwört Ihre »besondere Liebe«. So kommt es zu einem ständigen Auf und Ab in der Beziehung. Ihr Herz findet keine Heimat, Sie können sich nie richtig darauf verlassen, einen Partner zu haben, geschweige denn ein zugeneigtes, wohlwollendes Miteinander.

Paradoxerweise ist es gerade dieser emotionale Mangelzustand, der Sie oft lange an den narzisstischen Partner kettet. Denn Sie hoffen und wünschen immer noch, dass Sie gerade von diesem Menschen endlich die Liebe bekommen, die Sie brauchen.

6. »Wir gehören zusammen – für immer.«

Und auch hier gibt es wieder das genaue Gegenteil in einer toxischen Beziehung: Ihr Partner klammert extrem, lässt Ihnen keine Luft zum Atmen und weicht keinen Schritt von Ihrer Seite.

Vielleicht kennen Sie das: Ihr narzisstischer Partner scheint einen sechsten Sinn dafür zu haben, wenn Sie einmal eine Auszeit benötigen oder Ihre Gedanken sortieren wollen, wenn Sie ungestört sein oder in Ruhe mit anderen kommunizieren wollen. Gerade dann taucht er auf, schleicht um Sie herum oder hält sich »wie zufällig« im Zimmer nebenan auf. Viele meiner Klienten kennen dieses Phänomen: Sie planen etwas für sich, und prompt kommt ihr narzisstischer Partner an genau dem Tag früher aus dem Büro oder von der Arbeit nach Hause.

Das hat oft auch Auswirkungen auf meine Online-Coachingsitzungen mit den Betroffenen: Einige finden vonseiten der Klienten als Videocall im Auto auf öffentlichen Parkplätzen, am Waldrand oder an Baustellen statt, weil zu Hause die Ruhe für eine Coachingsitzung nicht garantiert ist – und weil nicht ausgeschlossen werden kann, dass der narzisstische Partner »zufällig« lauscht oder reinschneit.

Tatsächlich treten dieses extreme Klammern und Beäugen in einer toxischen Beziehung meistens dann auf, wenn der Partner dabei ist, den inneren Entschluss zu einer Trennung zu fassen. Auch hierfür scheint der narzisstische Partner einen untrüglichen Sinn zu haben, was die Entschlussfassung und die Trennung selbst stark erschweren oder sogar blockieren kann.

7. Toxische Kommunikation

Schließlich ist eine toxische Beziehung geprägt von toxischer Kommunikation. Toxische, also vergiftete Kommunikation ist hochgradig manipulativ. Sie ist für den Betroffenen oft nur schwer zu erkennen, weil unbewusst an Schuldgefühle, (moralische) Verantwortung und Unzulänglichkeit appelliert wird. Ihr Gegenüber versucht, von Ihnen auf Ihre Kosten etwas zu bekommen, was er braucht.

Weil dieses Muster für den Betroffenen so schwierig zu durchschauen ist, zeige ich Ihnen im folgenden Abschnitt Erkennungsmerkmale für toxische Kommunikation und was Sie dagegen tun können.

Im Fokus: Toxische Kommunikation

Toxische Kommunikation ist der Hauptgrund, warum die Partner eines Narzissten sich innerlich so sehr verstrickt fühlen in der Beziehung, dass es ihnen schwerfällt und oft ohne Hilfe unmöglich ist, sich daraus zu lösen.

Häufig realisieren die Betroffenen gar nicht, dass ihre Partnerschaft nur noch aus toxischer oder verächtlicher Kommunikation besteht. Manchmal sorgt es für einen Aha-Effekt in meinen Coachingsitzungen, allein wenn meine Klienten einmal aussprechen, wie ihr Partner was zu ihnen gesagt hat. Nicht selten muss ich das klar und deutlich hinterfragen, damit meine Klienten überhaupt erkennen können, auf welch niedrigem und manchmal unwürdigem Kommunikationsniveau sie sich befinden: »Was, bitte, hat Ihr Partner zu Ihnen gesagt? Passiert das häufiger?« Meistens folgt ein »Ja«, denn in einer Beziehung werden die Beteiligten schnell »betriebsblind« für das, was da vor sich geht.

Die Fähigkeit, die Qualität der Kommunikation in einer Partnerschaft selbst zu bewerten, nimmt ab, besonders schnell in einer toxischen Beziehung. So wird sogar toxische Kommunikation für den Normalfall gehalten.

Erkenntnis ist auch hier wieder der erste Schritt für Verbesserungen und neue Entscheidungs- und Handlungsoptionen.

Deshalb stelle ich hier die häufigsten Erscheinungsformen toxischer Kommunikation mit konkreten Beispielen dar.

1. Der Klassiker: FOG

Im englischsprachigen Raum hat sich ein Kürzel für toxische Kommunikation herausgebildet: FOG, als ganzes Wort in der Schreibweise »fog« auf Deutsch »Nebel«.

Die Sinne zu »vernebeln«, das ist der Effekt toxischer Kommunikation. Denn sie zielt nicht auf die bewusste, rationale Ebene der Kommunikation, sondern auf das Unbewusste. Das geschieht durch Manipulation und andauerndes Infragestellen der Wahrnehmung des Kommunikationspartners.

Dabei steht die Abkürzung FOG für folgende unredliche Kommunikationsmittel:

a) **Das »F« steht für »Fear«, Furcht.** In der Kommunikation wird Furcht erzeugt. Furcht vor dem Narzissten selbst, dem »Schicksal« oder »der gerechten Strafe«. Oft ist diese furchterzeugende Kommunikation sehr diffus, was die Wirkung beim Gegenüber noch mal erhöht:
»Du wirst schon sehen, was du davon hast.«
»Glaubst du, damit kommst du durch?«
»Warte ab, das wird dir noch leidtun.«
Bis hin zu ganz konkreten Drohungen:
»Ab jetzt solltest du dich in jeder dunklen Gasse nach mir umschauen.« (Originalzitat einer meiner Klientinnen)
Furcht zu erzeugen gehört in keine gesunde Kommunikation auf Augenhöhe.

b) **Das »O« in FOG bedeutet »Obligation«, also »Verpflichtung**« oder sogar »moralische Verpflichtung«. Mit dieser Art von Kommunikation wird an das Pflicht- und Verantwortungsbewusstsein des Gegenübers appelliert:
»Das kannst du nicht tun, hast du den Verstand verloren!«
»Wie kannst du nur, so verhält man sich nicht.«
»Verstehst du das unter Partnerschaft/Ehe?«

»Meinst du, so verhält sich eine Freundin, eine Ehefrau?«
»Ich bin doch dein Mann, wie kannst du mir so in den Rücken fallen.«
»Pfui, du solltest dich schämen.«
»Wir sind doch verheiratet, da macht man das so. Was hast du denn für komische Vorstellungen. Ich habs ja immer schon gewusst.«
Alles, was versucht, moralische Verpflichtungen zu erfinden oder zu überhöhen, ist ungesunde Kommunikation.

c) **Das »G« in FOG steht für »Guilt«, zu Deutsch »Schuld«.** Ihnen wird ein schlechtes Gewissen eingeredet. Sie sollen Schuldgefühle bekommen. Oft geraten Sie dann in einen Rechtfertigungsmodus, der wiederum ganz nebenbei eine Hierarchie in der Partnerschaft etabliert. Sie erinnern sich: Wer sich rechtfertigt, verliert Augenhöhe (→ Rechtfertigen oder nicht?).
Das gibt es von harmlos: »Wie konntest du mich auf der Party nur so lange allein stehen lassen.« – »Du hast vorhin den Mann mit den blonden Haaren lange angeschaut. Reiche ich dir nicht mehr?«
… über grundsätzlich, vielleicht sogar pathetisch: »Ich habe alles für dich getan. Ist das jetzt der Dank?« – »Du bist die Liebe meines Lebens. Du kannst mich nicht verlassen.«
… bis hin zu extrem: »Wenn du gehst, tue ich mir etwas an.«

Bei der Kommunikation mit »Schuld« gibt es auch noch eine weitere, subtile Abwandlung, weil der Schuldvorwurf bei dieser Variante versteckt daherkommt. Im Vordergrund scheint immer das Gegenüber zu stehen, tatsächlich geht es aber doch nur um den Sprechenden, der sein Gegenüber zu einer Handlung bewegen will, die er braucht oder die ihn beruhigt:

»Ich möchte dir nicht zur Last fallen. Ich mache das schon allein.« (*Ergebnis:* Sie werden helfen.)
»Ich habe mir nur Sorgen um dich gemacht (… deshalb habe ich dich zehn Mal angerufen).« (*Ergebnis:* Sie werden diesen Menschen nicht abweisen und gesunde Grenzen ziehen, sondern sind wahrscheinlich gerührt wegen seiner vermeintlichen Fürsorge.)
»Ich wollte ja, dass du das machst, du kannst das doch so gut.« (*Ergebnis:* Sie machen es, auch wenn Sie keine Zeit haben, weil Sie sich geschmeichelt fühlen.)
»Ich weiß ja, du bist immer so beschäftigt.« (*Ergebnis:* Sie machen es, um zu zeigen, dass Ihr Gegenüber Ihnen wichtig ist und alles andere warten kann. Auch wenn Sie dann bis Mitternacht brauchen, um noch Ihre eigentlichen Aufgaben zu bewältigen.)
Kommunikation in der Absicht, Schuldgefühle oder ein schlechtes Gewissen hervorzurufen, ist toxisch.

2. Emotionale Erpressung

FOG ist eng verwandt, manchmal identisch mit der emotionalen Erpressung. Diese zeichnet sich durch Wenn-dann-Konstruktionen aus. Sie wird besonders gern benutzt in Verbindung mit grundsätzlichen Fragen der Liebe und Partnerschaft:

»Wenn du mich liebst, dann tust du …« – »Wenn du mich lieben würdest, dann würdest du … tun.« – »Ich glaube dir nicht. Wenn das so wäre, dann würdest du …« – »Wenn ich dir etwas bedeuten würde, dann würdest du …« – »Wenn ich/das dir wichtig wäre, dann würdest du …« – »Wenn du eine richtig tolle Freundin wärst, dann würdest du …«

Die emotionale Erpressung zielt meistens auf eine konkrete Handlung ab, die der Sprechende in diesem Moment braucht, und seien es »nur« Bestätigung und Versicherung, dass er geliebt wird und wichtig ist.

Emotionale Erpressung ist ein unredliches Kommunikationsmittel und gehört nicht in eine gesunde Partnerschaft auf Augenhöhe.

3. Provokation

Zur toxischen Kommunikation gehört auch die Provokation in all ihren Spielarten, auch wenn sie meist etwas weniger radikal anmutet als FOG. Bei einer Provokation geht es oft darum, dass der Sprechende etwas behauptet oder vorwirft, um zu erreichen, dass sein Gegenüber das Gegenteil macht oder überhaupt in Aktion kommt. Als Beweis dafür, dass der Vorwurf nicht stimmt.

»Ich übernehme den Abwasch, das kannst du ja nicht so gut.« – »Katharina ist viel schlanker als du.« – »Na, liegst du schon wieder auf der faulen Haut?« – »Diese Italienerinnen mit ihrer Eleganz. Davon könntest du dir mal eine Scheibe abschneiden.« – »Meine Freundinnen vor dir waren da ganz anders. Die hatten damit kein Problem.« – »Wenn du dich etwas mehr anstrengen würdest, würde das auch klappen (mit der Diät, mit der Beziehung, mit dem Sport, mit dem Job, mit den Kindern)«.

Oft fühlt sich das Gegenüber durch eine solche Provokation regelrecht angespornt, zu handeln. Weil es »das« nicht auf sich sitzen lassen will. Und schon ist das Ziel der toxischen Kommunikation erreicht.

4. Beleidigung, Demütigung, Beschimpfung

Manchmal artet die Provokation auch in eine regelrechte Beleidigung, Beschimpfung oder gar Demütigung aus. Es geht dann darum, das Gegenüber zu kritisieren, »fertigzumachen«, kleinzumachen oder kleinzuhalten.

»Du wirst auch immer fetter.« – »Du kannst dankbar sein, dass ich noch mit dir zusammen bin. Guck dich doch mal an.« – »Meine Güte, watschelst du.« – »Kannst du eigentlich gar nichts richtig machen?« – »Wie dumm muss man eigentlich sein?« – »Hey, warum ist die Tasse runtergefallen? Pass doch auf, du Schussel.« – »Kannst du dir nicht mal die Haare färben? Du siehst richtig alt aus.«

Das Schlimmste hieran ist nicht nur das Gesagte, sondern dass der Mensch, zu dem das gesagt wurde, es meist klaglos hinnimmt. Oder versucht, es besser zu machen, sich zu ändern oder anzupassen. Dass er beim Sprechenden bleibt und keine selbstschützenden und selbstfürsorgenden Konsequenzen zum eigenen Wohl und für die eigene Würde zieht.

Diese Form ist daher fast so etwas wie der Gipfel der toxischen Kommunikation. Schlimmer geht es kommunikativ in einer Partnerschaft nicht mehr.

5. Und schließlich: endlose Diskussionen

In einer toxischen Beziehung mit toxischer, manipulativer Kommunikation kommt meist noch ein sehr zermürbender Aspekt hinzu: Diskussionen können unfassbar lange dauern. Eins gibt das andere und manchmal kommen so Stunden an Diskussion zusammen. Sie haben nur nie ein echtes Ergebnis. Weder ist der eine von etwas überzeugt noch der andere. Und am nächsten Tag kann es wieder von vorn losgehen. Das ist übrigens auch ein Mittel des Narzissten, den Partner geistig beschäftigt und auf ihn fokussiert zu halten. Der Narzisst dreht Sie ständig im Kreis.

Solche Diskussionen kosten viel Energie, Kraft und Zeit. Lebenszeit.

Der Königsweg ist hier die defensive Kommunikation, die ich später noch erläutern werde.

An dieser Stelle biete ich Ihnen erst einmal die beiden folgenden Feststellungen an, verbunden mit der Bitte, sie für sich selbst zu reflektieren und sacken zu lassen:

→ *Sie werden Ihren (narzisstischen) Partner nie verstehen.*

→ *Ihr (narzisstischer) Partner wird Sie nie verstehen.*

Inhalieren Sie das, verinnerlichen Sie das. Damit ist jegliche Diskussion mit dem Narzissten in der Regel für die Katz.

6. Fazit

Toxische Kommunikation arbeitet mit unlauteren Mitteln. Sie ist hochgradig manipulativ. Sie versucht, Sie zu einer Handlung oder Reaktion zu bewegen, die Sie »eigentlich« gar nicht wollen. Sie ist das Gegenteil von Selbstbestimmung, das Gegenteil einer zugeneigten, wohlwollenden Kommunikation mit der Fähigkeit, auch Streitfragen lösungsorientiert und ergebnisoffen zu erörtern.

Sie ist das Gegenteil von Liebe.

Wenn Sie all das für sich erkannt haben, stellt sich die Frage, ob und was Sie tun können, um Ihre Situation zu verbessern.

Handeln: Was Sie tun können

Jetzt geht es darum, in die Handlung zu kommen. Das beginnt bei Ihrer Entscheidung für oder gegen eine Trennung. Sie ist ein wichtiger Schritt, doch danach kommt die »eigentliche Arbeit« für Sie: Ihren Entschluss umzusetzen und zu handeln.

Die richtige Entscheidung treffen: Ist die Beziehung mit einem Narzissten zu retten?

Ich glaube, das hier ist einer der kürzesten Abschnitte im gesamten Buch. Und das hat einen guten Grund.

In einer toxischen Beziehung bestehen vielfältige, unsichtbare innere Bindungen, die auf toxischer Kommunikation, ständiger Manipulation, nicht klein zu kriegender Hoffnung und einem oft geringen Selbstwertgefühl der Betroffenen beruhen. Außerdem war alles aus Ihrer Sicht ja einmal besser, die Partnerschaft hat irgendwann einmal gut angefangen. Vermeintlich. Und der narzisstische Partner hat ja auch charmante Seiten, die je nach Lust und Laune immer noch hervorblitzen können. Nur leider nicht beständig und dauerhaft. Und dann kommt oft noch eine gewaltige Portion Mitleid und Mitgefühl hinzu, die die meist empathischen Partner von Narzissten genau dann für ihn empfinden, wenn es in Richtung Trennung geht.

Deshalb überlegen viele Partner von Narzissten ernsthaft, ob sie die Beziehung nicht doch retten können. Auch wenn eine solche Beziehung bereits an die eigene psychische und physische Substanz geht.

Aus meiner Erfahrung gelingt die Fortführung einer solchen Beziehung ohne Schaden für den Betroffenen nur ganz ausnahmsweise, wenn der Narzissmus gering ausgeprägt ist und der narzisstische Partner noch die Fähigkeit zu Selbstreflexion und innerer Entwicklung besitzt.

Das merkt man daran, dass der narzisstische Partner den eigenen Narzissmus reflektiert und sein Verhalten an diese neuen Erkenntnisse anpasst. So versucht er zum Beispiel, empathischer zu handeln und zu kommunizieren und seinen Egoismus zurückzunehmen.

Das ist nach meiner Erfahrung sehr selten. Und das – diese echte Veränderung bei Ihrem narzisstischen Partner – muss dann auch ganz schnell kommen. Andernfalls sollten Sie solch ein letztes Experiment sofort wieder beenden.

Wenn Sie sich daher in Ihrer Partnerschaft dauerhaft nicht wohlfühlen, keinen Respekt und keine Wertschätzung erfahren oder immer wieder gedemütigt werden, führt in der Regel kein Weg an einer Trennung vorbei. Nur dann haben Sie wieder die Chance auf ein erfülltes, glückliches und selbstbestimmtes Leben.

Das gilt besonders, wenn Sie bei sich psychosomatische Erscheinungen feststellen wie Schlafstörungen, Haarausfall, Magersucht, Ohnmachtsanfälle, Kopf- oder Rückenschmerzen. Das sollte alles medizinisch abgeklärt werden, wurzelt aber oft auch in einer toxischen Beziehung.

Der Weg zum Entschluss, sich zu trennen, ist oft lang, hart und steinig: Sie haben die innere Aufgabe, sich selbst wiederzufinden. Denn nur so wissen Sie, wofür Sie sich trennen: für sich selbst.

Dann beginnt jedoch die eigentliche Arbeit: die Trennung tatsächlich durchzuführen und innerlich durchzuhalten.

Sich selbst finden, loslassen und dadurch retten: Die 5 Säulen der Trennung von einem Narzissten

»Wenn ich hier im Coaching bin, habe ich das Gefühl, ich würde meinen Mann verraten. Er ist ein Narzisst, beschimpft mich dauernd. Es gibt gute Zeiten, aber noch viel mehr schlechte Zeiten. Letztens hat er Gegenstände an die Wand geworfen und zertrümmert. Nie kann ich es ihm recht machen. Ich halte das nicht mehr aus. Aber sobald ich an Trennung denke, wird mir ganz anders. Dann fühlt es sich an, als würde ich ihm von hinten das Messer in den Rücken rammen.«

(Irene, 58 Jahre, zwei erwachsene Kinder)

Die Trennung von einem Narzissten ist unglaublich schwer. Rational mag alles einleuchten: Er ist nicht gut für Sie. Er ist Narzisst und wird sich nicht ändern. Er beschimpft Sie. Sie bekommen keine aufrichtige, wohlwollende Liebe. Sie werden manipuliert und kontrolliert. Sie haben das Gefühl, Sie können nicht mehr.

Und doch ist es so unendlich schwer.

Eben weil da diese innere Verstrickung ist. Sie beruht auf toxischer Kommunikation, der nie vergehenden Hoffnung, dass alles wieder gut wird, dem Gefühl, nicht zu früh aufgeben zu dürfen, und oft auch auf einem geringen Selbstwertgefühl und inneren Prägungen, die Sie an diesen Menschen zu ketten scheinen, der nicht gut für Sie ist.

Ihr Leitfaden bei einer solchen Trennung basiert daher auf 5 Säulen, die jede für sich dazu beitragen, eine solche Trennung tatsächlich zu bewältigen und durchzuhalten.

Eins vorweg: Alles, was Sie bisher in diesem Buch gelesen haben zu innerer Klarheit, inneren Prägungen, innerer Balance, gesunden Grenzen, Schuldgefühlen und Rechtfertigungen ist auch für die bewusste und gute Trennung von einem Narzissten wesentlich. Allerdings um ein Vielfaches intensiviert.

Die **5 Säulen** der Trennung von einem Narzissten lauten:

Säule 1: Die Situation akzeptieren

Die erste Säule betrifft Ihre innere Haltung. Sie erfordert, dass Sie die Situation so akzeptieren, wie sie ist. Ohne Ausflüchte, unbegründete Hoffnung und Entschuldigungen für das Verhalten Ihres narzisstischen Partners.

Das klingt so einfach, wie es schwierig ist.

Auch wenn Sie nämlich in der toxischen Beziehung innerlich leiden, ist diese Beziehung Ihr Lebensinhalt. Und weil es auch ab und zu gute Zeiten gibt, haben Sie immer wieder die Hoffnung, dass die schlechten Zeiten nur Ausnahmen sind, dass sie vorübergehen und vielleicht nie wiederkommen.

Die Hoffnung stirbt zuletzt. Doch diese Hoffnung trügt.

Eine toxische Beziehung hat keine Aussicht auf Verbesserung. Es wird immer vermeintlich gute Momente geben, auf die wieder Demütigung, Manipulation und Beleidigungen folgen werden. Dieser ständige Wechsel hat Sie bisher gedanklich gefangen genommen und beschäftigt gehalten. Jetzt ist der Zeitpunkt, klar und eindeutig zu akzeptieren, dass sich diese Situation nicht ändern wird.

Schreiben Sie diesen Gedanken auf: »Die Situation ist, wie sie ist. Ich liebe einen narzisstischen Menschen, von dem ich nie die Liebe und Zuneigung, den Respekt, die Wertschätzung und die Achtung bekommen werde, die ich brauche. Das ist jetzt beendet. Ich beschließe, diesen Zustand jetzt zu ändern.«

Damit gehen Sie neben der Akzeptanz der Situation zwei weitere, wichtige Schritte:

- Sie geben Ihre innere Opferrolle auf.

- Sie übernehmen die Verantwortung für Ihr Leben.

So haben Sie die einmalige Chance, wieder in die Handlung zu kommen und für sich selbst einzutreten.

Machen Sie mit den folgenden vier Säulen daher erst weiter, wenn Sie die Situation tatsächlich akzeptiert haben. Dann sind die Erfolgschancen am größten.

Säule 2: Innere Stabilisierung

Die zweite Säule ist Ihre innere Stabilisierung. Das Ziel ist, dass Sie wieder zu sich selbst finden und sich erlauben, Sie selbst zu sein. Dazu dürfen und müssen Sie als Erstes Ihren Fokus verändern: weg von »ihm«, hin zu sich selbst.

In Ihrer toxischen Beziehung lag der Fokus all Ihrer Aufmerksamkeit, Ihrer Gedanken und Gefühle auf Ihrem narzisstischen Partner. So waren Sie permanent in seiner Welt gefangen: »Was tut er als Nächstes? Was erwartet er jetzt von mir? Was muss ich tun, damit er zufrieden ist? Was wird er dazu sagen? Bleibt er ruhig oder schimpft er wieder? Ob er sich noch ändert, damit ich geliebt werde, wie ich es brauche?«

Jetzt führen Sie sich bildlich vor Augen, wie Sie den Fokus von dieser toxischen Welt abziehen und auf sich selbst richten. Vielleicht stellen Sie sich dabei eine Kamera vor, die gerade noch Ihren Partner im Sucher hatte und jetzt zu Ihnen schwenkt. Und genau da bleibt: bei Ihnen, und das für die nächsten Tage, Wochen und Monate.

Es geht jetzt darum, dass Sie sich wieder besser kennenlernen (→ Sich selbst (wieder-)finden). Erforschen Sie Ihre Gefühle, Bedürfnisse, Werte. Selfie-Zeit für Ihre Seele!

Finden Sie heraus, was Ihnen guttut (→ Der befreiende Dreiklang).

Sie erinnern sich:

- Was ist gut für mich?
- Was tut mir gut?
- Was bringt mich weiter?

Beschäftigen Sie sich ausgiebig mit sich selbst, führen Sie jeden Tag Ihr Ich-Heft. Entdecken Sie Ihre individuellen Werte und gestalten Sie ein Vision Board nur für sich selbst.

Überprüfen Sie unbedingt Ihre →inneren Prägungen. Können Sie sie benennen und für sich selbst positiv verändern? Nach meiner Erfahrung haben die Partner von Narzissten häufig folgende innere Prägungen:

»Ich bin wertlos.«
»Ohne diesen Mann bin ich nichts.«
»Ich komme allein nicht klar.«
»Erst er hat mir den Wert gegeben, den ich brauche.«
»Nur mit ihm an meiner Seite fühle ich mich wertvoll.«

Erkennen Sie sich vielleicht wieder? Dann verändern Sie Schritt für Schritt diese inneren Prägungen. Seien Sie mutig, seien Sie stark, treten Sie für sich selbst ein und überlegen Sie, ob nicht die folgenden Sätze besser für Sie sind:

- »Ich bin wertvoll.«
- »Ohne diesen Mann bin ich alles.«
- »Ich komme sehr gut allein klar.«
- »Niemand anderes hat die Macht, über meinen Wert zu bestimmen. Ich habe meinen Wert, ich erkenne und verwirkliche ihn.«

- »Ich bin wertvoll, auch ohne einen anderen Menschen an meiner Seite.«

Pflegen Sie aktiv Ihre Selbstliebe. Selbstliebe ist in erster Linie ein Entschluss. Fassen Sie ihn, denken Sie nicht weiter darüber oder über äußere Gründe für Ihre Selbstliebe nach, sondern setzen Sie diesen Entschluss konsequent um: »Ich liebe mich. Genau so, wie ich bin.«

All diese Maßnahmen können helfen, auch Ihr Selbstwertgefühl Stück für Stück wiederzuentdecken und zu stärken.

Bis Sie erkennen und spüren: Sie haben mehr verdient als das, was Sie bislang in dieser Beziehung bekommen haben.

Diese Phase der inneren Stabilisierung ist äußerst wichtig und die Basis für die weiteren Säulen der Trennung. Nehmen Sie sich ausgiebig Zeit dafür, Sie ist das A und O dafür, dass Sie die Trennung durchstehen werden.

Notieren Sie sich: »Ich darf ich selbst sein. Ohne Wenn und Aber. Hierfür brauche ich niemanden. Ich bin genau richtig. Ich stehe zu mir.«

Säule 3: Zurück in den Körper

Die dritte Säule hat viel mit der zweiten Säule zu tun: Kommen Sie zurück in Ihren Körper.

In Ihrer toxischen Beziehung waren Sie wahrscheinlich sehr viel in Ihrem Kopf und in Gedanken bei Ihrem narzisstischen Partner und ebendieser Beziehung. Sie haben sich darüber wahrscheinlich sogar sehr viele Gedanken gemacht und sich sprichwörtlich »den Kopf zerbrochen«.

Der Weg der Heilung und einer guten Trennung für Sie selbst geht über Ihren Körper.

Deshalb ist diese dritte Säule so wichtig: Kommen Sie vom Kopf in Ihren Körper. Das Kapitel →Vom Kopf in den Bauch ist hier ganz wesentlich. Entdecken Sie →Die Magischen 15 für sich und reservieren Sie sich jeden Tag fünfzehn Minuten, in denen Sie bewusst ein neues Körpergefühl entwickeln, durch BodyScan und vor allem Embodiment.

Justieren Sie Ihr Bodyset neu. Immer wenn Sie merken, dass Sie wieder oder immer noch in Ihrem Kopf mit der toxischen Beziehung beschäftigt sind, gehen Sie bewusst in Ihren Körper. Überlegen Sie sich vorher gern eine Körperstelle, in die Sie dann gedanklich gehen: Das kann Ihr Bauch sein, aber zum Beispiel auch Ihr rechtes Knie, die Zehen Ihres linken Fußes oder der kleine Finger Ihrer linken Hand. Es geht hier darum, den Gedankenfluss zu stoppen, sobald Sie ihn bemerken, und Ihre Aufmerksamkeit bewusst auf eine körperliche Einzelheit zu richten.

Sie können sich auch angewöhnen, sich zum Beispiel sofort auf ein Bein zu stellen, sobald Sie spüren, dass Ihre Gedanken abwandern. Das fordert Ihren Fokus und fördert Ihre Balance.

Sehr bewährt hat sich auch das Klopfen des Brustbeins / der Thymusdrüse (→Das Potenzial des eigenen Körpers entdecken/ Embodiment). Das richtet nicht nur Ihre Aufmerksamkeit auf Ihren Körper, sondern kann sehr schnell beruhigen.

All diese körperlichen Übungen haben zwei Ziele: Zum einen wird Ihre Aufmerksamkeit damit von belastenden Gedanken abgezogen. Sie sorgen also gerade in der Anfangszeit einer Trennung für Ablenkung. Zum anderen können Sie Ihr Körpergefühl und damit sich selbst neu entdecken. Das ist ein wesentlicher Bestandteil Ihrer Identität und stärkt indirekt Ihre Selbstliebe und Ihr Selbstwertgefühl.

Probieren Sie es aus: Die toxische Beziehung sitzt Ihnen buchstäblich in den Knochen. Eine Loslösung aus dieser Beziehung nur über den Kopf zu vollziehen, funktioniert nicht.

Probieren Sie es gerade dann aus, wenn Sie der Auffassung sind, ohnehin keinen Kontakt zu Ihrem Körper zu haben, nicht ruhig sitzen zu können, immer eine Aufgabe zu benötigen, schlecht mit sich selbst allein sein zu können.

Das aktive »Zu-sich-selbst-Kommen« und »Im-Körper-Ankommen« kann sich am Anfang komisch anfühlen, weil Sie es nicht gewohnt sind. Und weil Sie eben gefühlt »nichts tun«. Gerade das kann Ihnen zu schaffen machen, wenn Sie darauf geeicht sind, immer etwas zu tun. Unterdrücken Sie den Impuls, aufzuspringen. Nie war der Moment wichtiger als jetzt, in dieser schwierigen Trennung: einfach nur zu sein und sich selbst wieder zu spüren.

Denken Sie an das Wortspiel mit dem englischen Begriff für »Mensch« = human being: »We are human beings, not human doings.« (»Wir sind menschliche Seiende, nicht menschliche Tuende.«) Seien Sie, spüren Sie. Mehr wird im Moment nicht von Ihnen erwartet.

Erst wenn Sie sich in Ihrem Körper wieder richtig zu Hause fühlen, kann es weitergehen.

Säule 4: Inneres Loslassen des Narzissten

Was die meisten Betroffenen und auch meine Klienten sich immer wieder als Erstes wünschen, ist, den Narzissten endlich innerlich loslassen zu können.

Leider gibt es keinen Zauberspruch, der das im Handumdrehen erreicht. Vielmehr geht der Weg über die ersten drei Säulen der Trennung von einem Narzissten.

Wenn Sie diese ersten drei Säulen der Trennung konsequent verfolgen, hilft Ihnen das bereits, Ihrem Ziel näher zu kommen. Sie werden es merken. Gleichzeitig sind diese drei ersten Säulen das wichtigste Teilstück auf dem Weg zum inneren Loslassen:

→ *Die Situation akzeptieren.*

→ *Innere Stabilisierung.*

→ *Zurück in den Körper.*

Dann können Sie sich »on top« mit den Visualisierungen und Übungen zum Loslassen beschäftigen (→Loslassen ist die kleine Schwester von Verzeihen). Erinnern Sie sich?

- Pfffft …

- Die Taue lösen.

- Auf den Mond schießen.

Machen Sie es täglich, machen Sie es immer und immer wieder.

Versuchen Sie außerdem aktiv, innerlich einen Schritt zurückzutreten. Und noch einen. Und noch einen.

Machen Sie sich noch einmal klar, dass die Wahrnehmung Ihres narzisstischen Partners eine andere ist als Ihre. Sie werden ihn nie verstehen und umgekehrt wird er Sie nie verstehen. Dazu gehört, dass Sie mit ihm nicht innerlich diskutieren müssen und ihn auch nicht – weder in einer realen Diskussion noch bei einem inneren Dialog nur in Ihrem Kopf – überzeugen können oder müssen.

Das erste Signal, dass das innere Loslassen beginnt, ist meistens das Verschwinden der Angst. Viele Partner haben irgendeine Form von Angst vor ihrem narzisstischen Partner. Das ist oft eine diffuse Angst, dass er »etwas tun« oder dass »etwas passieren« könnte. Haben Sie Kinder, ist es häufig die (diffuse) Angst, er könnte Ihnen »das Kind wegnehmen«.

Diese Angst beruht zu einem Großteil auf der toxischen Kommunikation und auf Manipulation. Die Kommunikation mit Furcht und Drohungen und daneben das Überhöhen der eigenen narzisstischen Person bleiben in Ihrem Unbewussten als diffuse Bedrohung hängen.

Sehr häufig entbehrt diese Angst jeder Grundlage[13]. Dennoch ist sie da und kann nicht rational wegdiskutiert werden.

Deshalb ist es ein erstes Zeichen für das innere Loslassen, wenn diese Angst abnimmt oder vielleicht ganz verschwindet. Ab diesem Zeitpunkt bekommen Sie meistens schlagartig einen klaren Kopf und spüren, dass Sie wieder Herr Ihrer Handlungen werden.

Das ist Loslassen, und ich wünsche Ihnen, dass es möglichst schnell einsetzt. Bleiben Sie dafür am Ball. Manchmal ist es allein schwierig. Holen Sie sich Hilfe, wenn Sie das bei sich feststellen.

Säule 5: Notwendige Kommunikation mit dem Narzissten

Wenn Sie Ihrem narzisstischen Partner sagen, dass Sie sich trennen, machen Sie sich darauf gefasst, dass bei Ihrem Gegenüber ein Sturm der Entrüstung losgeht. Ihr narzisstischer Partner wird sehr wahrscheinlich eine solche Trennung nicht sofort akzeptieren und kommunikativ versuchen, Sie zum Bleiben zu überreden.

Machen Sie sich als Unterstützung in dieser Phase klar, dass das mit hoher Wahrscheinlichkeit nicht damit zusammenhängt, dass Sie die Liebe seines Lebens sind. Es hat wahrscheinlich gar nichts mit Liebe zu tun, sondern vor allem damit, dass der

---

[13] Wenn Ihre Angst Gründe hat, weil Sie oder Ihre Kinder zum Beispiel körperliche Gewalt erlebt haben, werden Sie unbedingt tätig. Sie sind nicht so hilflos, wie Sie jetzt vielleicht meinen: Es gibt Maßnahmen nach dem Gewaltschutzgesetz, die Ihnen helfen können. Wenden Sie sich zum Beispiel an die Polizei, Rechtsanwälte, Psychotherapeuten, einen Frauenverein in Ihrer Stadt (»Frauen helfen Frauen«), Ihren Hausarzt oder Frauenarzt für weitere Kontakte oder das bundesweite Hilfetelefon: 08000 116 016, das nicht nur bei körperlicher Gewalt hilft, sondern auch bei emotionaler Not bzw. psychischer Gewalt, wie sie in toxischen Beziehungen ausgeübt wird.

Narzisst nicht akzeptieren kann, dass Sie Ihre eigene Entscheidung gegen ihn treffen.

Je mehr Sie innerlich sicher sind in Bezug auf Ihren Trennungsentschluss und je klarer und eindeutiger Sie Ihre Trennung kommunizieren können, desto besser und einfacher wird es. Je schwankender Sie selbst innerlich noch sind, desto mehr wird Ihr narzisstischer Partner das spüren und desto schwieriger wird es erfahrungsgemäß:

»Das kannst du nicht machen. Du bist die Liebe meines Lebens.« – »Wir gehören einfach zusammen. Das spürst du doch auch.« – »Ich werde mich ändern. Ich verspreche es.«

Wenn Sie innerlich noch schwankend sind, wird Ihre innere Sehnsucht davon berührt. Alles in Ihnen wird schreien: »Ja, das ist doch genau das, was ich hören wollte. Endlich! Soll ich ihm nicht doch noch eine Chance geben?«

Machen Sie sich klar: Auch das, was Sie jetzt gerade erleben, ist wieder ein typisches Verhaltensmuster und hat mit hoher Wahrscheinlichkeit nichts mit Ihnen als individueller Person zu tun. Sprich: Es geht dem Narzissten nicht um Liebe, sondern um »Entscheidungsbefugnisse«: Wer darf die Beziehung beenden?

Spätestens an diesem Punkt werden Sie eine erneute Entscheidung treffen: doch gehen oder doch bleiben.

Wenn Sie »eigentlich« entschlossen sind, die Trennung durchzuhalten, aber genau wissen, dass Sie für diese Art von Beteuerungen empfänglich sind, sollten sie Vorkehrungen treffen. Das kann Ablenkung sein, zum Beispiel durch Freunde oder Bekannte, mit denen Sie sich direkt nach der Trennung und an den Tagen danach treffen. Das kann ein Urlaub allein oder – besser noch – in einer Gruppe sein. Das kann ein anspruchsvolles Projekt in Ihrem Job sein, dem Sie sich ganz widmen können.

Daneben kann das externe Hilfe durch Psychotherapie, Coaching oder zum Beispiel auch durch Lebens-, Familien- oder

Frauenberatungsstellen sein. Viele meiner Klienten mit Trennungswunsch kommen genau aus diesem Grund vor dem Aussprechen der Trennung ins Coaching, um sich über diese empfindliche Phase hinweg unterstützen zu lassen.

Wegen dieser Schwierigkeiten schon bei der Mitteilung der Trennung selbst gibt es zwei klare Grundregeln für die Kommunikation mit einem Narzissten nach einer Trennung. Sie lauten »No Contact Rule« (Kein-Kontakt-Regel) und defensive Kommunikation. Ich beschreibe sie im Folgenden:

»No Contact Rule«

Der Kontaktabbruch ist in der Regel die beste Form, mit der Situation umzugehen. Mindestens für die Anfangsphase einer Trennung, bis das Schlimmste innerlich überwunden ist. So schützen Sie sich selbst vor weiterer toxischer Kommunikation und Manipulation. Das gibt Ihnen die Chance, die ersten vier Säulen der Trennung in Ruhe und unbehelligt zu verwirklichen und durchzuhalten. Erst wenn Sie wieder ganz bei sich sind und den Narzissten noch dazu innerlich losgelassen haben, könnten Sie – falls überhaupt erforderlich – wieder Kontakt aufnehmen. Sie würden dann auch merken, dass Sie innerlich deutlich gelassener mit solch einem Kontakt umgehen können.

Es gibt nur eine Ausnahme von der »No Contact Rule«: Sie sind Eltern.

Wenn Sie Eltern sind und minderjährige Kinder haben, ist klar, dass sie über das Umgangs- und Sorgerecht für Ihre Kinder Kontakt haben werden. Aber auch bei erwachsenen Kindern bleiben häufig Berührungspunkte an Feiertagen oder bei Familienfeiern, an den Geburtstagen Ihrer Kinder, bei möglichen Hochzeiten und der Geburt von Enkelkindern.

Hier ist der Kontaktabbruch Illusion. Er sollte daher durch eine Sonderform der Kommunikation ersetzt werden, die »defensive Kommunikation«.

Defensive Kommunikation
Die defensive Kommunikation zeichnet sich durch folgenden Dreisatz aus:

→ *Das ist deine Meinung.*

→ *Ich habe eine andere Meinung.*

→ *Wir werden das nicht ausdiskutieren.*

Defensive Kommunikation ist ein Zeichen guter, gesunder Grenzen. Sie treten für sich ein und lassen sich nicht in endlose Diskussionen verstricken. Gleichzeitig ist das eine erste echte Prüfung, wie weit Sie innerlich mit dem Thema »Grenzen ziehen« bereits gekommen sind. Wenn Ihnen diese Art der klaren Kommunikation noch schwerfällt, sollten Sie sich noch einmal mit dem Thema →Gesunde Grenzen beschäftigen. Sie bleiben bei sich, Sie schützen sich durch gute Grenzen. Das dürfen Sie auch durch die Abwehr endloser, meist unnützer und erfahrungsgemäß ergebnisloser Diskussionen tun.

Es gibt aber noch einen anderen Grund, warum diese Art der defensiven, Ihre Grenzen wahrenden Kommunikation anfangs für Sie schwierig sein könnte: Ihr Gerechtigkeitssinn. Sie wissen ganz genau, wie etwas ist oder nicht ist, Sie kennen vielleicht sogar Fakten, die Ihre Meinung stützen. Dann führen Sie diese Fakten auch im Gespräch mit Ihrem Narzissten an. Oder sind Sie gar versucht, das auch auszudiskutieren, denn Ihr Gegenüber wird das doch auch so sehen? Zumindest, wenn Sie Fakten anführen?

Sie haben wahrscheinlich zahlreiche Erfahrungen aus Diskussionen mit Ihrem narzisstischen Partner. Sie wissen, dass sie oft endlos und ergebnislos, immer aber zermürbend sein können – egal, welche Fakten vorliegen. Denn Ihnen gegenüber sitzt »Donald Trump«: Der Narzisst hat immer ein paar alternative Fakten zur Hand.

Es ist daher reiner Selbstschutz, wenn Sie defensiv kommunizieren und innerlich (wieder einmal) einen Schritt zurücktreten und Ihren narzisstischen Ex nicht überzeugen wollen. Sie halten aus, dass es jetzt nicht um die »Wahrheit« geht oder darum, Recht zu haben. Ihr Selbstschutz geht vor.

Es ist eine Entscheidung, die Sie für sich in dieser Situation treffen dürfen.

Gerade wenn Sie Eltern sind, ist also defensive Kommunikation ein wichtiges Mittel, um die weiterhin notwendigen Zusammentreffen mit Ihrem narzisstischen Ex gestalten, oft auch überstehen zu können.

Damit ist es aber nicht getan. Sind Sie Eltern, ist es bei aller Grenzziehung oft erforderlich, innerlich »geschmeidig« und flexibel zu bleiben, um drohende Eskalationen zu vermeiden. Das ist eine innere Haltung, die erlernt und trainiert werden kann.

Daher sollten Sie frühzeitig wissen, was während und nach der Trennung von einem Narzissten auf Sie zukommen kann, um sich innerlich darauf einstellen. Es geht um eine weitere große Aufgabe für Sie: die Trennung auch durchzuhalten.

Durchhalten: Womit Sie rechnen müssen

Viele Partner von Narzissten gehen nach einer ersten Trennung noch einmal zu ihrem narzisstischen Partner zurück. Wenn Ihnen das auch schon passiert ist, grämen Sie sich nicht. Durchhalten ist manchmal schwer, oft wird es Ihnen von Ihrem narzisstischen Ex auch bewusst schwer gemacht. Daher hilft es, wenn Sie typische Verhaltensweisen eines Narzissten während und nach der Trennung kennen – allgemein bezogen auf Sie und Ihre Partnerschaft, aber vor allem auch, wenn Sie gemeinsame Kinder haben.

Gut zu wissen: Wie verhält sich ein Narzisst nach der Trennung?

Es gibt einige typische, manchmal extreme Verhaltensweisen des Narzissten nach einer Trennung, die teilweise bereits angesprochen wurden. Hier kommt ein Überblick, damit Sie das Verhalten Ihres narzisstischen Ex nach der Trennung besser für sich selbst einordnen und so auch besser damit umgehen können.

1. »Du bist die Eine«

»Du bist die Eine« oder »Wir gehören doch zusammen« ist eine dieser Verhaltensweisen. Ihr narzisstischer Ex setzt sein »Love-Bombing« ein, das Sie vielleicht in der Anfangszeit Ihrer Beziehung kennengelernt haben. Damals wie heute soll es dazu beitragen, Sie (wieder) zu gewinnen. Sie werden mit Liebe und Liebesschwüren überschüttet: »Du bist die Eine, an dich kommt keine andere ran.« – »Du bist die Liebe meines Lebens.« – »Wir gehören zusammen, wir müssen es noch einmal miteinander versuchen.« – »Ich will dich nicht verlieren. Ich mache ab jetzt alles anders.« – »Wenn du jetzt gehst, weißt du nicht, was du aufgibst.«

Das Gemeine ist: Sie bekommen ausgerechnet jetzt all das zu hören, wonach Sie sich die ganze Zeit gesehnt haben: dass seine Manipulationen und sein Fremdgehen aufhören. Dass das Kleinmachen und die Demütigungen aufhören. Dass das alles einfach nur eine schlechte Phase in Ihrer Beziehung war. Manchmal tut Ihnen der scheinbar verwandelte Narzisst auch einfach nur leid in seiner auf einmal zur Schau gestellten Liebe.

Das macht es Ihnen genau jetzt so schwer, bei Ihrer Trennung zu bleiben und sie durchzuhalten. Doch denken Sie bitte daran: Das Verhalten des Narzissten nach der Trennung ist ein ständiges Auf und Ab zwischen Love Bombing und Terror. Dieses Wechselbad wird nicht aufhören. All Ihre Gründe für eine Trennung bleiben weiter bestehen, auch wenn Sie in dieser Phase kurzzeitig mit Liebe überschüttet werden. Sie wissen es selbst instinktiv, dass die schlechte(n) Phase(n) mit Terror und Manipulation ebenso wiederkommen werden.

Entscheiden Sie sich noch einmal bewusst: Wollen Sie das fortführen? Oder wollen Sie sich selbst durch eine Trennung irgendwann die Chance auf eine neue wohlwollende, zugeneigte und beständige Liebe eröffnen? Dann halten Sie gerade jetzt durch.

2. Paartherapie und Mediation

Manchmal bringt Ihr narzisstischer Ex genau in diesem Moment während und nach der Trennung Paartherapie oder Mediation ins Spiel. Paartherapie, um es noch einmal zu versuchen. Mediation, um die Trennung doch harmonisch und gut zu bewältigen. Vielleicht sind Sie ganz gerührt, weil Sie das schon so lange vorgeschlagen hatten, aber er wollte bislang nie.

Beides, Paartherapie und Mediation, sind hervorragende Methoden, um entweder als Paar wieder zueinanderzufinden oder das Auseinandergehen konstruktiv zu bewältigen.

ABER: Seien Sie bei einem narzisstischen Partner skeptisch!

Beide Methoden dienen ihm häufig nur dazu, Sie auf einem Umweg wieder in die Beziehung zurückzuholen. Oder Sie und Ihre berechtigten Interessen in einer Mediation durch Eloquenz und Manipulation ins Leere laufen zu lassen. Ganz oft bricht er Therapie oder Mediation auch irgendwann ab, weil Therapeut oder Mediator »ihn nicht verstehen« oder eigentlich »unfähig« sind.

Entscheiden Sie selbst, ob diese beiden Wege etwas für Sie sein könnten. Bewahren Sie sich in jedem Fall eine gesunde Skepsis und hören Sie auf Ihre innere Stimme. Halten Sie sich eine gedankliche Hintertür offen, falls sich die Dinge nicht so entwickeln, wie Sie sich das erhoffen. Und ziehen Sie entschlossen die Reißleine, wenn dieser Fall eintritt.

3. Konfrontation und Machtspiele

Auch wenn Sie nur andeuten, eine Trennung in Erwägung zu ziehen, kommt oft eine andere typische Verhaltensweise zum Vorschein: offene Konfrontation, Provokationen und Machtspiele. Ihr narzisstischer Partner beginnt zu drohen, dass Sie »kein Geld und keinen Unterhalt sehen« werden, dass er Ihre Kinder ab jetzt mindestens »halb« bei sich haben will, zum Beispiel im sogenannten Wechselmodell, und dass er keinesfalls aus Ihrer gemeinsamen Wohnung oder Ihrem gemeinsamen Haus ausziehen wird.

Das ist leider der absolute Klassiker. Wenn Ihnen das begegnet, machen Sie sich klar: Sie sind nicht allein. So ergeht es vielen Partnern von Narzissten, die die Trennung »wagen«.

Angesichts dieser Drohgebärden verzweifeln viele. Die meisten wollen ja eine harmonische Trennung, vor allem der

Kinder wegen. Manche lassen die Trennung dann sein und leiden lieber still vor sich hin. Oder sie suchen Wege, irgendwie eine Trennung in gegenseitigem Einvernehmen hinzubekommen, und gehen lieber nachteilige Kompromisse ein, anstatt für sich selbst (und ihre Kinder) einzutreten.

Die Erfahrung zeigt leider, dass Sie bei der Trennung von einem Narzissten letztlich nicht darum herumkommen, sich zu entscheiden: Entweder werden Sie in der Trennung über den Tisch gezogen oder Sie stehen irgendwann auf und zeigen Zähne.

Erfahrungsgemäß sind daher die meisten Trennungen von einem Narzissten nicht ohne eine rechtsanwaltliche Begleitung zu bewältigen, vor allem wenn Sie Kinder haben oder ein gewisses wirtschaftliches Vermögen im Raum steht.

4. Aufmerksamkeit binden

Ihr Trennungswunsch fordert es geradezu heraus: Ihr narzisstischer Ex wird beginnen (oder fortfahren), gerade jetzt immer wieder Ihre Aufmerksamkeit auf sich zu ziehen. Zum Beispiel durch Handlungen, die Sie aus der Bahn werfen, weil Sie überhaupt nicht damit gerechnet haben. Oder provokante Nachrichten per WhatsApp, die Sie um den Schlaf bringen. Oder Provokationen, die wie zufällig im Gespräch fallen und die Sie so nicht stehen lassen können. Und – schwupps – sind Sie in einer dieser endlosen Dauerdiskussionen, von denen Sie »eigentlich« wissen, dass sie nicht zu gewinnen sind.

Eine erste Methode, damit umzugehen, ist: Polen Sie Ihre innere Einstellung um. Verwandeln Sie Ihre innere Empörung (»Das gibt's doch gar nicht!«) sofort um in: »Doch das gibt's! Und jetzt schaue ich, wie ich damit umgehe.« Das ist eine Frage der Übung, aber gerade jetzt sehr hilfreich. Sie werden im Trennungsprozess von einem Narzissten immer wieder »Überraschungen« erleben. Heute ist es so und morgen ist es ganz anders. Manchmal ändert sich das auch stündlich. Wenn

Sie jedes Mal innerlich voll auf diese Themen einsteigen, die der Narzisst Ihnen buchstäblich zuwirft, kostet das viel Zeit und Energie. Die können Sie besser für sich, Ihre Kinder und Ihr Leben danach verwenden.

Weitere Methoden wurden in diesem Buch bereits angesprochen: von der defensiven Kommunikation bis zu Visualisierungen, vom Erkennen und Ziehen gesunder Grenzen bis zur wohltuenden Veränderung der eigenen inneren Prägungen, von der Stärkung des Selbstwertgefühls bis zu gesunder Selbstliebe. Alles trägt dazu bei, diese Zeit der andauernden Störfeuer gut zu überstehen.

5. Stalken

Manche narzisstischen Expartner verhalten sich noch einmal ganz anders: Sie beginnen Sie nach einer Trennung zu stalken. Sie lauern Ihnen in der Tiefgarage auf oder parken zufällig hinter Ihnen, Stoßstange an Stoßstange. Sie rufen zu jeder Tages- und Nachtzeit an, stehen unangekündigt vor der Tür oder verfolgen Sie in den sozialen Medien.

Bitte seien Sie wachsam, denn auch wenn es sich vielleicht zeitweise so anfühlt, sind Sie nicht hilflos: Es gibt Maßnahmen nach dem Gewaltschutzgesetz, die all das unterbinden können. Wenden Sie sich an einen Rechtsanwalt / eine Rechtsanwältin, um sich hierüber zu informieren und sich zu wehren.

Eine erste wertvolle und schnelle Hilfe ist zum Beispiel auch die NO STALK APP des WEISSEN RINGS. Sie dient dazu, Stalking zu dokumentieren, und kann für weitere Schritte sehr hilfreich sein.

Das alles sind teilweise extreme, leider jedoch oft typische Verhaltensweisen eines Narzissten nach einer Trennung.

Haben Sie Kinder mit einem Narzissten, gibt es noch einige weitere, besondere Verhaltensweisen, die im folgenden Kapitel geschildert werden. Das Problem hier ist, dass die »No Contact Rule« bei gemeinsamen (minderjährigen) Kindern von vornherein ausscheidet, sodass Sie sich innerlich anders aufstellen sollten.

Geschmeidig bleiben – Elternschaft mit dem Narzissten

Elternschaft mit einem Narzissten weiterzuleben, ist ein schwieriges Thema. Das ist oft ein Drahtseilakt und bewegt sich zwischen zwei Polen:

Umgang des Kindes mit dem Ex ermöglichen (weil – und solange – das für das Kindeswohl wichtig ist), ohne dass Sie dabei draufgehen (weil das für Ihr Wohl wichtig ist).

Der eine Pol: Ihr Kind hat genau diese Mutter und genau diesen Vater und ein Recht darauf, mit beiden Umgang zu haben, wie auch immer sich das individuell und über den Lauf der Zeit hin entwickelt. Das Verhalten Ihres narzisstischen Partners kann ich leider nicht ändern und Sie können es auch nicht. Sie können aber Ihre innere Haltung zu den Verhaltensweisen überprüfen und beeinflussen, vor allem wenn Sie sie kennen.

Denn Sie haben – und das ist der andere Pol – ein Recht darauf, Ihr Leben nach einer Trennung wohltuend und ungestört zu gestalten.

Hier sicher zu navigieren, erfordert besondere Aufmerksamkeit, innere Geschmeidigkeit und Flexibilität. Hier die oft quälenden Gewissenbisse auszuhalten, wenn man sein Kind in die »schlechten Hände« des narzisstischen Expartners übergibt, erfordert jedes Mal große Überwindung. Im Rahmen dieses Buches kann ich Ihnen Coachinghinweise hierzu geben, Fragen stellen, Ihr Bewusstsein anregen und Ihre Einstellung ansprechen. Sobald es aber um Einzelfragen des Umgangs geht, muss ich Ihnen an dieser Stelle empfehlen, konkreten rechtlichen Rat einzuholen.

Schauen wir uns an dieser Stelle drei typische Verhaltensweisen eines Narzissten in Bezug auf Ihr Kind an, damit Sie sich innerlich hierauf einstellen können.

Verhaltensweise 1: Er interessiert sich nicht für sein Kind. Das tut weh, Ihnen und Ihrem Kind. Fühlen Sie diesen Schmerz, geben Sie ihm Raum und halten Sie ihn aus.

Versuchen Sie, bei sich und für Ihr Kind ein gelassener, entspannter und zugeneigter Elternteil zu sein. Sie müssen Ihren Partner nicht ersetzen, Ihre Liebe und ungeteilte Aufmerksamkeit helfen Ihrem Kind schon enorm weiter.

Leidet Ihr Kind unter dem Mangel an Kontakt und ist Ihnen sehr an einem Umgang zwischen Ihrem Kind und Ihrem Ex gelegen, bleiben Sie dennoch entspannt und versuchen Sie, so wenig Druck wie möglich auszuüben. Auch keinen Druck nach dem Motto »Ein Kind braucht doch seinen Vater«.

Umgang können Sie zwar unter bestimmten rechtlichen Voraussetzungen auch erzwingen, echtes menschliches Interesse nicht. Ein Kind braucht vor allem zugeneigte Menschen um sich herum, bei denen es sich fallen lassen und ganz es selbst sein kann. Menschen, denen es vertraut und die es mit innerer Anteilnahme wirklich begleiten. Umgang ohne echtes Interesse wird auch Ihr Kind als solchen empfinden. Als kleineres Kind intuitiv, wenn es größer und älter wird, oft auch ganz bewusst oder im Vergleich mit anderen Eltern, die es bei Freunden erlebt. Daher ziehen ältere Kinder im Teenageralter in dieser Situation oft ihre eigenen Konsequenzen.

Sie können hier wachsam bleiben und Umgang anregen, wann immer sich die Möglichkeit bietet. Viele erkennen erst im Nachhinein, dass gerade dieses Desinteresse des narzisstischen Vaters am gemeinsamen Kind den echten Neustart ermöglicht hat.

Solange Ihr Kind betreuungsbedürftig ist, ist es wegen des Desinteresses allerdings manchmal unumgänglich, anwaltliche Beratung in Anspruch zu nehmen und gegebenenfalls Umgangs- oder Unterhaltsansprüche Ihres Kindes durchzusetzen. Dafür kann es neben dem Wohl Ihres Kindes ganz handfeste praktische Gründe für Sie geben, zum Beispiel Ihre eigene Berufstätigkeit oder kindfreie Wochenenden zur eigenen Erholung.

Verhaltensweise 2: Er nutzt das Kind, um Macht über Sie auszuüben.

Diese Verhaltensweise tut nicht minder weh. Ihre Sorge und Fürsorge sind auf Ihr Kind ausgerichtet und Sie fühlen jeden möglichen Schmerz Ihres Kindes doppelt. Sie haben ständig das Gefühl, Sie könnten etwas falsch machen oder dürften einfach nichts falsch machen, damit es Ihrem Kind und Ihnen nicht noch schlechter geht.

Das ist der lange Arm der Manipulation, die über das schwächste Glied in der Kette, Ihr Kind, ausgeübt wird. Das Ziel der Manipulation sind Sie. Denn Ihr narzisstischer Ex kennt Ihre Schwachpunkte und versucht instinktiv, sie auszunutzen.

Zu Beginn einer Trennung geht es bei dieser Verhaltensweise oft um die verschiedenen Modelle für den Umgang für Ihr Kind: Unabhängig vom Alter des Kindes wird schnell das Wechselmodell gefordert, bei dem das Kind meist wochenweise bei dem einen und dem anderen Elternteil wohnt.

Für viele Elternteile, die sich vor der Trennung von einem Narzissten häufig allein um ihr Kind gekümmert haben und in der Partnerschaft keinerlei Unterstützung hatten, kommt das oft völlig überraschend. Und es fällt ihnen dann sehr schwer, mit dieser Forderung umzugehen, weil es sich anfühlt, als hätten sie keine Wahl. Haben Sie aber!

Versuchen Sie daher von Anfang an, sich selbst Klarheit zu verschaffen: Was wollen Sie? Welche Art des Umgangs, welches

Modell, welche Feriengestaltung? Um es klar zu sagen: Das Wechselmodell kann ein hervorragendes Umgangsmodell zum Wohle des Kindes und der Eltern sein – wenn zwischen den getrennten Eltern eine wohlwollende Übereinkunft besteht und konstruktive Kommunikation möglich ist. Beides existiert bei der Trennung von einem Narzissten meistens nicht.

Versuchen Sie dann so klar, bestimmt und verbindlich wie möglich, ohne Druck und Zwang, Ihre Position zu vertreten. Kommunizieren Sie das, treten Sie dafür ein. Schauen Sie, wie weit Sie damit kommen. Vielleicht benötigen Sie in dieser Situation dann doch sehr schnell anwaltliche Beratung und Unterstützung, um Ihrer Position den erforderlichen Nachdruck zu verleihen.

Versuchen Sie bei all dem, möglichst bei sich zu bleiben, gelassen und ruhig, vor allem im Umgang mit Ihrem Kind. Es kann gut sein, dass die versuchte Machtausübung Ihres Ex nur vorübergehend ist und Sie bald ruhigere Zeiten erreichen. Aber bleiben Sie wachsam und auf der Hut, wenn es sich nicht so entwickelt.

Im Coaching höre ich oft: »Ich möchte meinem Ex sein Kind ja nicht vorenthalten.« Das ist ein ehrenwerter Ansatz und in jeder Umgangssituation mit Blick auf das Kindeswohl erstrebenswert.

Entscheidend ist aber auch, wie es Ihrem Kind in dieser besonderen Situation geht. Machen Sie hier eine ehrliche Bestandsaufnahme dessen, was ist – nicht, was Sie sich wünschen würden.

Vielleicht bemerken Sie erste Anzeichen von Überforderung bei Ihrem Kind, zum Beispiel, wenn es nach den Wochenenden / der Woche bei Ihrem Ex nervös oder gereizt ist und Zeit braucht, um wieder zu sich zu kommen. Bleiben Sie dann möglichst geduldig. Schauen Sie genau hin: Ist das nur ein Problem des Übergangs zwischen Ihnen beiden oder leidet Ihr

Kind länger? Manchmal liegt es »nur« an überfüllten Wochenenden mit vielen Aktivitäten oder schlicht an nicht altersgerechten Computerspielen und legt sich schnell wieder.

Es kann auch sein, dass andere Betreuungspersonen, Erzieher, Lehrer, Sporttrainer Sie ansprechen, dass Ihr Kind »auffällig« sei. Nehmen Sie sich Zeit, hören Sie genau hin und überlegen Sie gemeinsam mit diesen Betreuungspersonen, welche Maßnahmen man ergreifen kann.

Wenn Sie das Gefühl haben, dass Ihr Kind stark unter der Situation leidet, weil es zum Beispiel viel zu jung ist oder von ihm Loyalitäten gefordert werden, zu denen es gar nicht in der Lage ist, dann sollten Sie unbedingt etwas unternehmen. Das gilt auch, wenn Ihr Kind sich auf einmal sehr viel anders verhält als früher, Sie zum Beispiel mit Kraftausdrücken beschimpft (»Du Nutte!« – »Leck mich am Arsch« – »Fick dich!« Nicht gemeint ist »normale« altersabhängige Jugendsprache: »Chill mal deine base!« – »Alter!« – »Komm mal runter!« oder Ähnliches), die Schule schleifen lässt und überhaupt nicht mehr zugänglich erscheint, vielleicht auch alles zusammen in der ohnehin schwierigen Pubertät.

Sie könnten sich psychologische Unterstützung für Ihr Kind suchen, wobei das an der Einwilligung des gemeinsam sorgeberechtigten Ex scheitern kann.

Daher bleibt oft nur der Weg zur Erziehungsberatung, zum Jugendamt und/oder zum Rechtsbeistand. Um es noch einmal klar zu sagen: Es geht hier nicht darum, Ihrem Ex das Umgangsrecht zu entziehen, sondern im Gegenteil den Umgang so konstruktiv zu gestalten, dass er Ihrem Kind guttut – mit Mutter und Vater.

Das kann ein steiniger Weg sein, vielleicht sogar eine Sackgasse – das Kindeswohl ist hier das ausschlaggebende Moment.

Gerade ältere Kinder im Teenageralter merken oft schon selbst, wenn der narzisstische Elternteil sie manipulieren will, und legen dann von sich aus keinen Wert mehr auf einen solchen Umgang. Die Betonung liegt auf »von sich aus«: Es ist nicht an Ihnen, diesen Wunsch zu wecken, aber wenn er geäußert wird, hören Sie genau hin. Vertrauen Sie der Intuition Ihres Kindes und versuchen Sie nicht, es zu irgendetwas zu zwingen.

Verhaltensweise 3: »Best Daddy Ever«

Daneben gibt es noch die Verhaltensweise des »Best Daddy Ever«. Sie ist sehr variabel und kann sich immer wieder zeitweise mit den beiden anderen Verhaltensweisen abwechseln. Das ist im Grunde nichts anderes als das »Love Bombing«, welches Sie selbst vielleicht am Anfang Ihrer Partnerschaft mit dem Narzissten erlebt haben: Ihr narzisstischer Ex ist der beste Vater der Welt, kümmert sich rührend um Ihr Kind, liest ihm seine Wünsche von den Augen ab und verwöhnt es inniglich. Meistens taucht dieses Verhalten sehr überraschend auf. Oft aus heiterem Himmel.

Manchmal kommt es direkt am Anfang der Trennung, wenn Sie die Trennung zwar schon ausgesprochen haben, sie aber noch nicht räumlich umgesetzt ist. Auch wenn Ihr narzisstischer Partner sich vorher kaum um sein Kind gekümmert hat, wird es plötzlich sein Ein und Alles: Er kommt früher von der Arbeit nach Hause, spielt und bastelt und kümmert sich, ist großzügig und kann sich kaum von seinem Kind trennen.

So paradox sich das anhört, haben Sie wahrscheinlich sehr ambivalente Gefühle:

Vielleicht knirschen Sie innerlich mit den Zähnen und sind außerdem richtig traurig. Einerseits, weil er sich jetzt erst so »fürsorglich« verhält und Sie vorher diese Unterstützung dringend benötigt hätten. Und andererseits, weil Sie so machtlos dagegen sind: Wenn Sie in dieser Zeit das Gefühl haben, so etwas wie Erziehung oder gutes Benehmen oder regelmäßige Zubettgehzeiten seien vielleicht auch noch wichtig im Umgang mit Ihrem Kind, dann sind Sie »die Böse«. Doch gerade jetzt, mitten in der Trennung, wollen Sie sich nicht bei Ihrem Kind »unbeliebt« machen.

Das ist extrem belastend, vor allem weil es Sie wahrscheinlich schon viel Kraft gekostet hat, die Trennung überhaupt anzugehen.

Auch hier wieder die Empfehlung: Bleiben Sie bei sich und handeln Sie so, wie Sie immer gehandelt haben.

Ihr Kind wird Sie nicht minder lieben, nur weil Sie darauf achten, dass es zeitig zu Bett geht. Ja, es könnte maulen, ja, es könnte Ihnen sagen, dass Papa viel toller sei als Sie – aber Sie sind seine Mutter oder sein anderer Elternteil, der sich immer liebend um sein Kind gekümmert hat. An der grundsätzlichen Liebe Ihres Kindes zu Ihnen wird das nichts ändern: Vertrauen Sie darauf, dass Ihr Kind Sie bedingungslos liebt, auch wenn Sie jetzt mal auf ein paar Regeln achten und Papa nicht.

Diese Verhaltensweise des »Best Daddy Ever« kann aber auch später immer wieder kommen, lange nach dem Trennungszeitpunkt und wenn Ihre Kinder schon älter geworden sind, aber noch dem Umgangsrecht unterliegen. Dann gilt es, besonders wachsam zu sein und genau zu beobachten, was da vor sich geht. Diese Situation erfordert einerseits Ihre besondere Sensibilität, andererseits oft auch Ihre erwachsene innere Größe: Die Zeit beim narzisstischen Ex kann die Zeit des umfassenden Verwöhnens und Wunscherfüllens sein. Ein neues Handy? Kein Problem! Nachts durchmachen, spontan mit Freunden nach Mallorca? Warum nicht? Für die Tochter das Pony? Simsalabim, da ist es. Moped, Computerspiele und Gin Tonic? Bei mir schon!

Besondere Verwöhnzeiten und Verwöhnarten bei dem Elternteil, der das gemeinsame Kind nur zeitweise bei sich hat, kommen in allen Konstellationen vor, auch bei nicht-narzisstischen Partnern. Das gilt es auszuhalten oder anzusprechen, je nachdem (→ Kinder in der Trennung).

In der Elternschaft mit einem Narzissten sollten Sie jedoch sehr aufmerksam sein und schauen, ob Ihr Kind durch dieses übermäßige Verwöhnverhalten »gedreht« werden soll.

Das erfordert Ihr Fingerspitzengefühl: Liegt es wirklich daran oder wird nur Ihnen alles einfach zu viel? Missbilligen Sie vielleicht »nur«, was da vor sich geht, welche Geschenke gekauft und welche Unternehmungen gemacht werden? Bleibt Ihr Kind aber innerlich davon unbeeinflusst und genießt auch weiterhin die Zeit mit Ihnen?

Dann sollten Sie erwachsene innere Größe zeigen und Ihre Perspektive ändern: Auch wenn Sie nicht alles gutheißen, was Ihr Ex macht, bekommt Ihr Kind doch Liebe und Aufmerksamkeit, und das ist gerade in diesen besonderen Trennungssituationen nicht selbstverständlich. Beziehen Sie daher das Verhalten Ihres Ex hier mal nicht auf sich selbst. Gönnen Sie Ihrem Kind das Verwöhntwerden und machen Sie keinen Verwöhnwettbewerb mit Ihrem Ex auf.

Bleiben Sie bei sich, bleiben Sie Sie selbst, verbiegen Sie sich nicht. Ihr Kind vergleicht nicht, sondern nimmt Sie in Ihrer Authentizität wahr.

Wenn Sie aber feststellen, dass dieses extreme Verwöhnverhalten dazu dient, Ihnen wiederum den Kindesumgang zu entziehen, sollten Sie tätig werden und rechtliche Schritte gegen Ihren Ex prüfen. Das gilt auch, wenn Sie klare Verhaltensauffälligkeiten bei Ihrem Kind feststellen.

Alle drei Verhaltensweisen Ihres narzisstischen Expartners können einzeln oder abwechselnd auftreten. Daher bleibt es ein Balanceakt, zu Ihrem Wohl und dem Wohl Ihrer Kinder zu handeln.

Zwei Tipps zur Kommunikation aus der Praxis können zusätzlich helfen:

Kommunikation vor Zeugen
Auch wenn Umgang und Sorgerecht mit Ihrem Kind zum Wohle Ihres Kindes und zu Ihrer Zufriedenheit geregelt sind, kann es weiterhin Reibungspunkte geben. Diese beruhen oft auf Missverständnissen:

»Das haben wir anders geregelt.«
»Davon weiß ich nichts.«
»Das hättest du mir sagen müssen.«
»Kommt völlig überraschend.«

Und das, obwohl Sie sich sicher sind, dass Sie alles genau besprochen oder über Nachrichten und E-Mails vereinbart haben.

Um derartigen Missverständnissen vorzubeugen, hat es sich bewährt, wann immer möglich, mit Ihrem narzisstischen Ex vor Zeugen zu kommunizieren.

Bei schriftlicher Kommunikation über E-Mails kopieren Sie einen Dritten mit ein (in cc), mit dem Sie das vorher abgesprochen haben. Versuchen Sie auch aus diesem Grund, WhatsApp für Abreden zu vermeiden. Falls es nicht anders geht, archivieren Sie Ihre Chats und machen Sie Screenshots.

Wenn Sie mündliche Absprachen treffen, schauen Sie, dass Sie einen möglichst neutralen Zeugen dabeihaben.

Damit sinkt oft (aber leider nicht immer) die Hemmschwelle, etwas anderes als das tatsächlich Vereinbarte zu behaupten.

Gib dem Affen Zucker
Der Kern des Narzissmus ist ein geringes Selbstwertgefühl. Deshalb braucht auch der Narzisst oft »nur« Lob und Anerkennung, wie der Durstige in der Wüste Wasser. Das kann erstaunliche Verhaltensänderungen bewirken.

Wenn Sie es über sich bringen: Geben Sie dem Affen Zucker. Taktisch.

Schauen Sie, was Ihr narzisstischer Ex gerade »gut« gemacht hat, und sprechen Sie es aus. Loben Sie: »Leo sagt, du hättest ihm am Wochenende so schön vorgelesen. Klasse! Du kannst ja sowieso so toll vorlesen, mit verteilten Stimmen und Geräuschen.« – »Lia sagte, Ihr hättet am Wochenende so einen schönen Ausflug in den Zoo gemacht. Mensch, das finde ich super. Du weißt ja, wie gern sie Tiere mag.« – »Emily hat erzählt, du hättest am Wochenende so ein leckeres Omelett gebraten. Toll, da ist mir direkt das Wasser im Mund zusammengelaufen. Du bist ein richtig guter Koch.«

An den Beispielen sehen Sie: Sie tun das in der Regel auch für Ihr Kind. Die Atmosphäre kann sich dadurch verbessern und entspannen.

Aber Vorsicht: Es gilt wieder, eine gesunde Balance mit Ihrem schwierigen Ex zu halten. Loben Sie mit Augenmaß. Sie wollen ja nicht durch Ihr Lob anregen, Umgang und Sorgerecht neu zu sortieren.

Kurzübersichten

Wenn Sie die 5 Säulen der Trennung von einem Narzissten befolgen, haben Sie sehr gute Chancen, diese Trennung auch tatsächlich durchzuführen und gut zu bewältigen. Suchen Sie sich Hilfe, wenn diese Aufgabe innerlich noch zu groß erscheint.

Wie bereits erwähnt, gehen viele Partner eines Narzissten nach einer ersten Trennung noch einmal zu dem narzisstischen Partner zurück. Ist das bei Ihnen der Fall, verzweifeln Sie nicht und gehen Sie nicht zu hart mit sich ins Gericht. Auch Sie werden es schaffen, wenn Sie es wirklich wollen. Sehen Sie die erste Trennung als Generalprobe, beim nächsten Mal wird es ernst. Nehmen Sie Anlauf und springen Sie!

In den nächsten Abschnitten gibt es in drei Kurzübersichten noch einmal hilfreiche konkrete Tipps dafür, die Trennung von einem Narzissten einzuleiten, durchzuhalten und gut für sich selbst bewusst abzuschließen.

Kopieren Sie sie gern und führen Sie sie in der jeweiligen Phase Ihrer Trennung immer mit sich.

Die Trennung von einem Narzissten einleiten

Sie sind »eigentlich« zur Trennung entschlossen, scheuen sich aber noch, die Trennung tatsächlich auszusprechen und einzuleiten?

- Sagen Sie bedingungslos JA zu sich selbst. Wirklich bedingungslos. So wie Sie sind, sind Sie genau richtig.

- Jedes Nein zum anderen ist ein Ja zu sich selbst.

- Sagen Sie es sich immer wieder und versuchen Sie, es zu akzeptieren: Sie werden Ihren narzisstischen Partner nie verstehen. Ihr narzisstischer Partner wird Sie nie verstehen.

- Hat der Narzissmus Ihres Partners mit seiner Kindheit und Jugend zu tun? Ist der Narzissmus genetisch bedingt? Das sind nicht Ihre Probleme. Kümmern Sie sich um Ihre Themen, nicht mehr um seine. Und ja, Sie dürfen das.

- Sie müssen Ihren narzisstischen Partner nicht retten.

- Sie allein haben es in der Hand, Ihrem Leben eine neue Richtung zu geben.

- Fassen Sie den inneren Entschluss, die Leerstelle in Ihrem Leben zu schließen: da, wo »eigentlich« Ihr Leben nach Ihren Wünschen und Bedürfnissen stattfinden sollte.

- Versprechen Sie sich, dass Sie ab jetzt für sich selbst eintreten. Gern schriftlich.

- Stellen Sie eine Zeit lang Ihre Ohren auf Durchzug, was die Bedürfnisse von Freunden und Verwandten angeht. Kümmern Sie sich jetzt zuerst um sich. Lassen Sie sich nicht ablenken. Umso besser können Sie danach wieder anderen helfen.

- Now or never: Jeder Mensch hat zwei Leben. Und das zweite beginnt, wenn man erkennt, dass man nur eins hat.

- Ihr zweites Leben beginnt genau jetzt.

Die Trennung von einem Narzissten durchhalten

Sie haben die Trennung ausgesprochen. Jetzt umwirbt Ihr narzisstischer Partner Sie und macht es Ihnen schwer, die Trennung auch durchzuhalten?

- Machen Sie sich klar: Sehr wahrscheinlich ist das, was Sie gerade erleben, nur ein Muster, eine Schablone: Liebesschwüre, Versprechen, sich zu ändern, die Aussicht, dass ab jetzt alles besser wird.

- Entwerfen Sie eine Vision von Ihrem zukünftigen Leben: in Worten, in Farben, in Bildern, eine Collage, ein Vision Board.

- Lenken Sie sich ab: mit Freunden und Bekannten, mit einem Urlaub, mit einem neuen Projekt im Job. Schauen Sie, ob Sie eine »Erste Hilfe«-Liste erstellen können: Telefonnummern von Freunden, die Ihnen helfen, durchzuhalten, wenn Sie zweifeln. Auch nachts um 2 Uhr.

- Suchen Sie sich externe Hilfe: Beratung, Coaching oder Psychotherapie, falls Coaching nicht reicht. Es ist kein Zeichen von Schwäche, sich Hilfe zu suchen, sondern von Stärke.

- Bleiben Sie am Ball: Es ist nur eine Phase.

- Entdecken Sie Ihren inneren Kraftort: Wo fühlen Sie sich richtig wohl und geborgen? Am Strand, im Wald, auf einem Berg, unter einem Baum? Gehen Sie an diesen inneren Ort und schöpfen Sie dort Kraft, wenn es hart ist.

- Sie werden irgendwann zurückschauen und sehr stolz auf sich sein.

- Es ist wirklich nur eine Phase.

- Träumen Sie von einer zugeneigten, freundlichen, wohlwollenden Partnerschaft, in der Sie gesehen und Ihre Wünsche erfüllt werden. Ohne Wenn und Aber.

- Und nein, mit Ihrem narzisstischen Ex ist diese Partnerschaft nicht möglich.

- Träumen Sie weiter, träumen Sie groß, träumen Sie bunt. Lassen Sie Ihre Fantasie fliegen. Was alles möglich ist, wird sich hinterher zeigen.

Die Trennung von einem Narzissten bewusst abschließen

Sie haben durchgehalten. Jetzt wollen Sie die Trennung bewusst abschließen, möglichst ohne Groll, vielleicht sogar mit Wertschätzung für die gemeinsame Zeit?

- Denken Sie an den Sinnspruch: »Ich kenne keine starke Person mit einer einfachen Vergangenheit.« Was Sie erlebt haben, war nicht einfach, lässt Sie aber gestärkt zurück.

- Gerade, wenn es Ihnen noch schwerfällt: Danken Sie innerlich Ihrem Ex: Durch ihn haben Sie sich selbst besser kennengelernt.

- Danken Sie noch einmal innerlich Ihrem Ex: Durch ihn durften Sie Ihre Identität neu entdecken und stärken.

- Danken Sie für die auch guten Erfahrungen, die Sie gemacht haben. Und nehmen Sie sich vor, nie wieder in solch eine innere Abhängigkeit zu geraten.

- Beginnen Sie, sich ein wertschätzendes und inspirierendes neues Umfeld aufzubauen.

- Schreiben Sie Ihrem narzisstischen Ex einen Brief, den Sie nie abschicken. Beschreiben Sie darin Ihre Partnerschaft und Ihre innere Abhängigkeit. Beschreiben Sie, wie Sie Ihren Weg dort herausgefunden haben. Beschreiben Sie sich selbst als den neuen und starken Menschen, der Sie durch die Trennung geworden sind und der Wertschätzung und Respekt verdient.

- Schenken Sie sich selbst zuallererst diese Wertschätzung und diesen Respekt.

- Versuchen Sie, zu vertrauen.

Zusammenfassung:

Trennung von einem Narzissten

Die Trennung von einem Narzissten stellt jeden Betroffenen vor besondere Herausforderungen. Es sind viel Kraft, Mut und Energie erforderlich, um sich wirklich aus einer solchen, meist toxischen Beziehung zu lösen.

- Der Begriff des »Narzissten« kommt aus der Psychologie und bezeichnet eine Persönlichkeitsstörung. Die Diagnose ist Ärzten und Psychotherapeuten vorbehalten. Da dieser Begriff sich jedoch im allgemeinen Sprachgebrauch für schwierige Partner mit bestimmten Eigenschaften eingebürgert hat, wird er auch hier benutzt.

- Eine toxische Beziehung ist einerseits geprägt von einer emotionalen Achterbahnfahrt, ständiger innerer Alarmbereitschaft, häufig auch Isolation beim Betroffenen und andererseits großem Egoismus, Abwertung, Kontrollausübung und Schuldvorwürfen vonseiten des Narzissten, sowie einem On-off der Beziehung oder übermäßigem Klammern an den Partner.

- Toxische Kommunikation ist ein weiteres Merkmal in der Beziehung mit einem Narzissten. Sie ist geprägt von Manipulation mit dem Ziel, Sie (gegen Ihren Willen und) auf Ihre Kosten zu etwas zu bewegen, was der andere braucht.

- Die 5 Säulen der Trennung von einem Narzissten sind:

  - Die Situation akzeptieren

- Innere Stabilisierung

- Zurück in den Körper

- Inneres Loslassen des Narzissten

- Notwendige Kommunikation mit dem Narzissten: No Contact oder defensive Kommunikation

- Es gibt einige typische (auch extreme) Verhaltensweisen eines Narzissten nach einer Trennung. Sie sollten sie kennen und sich innerlich dagegen wappnen.

- Elternschaft mit einem Narzissten kann sehr schwierig sein. Das Wichtigste ist, dass Sie bei sich bleiben, Ihrem Kind gegenüber zugeneigt und wohlwollend sind und außerdem sehr wachsam dafür, wie es Ihrem Kind geht.

- Seien Sie äußerlich so klar und bestimmt wie möglich und innerlich so geschmeidig und flexibel wie nötig, um etwaige Eskalationen zu entschärfen.

- Suchen Sie sich jede professionelle Hilfe, die Sie in der jeweiligen Situation brauchen: Erziehungsberatung, Jugendamt, Kinder- oder Erwachsenenpsychologen, anwaltliche Beratung, Coaching.

VII. Ihr Ausblick: Neue Lebensfreude manifestieren

Eine Trennung ist eine Lebenskrise, auch wenn Sie selbst die Trennung aussprechen. Sie haben sie sich zu Anfang Ihrer Beziehung nicht gewünscht, manchmal kommt sie richtig überraschend. Es ist eine harte Zeit, die meistens das ganze Leben auf den Kopf stellt. Sie ist steinig und schmerzhaft.

Wenn Sie den Anregungen in diesem Buch bis hierher gefolgt sind, haben Sie aber wahrscheinlich noch etwas anderes gespürt: Ihre Trennung kann ein Aufbruch sein.

Ein Aufbruch in Ihr ganz individuell neues Leben, das Ihrer Identität, Ihren Bedürfnissen und Wünschen viel besser entspricht als Ihr altes Leben. Und das gilt nicht nur, wenn Sie selbst es waren, die/der die Trennung herbeigeführt hat, weil es so nicht mehr weitergehen sollte. Das gilt auch, wenn Sie verlassen wurden: Auch dann haben Sie die Möglichkeit, hinauszukommen aus Ihrer Schockstarre, die die Trennung durch Ihren Partner vielleicht ausgelöst hat.

Der Weg zum neuen »Ich« führt über innere Klarheit, das Auseinandersetzen mit inneren Prägungen, innere Balance und gesunde Grenzen. Und über die vielen kleinen Einzelpunkte, über die Sie in diesem Buch Abschnitte finden: die »richtige« Verantwortung sowie den Umgang mit Schuldgefühlen und dem Vorwurf des Egoismus.

Das alles sind Bausteine, die Sie in Ihrer Individualität erneuern und ergänzen werden: Damit Sie endlich wieder »Ich« sein dürfen, so wie Sie sind. Und das genießen. Für sich selbst und für alle anderen, die von Ihrer Trennung betroffen sind, besonders auch Ihre Kinder. Damit Sie einfach wieder glücklich sind mit sich selbst und Ihren Liebsten.

Um nicht mehr und nicht weniger soll es jetzt gehen: Nach einer schwierigen Zeit der Entscheidungen und der Trennung diese neue Lebensfreude zu entdecken und zu behalten.

»Es geht mir so viel besser!« – Genießen Sie es!

»Ich habe es nicht ein einziges Mal bereut, diesen Schritt gegangen zu sein. Mir geht es besser, als ich zuvor dachte. Das Verhältnis zu meinem Kind ist auch prima – auch ihm geht es gut.« **(Andrea, 56 Jahre, ein erwachsener Sohn)**

Das ist das mit Abstand häufigste Resümee meiner Klienten nach einer gut für sich selbst bewältigten Trennung: »Es geht mir so viel besser!«

Vorher und mittendrin in einer Trennung türmen sich oft Berge auf, Sie haben den Wald vor lauter Bäumen nicht gesehen, brauchten Entscheidungshilfen und einen Leitfaden durch diese ganze Zeit, haben sich elend gefühlt zwischendurch, konnten nicht schlafen, waren überfordert und überlastet, haben gestritten, geweint und gezweifelt … und dann stehen Sie auf einmal da am Ende des Tunnels und können es nicht fassen:

- Es geht Ihnen richtig gut, Sie fühlen sich wohl mit sich und in Ihrer Haut.

- Sie haben Zeit für sich und Zeit für Ihre Liebsten.

- Sie haben wieder mehr Energie, wahrscheinlich schlafen Sie auch besser.

- Sie verspüren Glücksgefühle in Ihrem ganz normalen Alltag.

- Sie stehen morgens wieder freudig auf.

- Sie fühlen sich freier und leichter, eine Last ist von Ihren Schultern genommen.

- Ihnen eröffnen sich neue Möglichkeiten, Sie fühlen sich erhellt.

Das alles können Sie nicht vorhersehen, wenn Sie vor Ihrer ersten wichtigen Entscheidung für oder gegen eine Trennung stehen. Aber schon der erste Funke, die Tatsache, dass Sie überhaupt an Ihrer Partnerschaft zweifeln, zeigt, dass da Raum ist für mehr Fülle und Erfüllung, für mehr Entwicklung und für neue Wege.

Denken Sie vom Ergebnis her: Es wird mir so viel besser gehen!

Genießen Sie es, wenn das eingetreten ist: Es geht mir so viel besser!

Und laden Sie Ihr neues Lebensgefühl und Ihre neue Lebensfreude ein, zu bleiben.

Die nächsten drei Abschnitte mit Übungen helfen dabei.

»Jeder Mensch hat zwei Leben …« – Ergreifen Sie die Chance!

Genau jetzt beginnt die Zeit, in der Sie auch wieder ein Ohr haben für einen bekannten Sinnspruch wie: »Jeder Mensch hat zwei Leben. Und das zweite beginnt, wenn man erkennt, dass man nur eins hat.«

Eine Trennung kann genau die Zäsur sein, die es braucht, um den Mut zu finden, sein eigenes Leben zu gestalten.

Egal ob Sie gegangen sind oder verlassen wurden – ich weiß aus den Rückmeldungen meiner Klienten, dass sie mithilfe all der Anregungen, die nun in diesem Buch festgehalten sind, so viele weiterführende und erhellende Erkenntnisse über sich hatten, dass sie wieder zuversichtlicher in ihre Zukunft schauen konnten.

> *»Es ist immer noch einer der größten Zugewinne für mich selbst, das Coaching bei Ihnen gemacht zu haben. Es hat wirklich einiges bewegt in mir. Besonders die Lösung vom Alten, mein Leben leben, nicht immer aus Rücksicht zu verzichten. Ja vielen, vielen Dank noch mal.«* **(Patricia, 52 Jahre, zwei Kinder unter 18)**

> *»Sie haben mir Kraft und den Mut gegeben, so tief in mich hineinzusehen.«* **(Beate, 43 Jahre, zwei Kinder unter 18)**

> *»Ihnen ein herzliches Dankeschön für das Coaching. Ohne Ihre Hilfe wäre es mir vermutlich nicht gelungen, zu Hause auszuziehen und an mich so zu glauben, wie ich es heute mache.«* **(Wolfgang, 56 Jahre, eine erwachsene Tochter)**

Ergreifen auch Sie diese Chance: den Aufbruch zu wagen in ein neu entworfenes eigenes Leben. Gestalten Sie, wie Ihr »zweites Leben« aussehen soll. Packen Sie es an!

Ihre Vision – Haben Sie Mut!

»Ich bin angekommen in meinem Leben, endlich wieder! Ich darf ICH sein in meiner neuen Beziehung, ich habe unendliche Energie für die Kinder, die ich vorher fürs Unglücklichsein verbraucht habe. Ich bin einfach glücklich.« (Jeannette, 45 Jahre, zwei Kinder unter 14)

Berührt Sie diese Rückmeldung einer meiner Klientinnen auch so sehr wie mich?

Individuelles Glück und neue Lebensfreude werden sich einstellen, wenn Sie diesen Prozess der inneren Erneuerung durchlaufen haben. Das geht nicht von heute auf morgen, sondern verläuft in kleinen Schritten. Schließlich haben Sie schon lange in Ihrem »alten« Ich gelebt mit seinen »alten« Verhaltensmustern und Einschränkungen. Es braucht Geduld, aktive Arbeit an sich selbst und auch Zeit, das zu ändern.

Aber ich weiß aus zahllosen Coachingprozessen: Es ist möglich.

Wie das genau aussieht, kann ich Ihnen allerdings nicht sagen, das ist Ihr ganz persönlicher neuer Lebensentwurf. Das Ergebnis Ihres Weges ist *Ihr* Ergebnis.

Was Sie aber noch brauchen, um dorthin zu kommen, ist Ihre Vision. Ihre ganz persönliche Vision von Ihrem Leben.

Denken Sie groß, blicken Sie weit und entwerfen Sie Ihre Vorstellung von Ihrem neuen Lebensglück, aber verheddern Sie sich nicht gleich in zahllosen Details und vor allem nicht in Perfektionismus. Es geht nicht um eine kleinteilige Konzeption oder das Durchplanen Ihres Lebens. Sie können das Leben nicht vorhersehen und auch nur sehr eingeschränkt kontrollieren. Daher sollten Sie immer Puffer haben für Situationen oder Phasen, in denen Sie auf unvorhergesehene Ereignisse reagieren müssen. Gleichwohl können Sie die große wünschenswerte Richtung für sich selbst in Ihrer Vorstellung entwerfen.

Es gibt ein schönes Zitat von Johann Wolfgang von Goethe:

> *»Der Worte sind genug gewechselt,/ Lasst mich auch endlich Taten sehen!/ (…) Was heute nicht geschieht,/ ist morgen nicht getan,/ Und keinen Tag soll man verpassen. Das Mögliche soll der Entschluss/ Beherzt sogleich beim Schopfe fassen,/ Er will es dann nicht fahren lassen/ Und wirket weiter, weil er muss.«* [14]

Jetzt, beim ersten Luftholen nach den Wirbeln einer frischen Trennung, jetzt, wo Sie wieder neu bei sich sind, ist dieser Zeitpunkt, Ihren Entschluss beim Schopfe zu fassen und mutig zu sein für Ihren Traum, Ihre Aufgabe – kurz: Ihre Vision.

Übung: Ihre Vision

Ihr Ziel: Sie entwerfen mutig eine Vision für Ihr Leben. Sie ist Ihr ganz persönlicher Kompass durch Ihr Leben. Der große Wurf, die große Vorstellung davon, wie es in seinen Eckpunkten aussehen könnte.
Vorbereitung: Papier und Stift oder ein elektronisches Notizbuch.
Zeitaufwand: So viel Sie brauchen, nehmen Sie sich gern eine gute halbe Stunde für den Anfang.
Durchführung: Setzen Sie sich an einen ruhigen Ort. Schließen Sie für einen Moment die Augen, spüren Sie in sich hinein. Und dann träumen Sie, visualisieren Sie: Wie soll Ihr Leben aussehen? Öffnen Sie die Augen und notieren Sie sich das.

---

[14] aus: Faust – Der Tragödie erster Teil, Vers 214 ff.

Ein Ausgangspunkt für Ihre Vision könnte zum Beispiel auch »nur« sein:

»Ab jetzt bleibe ich bei mir.«

Und dann könnten Sie sich ausmalen, was das für Sie individuell bedeutet, bei sich zu bleiben.

Folgende Fragen können für Ihre Vision eine Richtschnur sein:

- Was mögen Sie, woran möchten Sie festhalten?
- Was ist nicht so wichtig, was werden oder könnten Sie aufgeben?
- Was sind noch einmal Ihre Werte?
- Wie wünschen Sie sich das Verhältnis zu Ihren Kindern, heute und auch später?
- Was können Sie jetzt schon dafür tun?
- Was sollten Sie jetzt schon dafür lassen?
- Wie wünschen Sie sich Familie?
- Welche Menschen wünschen Sie sich idealerweise in Ihrem Leben?
- Wie können Sie solche Menschen erreichen?
- Wie können Sie Freundschaften pflegen?
- Welche Hobbys wollen Sie ergreifen oder intensivieren?
- Wie lässt sich Ihr Beruf mit Ihrer Vision vereinbaren?

Stellen Sie sich auch gern noch die folgenden Bonusfragen:

- Hätten Sie sich selbst gern zur Freundin / zum Freund?
- Wenn ja, was finden Sie gut an sich?
- Wenn nein, oder teilweise nein: Was fehlt Ihnen noch an Ihnen selbst? Wie können Sie das ergänzen?
- Wenn Sie diese Fragen für sich beantwortet haben, träumen Sie. Stellen Sie sich vor, Ihre Wünsche seien bereits eingetreten.
- Ganz wichtig: Wie fühlt sich das an?

Denken und fühlen Sie vom Ergebnis her. Und nehmen Sie gern noch einmal die → Übung »Vision Board – Ihr Wertekompass« (Kapitel II, Innere Balance) zu Hilfe, um Ihre individuelle Vision mit Ihren Werten zu verknüpfen, als »Board« sichtbar zu machen und immer vor Augen zu haben.

Machen Sie ergänzend auch gern die folgende Übung:

Übung: Welche Blume sind Sie?

Ihr Ziel: Dass Sie mehr über sich selbst erfahren, ohne direkt über sich selbst zu reden.
Vorbereitung: Ein ruhiger Ort, Sessel, Stuhl oder am Schreibtisch.
Zeitaufwand: Ein paar Minuten.
Durchführung: Stellen Sie sich selbst die Frage: Welche Blume sind Sie? In welcher Farbe?

Beantworten Sie sich diese Frage selbst: Ich bin eine rote Rose. Ich bin eine gelbe Nelke. Ich bin eine violettblaue Iris. Ich bin eine weiße Orchidee.

Und dann tun Sie so, als seien Sie diese Blume, und beschreiben, wie diese Blume selbst ist: Ich bin eine rote Rose. Ich bin schön und stolz und unabhängig. Ich bin …

Oder: Ich bin eine gelbe Nelke. Ich bin schön und zart, neugierig und hilfsbereit. Ich bin …

Beschreiben Sie sich als Blume möglichst ausführlich. Schreiben Sie das auf.

Alles, was Sie so an Eigenschaften aufzählen, sind Sie selbst. Auch wenn Sie sich (noch) nicht trauen würden, sich als schön, stolz und unabhängig zu beschreiben. Nach und nach werden Sie – im übertragenen Sinn – diese Blume.

Vertrauen Sie auf die Macht der Bilder. Denken Sie an diese Beschreibung Ihrer Blume, wenn Sie an sich selbst denken und daran, wie Sie Ihr künftiges Leben gestalten wollen.

Nur darum geht es hier: Es ist ein weiteres Mosaiksteinchen für Ihre Vision, mit sich selbst ins Reine zu kommen und die Gestaltung des eigenen Lebens hieran auszurichten. Viele Klienten meines Coachings melden sich teilweise Monate nach der letzten Coaching-Sitzung noch spontan aus ihrem »neuen Leben« und bestätigen, dass sie mit diesem Rüstzeug wie von selbst auch wieder in die Handlung gekommen sind.

So wird Ihre Vision zu Ihrer Richtschnur auf dem Weg zu neuer Lebensfreude.

Das Prinzip der Resonanz: Beginnen Sie bei sich!

Bei aller Entwicklung, die Sie für sich selbst in diesem Prozess durchlaufen haben, werden Sie wahrscheinlich schon bemerkt haben, dass Ihr Umfeld darauf reagiert. Vielleicht wundern Sie sich manchmal sogar darüber, dass Ihnen »auf einmal« mehr Respekt und Wertschätzung entgegengebracht werden.

Das ist das Prinzip der Resonanz. Es besagt, dass andere Sie gemäß ihrer Selbsteinschätzung behandeln.

Wie funktioniert das?

Menschen nehmen unbewusst ihr Gegenüber wahr. Und zwar, bevor dieses Gegenüber etwas sagt. Sie nehmen wahr, wie jemand steht, wie die Haltung ist, wie der Gang und die Bewegungen sind. Nach dieser Wahrnehmung wird ein Gegenüber unbewusst eingeordnet: selbstsicher, voller Selbstvertrauen, gelassen. Oder unsicher, selbstkritisch, zweifelnd.

Darauf richtet sich der Mensch ein und behandelt sein Gegenüber gemäß dessen Selbsteinschätzung. Warum auch sollte er sich anders verhalten, wenn er eindeutige nonverbale Signale bekommt? Warum soll er/sie sein Gegenüber mit Respekt behandeln, wenn dieses gar keinen eigenen Respekt für sich selbst empfindet?

Sie bekommen also von anderen in deren Verhalten das gespiegelt, was Sie selbst von sich halten.

Sobald Sie umgekehrt beginnen, sich selbst respektvoller und mit mehr Wertschätzung zu behandeln, bekommen Sie auch das gespiegelt.

Wenn Sie von anderen Menschen Respekt erwarten, beginnen Sie, sich selbst Respekt entgegenzubringen.

Wenn Sie von anderen Menschen Wertschätzung erwarten, beginnen Sie, sich selbst wertzuschätzen.

Wenn Sie von anderen Menschen Liebe erwarten, beginnen Sie, sich selbst zu lieben.

Allgemein gesagt: Verhalten Sie sich so und behandeln Sie sich selbst so, wie Sie von anderen behandelt werden wollen.

Das ist das A und O, wenn Sie von anderen ein anderes Verhalten erwarten, als Sie derzeit bekommen.

Diese Selbsteinschätzung hat mit Ihren inneren Prägungen zu tun. Wenn Sie diese erkannt und verändert haben und für sich mindestens einen neuen, positiven Satz über sich selbst gefunden haben, dann verinnerlichen Sie ihn (→ Vom Kopf in den Bauch). So lange, bis er in Ihre Selbsteinschätzung übergegangen ist. Dann strahlen Sie genau das aus, was Sie über sich selbst glauben. Und bekommen es von Ihrem Umfeld gespiegelt. Denken Sie an die Blume: Wenn Sie sich wie Ihre Blume geben, dann nehmen die Menschen Sie auch mit diesen Eigenschaften wahr.

Probieren Sie es aus! Starten Sie mit dem »Diva-Test« (→ Die 5 großen S – Selbstachtung), um sich von der Wirksamkeit des Prinzips der Resonanz selbst zu überzeugen.

Mit diesem Prinzip einher geht eine Erkenntnis: Alles fängt bei Ihnen selbst an. Jede Veränderung beginnt bei Ihnen. Und zwar in der Einstellung zu sich selbst.

Das kann einerseits als Last empfunden werden, denn es bedeutet ultimative Eigenverantwortung. Andererseits ist es auch eine Befreiung: Sie unterliegen nicht der unbeeinflussbaren Meinung anderer über Sie selbst. Sondern Sie haben es selbst in der Hand, wie andere Sie behandeln, und zwar ohne viele Worte darum zu machen, indem Sie zum Beispiel verbal und argumentativ das für Sie stimmige Verhalten anderer einfordern.

Sie verhalten sich einfach so, wie Sie behandelt werden möchten. Es wird Ihnen in Fleisch und Blut übergehen und ganz nebenbei die »5 großen S« bei Ihnen freilegen und stärken:

Selbstliebe, Selbstachtung, Selbstbewusstsein, Selbstvertrauen und Selbstwertgefühl.

Oder wie es der bekannte Sinnspruch sagt: Be You. The world will adjust.

Sei du selbst. Die Welt wird sich anpassen.

Und so gibt es dieses Buch in gewisser Weise ein zweites Mal, ein Ratgeber 2.0, *nach Ihrer Trennung.* Mit seinen Fragen, Übungen, Reflexionen und Anregungen aus Anlass Ihrer Entscheidungs- und Trennungssituation kann er Sie auch weiterhin verlässlich begleiten durch Ihre »Zeit danach«.

Zusammenfassung:

Trennung und neue Lebensfreude

Genau jetzt, beim ersten Luftholen nach der Trennung, ist der Zeitpunkt, sich in seinem Leben umzuschauen und weiterzudenken: Kann Ihre Trennung Ihr ganz persönlicher Aufbruch sein? Hierzu einige neue Perspektiven und Anregungen:

- »Es geht mir so viel besser« – Genießen Sie es!
- »Jeder Mensch hat zwei Leben …« – Ergreifen Sie die Chance, die in der durchgestandenen Krise liegt.
- Entwickeln Sie genau jetzt Ihre Vision von sich und Ihrem Leben: Wer und wie wollen Sie sein? Denken Sie groß, träumen Sie weit und entwickeln Sie die eigene Richtschnur für Ihr Leben.
- Das Prinzip der Resonanz besagt, dass andere Sie so behandeln, wie Sie sich selbst sehen und einschätzen. Nutzen Sie das: Beginnen Sie zuallererst, sich selbst genauso zu behandeln, wie Sie von anderen behandelt werden wollen.

Epilog

Coaching wirkt

Jetzt haben Sie dieses Buch gelesen: Wie geht es Ihnen, wie fühlen Sie sich?

Alles, womit Sie sich in diesem Buch befasst haben, jede Anregung und jede Übung, ist Coaching. Es hat das einzige Ziel, Ihre ganze Individualität und Ihr ganzes Potenzial hervorzuholen.

Coaching besteht aus Fragen, das haben Sie sicherlich gemerkt. Fragen, die Sie sich vielleicht selbst schon gestellt haben. Vor allem aber Fragen, die Sie sich noch nicht gestellt haben oder die zu stellen Sie sich nie getraut haben. Solche Perspektivwechsel erweitern Ihr Denken und Ihr Fühlen. Sie machen innerlich frei.

Deshalb bedeutet Coaching auch Erlauben. Ja, Sie dürfen: Ihr Leben nach Ihren Vorstellungen leben und gestalten. Hindernde Glaubenssätze hinterfragen, die andere Ihnen unbewusst auferlegt haben. Für sich selbst gut sorgen, um auch in Gemeinschaft wieder geben zu können.

Wie Sie das für sich umsetzen, wie weit Sie dabei gehen wollen und welche neuen Erkenntnisse Sie in Ihr Leben integrieren, ist Ihr ganz individueller Weg.

So ist Coaching zutiefst menschlich, nicht normativ. Die Lösung Ihres Themas liegt in Ihnen, nicht in Vorschriften, Erfahrungen anderer oder ungeschriebenen gesellschaftlichen Regeln.

Und doch bedeutet Coaching manchmal auch, einen Rat zu geben. Auch das haben Sie in diesem Buch bemerkt. Im Coaching nach der reinen Lehre ist das bisweilen verpönt, denn ein

Rat beruht immer auf der (Lebens-)Erfahrung eines anderen. Aber gerade in schweren Lebenskrisen wie einer Trennung kann ein Rat wertvoll sein, um das erste Chaos zu lichten, um den Weg frei zu machen und für Sie das Licht zu halten am Ende des Tunnels.

Coaching wirkt dabei nie eindimensional. Ich hoffe, auch das haben Sie für sich erfahren: Es betrifft immer den ganzen Menschen und wirkt immer in alle Lebensbereiche hinein. Wenn Sie Grenzen setzen im Privaten, werden Sie auch Grenzen ziehen im Beruflichen. Wenn Sie sich Selbstfürsorge erlauben, wird das alle Lebensbereiche durchziehen. Wenn Sie mit Ihrem/Ihrer Ex konfliktarm und wertschätzend kommunizieren, werden Sie das auch bei Konflikten am Arbeitsplatz anwenden.

So rüttelt Coaching auf: Sie, Ihre Vorstellungen, Ihre Überzeugungen, Ihre Gepflogenheiten. Mit nur einem Ziel: Es für Sie alles noch etwas besser zu machen.

Coaching tut gut.

Danksagung

Meine zahlreichen Klientinnen und Klienten im Trennungscoaching haben mir die Erkenntnis geschenkt, wie groß der Bedarf an empathischer, professioneller Hilfe zur Bewältigung von Trennungsleid eigentlich ist. So reifte in mir der Entschluss, dieses Buch zu schreiben. Sie alle haben voller Vertrauen und in strenger Vertraulichkeit ihre Lebensgeschichten, ihre inneren Kämpfe und Freuden mit mir geteilt – das inspiriert mich jeden Tag aufs Neue in meiner Tätigkeit als Coachin. Ihnen allen, die ich hier nicht nennen kann und darf, gilt auf diesem Wege meine große Dankbarkeit.

Ich danke meiner Agentin Nina Arrowsmith sowie Clarissa Schockemöhle und Marie-Charlotte Kettlitz für tolles Brainstorming und die richtigen Fragen. Wie eine gute Coachin hat Nina Arrowsmith einen erfahrenen Blick für wichtige Themen. Auf ihren Rat kann ich mich immer verlassen; punktgenau schafft sie dabei kreative Leichtigkeit. Sie und ihr Team verbreiten wertschätzende Inspiration.

Meinem Verlag, Amazon Publishing und Katrin Bussac danke ich für die immer offene und angenehme Begleitung im Verlagsprozess. Meiner Lektorin, Marketa Görgen, und dem Team der VLG Verlag & Agentur GmbH danke ich für ihre erfahrenen und fachkundigen Anregungen, die dieses Buch besser gemacht haben. Die Zusammenarbeit mit ihnen allen war mir eine Freude.

Ich danke Friederike Haffner und Marc Strecker von m-bient Mediadesign, die seit Jahren meine Webseite mit viel Know-how und Hingabe betreuen, sodass sie technisch rund läuft.

Meinen geschätzten Mitstreiterinnen im ZONTA Club Essen II, in dem wir uns gemeinsam für die Stärkung von Frauenrechten einsetzen, danke ich für ihre Nachsicht und ihr Verständnis – ihr musstet manches Mal in unseren Treffen auf mich verzichten, da ein gewisses Buchmanuskript mich voll beanspruchte.

Meinen lieben Freundinnen Susanne, Silke und Petra danke ich für die zahlreichen anregenden Gespräche, walkend, telefonierend oder teetrinkend. Ihr tut mir sehr gut. Petra danke ich für zugetane Unterhaltungen rund ums Buchwesen.

Besonders danken aber möchte ich meiner Familie: meinen Söhnen, die meinem Bücherschreiben mit freundlich-wohlwollendem Interesse begegnen, auch wenn ich zeitweise dafür abtauche. Und meinem lieben Mann Friedrich, der als Erster alle meine Texte liest und sie mit wachem Geist, ideenreich und einfühlsam bereichert. Deine liebevolle und bedingungslose Unterstützung hat diesem Buch den Weg bereitet. Danke!

Auswahlbibliografie

Neben meiner Fortbildung zur Mediatorin (DAI) 2012 und meiner Fortbildung zur Coachin für Conscious Uncoupling® 2017/2018 haben mich in den vergangenen Jahren folgende Bücher begleitet:

Allgemein

Bode, Sabine (2004). Die vergessene Generation – Die Kriegskinder brechen ihr Schweigen. Klett-Cotta.

Bode, Sabine (2009). Kriegsenkel – Die Erben der vergessenen Generation. Klett-Cotta.

Bonelli, Raphael M. (2014). Perfektionismus – Wenn das Soll zum Muss wird. Pattloch.

Brown, Brené (2017). Verletzlichkeit macht stark: Wie wir unsere Schutzmechanismen aufgeben und innerlich reich werden. Goldmann.

Cain, Susan (2013). Still – Die Kraft der Introvertierten. Goldmann.

Frankl, Viktor E. (2015). … trotzdem Ja zum Leben sagen – Ein Psychologe erlebt das Konzentrationslager. Kösel.

Katie, Byron (2002). Lieben was ist – Wie vier Fragen Ihr Leben verändern können. Arkana. Goldmann.

Matyssek, Anne Katrin (2016). Mehr als nur Gesundheit: Was wir brauchen – Damit wir der Arbeit auch morgen noch gewachsen sind. Books on Demand.

Pöppel, Ernst und Wagner, Beatrice (2012). Von Natur aus kreativ – Die Potenziale des Gehirns entfalten. Hanser.

Stahl, Stefanie (2015). Das Kind in dir muss Heimat finden. Kailash.

Taylor, Madisyn (2018). Unmedicated: The Four Pillars of Natural Wellness. Atria Books/Beyond Words.

Watzlawick, Paul (2021). Anleitung zum Unglücklichsein. Piper.

Achtsamkeit und Meditation

De Smedt, Marc (2017). Das kleine Übungsheft Meditationen für jeden Tag. Trinity.

Fischer, Theo (2009). Wu wei – Die Lebenskunst des Tao. Rowohlt Taschenbuch Verlag.

Fischer, Theo (2008). Lass dich vom Tao leben – Wu wei in der Praxis. Rowohlt Taschenbuch Verlag.

Hanh, Thich Nhat (1992). Ich pflanze ein Lächeln. Arkana.

Hoff, Benjamin (1984). Tao Te Puh – Das Buch vom Tao und von Puh dem Bären. Synthesis.

Johnstone, Matthew (2012). Den Geist beruhigen – Eine illustrierte Einführung in die Meditation. Kunstmann.

Kabat-Zinn, Jon (2013). Gesund durch Meditation – Das große Buch der Selbstheilung mit MBSR. Knaur.

Kabat-Zinn, Jon (2010). Im Alltag Ruhe finden – Meditationen für ein gelassenes Leben. MensSana.

Kotsov, Ilios (2019). Das kleine Übungsheft Achtsamkeit. Trinity.

Lao-tse (1999). Tao-Tê-King. Reclam.

Mannschatz, Marie (2007). Buddhas Anleitung zum Glücklichsein – Fünf Weisheiten, die Ihren Alltag verändern. Gräfe und Unzer.

Miller, Richard (2010). Yoga Nidra – A Meditative Practice for Deep Relaxation and Healing. Sounds True.

Ott, Ulrich (2010). Meditation für Skeptiker – Ein Neurowissenschaftler erklärt den Weg zum Selbst. O. W. Barth.

Samuels, Arthur und Lukan, Elisabeth (1996). Im Einklang mit dem inneren Kind – Ein meditativer Weg zu sich selbst. Herder.

Tolle, Eckhart (2014). Leben im Jetzt – Das Praxisbuch. Goldmann.

Coaching und »Acceptance and Commitment Therapy (ACT)«

Harris, Russ (2013). Wer dem Glück hinterherrennt, läuft daran vorbei. Goldmann.

Harris, Russ (2013). Wer vor dem Schmerz flieht, wird von ihm eingeholt – Unterstützung in schwierigen Zeiten. Kösel.

Kimsey-House, Henry et al. (2011). Co-Active Coaching – Changing Business, Transforming Lives. Nicholas Brealey Publishing.

Entschleunigen, Entschlacken und Entspannen

Becker, Irene und Meyer-Kles, Jutta (2004). Lieber schlampig glücklich als ordentlich gestresst. Campus.

Brenner, Helmut (1989). Autogenes Training. Humboldt.

Lightman, Alan (2018). In Praise of Wasting Time. TEDBooks.

Lindemann, Hannes (1996). Überleben im Stress – Der erfolgreiche Weg zu Entspannung, Gesundheit und Leistungssteigerung (Autogenes Training). Heyne.

Long, Aljoscha und Schweppe, Ronald (2010). Die 7 Geheimnisse der Schildkröte – Den Alltag entschleunigen, das Leben entdecken. Heyne.

Pigani, Erik (2014). Das kleine Übungsheft Entschleunigen. Trinity.

Ressel, Hildegard (2006). Was ich wirklich brauche – Inneren und äußeren Ballast abwerfen und wieder unbeschwert leben. Fischer.

Scheuermann, Ulrike (2011). Das Leben wartet nicht – 7 Schritte zum Wesentlichen. MensSana.

Seiwert, Lothar J. (1995). Das neue 1x1 des Zeitmanagement. Gabal Verlag.

Seiwert, Lothar J. (2007). Die Bären-Strategie – In der Ruhe liegt die Kraft. Heyne.

Seiwert, Lothar J. und Kammerer, Doro (2000). Endlich Zeit für mich! – Wie Frauen mit Zeitmanagement Arbeit und Privatleben unter einen Hut bringen. mvgverlag.

Grenzen setzen

Matyssek, Anne Katrin (2010). Mensch, sag doch mal Nein! Books on Demand.

Pörner, Gabi (2013). Nein sagen will gelernt sein – Erfolgreich Grenzen setzen. Allegra.

Sellin, Rolf (2015). Bis hierher und nicht weiter – Wie Sie sich zentrieren, Grenzen setzen und gut für sich sorgen. Kösel.

Van Stappen, Anne (2015). Das kleine Übungsheft Grenzen setzen – Nein sagen. Trinity.

Wehrle, Martin (2015). Sei einzig, nicht artig – So sagen Sie nie mehr JA, wenn Sie NEIN sagen wollen. Mosaik.

Hochsensibilität

Orloff, Judith (2017). The Empath's Survival Guide – Life Strategies for Sensitive People. Sounds True.

Sellin, Rolf (2015). Mein Kind ist hochsensibel – was tun? Kösel.

Schorr, Brigitte (2015). Hochsensible Mütter. SCM-Verlag.

Kommunikation und Mediation

Fisher, Roger, Ury, William und Patton, Bruce (2009). Das Harvard-Konzept – Der Klassiker der Verhandlungstechnik. Campus Verlag.

Hösl, Gerhard G. (2011). Mediation – die erfolgreiche Konfliktlösung. Kösel.

Rosenberg, Marshall B. (2016). Gewaltfreie Kommunikation – Eine Sprache des Lebens. Junfermann.

Schulz von Thun, Friedemann (2022). Miteinander reden: 1 – Störungen und Klärungen – Allgemeine Psychologie der Kommunikation. Rowohlt Taschenbuch Verlag.

Thomann, Christoph und Schulz von Thun, Friedemann (2011). Klärungshilfe 1 – Handbuch für Therapeuten, Gesprächshelfer und Moderatoren in schwierigen Gesprächen. Rowohlt Taschenbuch Verlag.

Voss, Chris mit Raz, Tahl (2017). Kompromisslos verhandeln: Die Strategien und Methoden des Verhandlungsführers des FBI. Redline Verlag.

Loslassen und Schuldgefühle

Poletti, Rosette und Dobbs, Barbara (2014). Das kleine Übungsbuch Loslassen. Trinity.

Rudolph, Ina (2015). Auf ins fette, pralle Leben – 12 Experimente, wie man sich das Leben leichter machen kann. Kösel.

Rudolph, Ina (2013). Ich will ja loslassen, doch woran halte ich mich dann fest? Arkana.

Tarr, Irmtraud (2012). Loslassen – die Kunst, die vieles leichter macht. Herder.

Thalmann, Yves-Alexandre (2014). Das kleine Übungsheft Endlich frei von Schuldgefühlen. Trinity.

Narzissmus, toxische Beziehungen und narzisstische Eltern

Baker, Amy J. L. und Fine, Paul R. (2014). Co-parenting With a Toxic Ex – What to Do When Your Ex-Spouse Tries to Turn the Kids Against You. New Harbinger Publications.

Brown, Nina W. (2010). Kinder egozentrischer Eltern – Eine Kindheit mit narzisstischen Eltern bewältigen. Junfermann.

Forward, Susan und Glynn, Donna Frazier (2015). Wenn Mütter nicht lieben. Goldmann.

Forward, Susan und Frazier, Donna (2000). Emotionale Erpressung – Wenn andere mit Gefühlen drohen. Goldmann.

Haller, Reinhard (2017). Die Narzissmusfalle – Anleitung zur Menschen- und Selbstkenntnis. ecowin.

Mason, Paul T. und Kreger, Randi (2017). Schluss mit dem Eiertanz – Für Angehörige von Menschen mit Borderline. BALANCE buch + medien.

McBride, Karyl (2017). Werde ich jemals gut genug sein? Heilung für Töchter narzisstischer Mütter. G. P. Probst.

McBride, Karyl (2016). Will I Ever Be Free of You? How to Navigate a High-Conflict Divorce From a Narcissist and Heal Your Family. Atria.

Mechler, Bärbel (2017). Mein (Ex-)Partner ist ein Psychopath – Wege aus der Opferfalle. Mankau.

Merzeder, Christine (2017). Wie schleichendes Gift – Narzisstischen Missbrauch in Beziehungen überleben und heilen. Scorpio.

Miller, Alice (2014). Das Drama des begabten Kindes und die Suche nach dem wahren Selbst. Suhrkamp.

Rösel, Manuela (2016). Weil du mir gehörst! Borderline-Partner im Kampf um ihr Kind. Starks-Sture.

Partnerschaft, Familie, Liebe und Trennung

Ahrons, Constance C. (1997). Die Familie erhalten, wenn die Ehe zerbricht – Die gute Scheidung. Knaur.

Chapman, Gary (2008). Die fünf Sprachen der Liebe – Wie Kommunikation in der Ehe gelingt. Francke.

Chapman, Gary und Campbell, Ross (2008). Die fünf Sprachen der Liebe für Kinder. Francke.

Johnson, Susan M. (2011). Halt mich fest – Sieben Gespräche zu einem von Liebe erfüllten Leben. Junfermann.

Leman, Kevin (2009). Geschwisterkonstellationen – Die Familie bestimmt Ihr Leben. mvgverlag.

Lewis, Thomas, Amini, Fari und Lannon, Richard (2000). A General Theory of Love. Vintage Books.

Woodward Thomas, Katherine (2015). Conscious Uncoupling – 5 Steps to Living Happily Even After. Harmony Books.

Woodward Thomas, Katherine (2004). Calling in »The One« – 7 Weeks to Attract the Love of Your Life. Harmony Books.

Zurhorst, Eva-Maria und Zurhorst, Wolfram (2016). Liebe dich selbst und es ist egal, wen du heiratest – Der große Praxiskurs: Das Liebesgeheimnis. Arkana.

Positive Psychologie, Selbstliebe und Lebensfreude

Branden, Nathaniel (1995). Die 6 Säulen des Selbstwertgefühls: Erfolgreich und zufrieden durch ein starkes Selbst. Piper.

Cabane, Olivia Fox (2014). Das Charisma-Geheimnis. mvgverlag.

Johnstone, Matthew (2015). Resilienz – Wie man Krisen übersteht und daran wächst. Kunstmann.

Matyssek, Anne Katrin (2010). Mensch, sei mal stolz auf dich! Books on Demand.

Neff, Kristin und Germer, Christopher (2020). Selbstmitgefühl – Das Übungsbuch. Arbor.

Prieß, Miriam (2014). Finde zu dir selbst zurück! Wirksame Wege aus dem Burnout. Südwest.

Rubin, Gretchen (2012). Das Happiness-Projekt oder: Wie ich ein Jahr damit verbrachte, mich um meine Freunde zu kümmern, den Kleiderschrank auszumisten, Philosophen zu lesen und überhaupt mehr Freude am Leben zu haben. Fischer.

Seligman, Martin E. P. (2014). Der Glücks-Faktor – Warum Optimisten länger leben. Bastei Lübbe.

Shimoff, Marci und Kline, Carol (2008). Glücklich ohne Grund! Mosaik.

Van Stappen, Anne (2016). Das kleine Übungsheft Selbstliebe. Trinity.

Van Stappen, Anne (2016). Das kleine Übungsheft Sei gut zu dir selbst. Trinity.

Werner, Kerstin (2018). Hab Mut zur Lebensfreude – 5 Schritte in ein selbstbestimmtes Leben. Integral.

Wlodarek, Eva (2012). Mich übersieht keiner mehr – Größere Ausstrahlung gewinnen. Fischer.

Trauma und Traumabewältigung

Herman, Judith (2014). Die Narben der Gewalt – Traumatische Erfahrungen verstehen und überwinden. Junfermann.

Levine, Peter A. (2007). Vom Trauma befreien – Wie Sie seelische und körperliche Blockaden lösen. Kösel.

Van der Kolk, Bessel (2014). The Body Keeps the Score – Mind, Brain and Body In the Transformation of Trauma. Penguin Group. *(Englisch)*

Van der Kolk, Bessel (2017). Verkörperter Schrecken – Traumaspuren in Gehirn, Geist und Körper und wie man sie heilen kann. G. P. Probst. *(Deutsch)*

Walker, Pete (2019). Posttraumatische Belastungsstörung – Vom Überleben zu neuem Leben. Unimedica.

Umgang mit Ängsten

Carnegie, Dale (2008). Sorge dich nicht – lebe! Die Kunst, zu einem von Ängsten und Aufregungen befreiten Leben zu finden. Fischer.

Franke, Rainer und Regina (2009). Sorgenfrei in Minuten – Klopfen Sie sich gesund und glücklich mit Meridian-Energie-Techniken. Integral.

Riemann, Fritz (2013). Grundformen der Angst. Ernst Reinhardt Verlag.

Wolf, Doris (2009). Ängste verstehen und überwinden. PAL.

Folge der Autorin auf Amazon

Wenn dir dieses Buch gefallen hat, folge Dr. Annette Oschmann auf Amazon. Dann erhältst du eine Benachrichtigung, wenn die Autorin ihr nächstes Buch veröffentlicht. Um der Autorin zu folgen, gehe bitte folgendermaßen vor:

Desktop:

1) Suche auf Amazon.de oder in der Amazon App nach dem Namen der Autorin.
2) Klicke auf den Namen der Autorin, um auf die Autorenseite zu gelangen.
3) Klicke auf den »Folgen«-Button.

Smartphone und Tablet:

1) Suche auf Amazon.de oder in der Amazon App nach dem Namen der Autorin.
2) Klicke auf einen Titel der Autorin.
3) Klicke auf den Namen der Autorin, um auf die Autorenseite zu gelangen.
4) Klicke auf den »Folgen«-Button.

Kindle eReader und Kindle App:

Wenn du dieses Buch auf einem Kindle eReader oder in der Kindle App liest, wird dir automatisch angeboten, der Autorin zu folgen, nachdem du die letzte Seite des Buches gelesen hast.

Printed in Poland
by Amazon Fulfillment
Poland Sp. z o.o., Wrocław

34339055R00231